La pédagogie :
une encyclopédie
pour aujourd'hui

Collection Pédagogies

Pédagogie : une encyclopédie pour aujourd'hui

Sous la direction de Jean Houssaye
Y. Abernot, M. Altet, J.-P. Astolfi, B.-M. Barth, J. Berbaum, M. Bru,
J. Colomb, B. Douet, A. Giordan, D. Hameline, J. Houssaye, P. Jubin,
L. Legrand, C. Lelièvre, A. Lieury, D. Manesse, Ph. Meirieu, J. Moll,
J.-M. Monteil, J. Pain, P. Perrenoud, P. Poussière, M.-J. Rémigy, M. Tardy

Issy-les-Moulineaux

Direction éditoriale : Sophie Courault
Édition : Sylvie Lejour
Coordination éditoriale : Carole Fossati
Composition : Myriam Dutheil

© 1993 ESF éditeur
Division de la société Intescia
52, rue Camille-Desmoulins
92448 Issy-les-Moulineaux cedex
9e édition 2013

ISBN 978-2-7101-2569-3
ISSN 1158-4580

www.esf-editeur.fr

Le Code de la propriété intellectuelle n'autorisant, aux termes de l'article L. 122-5, 2e et 3e a, d'une part, que les « copies ou reproductions strictement réservées à l'usage privé du copiste et non destinées à une utilisation collective » et, d'autre part, que les analyses et les courtes citations dans un but d'exemple et d'illustration, « toute représentation ou reproduction intégrale, ou partielle, faite sans le consentement de l'auteur ou ses ayants droit, ou ayants cause, est illicite » (art. L. 122-4). Cette représentation ou reproduction, par quelque procédé que ce soit, constituerait donc une contrefaçon sanctionnée par les articles L. 335-2 et suivants du Code de la propriété intellectuelle.

Pédagogies
Collection dirigée par Philippe Meirieu

La collection PÉDAGOGIES propose aux enseignants, formateurs, animateurs, éducateurs et parents, des œuvres de référence associant étroitement la réflexion théorique et le souci de l'instrumentation pratique.

Hommes et femmes de recherche et de terrain, les auteurs de ces livres ont, en effet, la conviction que toute technique pédagogique ou didactique doit être référée à un projet d'éducation. Pour eux, l'efficacité dans les apprentissages et l'accession aux savoirs sont profondément liées à l'ensemble de la démarche éducative, et toute éducation passe par l'appropriation d'objets culturels pour laquelle il convient d'inventer sans cesse de nouvelles médiations.

Les ouvrages de cette collection, outils d'intelligibilité de la « chose éducative », donnent aux acteurs de l'éducation les moyens de comprendre les situations auxquelles ils se trouvent confrontés, et d'agir sur elles dans la claire conscience des enjeux. Ils contribuent ainsi à introduire davantage de cohérence dans un domaine où coexistent trop souvent la générosité dans les intentions et l'improvisation dans les pratiques. Ils associent enfin la force de l'argumentation et le plaisir de la lecture.

Car c'est sans doute par l'alliance, sans cesse à renouveler, de l'outil et du sens que l'entreprise éducative devient vraiment créatrice d'humanité.

Pédagogies/Outils : des instruments de travail au quotidien pour les enseignants, formateurs, étudiants, chercheurs. L'état des connaissances facilement accessible. Des grilles méthodologiques directement utilisables dans les pratiques.

*
* *

Voir ci-après la liste des titres disponibles
et sur le site www.esf-editeur.fr

Dans la collection Pédagogies

L'ANNÉE DE L'ÉCOLE
  François Jarraud
ANTHOLOGIE DES TEXTES CLÉS
  Danielle Alexandre
APPRENDRE À PENSER, PARLER, LIRE, ÉCRIRE
  Acquisition du langage oral et écrit
  Laurence Lentin
APPRENDRE AVEC LES PÉDAGOGIES COOPÉRATIVES
  Démarches et outils pour l'école
  Sylvain Connac
APPRENDRE… OUI, MAIS COMMENT ?
  Philippe Meirieu
AUTORITÉ À L'ÉCOLE, MODE D'EMPLOI
  Martine Boncourt
AUTORITÉ AU COLLÈGE, MODE D'EMPLOI
  Guillaume Caillaud
L'AUTORITÉ ÉDUCATIVE DANS LA CLASSE
  Douze situations pour apprendre à l'exercer
  Bruno Robbes
L'AUTORITÉ EN ÉDUCATION
  Sortir de la crise
  Gérard Guillot
AUTORITÉ OU ÉDUCATION ?
  Entre savoir et socialisation :
  le sens de l'éducation
  Jean Houssaye
BANLIEUES : LES DÉFIS D'UN COLLÈGE CITOYEN
  Jacques Pain, Marie-Pierre Grandin-Degois, Claude Le Goff
LE CHOIX D'ÉDUQUER
  Éthique et pédagogie
  Philippe Meirieu
LES CLASSES RELAIS
  Un dispositif pour les élèves en rupture avec l'école
  Élisabeth Martin, Stéphane Bonnéry
LES COMPÉTENCES TRANSVERSALES EN QUESTION
  Bernard Rey
COMMENT IMPLIQUER L'ÉLÈVE DANS SES APPRENTISSAGES
  Charles Hadji
COURANTS ET CONTRE-COURANTS DANS LA PÉDAGOGIE CONTEMPORAINE
  Daniel Hameline
DE L'APPRENTISSAGE À L'ENSEIGNEMENT
  Pour une épistémologie scolaire
  Michel Develay

DÉBUTER DANS L'ENSEIGNEMENT
  Témoignages d'enseignants, conseils d'experts
  Coordonné par Jean-Luc Ubaldi
LA DÉMOCRATIE AU LYCÉE
  Robert Ballion
DES ENFANTS ET DES HOMMES
  Littérature et pédagogie 1 :
  la promesse de grandir
  Philippe Meirieu
DÉVELOPPER LA PRATIQUE RÉFLEXIVE DANS LE MÉTIER D'ENSEIGNANT
  Professionnalisation et raison pédagogique
  Philippe Perrenoud
DEVENIR COLLÉGIEN
  L'entrée en classe de sixième
  Olivier Cousin, Georges Felouzis
DICTIONNAIRE DES INÉGALITÉS SCOLAIRES
  Coordonné par Jean-Michel Barreau
DIX NOUVELLES COMPÉTENCES POUR ENSEIGNER
  Invitation au voyage
  Philippe Perrenoud
L'ÉCOLE À L'ÉPREUVE DE L'ACTUALITÉ
  Enseigner des questions vives
  Coordonné par Alain Legardez
  et Laurence Simonneaux
L'ÉCOLE FACE AUX PARENTS
  Analyse d'une pratique de médiation
  Patrick Bouveau, Olivier Cousin, Joëlle Favre-Perroton
L'ÉCOLE, MODE D'EMPLOI
  Des « méthodes actives »
  à la pédagogie différenciée
  Philippe Meirieu
L'ÉCOLE POUR APPRENDRE
  Jean-Pierre Astolfi
L'ÉDUCATION CIVIQUE AUJOURD'HUI : DICTIONNAIRE ENCYCLOPÉDIQUE
  Georges Roche avec Y. Basset,
  J.-M. Fayol-Noireterre, M. Langanay,
  C. Paillole, G. Bach
ÉDUCATION et FORMATION :
  NOUVELLES QUESTIONS,
  NOUVEAUX MÉTIERS
  Sous la direction de Jean-Pierre Astolfi
ÉDUCATION ET PHILOSOPHIE
  Approches contemporaines
  Sous la direction de Jean Houssaye

ÉDUQUER CONTRE AUSCHWITZ
   Histoire et mémoire
   Jean-François Forges

ÉLÈVES À PROBLÈMES,
   ÉCOLES À SOLUTIONS ?
   Cécile Delannoy

ÉLÈVES ET PROFESSEURS :
   RÉUSSIR ENSEMBLE
   Outils pour les professeurs principaux
   et les équipes pédagogiques
   Jean-Luc Guillaumé

ÉMILE, REVIENS VITE…
   ILS SONT DEVENUS FOUS
   Philippe Meirieu, Michel Develay

ENCYCLOPÉDIE DE L'ÉVALUATION
   EN FORMATION ET EN ÉDUCATION
   André de Peretti, Jean Boniface,
   Jean-André Legrand

ENFANTS EN SOUFFRANCE,
   ÉLÈVES EN ÉCHEC
   Ouvrir des chemins
   Francis Imbert

L'ENFANT PHILOSOPHE,
   AVENIR DE L'HUMANITÉ
   Ateliers AGSAS de réflexion
   sur la condition humaine (ARCH)
   Jacques Lévine avec la collaboration
   de Geneviève Chambard, Michèle Sillam,
   Daniel Gostain

L'ENSEIGNEMENT PROFESSIONNEL
   AUJOURD'HUI
   Dominique Raulin

ENSEIGNER À L'ÉCOLE MATERNELLE
   Quelles pratiques pour quels enjeux ?
   Jacqueline Pillot

ENSEIGNER : AGIR DANS L'URGENCE,
   DÉCIDER DANS L'INCERTITUDE
   Philippe Perrenoud

ENSEIGNER, SCÉNARIO
   POUR UN MÉTIER NOUVEAU
   Philippe Meirieu

ENSEIGNER SELON LES TYPES
   DE PERSONNALITÉ
   Marion Tamano, Dorothée Fox,
   Franck Jullien

ENTRER DANS L'ÉCRIT
   AVEC LA LITTÉRATURE
   DE JEUNESSE
   Laurence Pasa, Serge Ragano,
   Jacques Fijalkow

L'ENTRETIEN D'EXPLICITATION
   en formation initiale
   et en formation continue
   Pierre Vermersch

L'ENVERS DU TABLEAU
   Quelle pédagogie pour quelle école ?
   Philippe Meirieu

FAIRE L'ÉCOLE, FAIRE LA CLASSE
   Philippe Meirieu

LA FINLANDE : UN MODÈLE ÉDUCATIF
   POUR LA FRANCE ?
   Paul Robert

LE GUIDE JURIDIQUE DES ENSEIGNANTS
   Écoles, collèges et lycées
   de l'enseignement public
   Laurent Piau

L'INCONSCIENT DANS LA CLASSE
   Transferts et contre-transferts
   Francis Imbert et le Groupe de Recherche en
   Pédagogie Institutionnelle

INNOVER AU CŒUR
   DE L'ÉTABLISSEMENT SCOLAIRE
   Monica Gather Thurler

L'INSTANT D'APPRENDRE
   Emmanuelle Plantevin-Yanni

JE EST UN AUTRE
   Pour un dialogue pédagogie-psychanalyse
   Jacques Lévine, Jeanne Moll

MÉDIATIONS, INSTITUTIONS
   ET LOI DANS LA CLASSE
   Francis Imbert et le Groupe de Recherche
   en Pédagogie Institutionnelle

LA MÉTACOGNITION,
   UNE AIDE AU TRAVAIL
   DES ÉLÈVES
   Coordonné par Michel Grangeat,
   sous la direction de Philippe Meirieu

LES MÉTHODES QUI FONT RÉUSSIR
   LES ÉLÈVES
   Danielle Alexandre

MÉTIER D'ÉLÈVE
   ET SENS DU TRAVAIL SCOLAIRE
   Philippe Perrenoud

LES MICROLYCÉES
   Nathalie Broux, Eric Saint-Denis

MILLE ET UNE PROPOSITIONS
   PÉDAGOGIQUES
   Pour animer son cours et innover en classe
   André de Peretti, François Muller

LA NEUVILLE : L'ÉCOLE
   AVEC FRANÇOISE DOLTO
   SUIVI DE DIX ANS APRÈS
   Fabienne d'Ortoli et Michel Amram

LES OBJECTIFS PÉDAGOGIQUES
   EN FORMATION INITIALE
   ET EN FORMATION CONTINUE
   Daniel Hameline

L'ORGANISATION DU TRAVAIL,
   CLÉ DE TOUTE PÉDAGOGIE
   DIFFÉRENCIÉE
   Philippe Perrenoud

ORTHOGRAPHE : À QUI LA FAUTE ?
   Danièle Manesse, Danièle Cogis,
   Michèle Dorgans, Christine Tallet

LA PÉDAGOGIE À L'ÉCOLE
DES DIFFÉRENCES
Fragments d'une sociologie
de l'échec Philippe Perrenoud

PÉDAGOGIE ALTERNATIVE
EN FORMATION D'ADULTES
Éducation pour tous et justice sociale
Rémi Casanova, Sébastien Pesce

PÉDAGOGUES DE L'EXTRÊME
Rémi Casanova, Sébastien Pesce

PÉDAGOGIE : DICTIONNAIRE
DES CONCEPTS CLÉS
Apprentissage, formation
et psychologie cognitive.
Françoise Raynal, Alain Rieunier

PÉDAGOGIE, DES LIEUX COMMUNS
AUX CONCEPTS CLÉS
Philippe Meirieu

PÉDAGOGIE DIFFÉRENCIÉE :
DES INTENTIONS À L'ACTION
Philippe Perrenoud

LA PÉDAGOGIE ENTRE LE DIRE ET LE FAIRE
Le courage des commencements
Philippe Meirieu

LA PÉDAGOGIE : UNE ENCYCLOPÉDIE
POUR AUJOURD'HUI
Sous la direction de Jean Houssaye

PÉDAGOGUE ET RÉPUBLICAIN :
L'IMPOSSIBLE SYNTHÈSE ?
Philippe Lecarme

PENSER L'ÉDUCATION
Notions clés en philosophie de l'éducation
Coordonné par Alain Vergnioux

LA PERSONNALISATION
DES APPRENTISSAGES
Sylvain Connac

PETITE ENFANCE :
ENJEUX ÉDUCATIFS DE 0 À 6 ANS
Coordonné par Nicole Geneix et Laurence Chartier

LES POLITIQUES SCOLAIRES
MISES EN EXAMEN
Onze questions en débat
Claude Lelièvre

PREMIERS PÉDAGOGUES :
DE L'ANTIQUITÉ À LA RENAISSANCE
Sous la direction de Jean Houssaye

PRÉPARER UN COURS
Tome 1 : Applications pratiques
Alain Rieunier

PRÉPARER UN COURS
Tome 2 : Les stratégies pédagogiques efficaces
Alain Rieunier

PRÉVENIR LES SOUFFRANCES
D'ÉCOLE Pratique du Soutien au
Soutien Jacques Lévine, Jeanne Moll

PROFESSEURS ET ÉLÈVES :
LES BONS ET LES MAUVAIS
Jean Houssaye

QUAND L'ÉCOLE PRÉTEND
PRÉPARER À LA VIE…
Développer des compétences
ou enseigner d'autres savoirs ?
Philippe Perrenoud

QU'EST-CE QUE LA PÉDAGOGIE ?
Le pédagogue au risque de la philosophie
Michel Soëtard

QUESTIONNER POUR ENSEIGNER
ET POUR APPRENDRE
Le rapport au savoir dans la classe
Olivier Maulini

RADIOGRAPHIE DU PEUPLE LYCÉEN
Pour changer le lycée
Coordonné par Roger Establet

RÉUSSIR L'ÉCOLE DU SOCLE
Francis Blanquart, Céline Walkowiak

RÉUSSIR SA PREMIÈRE CLASSE
Ostiane Mathon

LES RUSES ÉDUCATIVES
Cent stratégies pour mobiliser les élèves
Yves Guégan

LA SAVEUR DES SAVOIRS
Disciplines et plaisir d'apprendre
Jean-Pierre Astolfi

SAVOIRS SCOLAIRES
ET DIDACTIQUES DES DISCIPLINES
Une encyclopédie pour aujourd'hui
Sous la direction de Michel Develay

LES SCIENCES DE L'ÉDUCATION, UN ENJEU,
UN DÉFI
Bernard Charlot avec la collaboration
de la CORESE, J. Gautherin, J. Hédoux
et A. Tuijnman

SOCLE COMMUN ET COMPÉTENCES
Pratiques pour le collège
Annie Di Martino et Anne-Marie Sanchez

STIMULER LA MÉMOIRE
ET LA MOTIVATION DES ÉLÈVES
Une méthode pour mieux apprendre
Jean-Philippe Abgrall

VIOLENCES ENTRE ÉLÈVES,
HARCÈLEMENTS ET BRUTALITÉS
Les faits, les solutions
Dan Olweus

VIVRE ENSEMBLE, UN ENJEU POUR L'ÉCOLE
Francis Imbert et le Groupe de Recherche
en Pédagogie Institutionnelle

Y A-T-IL UNE VIE APRÈS L'ÉCOLE ?
Georges Snyder

Voir la liste complète de la collection sur www.esf-editeur.fr

Sommaire

Présentation :
   Le triangle pédagogique, ou comment comprendre
   la situation pédagogique *(J. Houssaye)* 13

PREMIÈRE PARTIE
DU CÔTÉ DU PROCESSUS « ENSEIGNER »

Ce que l'on enseigne/Le cas du français *(D. Manesse)* 27
Contrat didactique et contrat disciplinaire *(J. Colomb)* 39
La transposition didactique *(M. Tardy)* 51
Curriculum : le formel, le réel, le caché *(P. Perrenoud)* 61
Préparation et planification *(M. Altet)* 77
Styles d'enseignement, styles pédagogiques *(M. Altet)* 89
L'enseignant organisateur des conditions d'apprentissage *(M. Bru)* . 103

DEUXIÈME PARTIE
DU CÔTÉ DU PROCESSUS « FORMER »

Les formes de regroupement des élèves *(C. Lelièvre)* 121
Les différences entre les élèves et les formes de travail *(L. Legrand)* 131
Comparaison sociale, coopération, compétition *(J. M. Monteil)* 141
La gestion du groupe et les communications
   dans la classe *(P. Poussière)* 151
Les enjeux de la relation *(J. Moll)* 165
Les écarts dans les relations *(P. Jubin)* 179

Autorité et sanctions *(B. Douet)* 191
Violences en milieu scolaire et gestion pédagogique
    des conflits *(J. Pain)* 201

TROISIÈME PARTIE
DU CÔTÉ DU PROCESSUS « APPRENDRE »

La mémoire *(A. Lieury)* 213
La motivation *(J. Houssaye)* 223
L'évaluation scolaire *(Y. Abernot)* 235
Le conflit sociocognitif *(M. J. Rémigy)* 247
Les conceptions des apprenants *(A. Giordan)* 259
La détermination et l'apprentissage des concepts *(B-M. Barth)* 275
Objectif-obstacle et situations d'apprentissage *(P. Meirieu)* 289
Styles d'apprentissage et modes de pensée *(J. P. Astolfi)* 301
Le développement de la capacité d'apprentissage *(J. Berbaum)* 315

Postface : L'école, le pédagogue et le professeur *(D. Hameline)* 327
Index thématique 343
Index nominal 349

Présentation

Le triangle pédagogique ou comment comprendre la situation pédagogique

Jean Houssaye
Sciences de l'éducation
Université de Rouen

Qu'est-ce que la pédagogie ? C'est l'enveloppement mutuel et dialectique de la théorie et de la pratique éducatives par la même personne, sur la même personne. Le pédagogue est un praticien-théoricien de l'action éducative. Il cherche à conjoindre la théorie et la pratique à partir de sa propre action, à obtenir une conjonction parfaite de l'une et de l'autre, tâche à la fois indispensable et impossible en totalité (sinon, il y aurait extinction de la pédagogie). Il y a, en effet, un écart entre la théorie et la pratique : la pratique échappe toujours un tant soit peu à la théorie (elle ne peut se réduire aux seules compréhensions théoriques que j'en ai), la théorie dépasse aussi toujours quelque peu la pratique (il serait encore possible de produire d'autres discours théoriques sur telle ou telle action). En pédagogie, il y a donc un écart fondamental entre la théorie et la pratique. C'est dans cette « béance » (qui tout à la fois sépare et unit) que se « fabrique » la pédagogie. Cette impossible et nécessaire conjonction entre théorie et pratique est à la fois le lien entre les deux, l'impossibilité même de les réduire l'un à l'autre et le mouvement dialectique qui les enveloppe de façon indissoluble.

C'est ainsi que, pour être pédagogue, il ne suffit pas d'être enseignant, spécialiste en sciences de l'éducation ou formateur. L'enseignant se présente comme le spécialiste d'un savoir uni ou pluridisciplinaire et comme le praticien de la pédagogie de ce savoir ; mais, de même que, par exemple le professeur d'histoire n'est pas historien, de même sa pratique pédagogique n'est pas réellement source de théorie : il utilise de la théorie mais n'en « fabrique » pas. Le spécialiste en sciences de l'éducation, de son côté, part d'un savoir théorique constitué, cherche bien à l'élargir en l'appliquant parfois à une pratique, qui cependant est le plus souvent celle des autres, mais cette pratique n'est là que pour confirmer et vérifier le savoir : il utilise de la pratique mais n'en « fabrique » pas. Le formateur, enfin, se présente comme un enseignant en sciences de l'éducation ; à ce titre, il vise la pratique des uns à partir de la théorie des autres, mais sa propre pratique n'est pas constitutive de son savoir pédagogique : il utilise de la théorie mais n'en « fabrique » pas, il utilise de la pratique mais n'en « fabrique » pas.

Par conséquent, il y a bel et bien un savoir pédagogique spécifique issu des recherches en pédagogie. Cet ouvrage cherche à préciser les différents éléments constitutifs de la voie pédagogique. Il présente les matériaux pluriels de la situation pédagogique, ceux qui structurent toute situation pédagogique. Seulement, si l'on ne peut se passer de pédagogie, c'est-à-dire si l'on ne peut échapper, dans une situation éducative, à un fonctionnement de ces éléments pédagogiques, il n'y a pas pour autant une seule et unique pédagogie. N'existent que des pédagogies, soit des structurations particulières, spécifiques et originales de ces éléments premiers. On devient pédagogue quand on réussit, théoriquement et pratiquement, à faire tenir ensemble ces éléments premiers selon une certaine configuration cohérente. Alors naît un nouveau savoir pédagogique ; alors on a « fabriqué » de la pédagogie. On peut ainsi repérer de grandes constructions pédagogiques originales qui continuent à « tenir », c'est-à-dire à servir de référence, (qu'on songe à Pestalozzi, Montessori, Decroly, Freinet et bien d'autres). Nous allons nous situer en deçà de ces réalisations, dans une propédeutique qui ne cherche qu'à présenter les différents matériaux du chantier pédagogique. Libre ensuite à chacun de se contenter d'utiliser tel ou tel élément, ou de se rapprocher par la suite d'une configuration pédagogique plus spécifique qui lui semblera adaptée à ces aspects, ou de tenter (pourquoi pas ?) de bâtir lui-même tant pratiquement que théoriquement un nouvel assemblage pédagogique (auquel cas, il aura vraiment « produit » de la pédagogie).

Est-ce à dire que le chantier pédagogique n'est aucunement structuré ? Est-ce à dire qu'on ne dispose d'aucun moyen préalable pour pouvoir penser la construction ? Est-ce à dire qu'aucune compréhension initiale ne peut nous aider et nous guider dans la constitution de la démarche pédagogique ? Nous n'en croyons rien. Il nous semble au contraire qu'on dispose de modèles de compréhension de la situation pédagogique et que la connaissance de tels modèles peut servir de points de repère indispensables sur le chemin de l'élaboration pédagogique. Nous allons ici privilégier un modèle de compréhension théorique qui est issu d'une pratique pédagogique et que l'on peut donc considérer comme un savoir pédagogique. Ce modèle, c'est celui du triangle pédagogique : il cherche à définir comment fonctionne la situation pédagogique, et cela à travers **sept propositions** qu'il s'agira d'énoncer et d'expliquer. Comment est structuré le champ pédagogique ? Quelles sont donc les règles qui président à sa construction et à son fonctionnement ?

La situation pédagogique peut être définie comme un triangle composé de trois éléments, le savoir, le professeur et les élèves, dont deux se constituent comme sujets tandis que le troisième doit accepter la place du mort ou, à défaut, se mettre à faire le fou.

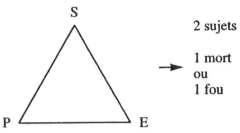

Les termes savoir (S), professeur (P) et élèves (E) sont ici à prendre dans un sens générique. Le savoir désigne les contenus, les disciplines, les programmes, les acquisitions, etc. Les élèves renvoient aux éduqués, aux formés, aux enseignés, aux apprenants, aux s'éduquants, etc. Le professeur est aussi bien l'instituteur, le formateur, l'éducateur, l'initiateur, l'accompagnateur, etc.

La notion de sujet est, elle, plus particulière. Le sujet, ici, c'est celui avec qui je peux établir dans une situation donnée une relation privilégiée, c'est celui qui compte particulièrement pour moi, c'est celui qui me permet d'exister de façon réciproque et préférentielle, c'est celui qui fait forme sur le fond de la situation. Il ne peut y avoir de sujet sans autre qui le reconnaisse comme tel.

Le mort, à l'inverse, c'est celui qui a établi un trou dans les relations, que je ne peux plus reconnaître comme sujet (sinon sous des formes détournées), qui ne peut plus me constituer comme sujet. Son mode de présence tient plus de l'absence que de la réciprocité. En allant plus loin, le mort dont il est question ici est le mort du jeu de bridge : un des joueurs doit en effet y tenir la place du mort. Autrement dit, ses cartes sont étalées sur la table et on le fait jouer plus qu'il ne joue. Mais son rôle est indispensable car, sans lui, il n'y a plus de jeu. Voici donc quelqu'un dont on ne peut pas se passer mais qui ne peut jouer qu'en mineur : sa place dans la partie est constamment assignée, définie et déroulée par les autres, véritables sujets de la situation.

Quant au fou, c'est celui qui récuse les termes du langage et du fonctionnement communs. De ce fait, je ne peux pas le reconnaître comme sujet, je ne peux plus établir de relation privilégiée avec lui ; il refuse en quelque sorte de me permettre de me constituer comme sujet. Il a perdu les règles de l'entendement commun et il le fait savoir, perturbant le jeu ordinaire, engendrant des situations difficilement contrôlables car elles bafouent les modes acceptés de la reconnaissance.

Toute pédagogie est articulée sur la relation privilégiée entre deux des trois éléments et l'exclusion du troisième avec qui cependant chaque élu doit maintenir des contacts. Changer de pédagogie revient à changer de relation de base, soit de processus.

Constituer une pédagogie, faire acte pédagogique, c'est, parmi le savoir, le professeur et les élèves, choisir à qui l'on attribue la place du mort. Par là même, les deux autres se constituent et se reconnaissent comme sujets ; ce sont eux qui structurent véritablement la situation pédagogique, le mort n'ayant qu'une fonction mineure, quoique indispensable. Une pédagogie est donc l'articulation de la relation privilégiée entre deux sujets sur l'exclusion du troisième terme. C'est cette figure que nous allons considérer comme un processus, soit comme un ensemble structuré de phénomènes actifs et organisés dans le temps. Ne prenons pas le terme d'exclusion dans un sens trop fort car il ne peut s'agir de rupture, dans la mesure où le mort doit tenir sa place, dans la mesure où les sujets entendent bien le faire être et agir. On pourrait presqu'en arriver à parler de tiers inclus pour désigner cette présence sur un mode minoritaire qui lui est assigné.

Les processus sont au nombre de trois : « enseigner », qui privilégie l'axe professeur-savoir ; « former », qui privilégie l'axe professeur-élèves ; « apprendre », qui privilégie l'axe élèves-savoir. Sachant qu'on ne peut tenir équivalemment les trois axes, il faut en retenir un et redéfinir les deux exclus en fonction de lui.

Le processus « enseigner » est fondé sur la relation privilégiée entre le professeur et le savoir et l'attribution aux élèves de la place du mort.

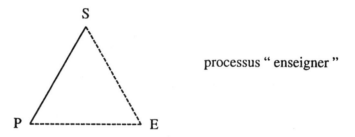

En effet, quand j'enseigne, on pourrait croire que l'important, ce sont les élèves et le maître. Mais il n'en est rien. Le véritable moteur de la situation pédagogique, c'est le rapport privilégié entre le professeur et son savoir ; c'est cet entretien qui attribue aux élèves la place du mort. Seulement, le mort peut toujours se mettre à faire le fou et on peut en repérer plusieurs figures.

Ce processus est menacé de *drop out* (décrochage externe) et de *drop in* (décrochage interne). Dans le premier type, deux cas peuvent se présenter : soit des élèves quittent la situation pédagogique pendant qu'elle se déroule (par insatisfaction par exemple), soit des élèves récusent la situation en refusant de s'y rendre (ils restent en dehors). La folie s'installe alors s'il n'y a plus suffisamment de morts consentants pour justifier la poursuite du processus. Le *drop in*, lui, ne joue pas sur l'absence mais plutôt sur la présence : tantôt les élèves se mettent à chahuter, c'est-à-dire récusent tout à coup cet entretien privilégié que le professeur entendait avoir avec son savoir, leur signifiant par là qu'ils n'entendent plus laisser faire ; tantôt ils montrent par divers moyens que, tout en étant présents physiquement, ils ont en fait déserté la situation (en faisant autre chose, en ne montrant aucun intérêt, etc.), tant et si bien que, de morts consentants, ils deviennent des morts par trop voyants et encombrants.

Le processus « former » est fondé sur la relation privilégiée entre le professeur et les élèves et l'attribution au savoir de la place du mort.

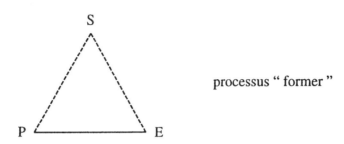

Ce qui caractérise ce processus pédagogique, c'est que les règles des rapports professeur-élèves ne sont pas données à l'avance, il va falloir précisément les définir, les constituer, c'est-à-dire arriver à préciser ensemble la manière dont on va intégrer le troisième terme, donc le savoir. Mais ce dernier, placé en position de mort, peut lui aussi verser dans la folie.

Comment peut-on faire faire le fou au savoir ? En récusant les règles de structuration du processus « former » de façon à réclamer un autre processus. Et cela peut venir aussi bien du professeur que des élèves. Il n'est pas rare de voir un enseignant, qui a instauré une démarche de ce type depuis un ou deux mois, se mettre tout à coup à « faire preuve d'autorité » et à reprocher aux élèves de ne pas arriver à s'organiser, ni à se mettre d'accord sur les contenus et les méthodes de travail, ni à se saisir efficacement du savoir. Cet enseignant va alors décider que désormais les choses se passeront d'une autre façon ; autrement dit, il y a les plus grandes chances qu'il tentera de restructurer la situation pédagogique autour de son entretien privilégié avec le savoir, procédant ainsi à un renversement de processus, rendant fou le processus « former ». Mais la folie peut aussi venir des élèves qui, en fait, ne vont plus supporter la position de sujets qui leur a été attribuée et qui vont chercher à retrouver la position de morts (celle-ci ayant en fait beaucoup d'avantages, ne serait-ce que parce qu'elle permet une implication moins forte et un regard distancié de protection). On verra alors, par exemple, des élèves se mettre à réclamer avec insistance « des cours » à un enseignant qui, lui, entendait constituer les élèves comme sujets pour leur éviter la place de morts.

Le processus « apprendre » est fondé sur la relation privilégiée entre les élèves et le savoir et l'attribution au professeur de la place du mort.

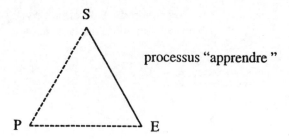

Cette fois, le professeur, en se donnant la place du mort, entend que les élèves accèdent au savoir directement, sans sa médiation forcée. Les élèves sont mis en demeure de ne plus passer par l'enseignant pour accéder au savoir : celui-ci leur est immédiatement accessible. Le professeur n'est pas pour autant absent, il joue simplement un autre rôle, celui de préparateur et d'accompagnateur de la situation d'apprentissage. C'est donc un mort efficace. Mais là encore la folie guette le processus.

Certains enseignants mettent par exemple leurs élèves en travail de groupes sur documents, mais ils ne supportent pas la situation, tant et si bien qu'ils sont constamment présents, harcelant les élèves de remarques, de questions, etc. Au bout d'un certain temps, les élèves en sont réduits à entrer dans une démarche d'enseignement, faute d'espace d'autonomie suffisant. D'autres enseignants entendent faire travailler leurs élèves sur des instruments qui se révèlent inadéquats (trop difficiles, etc.) ; s'ils veulent néanmoins aboutir à un résultat (ce qui n'est pas non plus une obligation, car ils peuvent très bien « se contenter » de chahuter, de ne rien faire ou de faire autre chose), les élèves en sont réduits à s'adresser en permanence à l'enseignant (explications, etc.) et à rompre le processus « apprendre » pour le processus « enseigner ».

Parce qu'il a une logique propre liée à celui qui endosse la place du mort, tout processus engendre des formes de folie qui lui sont propres.

Une fois installé dans un processus, on ne peut en sortir de l'intérieur, on reste toujours tributaire de sa logique; le changement ne peut s'opérer qu'en s'établissant d'emblée dans un autre processus; les logiques des trois processus sont ainsi exclusives et non complémentaires.

Pour agir, il faut choisir. La pédagogie passe par l'action. À ce titre, elle se doit, dans la multitude des variables qui composent la situation éducative, d'en privilégier certaines pour définir et mettre en œuvre une action cohérente. Mais, en même temps, tout choix est toujours quelque peu insatisfaisant puisqu'il ne peut être totalisant. C'est là une dimension essentielle de la pratique.

Il est donc illusoire de structurer une situation autour d'un processus et de se dire que, peu à peu, plus ou moins subrepticement, on va passer à un autre processus (moins bien accepté d'emblée, par exemple). Que se passe-t-il en effet à ce moment-là ? Les règles du jeu se superposent les unes aux autres, les morts s'accumulent et la folie est assurée. Il ne peut y avoir qu'un mort et que deux sujets. On peut certes le regretter, mais c'est là une condition fondamentale du fonctionnement pédagogique.

Par conséquent, tout processus a ses limites propres. Bien entendu, la solution à ces insatisfactions se trouve dans les deux autres processus et la tentation est grande d'espérer combler les manques par les propriétés des autres. Mais c'est en même temps oublier que les processus exclus ont eux-mêmes leurs limites que le processus choisi comble. À vouloir cumuler les avantages des processus, on ne peut manquer d'en éprouver les insuffisances. À vouloir ajouter les solutions, on additionne les inconvénients. Et bientôt la folie s'installe, par tentative de vouloir nier le mort par surcroît de sujets. Sans parler nécessairement de médiocrité, ne faut-il pas accepter que la pédagogie fasse preuve d'humilité ? Chaque processus a ainsi une logique qu'il faut bien respecter.

Le triangle pédagogique s'inscrit lui-même dans un cercle qui représente l'institution. Mais le rapport avec cet englobant est différent selon les processus : identité pour « enseigner », opposition pour « former », tolérance pour « apprendre ».

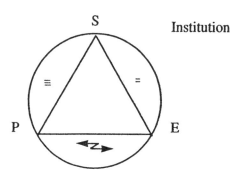

L'éducation est une réalité sociale ; à ce titre, elle s'accomplit dans des formes sociales qui ont, le plus souvent, le caractère d'institutions. Mais ces dernières ne sont pas neutres : elles interagissent de façon différente avec les processus pédagogiques proprement dits. Si l'on considère l'institution scolaire, un phénomène curieux s'est produit : on peut repérer une assimilation entre une forme institutionnelle (l'école) et une configuration pédagogique (le processus « enseigner »). Tout se passe en effet comme s'il était normal, naturel, et quasiment obligatoire, d'« enseigner » à l'école. Et si jamais vous vous mettez à tenir des pratiques autres, vous riquez fort de paraître déplacé. Or on n'a pas toujours « enseigné » à l'école ; on peut y repérer bien d'autres formes pédagogiques. De la même manière, il reste tout à fait envisageable de faire autrement à l'école.

Constatons donc ce rapport d'identité entre l'institution scolaire et le processus « enseigner » mais ne le prenons pas pour autant pour argent comptant. Remarquons aussi que cette institution entretient un rapport d'opposition avec le processus « former ». On peut certes le comprendre, sans pour autant le justifier. Tout d'abord, bien des formes pédagogiques relevant de ce processus ont comme projet explicite de remettre en cause le poids de l'institution, ne serait-ce que pour permettre aux individus de devenir sujets de l'institution, et non plus seulement assujettis. Ensuite, il est exact que l'institution se justifie essentiellement par le savoir et sa transmission ; elle se veut la gardienne et la garante du savoir (programmes, inspections, niveau, etc.). Or le processus « former » s'institue précisément en mettant à distance le savoir à qui il donne la place du mort. L'institution école n'est pas longue à estimer qu'il s'agit là de sa propre négation.

Le cas du processus « apprendre » est plus nuancé sur ce point. Il nous semble que ce processus est de mieux en mieux toléré par l'école. On voit ainsi surgir, suscités par l'institution elle-même, bien des centres (d'information, audiovisuel, informatique), qui, certes, par leur pluralité même, risquent fort de rester périphériques (à la classe), mais qui n'en sont pas moins le signe d'un encouragement à aller dans le sens de ce processus. La question demeure : jusqu'où l'institution scolaire est-elle prête à accepter de se définir autour de ce processus ? Par certains côtés, tout laisse penser que la plupart des réformes et des propositions pédagogiques actuelles cherchent précisément à faire basculer l'institution scolaire du processus « enseigner » au processus « apprendre ». Mais, en même temps, force est de constater que cette institution résiste encore fortement à une telle rupture, continuant à faire fonctionner ses pratiques dominantes sur l'« évidence » de l'identité forme scolaire-processus « enseigner ». Ce qui est vrai de l'école ne l'est pas obligatoirement des autres formes institutionnelles. Ainsi, la formation permanente s'est sans doute ancrée d'emblée dans le processus « apprendre » (certainement dans les justifications, un peu moins peut-être dans les pratiques réelles).

Un processus se maintient si l'axe central, tout en s'imposant comme premier, laisse suffisamment de jeu et de compensation aux deux autres. Dans le cas contraire, le fonctionnement n'est pas satisfaisant : le mort se met à faire le fou.

Tout en maintenant la quatrième proposition (les processus sont exclusifs et non pas complémentaires), nous pouvons maintenant la nuancer, en respectant sa logique. En effet, il est indispensable de ne pas mener un processus jusqu'au bout, car c'est la folie assurée en raison de la négation de la place du mort. Comment est-il possible de récuser le mort ? On le récuse soit en le refusant, donc en l'excluant totalement, soit en le réduisant, donc en l'assimilant.

Dans le refus du tiers, les deux sujets se constituent totalement en miroir, rejouant ainsi l'aventure de Narcisse : Narcisse, parce qu'il se noie, sombre irrémédiablement dans la folie. Or chaque processus est tenté lui aussi d'exclure son mort. Dans « enseigner », le professeur s'absorbe tout entier dans son savoir, si bien que les élèves ont l'impression de ne pas y être conviés (enseignants incompréhensibles, trop savants, abscons, etc.). Dans « former », professeurs et élèves sont si bien ensemble que leur relation leur suffit et suffit à justifier le fait d'être là. Dans « apprendre », l'autodidaxie est devenue permanente, tant et si bien que l'enseignant se voit refuser toute place et toute raison d'être.

Dans la réduction du tiers, les deux sujets récusent la différence du mort, entendent se l'assimiler en ne lui laissant aucune autonomie, rejouant ainsi l'aventure de la Méduse : la Méduse, parce qu'elle pétrifie tout, parce qu'elle annihile tout, sombre irrémédiablement dans la folie. Dans « enseigner », les élèves sont alors tellement séduits par le couple professeur-savoir qu'ils ne peuvent plus avoir aucune existence propre, aucune distance critique (ils s'abîment en vénération). Dans « former », le savoir passe dans la relation elle-même, ne se distancie plus d'elle : c'est la relation amoureuse, la séduction pure et simple, l'accomplissement du disciple. Dans « apprendre », le professeur se réduit au seul rapport élèves-savoir, il se réduit à un surveillant ou à un documentaliste : il n'est plus un technicien du rapport au savoir, mais seulement un instrument du rapport élèves-savoir.

Bref, dans une situation pédagogique, il ne peut être question de nier la place du mort, soit en l'excluant soit en l'assimilant. Par le fait même, quelle que soit la logique pédagogique dans laquelle on s'installe, tout est affaire de dosage, mais la composition reste variable et personnelle. Le pédagogue est un équilibriste : il lui faut à la fois un fil porteur (le processus choisi) et un balancier comme contrepoids (les processus exclus). À chacun de trouver le bon équilibre pour progresser dans les meilleures conditions : si vous donnez trop d'importance aux processus exclus, le balancier devient trop lourd et vous vous épuisez à résister à la chute ; si vous ne donnez pas d'existence aux processus exclus, le balancier perd sa fonction et la précarité de votre équilibre risque fort de vous être fatale.

Par conséquent, si vous « enseignez », faites aussi un peu dans « former » (intéressez-vous aux élèves et à leur vie, posez-leur des questions ; certes leurs réponses n'ont d'une certaine manière aucune importance puisque c'est vous le porteur du savoir, mais cela vous permet de mieux fonctionner) et dans « apprendre » (confiez aux élèves des exposés ; ceux-ci vous décevront, ne serait-ce que parce que les autres élèves vont attendre que vous leur signaliez *in fine* ce qui était important dans ce que présente leur collègue, mais, là encore, le simple fait d'avoir lieu est important pour la conduite de la classe).

Si vous « formez », faites donc un peu dans « enseigner » (même si vous mettez le savoir à distance, il n'est pas indifférent que vous continuiez à être perçu comme un sujet-supposé-savoir, comme détenteur d'un savoir supérieur, capable au besoin de le manifester) et dans « apprendre » (il faut que les élèves gardent la certitude qu'il s'agit bien de faire en sorte qu'ils parviennent au savoir, et ce en en faisant l'expérience, en l'éprouvant). Maintenant, si vous « apprenez », faites encore dans « enseigner » (ne renvoyez pas systématiquement à ses documents tout élève qui vient vous demander une explication ou un complément) et dans « former » (c'est le moment de tenir compte de la dynamique du groupe et de porter une attention particulière aux élèves dépendants ou en difficulté).

Tout processus est loin d'être univoque; il admet en son sein des pratiques pédagogiques différentes selon la part faite à chacun des deux axes annexes ; il reste que les familles pédagogiques sont d'abord constituées par la structure qui les constitue et que, à ce titre, elles s'excluent.

Il est certes théoriquement possible, quand on privilégie un processus (et on ne peut faire autrement), d'attribuer une place compensatrice égale aux deux processus exclus. Mais on constate plutôt que les diverses pédagogies intègrent plus facilement un des deux processus annexes. Ce qui fait que, tout en s'inscrivant sur un axe, elles se rapprochent de façon privilégiée d'un des deux autres.

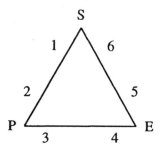

Sur l'axe « enseigner », en **1**, se trouve la pédagogie traditionnelle magistrale, celle qui fonctionne par cours et présentation impositive et structurée (si possible) du savoir, exigeant des élèves une assimilation et une restitution contrôlées et fidèles de ce savoir. En **2** se trouve le cours « vivant » (l'idéal de bien des enseignants), celui qui procède par questions-réponses et qui peut faire croire que l'élaboration du savoir vient des élèves (alors qu'il s'agit là d'une opération de déguisement et non de construction) ; le côté « vivant » tient plus précisément à la proximité de « former » qui induit un « bon climat » dans la classe en cultivant la relation professeur-élèves.

Sur l'axe « former », en **3** se trouvent certaines pédagogies libertaires (Neill, Hambourg), certains pédagogues socialistes (Makarenko), certains promoteurs de l'Education nouvelle en internat (Korczak) pour qui l'important relève d'une structuration maître-élèves à engendrer et à renouveler en permanence, mais qui s'appuient souvent, pour ce qui est de l'enseignement, sur des fonctionnements très classiques, proches d'« enseigner ». En **4** se trouvent les pédagogies institutionnelle (Oury, Fonvieille) et non directive (Rogers) qui donnent une place centrale au conseil, cette instance génératrice de la loi entre le maître et les élèves, et qui utilisent bien des méthodes pédagogiques prônées par les partisans du processus « apprendre ».

Sur l'axe « apprendre », en **5**, se trouvent l'Education nouvelle, Freinet, le travail autonome, certaines formes de pédagogie différenciée ; la priorité est alors donnée à la construction de méthodes et de moyens qui permettent aux élèves de se saisir directement du savoir, mais tout se fait dans un climat qui trouve sa souplesse par une relation non figée professeur-élèves. En **6** se trouvent l'enseignement assisté par ordinateur, l'enseignement programmé, certaines formes de pédagogie par objectifs et de pédagogie différenciée ; la priorité reste la même, mais les moyens mis en œuvre ont alors tendance à devenir beaucoup plus structurés et organisés en progressions préalables, ce qui les rapproche de la logique d'« enseigner » (à tel point qu'on est bien en peine parfois de savoir si telle ou telle pratique relève d'« enseigner » ou d'« apprendre »).

Ainsi se présente ce modèle de compréhension de la construction et du fonctionnement de la situation pédagogique. Entendons par « modèle » une représentation simplifiée d'un système, ce qui suppose que, par ce moyen, on donne à voir en soulignant dans un ensemble et en ne retenant que certains aspects. Tout modèle a, certes, ses limites : s'il retient trop d'éléments, il devient illisible ; s'il n'en garde que certains, il apparaît comme faux car trop éloigné du réel. Là aussi un équilibre est à trouver, non plus dans l'action éducative, mais dans la présentation théorique. Nous espérons avoir sacrifié à la vertu du juste milieu. Car il reste fort possible de complexifier ce triangle pédagogique. Un exemple. On peut considérer qu'on n'a jamais affaire à un seul triangle mais à une pluralité de triangles qui se superposent, ne serait-ce que parce que chaque élément admet différents niveaux très souvent hétérogènes : l'institution (une classe, un établissement, des mouvements pédagogiques, des corps d'inspection, des textes officiels, des réformes, des ministères, etc.) ; le savoir (selon les niveaux des contenus, des appropriations, des exigences et des taxonomies, selon les cycles, les disciplines, etc.) ; le professeur (le même professeur dans la même classe ou dans des classes différentes, les professeurs d'une même classe, de plusieurs classes, d'un même niveau, de différents niveaux, etc.) ; les élèves (un élève, des élèves, les élèves de la classe ou de différentes classes, les élèves selon les disciplines, les élèves en tant qu'enfants ou en tant que jeunes, etc.).

On peut aller jusqu'à se demander si la superposition interactive de ces différents niveaux d'analyse, qui reviendrait à examiner une multitude de figures triangulaires, déboucherait alors sur une figure sommative ressemblant encore... à un triangle ! Jusqu'où va la cohérence de l'ensemble éducatif ? Et, pourtant, chaque pédagogue est et reste sommé de donner sens à la situation éducative, ne serait-ce que par le choix pédagogique fondamental qu'il pose. La pédagogie est et reste un choix. Choix de faire tenir ensemble, en respectant les règles de la construction et du fonctionnement pédagogiques, les éléments premiers de la pédagogie. Choix et même nécessité de sélectionner certains aspects, de privilégier certaines variables, d'adopter certaines positions pour faire surgir une entreprise pédagogique particulière et néanmoins repérable, une construction pédagogique singulière et néanmoins transférable.

C'est maintenant la présentation de ces éléments premiers qu'il faut aborder. Il ne s'agira pas de dire comment devenir un « bon » pédagogue, mais de proposer des outils de connaissance et de compréhension de l'acte pédagogique. Nous n'allons donc pas rassembler les différentes pédagogies mais, en deçà, les éléments, les fondements de la pédagogie. Il est bien entendu impossible de prétendre exposer et disposer tous les aspects du « chantier » pédagogique. Nous avons cherché à retenir les recherches significatives, mais non exhaustives, actuellement en cours dans ce secteur éducatif. Les textes qui vont suivre en sont un bon échantillon.

Le modèle du triangle pédagogique va nous servir à structurer ces différents apports. Nous faisons en effet l'hypothèse que chaque élément s'inscrit de façon privilégiée sur un des trois axes du triangle. Certes, il peut toujours éclairer les autres aspects (et certains textes s'y efforcent même) mais il relève plutôt d'un processus ou d'un autre. Il devient alors possible de repérer et de comprendre les dimensions propres à chaque axe. Cette première organisation et cohérence des apports ne peut, par contre, prétendre produire un discours unifié sur la pédagogie. Bien au contraire, l'approche sera diversifiée. Cette caractéristique est tout à fait révélatrice de la recherche en éducation et en sciences de l'éducation, au moins sur trois plans. Le plan des intentions d'abord : dans cet ouvrage, certains auteurs privilégient une approche purement conceptuelle ; d'autres incluent des analyses de pratiques ; d'autres encore débouchent sur des aspects prescriptifs qui ne seront cependant jamais dominants. Le plan des attaches disciplinaires ensuite : le champ de référence de chaque texte est souvent très apparent et l'on verra ainsi convoquer l'histoire, la psychologie, la sociologie, la psychosociologie, la psychopédagogie, la psychanalyse, la linguistique, la sémiologie, la philosophie, etc. Le plan des méthodologies enfin : là aussi, chaque texte a tendance à s'appuyer sur un mode ou un autre d'administration de la preuve – expérimental, clinique, réflexif, etc. Cet ouvrage est donc susceptible d'une lecture à plusieurs niveaux : on peut s'attacher à un texte particulier, on peut préférer étudier un axe ou un processus, on peut reconstituer les cohérences autour du triangle, on peut rechercher les multiples intentions, champs de référence et méthodologies, on peut même estimer que tout cela ne concerne pas les professeurs (*cf.* la postface), on peut... À l'image du pédagogue, à chacun maintenant de faire ses choix !

RÉFÉRENCES BIBLIOGRAPHIQUES

BERTRAND Y., *Théories contemporaines de l'éducation,* Lyon, Chroniques Sociales, 1993.

HOUSSAYE J., *Le triangle pédagogique,* Berne, Peter Lang, 1988.

HOUSSAYE J., *Pratiques pédagogiques,* Berne, Peter Lang, 1988.

SOETARD M., *Pestalozzi ou la naissance de l'éducateur,* Berne, Peter Lang, 1981.

Première partie

Du côté du processus « enseigner »

Le processus « enseigner » privilégie l'axe professeur-savoir et place l'élève en position de mort ou de fou. Les sept contributions de cette première partie vont donc explorer cet axe. Cet ouvrage privilégiant l'approche pédagogique sur l'approche didactique, il ne peut être question ici d'introduire les différents savoirs disciplinaires comme tels. Cependant, on ne peut éliminer cet aspect. Pour bien marquer cette présence, le premier texte (D. Manesse) sera de cet ordre, comme exemple, comme symbole des savoirs disciplinaires saisis par les professeurs. Le cas du français au collège a été retenu parce qu'il est accessible à chacun, qu'il ait ou non à enseigner le français. Manière, que nous voulons significative, de rappeler que le savoir est toujours présent, toujours relatif et toujours problématique pour des raisons à la fois internes et externes.

Mais ce savoir, comment l'enseignant l'appréhende-t-il ? Plusieurs opérations sont repérables de ce point de vue. En l'inscrivant dans un contrat, didactique et disciplinaire (J. Colomb). En le transposant pour en faire un savoir scolaire (M. Tardy). En lui reconnaissant plus ou moins explicitement des statuts différents, formel, réel ou caché (P. Perrenoud). Ainsi, le rapport que l'enseignant entretient avec le savoir apparaît-il comme particulièrement complexe, non seulement dans sa nature, mais aussi dans ses niveaux et ses articulations. Et pourtant, il faut bien organiser ce savoir par rapport aux élèves. L'enseignant s'y efforce en planifiant ses modalités d'intervention, en adoptant certains styles plutôt que d'autres (M. Altet). Bref, l'articulation du rapport professeur-savoir, constitutif du processus « enseigner », revient à organiser les conditions d'apprentissage des élèves en tenant compte de bien des éléments et en variant les combinaisons mises en œuvre (M. Bru).

Ce que l'on enseigne.
Le cas du français

Danièle Manesse
Linguiste
Université René-Descartes, Paris V

Qu'est-ce qu'une discipline scolaire ? C'est un ensemble de savoir-faire et de connaissances, les contenus disciplinaires, relevant d'objectifs explicitement déterminés par des programmes officiels, et qui s'enseignent par le biais d'exercices et de pratiques de classe définis, parmi lesquels les modes d'évaluation des connaissances. C'est dans l'enseignement secondaire qu'on voit le français se dessiner comme une discipline à part entière, transmise par des professeurs spécialisés. L'école primaire, en amont, construit les apprentissages de la lecture et de l'écrit, qui n'ont pas de légitimité disciplinaire - il n'existe pas dans le système universitaire, comme pour les mathématiques ou la géographie, un champ d'étude dont l'objet spécifique serait la lecture. Lecture et écriture sont, en effet, l'instrument d'acquisition de *tous* les savoirs scolaires. C'est donc à partir de ce qu'on appelle aujourd'hui le collège que peut s'observer l'identité de la discipline français, et c'est à ce niveau clé, puisqu'il est le passage obligé de tous les enfants sortant de l'enseignement primaire depuis 1975, qu'on l'examinera ici. Après avoir envisagé ce qu'on enseigne en français, c'est-à-dire les contenus officiellement assignés à la discipline, on tentera de montrer en quoi la nature de ces contenus est porteuse de tensions, de conflits qui dessinent autour de cet enseignement un halo de difficultés contribuant à créer l'idée (mythe ou vérité) de la « crise de l'enseignement du français ».

Quels sont les objectifs de l'enseignement du français ?

Ils se distribuent autour de deux pôles : la langue et la culture.

Sous des formulations qui varient, on retrouve de longue date dans les textes officiels l'énoncé de ces deux pôles :

« Parmi les disciplines qui concourent à former et cultiver l'esprit, l'enseignement du français tient un rang privilégié (...). Langue maternelle de nos élèves, le français est pour eux l'instrument de toute profonde et fine culture » (arrêté du 11 avril 1938).

« L'enseignement du français en sixième et en cinquième a pour objet le perfectionnement de la langue, l'acquisition de méthodes intellectuelles, l'initiation à une culture accordée à la société de notre temps.» (arrêté du 17 mars 1977).

Enfin, l'esprit du temps obligeant, le dernier des textes est plus explicite sur l'exposé des objectifs :

« L'enseignement du français a pour premier objectif de rendre les élèves capables de s'exprimer avec correction et clarté dans la langue d'aujourd'hui, oralement et par écrit. » Le texte évoque ensuite la variété des discours et des textes existant dans la société contemporaine « qui produit également des discours dont le support essentiel est l'image » et il poursuit : « La culture ainsi entendue est une activité qui forme l'esprit et le jugement, elle doit être proposée à tous les élèves : c'est le deuxième objectif de l'enseignement du français au collège. » Le troisième objectif est de faire acquérir des méthodes (arrêté du 14 novembre 1985).

Certes, depuis quinze ans le pôle culturel se « modernise ». Le texte « littéraire » n'est plus le vecteur exclusif de la culture, la classe de français du collège s'ouvre à toutes sortes de textes : presse, documents, littérature de jeunesse, et même à l'étude de l'image ! (Instructions officielles de 1985). Le pôle linguistique, lui aussi s'ouvre, puisqu'à côté de la nécessité de faire travailler la langue écrite apparaît le souci de faire travailler l'expression orale des élèves. Mais la bipolarisation (langue et culture) de la discipline demeure sa caractéristique première.

Une autre opposition traverse en outre la discipline. Celle-ci doit transmettre des savoirs de nature différente : certains sont « normés », tels le code orthographique, la grammaire, certaines connaissances littéraires précises d'un côté; et de l'autre, il y a des savoirs ou des savoir-faire qui ne se réfèrent à aucun modèle défini : ce sont ceux que l'on englobe dans l'expression « compétences langagières », c'est-à-dire les capacités d'expression à l'oral et à l'écrit. Tant le pôle culturel que le pôle linguistique sont traversés par cette opposition, qui donne aux composantes de la discipline un *statut épistémologique* très hétérogène. Ainsi, on a pu faire observer qu'un élève qui apprend les mathématiques devient un peu mathématicien, tandis qu'un élève qui apprend le français ne devient, au moins dans les premières classes du secondaire, spécialiste d'aucun savoir : il apprend à « s'exprimer », il se met en mesure d'« exercer son jugement », « d'acquérir la culture nécessaire à sa vie de citoyen », etc. En d'autres termes, la discipline du français vise moins à faire acquérir des connaissances qu'à améliorer ou construire des pratiques langagières et à constituer un regard sur des objets culturels.

La définition du champ de la discipline lui donne un *statut social* particulier dans l'économie des disciplines scolaires : les deux dimensions qui le constituent ne jouissent pas de l'exclusivité scolaire au même degré que dans d'autres disciplines. Le français – langue – est l'outil commun de la communication entre les membres de la communauté, et il est, en particulier, le canal d'acquisition de la plupart des connaissances scolaires ; son usage et son apprentissage ne s'inscrivent pas dans l'espace borné de la classe de français, comme la mathématique scolaire se développe exclusivement dans la classe de mathématiques. De même, le versant culturel, représenté essentiellement par le texte, littéraire ou non, est lu, est commenté et circule en dehors de la classe de français ; et même à cet égard, les adjonctions au corpus des textes à étudier en classe, tels les articles de presse (1977), la littérature de jeunesse (1985), ont contribué à banaliser l'espace propre de la discipline, à effacer les frontières qui la séparent des pratiques culturelles hors-école. Les deux objets de l'enseignement du français, la langue et la culture, contribuent à fonder la société elle-même. En sorte que c'est du fait de sa nature que le français, plus que tout autre discipline scolaire, est un sujet de débat public : sur la dictée, l'étude des « classiques » ou la grammaire, chacun a son mot à dire, alors qu'il n'en est pas de même de l'étude de la digestion en sciences expérimentales ou de celle de la trigonométrie en mathématiques.

Le caractère éminemment socialisé, « public » de la discipline, la distingue ainsi parmi les disciplines scolaires. Il va également en faire une dlscipline extrêmement vulnérable à la démocratisation de l'enseignement : parce que les savoirs et les pratiques de la discipline ont cours en dehors de la classe de français, les enfants arrivent inégalement armés pour aborder la discipline, avec un « capital culturel » inégalement partagé. Or, on a pu montrer que ce capital, en quelque sorte « extra-scolaire », pèse lourd pour la réussite dans la discipline.

Les domaines de l'enseignement du français

Le législateur s'est de longue date préoccupé de mettre en avant l'unité du champ disciplinaire du français. En introduction aux instructions de 1938, on affirmait que « pour la clarté et la commodité de l'expression, on a distingué l'enseignement de la langue, la lecture des textes et l'initiation à la composition française. Mais il va de soi que, dans la pratique, ces trois parties ne peuvent pas être séparées ». On le réaffirme en 1985 : « L'étude de la langue ne se sépare pas de la pratique du discours ni de la lecture réfléchie des textes lus ou produits, ni de la lecture des images que l'on analyse, interprète ou construit. » D'une certaine manière, c'est une évidence : en langue, on travaille toujours sur des produits langagiers, et la volonté de lier tous les domaines est illustrée, naïvement si l'on peut dire, par l'usage de textes de « bons auteurs » pour faire des dictées ou pour illustrer des règles de grammaire. Mais toute activité dans la classe, en raison même du caractère hétérogène de la discipline, suppose une intention dominante, et dans la pratique, on distingue des moments séparés, bien souvent identifiés dans l'emploi du temps : orthographe, grammaire, rédaction, étude de texte... C'est à partir de cette typologie admise et connue qu'on procédera ici : on évoquera, parmi les activités « normées », deux champs représentatifs : l'orthographe et la grammaire, tous deux orientés vers la maîtrise de la langue écrite qu'on évoquera à leur suite. On abordera ensuite deux domaines dont le statut de « savoirs » est plus problématique : l'oral et l'étude de textes.

L'orthographe, un savoir étroitement codifié

L'orthographe, pour n'être pas l'essentiel de l'enseignement du français, en est à coup sûr un pan important. Elle traverse le cursus entier des études ; enseignée depuis la seconde classe de l'école primaire, elle est encore au programme de la seconde. Elle est en quelque sorte emblématique de l'enseignement du français : des études ont montré que les deux tiers des élèves de sixième identifient « être bon en orthographe » et « être bon en français ». De plus, c'est un savoir « public », en ceci que tout citoyen doit être capable de la mobiliser dans des tâches communes d'écrit, alors que tout le monde n'est pas censé savoir résoudre une équation à deux inconnues. Et la société exerce sur ce savoir un contrôle tâtillon, puisqu'on voit même la situation scolaire de la dictée se reproduire dans des championnats tout public. La pression sociale est très forte sur cet enseignement : les campagnes sur la baisse supposée du niveau en orthographe des élèves, les débats sur les modifications orthographiques ou les peurs qui se réveillent dès qu'apparaît le fantôme de la réforme, transforment le domaine en foire d'empoigne.

Et l'école, qu'enseigne-t-elle ? On n'insistera pas trop ici, le lecteur étant nécessairement averti ! L'orthographe s'apprend au travers de règles grammaticales, qui concernent essentiellement les accords, dont la plus fameuse est celle de l'accord du participe passé d'un verbe conjugué avec l'auxiliaire avoir et de son complément d'objet. Elle enseigne la graphie des séries de mots avec leurs exceptions (celles d' *honneur* et de *char*) ; elle enseigne des graphies explicables par l'étymologie *(doigt* ou *philosophe)*, des formes isolées *(âme* ou *abri)* ; et tout cela, elle l'enseigne avec efficacité : entre la fin de l'école primaire et la classe de troisième, les élèves scolarisés en France en 1987 faisaient trois fois moins de fautes.

Dans sa banalité, l'orthographe présente d'importants problèmes d'enseignement : il faut évidemment l'enseigner, puisque l'état de la langue française l'exige, mais le maître est souvent contraint de procéder à une inculcation dogmatique. On enseigne bien souvent ce que l'on ne peut ni expliquer, ni justifier : redoutable problème pédagogique que soulignait il y a près d'un siècle un linguiste éminent, soucieux de pédagogie et... ardent réformiste, Ferdinand Brunot, dans sa *Lettre ouverte au ministre de l'Instruction publique* (1905) :

« Cet enseignement a d'autres défauts que d'être encombrant. Comme tout y est illogique, contradictoire, que, à peu près seule, la mémoire visuelle s'y exerce, il oblitère la faculté de raisonnement, pour tout dire, il abêtit.

À un degré de l'enseignement où très souvent le défaut régnant est le dogmatisme, il a le vice énorme d'incliner plus encore vers l'obéissance irraisonnée. »

Dans le domaine de l'orthographe, l'école n'a en rien l'initiative de ses contenus. Les programmes de langue vivante ou de biologie ont changé en cinquante ans, mais le contenu à enseigner de l'orthographe reste le même : *toute* l'orthographe est à la charge de l'école ; en la matière, celle-là ne crée pas un produit scolaire dérivé d'un savoir de référence par le jeu de la *transposition didactique* (cf. chap. suivant).

L'orthographe est la même pour l'écolier, le lycéen, l'étudiant et le philologue. Le savoir savant sur l'orthographe n'est pas un degré supérieur du savoir orthographique, mais la connaissance de la constitution de l'orthographe et de sa structure. Fixée en dehors de la sphère savante, – c'est en définitive l'État qui, au XIXe siècle, a décidé de la bonne manière d'écrire lorsque le dictionnaire de l'Académie a été choisi comme référence unique –, l'orthographe est au sens le plus plein ce qu'on appelle une « norme », ce qui doit être. Et l'école est en porte à faux dans ce domaine où la médiation pédagogique est malaisée. On n'explique pas autrement l'exceptionnelle – et peut-être unique dans l'histoire des disciplines scolaires – résistance de l'exercice de la dictée, pratiquée dans les écoles et les collèges selon des modalités identiques depuis plus d'un siècle. Faute d'intervenir sur la nature et la qualité du savoir qu'elle enseigne, il reste à l'École comme seule latitude celle de fabriquer des exercices d'acquisition et d'évaluation : les listes de fréquence, les variantes de la dictée préparée, auto-dictée, les mots croisés, les repérages dans les textes, etc. – et d'établir une progression dans les objectifs et les acquisitions.

La grammaire : un ensemble de règles contestées

La grammaire à l'école consiste dans l'ensemble des règles à suivre pour parler et écrire la langue correctement. L'ensemble de ces règles constitue un code normatif, une sorte de grille de lecture des énoncés qu'on produit : elle permet de taxer certains d'entre eux d'incorrects, puisqu'ils ne sont pas conformes à l'une ou plusieurs de ces règles. Ce domaine prescriptif de l'enseignement du français, est à certains égards rassurant pour le professeur, puisqu'il dispose là d'un savoir, en apparence tout au moins, bien établi. On connaît tout l'appareillage didactique dont s'est dotée la grammaire scolaire : conjugaison des verbes, apprentissages de règles et d'exceptions, exercices d'application des règles, transformations, analyse grammaticale des mots dans la phrase et analyse logique des suites de propositions. Tout cet enseignement exige la maîtrise progressive d'une nomenclature, d'un métalangage dont on a souvent fait observer qu'il est très étendu : catégories de mots, de fonctions, classement des temps du verbe, etc.

Les enjeux de la grammaire scolaire la dépassent très largement. Deux justifications de son enseignement apparaissent évidentes.

La première est son *utilité à résoudre certains problèmes orthographiques* : il faut bien savoir identifier le complément d'objet pour savoir qu'il doit, en règle stricte, s'accorder avec le participe passé des verbes dans certaines conditions, alors que l'accord se fait en général avec le sujet. Il faut bien savoir distinguer un participe présent d'un adjectif verbal pour orthographier à propos *fatiguant* ou *fatigant*. Et une thèse affirme précisément que le très lourd corps de savoirs de la grammaire scolaire s'est constitué en dehors du savoir savant sur la langue, à la seule fin « d'apprendre à écrire à tous les Français ».

La seconde justification de la grammaire à l'école repose sur son *utilité pour l'enseignement des langues étrangères* : comment comprendre la structure du cas possessif en anglais si l'on ne sait pas ce qu'est un complément de nom ? Cette raison trouvait plus de sens encore lorsque l'enseignement du latin venait épauler, pour une majorité d'élèves de l'enseignement secondaire, l'enseignement de la langue maternelle. On a, en effet, pu observer que, malgré les différences importantes qui existent entre la structure du latin et celle du français, la grammaire scolaire empruntait à la grammaire latine une grande part de ses catégories.

Ces deux raisons, quelles que soient les réserves qu'on émette à l'endroit de la grammaire scolaire, sont assez fortes pour qu'il semble impossible de concevoir un enseignement de la langue sans grammaire. Et pourtant, la grammaire scolaire fait l'objet de vives critiques depuis plus d'un siècle (André Chervel, 1977). Certaines sont de nature interne : la grammaire scolaire est un corps de savoirs discutables :

« Peut-on considérer sans une certaine perplexité une théorie imposée à tous les enfants à l'école (...) qui ne leur offre que des schémas boiteux, des raisonnements d'une incohérence douteuse et des catégories fluctuantes ? » écrit André Chervel, (1977, p. 275).

La grammaire scolaire, en effet, est parfois bien en peine de définir ses catégories, parce que ses critères se contredisent : ainsi la fonction – élémentaire – de complément d'objet, déjà évoquée, est-elle « l'être ou la chose sur quoi s'exerce l'action du verbe transitif »? Mais alors, que faire de *il reçoit une gifle,* ou *ses cheveux sentent la cigarette?* L'identifie-t-on par la possibilité de retournement passif comme dans *Pierre bat Paul, Paul est battu par Pierre ?* Mais alors, que faire de *ce chapeau vaut cent francs ?* On a fait observer également le caractère hétéroclite de la nomenclature grammaticale, parfois sémantique *(substantif),* parfois syntaxique, parfois logique *(proposition),* etc. À la difficulté de définir des catégories, la grammaire scolaire ajoute celle de ne pas être en mesure d'analyser quantité d'énoncés de la langue : « Les maîtres savent bien, écrivait Brunot en 1909, qu'il n'y a pas d'analyse possible que sur de bons petits textes, préparés et arrangés à l'avance. S'il fallait donner en exercice à une classe quelconque une colonne du journal du jour, personne ne serait sûr de s'en sortir, ni élève, ni maître, ni directeur, ni inspecteur. » C'est notamment quantité d'usages vivants – et corrects ! – de la langue qui sont laissés hors du champ de l'analyse, tels *ça sent la frite, vous êtes là à bailler ...*

De ses limites internes découle l'inadaptation du savoir de la grammaire traditionnelle à la classe. La langue orale, la langue vivante et employée par les élèves ne se laisse pas réduire à l'aune des catégories grammaticales, et l'on a dénoncé bien souvent ce caractère artificiel, *ad hoc,* de la grammaire scolaire centrée sur la langue écrite.

Il existe en la matière un *savoir savant*, à savoir une discipline de référence dont l'objet est d'analyser et de décrire la langue : c'est la linguistique, discipline universitaire. Dans les années soixante-dix, devant l'afflux dans l'enseignement secondaire de nouvelles couches sociales, on voyait s'effriter de manière manifeste l'efficacité des enseignements traditionnels, et on a fondé de grands espoirs dans un renouvellement de la grammaire scolaire par la linguistique : celle-ci était supposée pouvoir substituer à l'ancien corps de doctrine un savoir plus adapté, plus efficace, fondé sur des pratiques d'observation et de manipulation de la langue par les élèves. Comme, en outre, des études convergentes montraient que la pratique de la grammaire traditionnelle ne s'accompagnait pas nécessairement de progrès significatifs dans l'usage de la langue, le paysage scolaire semblait ouvert à des transformations qui substitueraient aux dogmes la raison.

Ces espoirs ont, pour une large part, été manifestement déçus. La grammaire dite « traditionnelle », certes parfois parée de nouveaux costumes, a repris le dessus comme en témoignent de nombreuses enquêtes. Sa résistance s'explique certainement par la divergence qui existe entre les objectifs scolaires et les objectifs scientifiques qui sont ceux de la linguistique.

En effet, en premier lieu, la linguistique est une science descriptive et non prescriptive : elle s'attache à tous les discours produits, sans les juger au préalable corrects ou incorrects, elle n'écarte aucun des énoncés de la langue. La critique de la norme formulée par les linguistes, du caractère arbitrairement surestimé de certains énoncés par rapport à d'autres, a eu certes le mérite de donner droit de cité à des énoncés autrefois exclus des manuels, des tournures orales ou des variantes d'usage, et elle a permis d'être plus à l'écoute de la langue des élèves. Mais l'école est pour bien des enfants le seul lieu où s'acquiert la norme, et la « déculpabilisation » salutaire induite par l'attitude descriptive ne réglait pas le problème du bon usage à faire acquérir à tous les élèves.

Le savoir savant, d'autre part, obéit à une dynamique de la complexification qui s'oppose à la nécessité de simplicité des savoirs scolaires. Ainsi, sauf à entrer dans une analyse extrêmement sophistiquée, la notion de complément d'objet doit être transmise avec ses imperfections, l'essentiel étant qu'elle soit opératoire pour permettre aux élèves de résoudre les problèmes dans lesquels elle intervient. Comme toute science, d'autre part, la linguistique construit des modèles abstraits, dont l'introduction hâtive dans les classes a donné des résultats peu concluants, tels les « arbres » de la grammaire générative qui, se substituant aux formules plus empiriques de l'analyse logique et grammaticale, ont changé le détour sans changer le fond. Enfin, la saine émulation entre les théories, qui est une des preuves de la vitalité d'une science, a installé l'incohérence dans les manuels. Bref, selon un bilan pessimiste, on n'est parvenu à construire qu'une variante de la grammaire scolaire, « teintée superficiellement par une multitude d'emprunts, d'ailleurs disparates, à l'enseignement linguistique universitaire. » (Chervel, *op. cit.*p. 272).

C'est peut-être en reconsidérant le contenu de la grammaire en fonction des objectifs qu'elle doit poursuivre que son enseignement pourrait se transformer et qu'une articulation avec la linguistique sur des bases assainies pourrait se réaliser. Les trois finalités qu'on pourrait assigner à son enseignement peuvent être les suivantes (Bronckart, *Langue française*, n° 82, p. 62) :
– donner aux élèves la maîtrise des opérations constitutives de la phrase et des discours, donc travailler les subordonnants, les connecteurs, les temps du verbe, etc. ;
– donner aux élèves les moyens de maîtriser l'orthographe, donc étudier les zones précises d'application de la grammaire dans la graphie ;
– donner aux élèves le métalangage utile pour l'apprentissage des langues secondes.

Remarques sur l'expression écrite : à la recherche de modèles

Orthographe et grammaire sont en quelque sorte des étapes préalables pour que l'élève puisse produire des textes écrits « avec correction et clarté dans la langue d'aujourd'hui », comme il est dit dans les textes officiels. L'exercice emblématique de l'expression écrite est la rédaction, c'est-à-dire la production par l'élève d'un texte à sujet en général imposé, qu'il prend en charge de bout en bout. Depuis une quinzaine d'années, la rédaction a fait l'objet de nombreuses critiques. L'élève, devant la seule consigne induite du sujet, était abandonné dans la conduite simultanée de quantités de tâches de nature très diverses et étroitement imbriquées : dans une rédaction, il faut savoir respecter la syntaxe, la morphologie, le vocabulaire et l'orthographe, l'organisation du texte, il faut développer des idées originales dans certaines limites raisonnables qui ne sont jamais explicitement définies, rester fidèle au sujet, faire preuve de style et n'être pas trop « scolaire », etc. La multiplicité des compétences requises a pour effet de rendre impossible une correction tous azimuts par le maître : on a pu montrer que la majeure partie des annotations de rédactions d'élèves par les professeurs portaient sur des problèmes de norme de la langue (grammaire, orthographe), le reste consistant en remarques telles « maladroit » « mal dit », etc., faute de pouvoir définir précisément ce qui est attendu des autres composantes : qu'est-ce qu'une pensée originale, qu'est-ce qu'un style personnel ?

C'est donc vers des exercices plus ciblés, aux objectifs strictement définis de sorte que les élèves peuvent se les approprier, que s'orientent les directives actuelles sur l'expression écrite.

Il s'agit de fonder certains exercices en premier lieu sur des situations de communication vraisemblables : écrire pour un destinataire identifié : questionnaires, projet d'enquête, comptes rendus, journal collectif, etc. Il s'agit ensuite de varier les sujets de rédaction et les contraintes qui organisent les différents types de texte, par ailleurs étudiés en lecture : dialogue, récit, description, lettre...

L'enseignement de l'oral : l'absence de modèles

Ce domaine de l'enseignement du français vient s'ajouter aux objectifs anciens, lorsqu'on découvre que, dans le second degré, toute une population d'enfants n'ont pas la maîtrise de la langue qui était celle de la population triée des années précédant la réforme Haby. Là encore, c'est le changement du public scolaire qui impose de faire évoluer le programme : l'aisance à l'oral est un capital très inégalement partagé, que le collège démocratique doit avoir le souci de développer chez les élèves les plus démunis ; il s'agit de ne pas les enfermer dans leur « marché linguistique », et Philippe Perrenoud écrit : « Pour faire mieux que survivre, il faut apprendre la langue de ceux qui détiennent le pouvoir, l'information et les ressources » (*Parole étouffée, parole libérée,* 1991). Mais si un besoin apparaît, sa contrepartie en exercices scolaires, en activités de classe n'existe pas encore, et tout est à inventer. Certes, la pratique de l'oral s'incarnait auparavant dans des activités telles la récitation, l'exposé de la leçon, la lecture à haute voix, toutes activités qui ne répondent pas à l'objectif nouveau de développer la maîtrise de la prise de parole spontanée, efficace dans la communication et correcte dans la forme. Tous ces exercices se sont trouvés « démonétisés » dans le cadre d'une pédagogie centrée sur l'initiative de l'apprenant, où il s'agit de donner à l'élève sa place de sujet actif.

Produire en la matière de nouvelles stratégies pédagogiques rencontre des obstacles de taille. Peut-on « scolariser » l'expression linguistique orale sans la transformer en un corpus de règles normatives qui, à l'image de la grammaire, ne seront pas mobilisables dans le cadre d'une situation concrète de communication ? Comment gérer le problème du nombre des élèves dans la classe ? Comment créer, dans le cadre de l'école, des situations d'interactions naturelles, qui répondent aux mêmes caractéristiques que les situations de communication hors-école ?

Des études rendent manifestes, là encore, le fait que les bons élèves mettent mieux à profit que les élèves en difficulté les activités orales : ils prennent deux fois plus la parole, leurs interventions, plus pertinentes, sont plus souvent reprises par le maître, etc.

La participation des élèves n'est pas seulement affaire de bonne volonté mais relève d'habitus de classe, d'attitudes familiales ; et parce qu'il s'agit de développer une compétence et non de transmettre un savoir, parce que cette compétence s'exerce largement en dehors d'elle, l'intervention de l'école reste marginale.

Ce sont donc les caractéristiques liées au statut de l'objet à enseigner qui rendent difficile sa systématisation scolaire dans le cadre seul de la classe de français.

« Pour l'oral plus que pour tout acquis, écrit Philippe Perrenoud, il faut se défaire de l'idée qu'il y a des savoirs à transmettre ; les compétences sont construites par l'élève en situation d'interaction (...). Penser une pédagogie de l'oral, c'est refuser de l'enfermer dans l'enseignement du français ». La pratique de l'oral ne se qualifie pas, en soi, comme un exercice propre de la discipline, et elle relève beaucoup plus d'un *style* d'intervention pédagogique, tourné vers l'écoute, l'échange, le partage, la pratique de l'observation et de la négociation des règles de la communication avec les élèves, que d'un code de connaissances à transmettre.

L'enseignement des textes : l'évolution du modèle culturel

L'enseignement des textes, essentiellement ceux de la littérature nationale, a été depuis l'entre-deux guerres où se généralise l'exercice scolaire de « l'explication de texte » le noyau dur de l'enseignement du français, que ce soit au premier ou au second cycle de l'enseignement secondaire. Le professeur de français se définissait essentiellement comme un professeur de lettres, de belles-lettres s'entend.

Mais le bouleversement du recrutement scolaire des années soixante-dix, là encore, et peut-être plus qu'en tout autre domaine, a transformé ces données : une bonne partie de la population qui fréquente le collège n'est plus dans l'état intellectuel de connivence immédiate avec la culture littéraire requise pour accéder aux œuvres des « grands auteurs », ceux qui figurent dans les inventaires scolaires : les professeurs de français découvrent des élèves que le théâtre classique « laisse de marbre : il leur faut inventer un nouveau métier », a-t-on pu dire. Dans le même temps, et ceci vaut pour toute la population scolaire, le développement prodigieux des pratiques culturelles liées à l'audio-visuel diminue l'importance, sinon le prestige, de la culture livresque : phénomène indiscutable, même s'il est difficile à évaluer autrement que quantitativement, par la mesure du nombre de livres lus par les adolescents. L'évolution même de la formation scolaire tend, au cours des mêmes années, à diminuer l'importance des études littéraires, les disciplines scientifiques et notamment les mathématiques fonctionnant comme critère principal de l'excellence scolaire. Enfin, la démocratisation du collège met en évidence un fait que masquait l'orientation précoce vers les écoles professionnelles ou les classes de transition antérieurement : les enfants sortant de l'école primaire ne sont pas tous des lecteurs, capables d'initiative devant un roman ou un poème, et sont, pour une part d'entre eux, encore en grande difficulté avec la langue, à plus forte raison celle des auteurs de la littérature.

Tous ces facteurs constituent des sources de tensions pour la discipline, auxquelles répondent des modifications de programme des textes à étudier : dès 1977, c'en est fini de la référence exclusive aux grands auteurs ; le corpus va s'ouvrir aux documents, la littérature de jeunesse va faire une petite entrée dans les listes des auteurs conseillés ; on va pouvoir faire travailler les élèves sur des documents, des articles de presse. Ces nouveautés vont s'accompagner de réorientations pédagogiques importantes.

La pratique des « morceaux choisis » va évoluer de la présentation chronologique qui les organisait naguère, vers une présentation selon le principe du thème : sujet commun, étude d'un genre ou d'un type de texte vont ainsi fédérer des « groupements de textes ». La principale conséquence de cette modification concerne les connaissances en histoire littéraire : les morceaux choisis ordonnés par époque étaient censés constituer chez l'élève du collège une ébauche de connaissance structurée de l'histoire littéraire que le second cycle allait développer et systématiser. De nos jours, cet objectif est entièrement à la charge du second cycle.

Mais, surtout, la pratique des extraits va être concurrencée par l'importance accordée à la lecture d'œuvres complètes. C'est une directive importante des années soixante-dix, manifestement appliquée dans les classes, dont l'objectif explicite est de mettre les élèves dans une situation plus « authentique » de lecture que ne le font les extraits. Le principe qui régit l'organisation de l'étude des textes s'est déplacé avec la démocratisation du collège : le professeur de lettres devient un professeur chargé d'éveiller le goût, le plaisir de lire chez des élèves qui ne l'ont pas reçu en partage. Ainsi un des domaines les plus prestigieux de l'enseignement du français, celui de la transmission du patrimoine littéraire, est-il confronté à un défi nouveau par la démocratisation. Les urgences changent, et l'enseignement des textes est pour l'heure, en plein bouleversement. La tradition littéraire se maintient solidement, puisqu'une œuvre complète sur cinq étudiées en lecture suivie dans les classes du collège est une pièce de Molière (Manesse *et al.*, *La littérature du collège,* 1994). Mais les difficultés de la langue des « auteurs » sont, pour un grand nombre d'élèves, un obstacle inquiétant aux yeux des professeurs. Et pour tous, la distance culturelle entre le « monde d'aujourd'hui » et l'univers de la littérature classique s'accroît. La littérature ferait-elle partie de ces « savoirs aristocratiques » selon l'expression de Michel Verret, dont la transmission est menacée par la démocratisation? Le capital que les professeurs de français, qui s'en sentent les seuls dépositaires, va-t-il pouvoir continuer à se transmettre dès le collège pour tous, ou sa transmission va-t-elle être repoussée au second cycle ? Il est assurément trop tôt pour en juger.

On a cherché ici à témoigner de la diversité des domaines que recouvre la discipline français. Les professeurs doivent assurer la transmission de contenus très différents, de compétences très diverses, relevant de manière très inégale de savoirs constitués. À un bout de la chaîne, l'orthographe, reposant sur une norme immuable ; à l'autre, la compétence à l'oral qui ne peut s'appuyer sur aucune *doxa* scolaire. Les tâches de la discipline se sont multipliées avec l'ouverture démocratique du collège. Les deux pôles, langue et culture, se sont chacun subdivisés : langue écrite *et* orale, expression et communication : culture littéraire *et* non littéraire. La discipline est frontalement touchée par la démocratisation parce que la langue comme la culture sont des fondements de la société. Témoignant d'une très grande vitalité dans les mouvements de recherche et d'innovation, le français est soumis à des pressions très fortes qui en font certainement le champ disciplinaire le plus mouvementé de l'École de cette fin de siècle.

RÉFÉRENCES BIBLIOGRAPHIQUES

CHERVEL A., *Histoire de la grammaire scolaire*, Paris, Le Seuil, (coll. « Points »), 1977.
SCHNEUWLY B.,(dir.), *Diversifier l'enseignement du français écrit,* Neuchâtel, Delachaux et Niestlé, 1990.

Deux revues s'attachent à décrire l'enseignement du français, et à proposer des innovations :
Le Français aujourd'hui, 1, rue des Martyrs, 75009 Paris.
Pratiques, 2 bis, rue des Bénédictins, 57000 Metz.

Contrat didactique
et contrat disciplinaire

Jacques Colomb
Didactiques des disciplines
INRP, Paris

Dans cette microsociété que constitue la classe, de multiples interactions de toute nature se développent au cours de chaque séquence d'enseignement entre un enseignant et ses élèves. La description et la formalisation des mécanismes qui régissent ces échanges ont été abordées par différents auteurs à partir d'approches scientifiques variées.

Ainsi, dans les années soixante, des chercheurs américains ont envisagé les problèmes de régulation des interactions sociales à partir d'une approche économique selon laquelle le coût et le bénéfice des interventions étaient régulés par une recherche du bénéfice optimum. Dans cette perspective, Bradford (1961) introduit le concept de transaction éducative pour décrire les règles qui régissent les mécanismes de régulation des interactions entre les élèves et le maître, et qui permettent ainsi à l'enseignement de fonctionner. Cette rationalisation des phénomènes d'échange vise, d'une manière quelque peu naïve, la définition et la mise en place des conditions optimales de fonctionnement de l'enseignement.

Plus récemment (1974), Janine Filloux, dans son ouvrage *Du contrat pédagogique, ou comment faire aimer les mathématiques à une jeune fille qui aime l'ail*, aborde le problème à partir de l'« analyse des représentations mises en scène dans le rapport pédagogique en situation scolaire », en ayant recours à l'approche psychanalytique pour la lecture et l'interprétation de ces représentations. Le concept de contrat pédagogique, ainsi introduit, règle un rapport pédagogique totalement dissymétrique entre l'enseignant qui possède le savoir et a pour projet de le faire apprendre à l'élève, et l'élève en tant que sujet susceptible d'apprendre le savoir en question : « La clause centrale du contrat, ce sur quoi repose le système de rôles, les droits et les devoirs des parties contractantes, est le devoir fait d'enseigner et d'éduquer, et le devoir d'être enseigné et éduqué »(p. 314).

Le contrat pédagogique apparaît ainsi comme condition nécessaire, mais non suffisante, du fonctionnement de la relation pédagogique et, par là même, de l'enseignement ou, plus précisément, du processus d'apprentissage. Le concept de contrat renvoie ici à l'ensemble des règles qui fondent la loi régissant les rapports dans le champ pédagogique et situant, du même coup, le maître dans son rôle d'enseignant et l'élève dans son rôle d'enseigné. Le rapport de soumission et de domination ainsi posé n'est évidemment pas tenable s'il est dévoilé ; il s'agit donc de « substituer à cette loi « tragique » une loi « humaine » capable de voiler la structure réelle du rapport et d'en annuler les conséquences, tel devient alors le « problème pédagogique » (p. 315).

Les analyses du contrat pédagogique mettent ainsi essentiellement l'accent sur les communications entre le maître et ses élèves : « L'organisation de l'échange dans le champ pédagogique relève plus de la position de séducteur de l'enseignant que de sa position d'offrant, de don... tout se passe comme s'il valait mieux séduire que donner » (p. 325).

Le savoir apparaît alors, dans les analyses de Janine Filloux, comme une légitimation de l'enseignant dans son rôle de maître, détenteur de ce savoir que l'élève tendra de s'approprier dans un processus d'identification permettant le fonctionnement de l'enseignement. Cette centration forte des analyses sur l'enseignant réfère à un modèle d'enseignement de type « magistral » et ne peut prendre en compte les phénomènes d'enseignement lorsque celui-ci est de type plus « participatif », tel qu'il est très largement préconisé aujourd'hui.

Les recherches en didactiques des disciplines qui se sont développées ces dernières années ont très fortement mis l'accent sur les savoirs qui se transmettent dans la classe, ce qui les a conduites à produire de nouveaux concepts permettant d'approcher ces phénomènes.

C'est ainsi que la problématique de l'étude des rapports maître-élèves telle qu'elle a été brièvement évoquée ci-dessus à partir de deux exemples (parmi d'autres) a été renouvelée par l'attention portée sur ce qui, dans les attentes réciproques des maîtres et des élèves, relève spécifiquement des savoirs qui sont objets d'enseignement ou d'apprentissage dans la classe.

Ces recherches se situent délibérément dans une perspective « constructiviste » de l'apprentissage et, par là même, redonnent aux élèves une place symétrique de celle du maître dans le processus d'enseignement. La prise en compte de l'activité cognitive de l'élève prend dans cette perspective une importance toute particulière.

Cette activité ne se développe pas suivant un processus plus ou moins aléatoire mais suit un certain nombre de règles qui sont instituées dans la classe au travers des échanges entre l'enseignant et ses élèves à propos du savoir.

Les concepts de contrat didactique et de contrat disciplinaire permettent d'envisager une approche féconde des problèmes ainsi posés.

Le contrat didactique

Guy Brousseau, au début des années quatre-vingt, a introduit ce concept en didactique des mathématiques :

« Au cours d'une séance ayant pour objet l'enseignement à un élève d'une connaissance déterminée (situation didactique), l'élève interprète la situation qui lui est présentée, les questions qui lui sont posées, les informations qui lui sont fournies, les contraintes qui lui sont imposées, en fonction de ce que le maître reproduit, consciemment ou non, de façon répétitive dans sa pratique de l'enseignement. Nous nous intéressons plus particulièrement à ce qui, dans ces habitudes, est spécifique des connaissances enseignées ; nous appelons contrat didactique l'ensemble des comportements (spécifiques) du maître qui sont attendus de l'élève et l'ensemble des comportements de l'élève qui sont attendus du maître.» (*Revue de Laryngologie*, n° 101, p. 3-4.)

Ainsi introduit, le contrat didactique apparaît comme ce qui, dans le contrat pédagogique, caractérise la part prise spécifiquement par le contenu de savoir qui est l'enjeu d'apprentissage dans la situation didactique.

On peut considérer, pour tenter de cerner la place du contrat didactique, que trois grandes catégories de savoirs sont en présence dans une classe :

– les savoirs scolaires, qui sont les savoirs ou savoir-faire socialement reconnus comme objets d'enseignement. Ce n'est pas le lieu ici de s'interroger sur les problèmes posés par les origines de ces savoirs, qui peuvent soit provenir de savoirs ou de pratiques de référence soumis au processus de transposition didactique, soit être de pures créations du système scolaire ;

– les savoirs enseignés qui sont ces savoirs scolaires mis en scène par les enseignants ;

– les savoirs des élèves qui sont le produit des savoirs enseignés chez les élèves.

Ces différents types de savoirs cohabitent, de façon plus ou moins harmonieuse, dans la classe sous le contrôle des épistémologies correspondantes selon un système qui peut être schématisé ainsi :

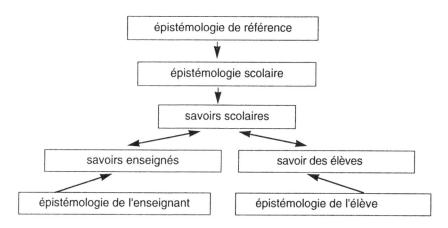

Le contrat didactique, lorsqu'il est correctement mis en œuvre, garantit le fonctionnement harmonieux de ce système, en ce sens qu'il tend à minimiser les distances entre les savoirs scolaires, enseignés et des élèves, et assure la compatibilité des épistémologies scolaire, de l'enseignant et de l'élève.

En effet, le projet d'enseignement pour réussir doit, par l'intermédiaire des savoirs enseignés, faire en sorte que les savoirs des élèves soient les plus proches possible des savoirs scolaires. Cette réussite ne peut être obtenue que si certaines conditions sont remplies et, notamment, si les épistémologies en présence, qui contrôlent le sens des savoirs et en assurent la cohérence, sont compatibles.

Ce qui vient d'être dit concerne les finalités de l'enseignement mais, si on s'intéresse non plus à ses finalités mais à son déroulement, il est clair que la distance entre les savoirs peut être volontairement accrue, de même que la non-compatibilité des épistémologies peut être recherchée, notamment lorsqu'on se situe dans une perspective d'enseignement fondée sur le concept d'objectif-obstacle, introduite par Jean-Louis Martinand en didactique des sciences expérimentales.

Le contrat didactique peut ainsi être vu comme le moteur du système didactique et, par là même, c'est lui qui règle l'avancement du « temps didactique » marquant l'évolution du statut des savoirs, telle qu'elle a été problématisée par Yves Chevallard. Dans cette perspective, on peut repérer les différentes modifications des savoirs qui naissent, évoluent puis meurent, sur des périodes de temps plus ou moins longues, à l'intérieur du système d'enseignement. Cette succession de changements est contrôlée par le contrat didactique qui fixe, à chaque période, les responsabilités du maître et de l'élève par rapport au savoir actuel et par rapport au savoir passé, chacun étant comptable devant l'autre de cette responsabilité.

Un autre des aspects fondamentaux du contrat didactique est son rôle central dans la gestion du sens des connaissances et des savoirs des élèves. En effet, les différents fonctionnements de l'enseignement observables se situent entre deux modèles extrêmes qui peuvent, très caricaturalement, être ainsi décrits :

– MODELE 1 : le maître est le seul responsable du sens du savoir ; l'élève est tenu d'adapter ses connaissances au savoir ainsi présenté et donné à voir ou, le plus souvent, d'occulter totalement ses propres connaissances ;

– MODELE 2 : le maître délègue la totalité de la responsabilité du sens du savoir à l'élève qui doit construire du savoir à partir de ses propres connaissances.

Les séquences d'enseignement que l'on peut observer se caractérisent par une proximité plus ou moins grande de l'un ou de l'autre de ces modèles et, dans les différents cas, le contrat didactique règle la part de responsabilité du maître et de l'élève dans la construction du sens. Ce problème de la responsabilité du sens, qui a été largement abordé dans les recherches en didactique, des mathématiques notamment, prend une importance toute particulière si l'on se situe dans une perspective constructiviste de l'apprentissage.

Dans cette perspective, l'étude du contrat didactique prend une particulière importance ; en effet, l'enseignant doit mettre les élèves dans une situation où le savoir visé prendra sens au travers d'une activité d'enseignement construite à cet effet. Le contrat doit alors garantir, dans un premier temps, ce que Guy Brousseau nomme la « dévolution » du problème à l'élève, assurant que l'élève entre bien dans la situation qui lui est proposée, puis, au fur et à mesure du déroulement de l'enseignement et avec des modifications successives, l'évolution des connaissances de l'élève vers le savoir visé.

Examinons maintenant quelques-uns des problèmes posés par le concept de contrat didactique et son utilisation. Une première série de problèmes est posée par le nom même de ce concept.

En effet, si on se réfère au Code civil, un contrat est « une convention par laquelle une ou plusieurs personnes s'obligent envers une ou plusieurs autres à donner, à faire ou à ne pas faire quelque chose » ; pour Littré, un contrat est « un accord entre deux ou plusieurs volontés, qui a pour objet la création ou l'extinction d'une obligation ».

L'une comme l'autre de ces deux définitions correspondent bien à ce qui a été dit précédemment du point de vue des obligations décrites, mais la convention ou l'accord désignés plus haut sont, pour une très large part, implicites, ce qui conduit les nombreux adversaires du contrat didactique à le réfuter... bien qu'aucune précision ne soit donnée dans ces définitions, relativement aux modalités d'explicitation.

En fait, s'il s'établit bien dans la classe un ensemble de rapports de type contractuel en relation avec le contenu de savoir désigné par le nom de contrat didactique, ce contrat :

– ne peut être explicité sous peine de disparaître. En effet, dans la perspective d'apprentissage de type constructiviste largement partagée aujourd'hui, le maître se trouve dans la situation quelque peu paradoxale où il doit conduire l'élève vers un certain objet de savoir sans jamais pouvoir désigner cet objet, sous peine de « tuer » la situation d'enseignement ;

– ne se manifeste que lors de ses ruptures. En effet, lorsque le contrat est bien installé et fonctionne correctement, il n'est pas observable. Il est à noter que, toujours dans la même perspective, l'enseignant provoque l'avancement du temps didactique à partir de ruptures successives, d'importance variable, introduites dans le déroulement de l'enseignement (de façon plus ou moins consciente). Par ailleurs il arrive, dans certaines circonstances, que les élèves refusent le contrat, ou que le contrat ne soit pas tenable par l'un ou l'autre des deux partenaires : ce sont d'autres occasions de ruptures et donc de manifestation du contrat.

Une deuxième série de problèmes est posée par l'utilisation du concept de contrat didactique. En effet, il s'agit d'un concept théorique qui a été introduit comme un outil de description ou de modélisation des observations de classe dans le cadre de la recherche. En ce sens, il est parfaitement opératoire et de nombreuses études, notamment en didactique des mathématiques, ont montré sa pertinence et son efficacité.

Par contre lorsque, extrait de son contexte, il est utilisé dans une perspective de formation par exemple, un certain nombre de dérives peuvent être observées. En effet, il n'existe pas intrinsèquement de « bon » ou de « mauvais » contrat, celui-ci n'a de sens que localement, dans la situation où il a été observé, et aucun jugement de valeur ne peut être porté sur lui. La recherche du « bon contrat » est ainsi une quête qui risque d'être particulièrement décevante !

Examinons maintenant quelques paradoxes du contrat didactique, tels que Guy Brousseau les a caractérisés dans plusieurs textes récents.

Un des plus simples à observer est celui qui se produit lorsque le maître pense que l'élève dispose des moyens nécessaires pour produire la réponse qu'il attend et ne la produit pas. Pour débloquer la situation ainsi créée et assurer l'avancée du temps didactique, le maître ne trouve d'autre solution que de suggérer de plus en plus fortement la réponse, jusqu'à l'obtenir ; c'est l'« effet Topaze », ainsi nommé en référence à la première scène de la pièce de Marcel Pagnol dans laquelle Topaze, pour obtenir que l'élève mette un « s » au mot « moutons » dans une dictée, en arrive à prononcer avec insistance ce « s » jusqu'à ce que l'élève l'entende et... l'écrive. Si la relation didactique a été débloquée par cet artifice, il est clair que la connaissance de la règle de grammaire à utiliser ne s'est pas améliorée et que la même faute a toutes chances de réapparaître lorsque l'élève rencontrera une situation analogue.

Un autre de ces paradoxes se produit lorsque « le professeur, pour éviter le débat de connaissance avec l'élève et éventuellement le constat d'échec, admet de reconnaître l'indice d'une connaissance savante dans les comportements ou dans les réponses de l'élève, bien qu'elles soient en fait motivées par des causes et des significations banales » (1985, p. 272). Cet effet, très facile à observer, a été nommé « effet Jourdain » par référence à la célèbre scène du *Bourgeois gentilhomme*. Au cours de très nombreuses séquences d'enseignement dites « actives », ce type d'effet est fortement présent : les élèves restent au niveau de l'activité matérielle engagée alors que l'enseignant se situe au niveau du contenu disciplinaire et considère ces activités manipulatoires comme des activités « savantes ».

Le nom de Dienes, mathématicien hongrois qui a eu son heure de gloire dans les années quatre-vingt avec une méthode d'apprentissage basée sur une série de jeux construits à partir d'un matériel didactique *ad hoc* d'où devait se dégager « naturellement » la notion mathématique, a été donné à un autre de ces paradoxes. L'« effet Dienes » consiste à établir un contrat dans lequel le maître délègue la responsabilité de la gestion didactique à un matériel, une situation ou une méthode censés produire de façon quasi automatique l'apprentissage visé. Bien que les matériels didactiques et « méthodes » soient moins présents aujourd'hui dans les classes, il est très facile d'observer des effets Dienes lorsque, par exemple, le maître engage ses élèves dans une situation didactique qu'il maîtrise mal et interrompt le processus didactique lorsqu'il considère que la situation est « épuisée », alors que les conditions de réalisation de l'apprentissage ne sont pas remplies.

Pour illustrer les propos ci-dessus, voyons maintenant quelques exemples d'observations de classe où, dans une recherche récente, nous avons pu identifier différentes manifestations du contrat didactique lors de ses ruptures.

Un premier exemple, quelque peu caricatural, a été observé en classe de troisième lors d'une leçon sur l'introduction de la notion de vecteur et plus particulièrement des notions de direction et de sens.

Voici le texte des réponses de l'enseignant à un élève qui confondait les deux notions :

« Là tu es justement en train de mélanger les deux choses. C'est pas la flèche qui donne la direction, ça c'est en français. En français vous êtes sur une route. Méfiez-vous, parce que les mots en français et en mathématiques n'ont pas le même sens. Quand je suis sur une route, je vais « direction Sens » ou « direction Orléans », par exemple, sur la Nationale 60, ça c'est la direction en français. En mathématiques, ce n'est pas la direction. Quand je choisis la droite sur laquelle je vais me placer, j'appelle ça la direction... Une fois que j'ai la direction, j'ai deux sens possibles sur une direction. »

Dans cet exemple, l'enseignant engage les élèves dans un processus d'apprentissage basé sur un raisonnement analogique, la situation didactique est bloquée sur la question du sens et de la direction, l'enseignant tente alors d'en sortir par une négociation à la baisse, puis, devant l'échec de cette négociation, n'a d'autre recours que d'énoncer les définitions, ce qui provoque l'extinction de la relation didactique.

Un deuxième exemple, toujours en classe de troisième, a été observé dans une leçon sur la somme de deux vecteurs : l'enseignant engage ses élèves dans une série d'activités les amenant à dégager la règle du parallélogramme pour construire la somme de deux vecteurs de même origine. La règle est institutionnalisée et utilisée avec succès par les élèves. Pour assurer la progression du temps didactique, le maître propose alors une nouvelle situation dans laquelle il demande de tracer la somme de deux vecteurs d'origines... différentes ! Le problème posé, qui n'est pas différent du premier pour le maître en fonction de son épistémologie personnelle, l'est totalement pour les élèves. D'où un refus massif et un blocage de la situation.

Un troisième exemple est extrait d'une observation en classe de seconde, sur la notion de vecteur également. Le professeur, après une série d'exercices sur les vecteurs égaux, dégage la notion de vecteur V comme une notation « commode » pour désigner un ensemble de vecteurs égaux et déclare : « À partir de maintenant nous désignerons les vecteurs par des lettres majuscules : U,V,W... » Voulant ensuite introduire l'addition vectorielle et ne pouvant additionner les vecteurs ainsi introduits comme notations, il enchaîne : « Considérons les deux vecteurs AB et CD... » Il s'ensuit une certaine perplexité chez ses élèves...

Il s'agit ici d'un cas intéressant, dans lequel la rupture peut s'expliquer par les difficultés rencontrées par l'enseignant pour gérer une nouvelle transposition didactique introduite par les programmes.

Après ces quelques considérations relatives aux phénomènes liés au contrat didactique, nous allons nous intéresser à la notion de contrat disciplinaire que nous avons introduite lors d'une recherche sur l'articulation entre l'école et le collège.

Le contrat disciplinaire

L'ensemble des interactions didactiques qui se développent tout au long de l'année scolaire entre un enseignant et ses élèves détermine, pour partie, les représentations de l'élève par rapport au savoir disciplinaire qui est en jeu. Ainsi une « image » de la discipline, de ses modalités de fonctionnement, des règles qui la régissent, se construit chez l'élève. Dans la recherche évoquée ci-dessus, nous avons pu constater que certaines notions, bien maîtrisées par les élèves de CM2, ne semblaient plus l'être par ces mêmes élèves en sixième. En fait, on peut avancer l'hypothèse que les notions en question n'étaient plus mobilisables par les élèves dans un nouveau contexte disciplinaire qui semblait fonctionner avec des règles différentes.

Pour étudier ce problème, nous avons introduit le concept de contrat disciplinaire : « Ensemble des comportements du maître qui sont attendus de l'élève et ensemble des comportements de l'élève qui sont attendus du maître dans une discipline au cours d'une année scolaire. »

Il s'agit, bien évidemment, d'un concept qui entretient des liens très étroits avec le concept de contrat didactique au plan épistémologique. La différence essentielle se situe au niveau du point d'application : le contrat didactique a une application très localisée dans la situation didactique, alors que le contrat disciplinaire a une application très générale sur l'ensemble de l'année scolaire.

Le contrat disciplinaire, ainsi introduit, fixe les règles du fonctionnement de l'épistémologie de l'élève en liaison avec l'épistémologie de l'enseignant et l'épistémologie scolaire (cf. schéma p. 41).

Ce contrat peut être appréhendé, notamment lors de ruptures du contrat didactique. L'expérience réalisée par des collègues de l'IREM de Grenoble avec des élèves de l'école élémentaire et devenue célèbre sous le nom de l'« âge du capitaine », peut ainsi être interprétée en termes de contrat disciplinaire.

Rappelons que, dans cette expérience, les élèves sont confrontés à des problèmes « absurdes » du type : « Dans une classe il y a 14 garçons et 15 filles, quel est l'âge de la maîtresse ? ». Problèmes auxquels ils fournissent très généralement la réponse : « la maîtresse a 29 ans ! »… Les élèves qui fournissent ces réponses sont, en général, capables de produire des justifications de leur démarche, du genre « j'ai cherché les nombres dans l'énoncé, j'ai fait une addition parce que les autres opérations ne donnaient pas un résultat acceptable pour l'âge de la maîtresse ».

Le contrat disciplinaire, ainsi mis à jour, montre la représentation que les élèves se sont construite, à travers l'enseignement des mathématiques, de la procédure à mettre en œuvre pour résoudre un problème de mathématiques, à savoir : repérer les nombres dans l'énoncé, effectuer des opérations avec ces nombres, produire un résultat de ces opérations comme réponse !

Le contrat disciplinaire peut également être mis à jour, contrairement au contrat didactique, en utilisant des techniques classiques de recherche et, notamment, en travaillant sur l'analyse d'observations de classes ou de questionnaires portant sur les représentations.

Ainsi, dans une recherche non encore publiée sur l'articulation entre la troisième et la seconde, nous avons repris la problématique évoquée précédemment à propos de l'articulation entre l'école et le collège, avec une approche méthodologique sensiblement différente.

Dans l'analyse des observations de classes nous avons tenté de repérer les modalités didactiques de construction des savoirs mises en œuvre par les enseignants. Pour ce faire, nous avons caractérisé, sur un ensemble de séquences (de 3 à 5) correspondant à l'introduction de la notion de vecteur, les différentes phases de travail en trois catégories :

– phases de contextualisation dans lesquelles le savoir (ou savoir-faire) qui est l'objet visé d'apprentissage est situé dans un contexte dans lequel les élèves sont amenés à lui donner du sens et à se construire des connaissances relatives à cet objet ;

– phases de décontextualisation dans lesquelles l'enseignant amène les élèves à dépersonnaliser leurs connaissances et institutionnalise ainsi le savoir ;

– phases de recontextualisation du savoir dans lesquelles l'enseignant amène les élèves à « étendre » le sens du savoir construit à de nouvelles situations différentes de celles dans lesquelles il a été construit.

Le repérage de ces différentes phases et de leurs enchaînements nous a semblé être une entrée pertinente pour cerner le contrat disciplinaire en mathématiques (il est bien évident qu'il n'en est pas de même dans d'autres disciplines).

Les observations d'une quarantaine de séquences au niveau troisième et au niveau seconde, pour une douzaine de professeurs par niveau, sont résumées ici (noir = contextualisation, blanc = décontextualisation, gris = recontextualisation).

Classe de troisième

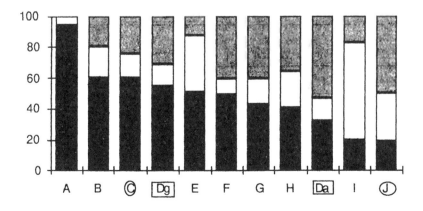

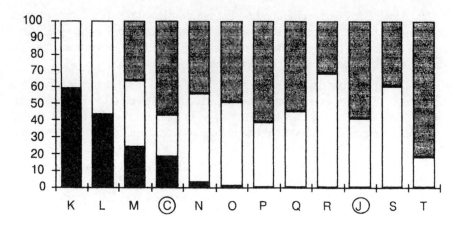

Classe de seconde

Le simple examen de ces deux graphiques met en évidence les différences de fonctionnement de l'enseignement observées en troisième et en seconde en mathématiques. L'importance très variable accordée aux diverses phases induit, chez les élèves, diverses représentations des mathématiques et, par là même, traduit un contrat disciplinaire sensiblement différent dans les deux niveaux, sans oublier qu'il existe des différences de profils qui, dans chaque niveau, situent chaque classe de manière sensiblement différente. Ce n'est pas le lieu ici de développer longuement cet exemple, néanmoins deux remarques me semblent intéressantes :

– en troisième, nous avons eu la chance d'observer un même professeur (D) dans la meilleure classe (a) et la moins bonne classe (g) de l'établissement. Les situations choisies ont été, dans les deux classes, rigoureusement identiques, mais le déroulement, tel qu'il est résumé sur le graphique précédent, a été très sensiblement différent, et il paraît légitime de conjecturer que les contrats disciplinaires qui fonctionnent dans ces deux classes sont de nature différente, ce que confirme une analyse fine du déroulement des séquences observées ;

– deux professeurs (C et J) ont été observés en troisième et en seconde et, là encore, la simple observation du graphique met en évidence la différence des contrats disciplinaires établis dans les deux classes par le même enseignant.

Pour affiner l'analyse il a paru utile de réintroduire l'ordre de succession des différentes phases qui n'était pas pris en compte dans l'analyse précédente ; le calcul d'un indice caractéristique du contrat disciplinaire a été proposé selon la formule :

$$Icd = (N/T) \times n$$

dans laquelle N représente le nombre de changements de phases, T le temps (repéré en dizaines de minutes), n le nombre de phases présentes dans l'ensemble des séquences observées.

Le calcul de cet indice sur l'ensemble des séquences observées pour chaque enseignant donne les résultats résumés dans le graphique suivant :

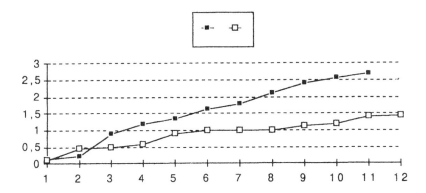

Icd troisième/seconde

Les différences de contrats disciplinaires entre les classes de troisième et de seconde observées apparaissent ici clairement et nous renvoient à des représentations des mathématiques assez sensiblement différentes chez les élèves des deux niveaux concernés, qui pourraient être, très schématiquement, caractérisées par la place plus ou moins grande accordée à la « concrétisation » selon les niveaux, ce qui induirait une représentation plus ou moins « abstraite » des mathématiques.

Une recherche effectuée par Bernard Veck et son équipe en didactique du français nous a également permis d'approcher le contrat disciplinaire avec une méthodologie différente. Si on examine les listes d'œuvres et de textes présentées par les élèves à l'oral de l'épreuve anticipée de français du baccalauréat (fin de première), on constate que malgré la latitude de choix prévue par les textes officiels, le corpus qu'offrent les listes tend à mettre en place une sorte de programme officieux reposant sur un nombre restreint d'œuvres littéraires. De façon analogue, les textes de la liste qui devraient servir de support à un questionnement portant sur une « œuvre intégrale » (pour reprendre la définition officielle de l'épreuve) apparaissent, dans la très grande majorité des cas, sous forme d'une collection d'extraits qui circonscrivent l'interrogation à des morceaux choisis. Dans ces conditions, l'évaluation prévue de la méthode de lecture que le candidat est susceptible de mettre en œuvre (et qui devrait pouvoir se produire sur n'importe quel texte ou extrait) n'a pas lieu, et l'examinateur interroge l'élève sur des textes qu'ils connaissent tous les deux d'avance (ou qui sont fortement prévisibles) en posant des questions attendues qui appellent des réponses attendues. Ce qui risque alors d'être évalué, c'est la capacité du candidat à reproduire un discours commentatif préexistant (celui du professeur-examinateur). Toute suggestion de modification des rôles de l'examinateur et du candidat ainsi délimités par le contrat disciplinaire appellent immédiatement les protestations de la ou des parties concernées, alors même que ce type de fonctionnement contrevient aux dispositions officielles. Le « danger » que ferait courir aux uns ou aux autres une rupture de contrat est perçu à la mesure des enjeux de l'examen. C'est aussi une certaine image de la discipline qui est mise en place, selon laquelle il suffirait, pour lire correctement un texte littéraire, de redire (avec un ton suffisant de conviction personnelle) un discours magistral et, par là même, reconnu.

Les différents contrats que nous avons rapidement examinés constituent autant d'outils complémentaires pour tenter de dévoiler les phénomènes d'interaction qui se produisent au cours d'une ou de plusieurs séquences d'enseignement. Il y a bien d'autres approches possibles de cette réalité extraordinairement complexe, notamment sociologiques ou psychosociologiques, qui apportent d'autres types d'éclairages. Ainsi, l'introduction du concept de « conflit sociocognitif » comme outil d'analyse de la relation didactique (Schubauer-Leoni, Perret-Clermont, 1985) permet de développer une approche complémentaire de ces phénomènes. Il en est de même du concept de « coutume » introduit par Balacheff [1988] dans l'analyse didactique pour rendre compte de phénomènes qui échappent à l'analyse en termes de contrat didactique : « La classe est une société coutumière… La coutume règle la façon dont le groupe social entend que soient établis les rapports sociaux. »

Ces différentes approches constituent autant d'entrées complémentaires et indispensables pour analyser les observations de classes du point de vue des interactions dans une perspective cognitive.

RÉFÉRENCES BIBLIOGRAPHIQUES

Brousseau, G., *Eléments pour une ingéniérie didactique*, Lyon, Voies livres, 1992, (Texte récemment édité, parmi de nombreuses autres productions de l'auteur parues depuis 1980 sur ce thème).

Chevallard, Y., *La transposition didactique. Du savoir savant au savoir enseigné*, Grenoble, La pensée sauvage, 1985 réed.1991.

Colomb, J., (dir.), *Les enseignements en CM2 et en sixième, Ruptures et continuités*, Paris, INRP, 1987.

Filloux, J., *Du contrat pédagogique, ou comment faire aimer les mathématiques à une jeune fille qui aime l'ail*, Paris, Dunod, 1974.

La transposition didactique

Michel Tardy
Sciences de l'éducation
Université Louis-Pasteur, Strasbourg

Épistémologie et sciences de l'éducation

Étymologiquement, l'épistémologie est un discours raisonné et ordonné sur les sciences. Elle apparaît comme une discipline, scientifique ou analytique, qui se donne les différentes sciences attestées comme autant d'objets d'étude. D'après André Lalande (1960, p. 293), elle est « une étude critique des principes, des hypothèses et des résultats des diverses sciences » ; elle est « destinée à déterminer leur origine logique, leur valeur et leur portée objective ». L'épistémologie présuppose donc l'existence préalable de plusieurs sciences déjà constituées qui lui fournissent des matériaux. Elle est toujours *a posteriori*.

Dans le domaine des sciences de l'éducation, l'interrogation épistémologique n'est guère prospère. Cela tient sans doute à la nouveauté relative de ces disciplines (leur reconnaissance académique est récente) et au fait qu'elles se présentent en ordre dispersé. Il leur faut d'abord être, de manière tâtonnante, avant d'avoir le loisir de chercher à savoir, un peu systématiquement, ce qu'elles sont. En dépit de ce vide des commencements, il est possible de prédire les trois voies royales sur lesquelles la réflexion épistémologique sur les sciences de l'éducation pourrait s'engager. La transposition didactique est l'une d'entre elles.

La psychologie, la sociologie, la psychanalyse, l'ethnologie, l'économie, l'histoire, les sciences du langage, la sémiologie sont toutes, quand elles s'intéressent aux phénomènes éducatifs, des sciences de l'éducation. À ce titre, elles n'échappent pas à l'interrogation et à la critique de l'épistémologie.

Quels principes, quelles méthodes, quels résultats ? Quel crédit accorder à la vérité affirmée de leurs conclusions ? Pour ce faire, il faut procéder à leur description et à leur appréciation : c'est le travail ordinaire de l'épistémologie.

On rencontre, en second lieu, le problème de l'articulation des sciences de l'éducation. Elles sont plusieurs. Est-ce à dire que les résultats, obtenus dans le cadre de leurs pertinences respectives, ne peuvent être que juxtaposés ? La pluralité des discours scientifiques sur la pédagogie devrait-elle aboutir fatalement à une sorte de babélisme épistémologique ? Personne ne saurait prétendre qu'il soit dans les finalités du projet épistémologique de tenter de promouvoir une science unitaire des sciences de l'éducation, mais chacun comprendra qu'il serait essentiel de chercher, et si possible de trouver, le lieu central d'où l'on puisse les penser sous le chiffre de la cohérence.

Il n'est pas impossible, enfin, de concevoir la transposition didactique comme une épistémologie appliquée. Le problème peut être posé de la manière suivante : « Toute discipline académique est à la fois objet d'enseignement et objet de recherche. Les contenus enseignés par les pédagogues ne sont pas sans relation avec les résultats établis par les savants, même si les mises à jour obéissent souvent à la loi du retard pédagogique. Les professeurs de mathématiques ont tenté d'apprendre les leçons de Bourbaki et les professeurs de langues ont essayé d'incorporer à leur pratique professionnelle les modèles fournis par la linguistique structurale et par la grammaire générative. Ce sont deux exemples de déterminations épistémologiques de l'acte pédagogique. D'un autre côté, la manière de diffuser les connaissances n'est pas étrangère à la manière de les construire : la méthodologie pédagogique devrait s'inspirer peu ou prou de la méthodologie de la discipline correspondante. Si l'on admet qu'il existe une détermination épistémologique de l'acte pédagogique, alors l'épistémologie est une science de l'éducation parmi d'autres. Elle contribue, pour sa part, à l'instauration d'une pédagogie raisonnée » (1984, p. 1).

La transposition didactique comme épistémologie appliquée

La transposition didactique est en quelque sorte l'histoire d'un parcours. Le point de départ est constitué par le savoir « savant » (le savoir provisoire qui s'élabore au fil des jours dans les lieux consacrés à la recherche et qui se matérialise sous forme d'articles dans des revues spécialisées ou de communications originales dans des colloques scientifiques) et le point d'arrivée par le savoir « enseigné » (le savoir proposé aux élèves sous les espèces de manuels scolaires, par exemple, ou de leçons professées dans des salles de cours) (Yves Chevallard, 1985).

L'analyse comparative des deux familles de textes : le texte scientifique originaire, le texte didactique plus ou moins dérivé, fait apparaître des différences. Ils n'ont pas les mêmes propriétés, n'ayant pas la même origine ni la même fonction ni la même destination. On présume que l'intervalle qui les sépare est le lieu où s'effectuent des opérations de transformation. L'identification de celles-ci, la description de leurs effets, l'appréciation de leur légitimité : tel est le programme que se donnent les recherches qui portent sur la transposition didactique.

Il va sans dire que la longueur et la nature des trajets peuvent être variables. Par exemple :

1) A communique les résultats de sa recherche à quelques pairs ;

2) B, journaliste spécialisé, en fait un article de vulgarisation ;

3) dans un ouvrage scolaire, C se réfère à la publication précédente ;

D, enfin, s'inspire du manuel pour monter une activité éducative. Chacune de ces étapes est une occasion de transposition didactique : la connaissance originaire donne lieu à un dérivé, puis à un dérivé de dérivé, et ainsi de suite. La chaîne des dérivations peut, on le conçoit aisément, comporter peu ou beaucoup de maillons intermédiaires.

D'autre part, il convient de distinguer les deux cas suivants : l'auteur et le vulgarisateur sont la même personne ou, au contraire, deux personnes différentes. Ainsi Jean Piaget, dans le « Que sais-je ? » écrit en collaboration avec Bärbel Inhelder, est son propre vulgarisateur : il prend en charge lui-même la transposition de ses propres découvertes à l'intention d'un public de non-spécialistes. On admettra que la nature et les effets de la transposition puissent ne pas être équivalents dans les deux situations.

Le didacticien doit satisfaire à des exigences spécifiques, dont le chercheur, ayant une autre tâche sociale à accomplir, n'a pas à se préoccuper. En voici deux. Premièrement, la pertinence des concepts et des propositions par rapport au projet éducatif. Le projet étant ce qu'il est, tous les composants du savoir constitué, de même que leurs relations, ne présentent pas le même degré d'adéquation. Cette visée fonde un premier principe de sélection. Secondement, l' « enseignabilité » des résultats scientifiques et des conditions de leur production. L'ingéniosité du didacticien réside dans la mise en forme pédagogique de la science : invention d'activités éducatives, montage d'exercices, réalisation de documents d'appui. Or tout le savoir constitué ne se prête pas aisément à ce genre de transformations. D'où un second principe de sélection.

Ainsi la transposition didactique est légitime dans son principe : elle est une des propriétés intrinsèques de l'enseignement. Le problème commence avec la mise en œuvre du principe. Les transpositions didactiques abondent, la littérature didactique en fournit maintes occurrences. Or elles diffèrent entre elles par leur valeur. La pensée épistémologique fournit, en la circonstance, le critère principal de l'appréciation. Les projets de transposition devraient obéir à quelques règles strictes : l'épistémologie, là encore, peut être appelée à la rescousse, car elle propose l'indispensable principe de régulation.

Vers un inventaire des catégories de transformation

La comparaison méthodique de textes scientifiques et de textes didactiques correspondants (un même objet intellectuel et deux traitements) fait apparaître des différences. Celles-ci ont valeur d'indices. Ce sont autant de traces, actuelles et visibles, d'opérations, antérieures et non directement perceptibles. Reconstituer les transformations intermédiaires, c'est-à-dire les repérer, les nommer et les analyser, relève d'une méthodologie de l'inférence. Tentons-en quelques-unes, sur la base de monographies préparatoires.

Les exemples sont empruntés à deux monographies : les effets des conquêtes romaines (un texte émanant de l'école de F. Braudel, un manuel d'histoire et de géographie), l'analyse structurale du récit (une étude de R. Barthes, le compte rendu d'une expérience menée dans des écoles et des collèges). [F. Coarelli (1977, p. 127-153) ; A. Bernard et M. Roche (1986, p. 141) ; R. Barthes (1966, p. 8-11) ; J. Bessalel et S. Liandrat-Guiguès (1987, p. 73-81)].

Transformations d'ordre terminologique

Les énonciateurs respectifs des propositions scientifiques et des propositions didactiques n'utilisent pas les mêmes répertoires lexicaux. Celui des pédagogues, à l'intention des élèves, est plus restreint. Par exemple, quand on passe de la science à la pédagogie, les « propriétaires » cessent d'être « fonciers ». D'autre part, il évite les termes techniques au profit des mots usuels de la langue courante. Si le savant parle de la « concentration des terres », le pédagogue préfère évoquer d'« énormes domaines ». Sous la plume de l'enseignant, les « fonctions cardinales » et les « catalyses » de R. Barthes deviennent des « actions principales » et des « actions secondaires ». On comprend les motifs qui déterminent ce genre de transformations. Elle est fondée sur le souci légitime de trouver une expression adaptée au destinataire : remplacer un terme technique, réservé aux spécialistes, par un mot courant, d'usage quasi universel. La réussite de la communication didactique est à ce prix. On devine aussi que travailler dans le registre des équivalences approchées n'est pas sans risque. La menace d'une perte de substance sémantique pèse sur l'entreprise. D'autre part, il est dans la mission de l'enseignant d'augmenter progressivement le vocabulaire des élèves. Bref, la simplification a sa nécessité, elle a aussi des obligations.

Le destin malheureux des concepts

Si le téléphone sonne, de deux choses l'une : je puis décrocher mon combiné, ou ne pas le faire. Le premier événement (sonnerie) a pour corrélat un acte complémentaire et conséquent (décrocher, par exemple); de surcroît, il ouvre une alternative et inaugure une incertitude (décrocher ? ne pas décrocher ?). Ces deux traits caractérisent la fonction cardinale de R. Barthes. Autre exemple : le spectacle s'achève, les spectateurs sortent ou ne sortent pas de la salle. Or le texte didactique explicitement dérivé traite séparément les deux évènements. Fin du spectacle : action principale ; le générique défile, les rideaux se referment : actions secondaires. Sortie des spectateurs : action principale ; enfiler son manteau, prendre place dans la file : actions secondaires. L'essentiel de la notion a été perdu en cours de route. On ne parle pas autrement de la même chose (transposition terminologique), on parle d'autre chose. La transposition n'affecte pas le lexique, elle bouscule le concept. Le cas n'est pas rare puisque la seconde monographie en atteste l'existence. L'historien évoque les « troubles de la plèbe » et parle d'un « groupe social désagrégé ». Le même fait devient, en didactique, une « population oisive et turbulente ». Le déplacement sémantique est notable. On passe de la description sociologique au procès moralisateur. L'historiographie est revue et corrigée par ce qui fait office de bonne conscience. Dans les deux cas, on constate qu'une « science » scolaire se substitue à la véritable. La transposition didactique est une opération qui simplifie, parfois de manière outrancière, le modèle scientifique de référence : le solde est déficitaire. Il arrive aussi qu'elle détourne le sens des mots et qu'elle s'engage malencontreusement sur la voie de la contamination idéologique.

La disparité des modèles explicatifs

Pour rendre compte des conséquences de la conquête romaine, l'historien utilise un modèle d'interprétation multi-dimensionnel. Schématiquement, les expéditions militaires ont déterminé trois transformations économiques : au lieu de petites propriétés une concentration des terres ; à la place du travail libre recours à une main-d'œuvre d'esclaves; à l'économie de subsistance se substitue un régime de ventes et d'exportations. Des conséquences politiques en résultent : accroissement du prolétariat urbain, monopolisation du pouvoir par quelques familles. Ainsi, le schéma explicatif admet les rétroactions (du politique à l'économique, de l'économique au politique), la dissymétrie de la causalité (une cause, N effets; N causes, un effet) et, enfin, une interaction généralisée de tous les facteurs. En regard de ce modèle matriciel et complexe, les pédagogues s'en tiennent à un schéma linéaire et simplifié : disparition des petites propriétés, d'où émigration urbaine, d'où turbulence et oisiveté. Ici, l'enjeu de la transposition didactique porte sur les modèles de référence, ces grilles d'intelligibilité grâce auxquelles on peut penser le monde. Il n'y a pas de discours sans modèles de ce genre, ce sont des schèmes, ils sont soumis à des renouvellements périodiques. Manifestement, les pédagogues sont en retard d'une épistémologie. Sans doute pensent-ils à l'équipement intellectuel des écoliers et estiment-ils qu'ils ne sont pas en mesure de comprendre une explication un peu complexe. Les savants ont tendance à surestimer leurs lecteurs et les pédagogues à les sous-estimer.

Présence ou absence du sujet de l'énonciation

Le manuel, sèchement, donne des résultats, sans autre forme de procès. L'étude scientifique correspondante situe les résultats dans un contexte méthodologique : ils ne sont pas séparés des circonstances de leur production. L'historien par exemple, insiste sur la critique des témoignages, il expose longuement les techniques de l'historiographie qu'il a utilisées. Il sait et il dit que la manière de poser un problème détermine à l'avance la classe des réponses possibles. Il fait même état de polémiques épistémologiques : les écoles de pensée connaissent leurs querelles ; surtout, chacune est confrontée au redoutable problème de la valeur de vérité que l'on peut accorder aux propositions énoncées. Bref, l'historien est présent dans son texte, avec ses tourments de spécialiste et ses exigences de chercheur. Son discours est à la première personne et n'élude pas la responsabilité de la signature. En d'autres termes, ce qui distingue le discours scientifique du discours didactique, c'est la présence ou l'absence du sujet de l'énonciation. Conséquence : le statut des résultats est métamorphosé. Dans un cas, il s'agit de produits : ce sont des constructions humaines et, à ce titre, précaires. Elles sont affectées d'un coefficient d'historicité : ce n'est qu'une étape provisoire sur le chemin indéfini de la connaissance. Dans l'autre cas, ce sont des réalités qui se donnent pour des faits. Du référentiel pur, en quelque sorte : c'est ainsi. Dans ces conditions, discuter serait une impertinence... Ainsi, la mise entre parenthèses de l'énonciation naturalise le message. Il devient impersonnel et, par conséquent, émigre artificiellement dans le registre de la vérité. L'écart entre le discours et le monde est gommé : abusivement, le signifiant se fait référent. Il évacue la responsabilité du locuteur et perd l'une de ses propriétés essentielles qui est d'être éventuellement « falsifiable », au sens de K. Popper. On dira : peut-on faire autrement avec de jeunes enfants ? Il serait inconséquent de les encombrer de ces subtilités. La psycho-pédagogie veille et proclame qu'il faut tenir le plus grand compte des structures intellectuelles des bénéficiaires du message. Mais a-t-on estimé le montant de la facture à payer : l'installation et la structuration progressive de représentations erronées de la science et de ses voies d'accès ?

Le figuratif : quantité et qualité

On appelle figuratif tout élément textuel qui actualise une partie de l'extension d'un concept. Si je dis : « Le récit est un genre littéraire, composé de fonctions cardinales et de catalyses, etc.» (définition en compréhension), le taux de figuratif est quasiment nul. Par contre, une phrase comme « *James Bond contre docteur No, Un cœur simple, Coke en stock* sont des récits » (définition en extension) contient une part non négligeable de figuratif. Il en est ainsi de tous les exemples particuliers cités à l'appui d'une proposition générale et, bien évidemment, des illustrations graphiques et photographiques. Le figuratif englobe l'iconique, mais il ne s'y réduit pas. Textes scientifiques et textes didactiques présentent, les uns et les autres, des aspects figuratifs. Mais leur nombre varie, de même que leurs fonctions. Chez R. Barthes, par exemple, 18 lignes sur 145 sont figuratives (12 %); chez les pédagogues, 90 sur 190 (47 %). La densité relative des exemples est quatre fois plus grande dans le texte didactique. La différence quantitative s'accompagne d'une différence qualitative. Il ne semble pas téméraire d'affirmer que R. Barthes donne des « illustrations », au sens de C. Perelman : la représentation de l'objet singulier vise à renforcer l'adhésion à une règle admise. Tout est déjà joué dans les définitions qu'il propose. L'appel au référent vient comme une sorte de surplus, à la limite non nécessaire. On peut y voir une manière de politesse. Chez les pédagogues, on retrouve la même fonction, sans doute pour d'autres raisons : pour que l'élève comprenne, il ne suffit pas de lui fournir le signifié, il faut encore l'assortir d'un maximum de référents. L'illustration ainsi entendue fait partie intégrante de l'instrumentation didactique. En outre, les pédagogues font jouer au figuratif un rôle d'« un modèle » : faire une démonstration complète sur un objet soigneusement choisi, puis inviter les interlocuteurs à accomplir un acte similaire sur un objet voisin (C. Perelman et Obrechts-Tytèca, 1870, p. 471 et suiv.). Dans cette partie, leur texte devient un morceau d'anthologie. Les exercices proposés incitent explicitement les élèves à réaliser des opérations comparables. On le voit, la présence du figuratif est plus insistante en pédagogie et son rôle est frappé au coin de la spécificité.

L'apparat didactique

Il serait incongru qu'un chercheur, exposant le résultat de ses travaux, propose à ses lecteurs des devoirs à faire à la maison. Il n'a pas à se préoccuper de la manière dont ses pairs vont s'approprier le contenu de son discours. Sa fonction sociale n'est pas d'enseigner, mais de chercher et, si possible, de trouver. La position du didacticien fait contraste avec celle du chercheur. Il doit avoir le souci du destin de son message pédagogique. La prise en compte du destinataire fait partie de son contrat professionnel. Il lui faut par conséquent imaginer des activités éducatives telles qu'elles augmentent la probabilité de l'appropriation des connaissances et des compétences par les élèves. C'est sans doute la part la plus originale et la plus créative de la transposition didactique. Rares sont les textes pédagogiques qui dérogent à cette règle.

Décontextualisation

Dans un livre récent, Jean-Pierre Astolfi et Michel Develay consacrent une quinzaine de pages à la transposition didactique (1989, p. 42-56). Sur la base de monographies, réalisées par plusieurs auteurs (Yves Chevallard, Jean-Louis Martinand notamment), ils apportent un éclairage intéressant sur les transformations qui s'opèrent de la science à l'enseignement. Leur apport mérite d'être commenté.

Dans leur reprise panoramique et synthétique, les auteurs constatent que les opérations de transposition identifiées par les chercheurs appartiennent toutes à la famille des décontextualisations. Le savant travaille dans un environnement doctrinal, théorique et conceptuel particulier. Il effectue ses recherches dans un espace épistémologique défini, qu'on peut appeler un contexte. Le sens de ce qu'il fait et de ce qu'il dit est contextualisé. Or, que devient cet environnement au terme de la transposition ? Ou bien il est remplacé par un environnement théorique de substitution. Un autre espace épistémologique, agencé par le pédagogue, prend le relai. Il y a décontextualisation, puis recontextualisation. Le contexte d'arrivée est différent du contexte d'origine. On parlera alors d'une décontextualisation relative. Ou bien cet environnement originaire est mis entre parenthèses, renvoyé dans l'amnésie, totalement anéanti. Il n'est remplacé par rien. La suppression de l'espace épistémologique crée une sorte de hors contexte. On qualifiera cette modification de décontextualisation absolue.

Dans le premier cas, il y a changement de contextes. Grâce aux exemples analysés par les deux chercheurs, il est possible d'établir une typologie de ce genre de décontextualisation. On en trouve trois formes, ou trois espèces d'un même genre, selon que les modifications portent sur la problématique (les questions adressées à l'objet changent), ou sur le contexte conceptuel proprement dit (la notion n'est pas intégrée dans les mêmes constellations conceptuelles d'accueil), ou enfin sur le modèle épistémologique (remplacement du modèle effectif par un modèle imaginaire). Dans les trois cas, il y a recontextualisation, mais elle est scientifiquement fautive.

Dans le cas de la décontextualisation absolue, il n'y a pas de recontextualisation consécutive. La notion se détache radicalement de ses sources, par une sorte de purification aliénante. Le transposé donne les résultats sans les mécanismes de leur production, les énoncés sans les procès corrélatifs de l'énonciation. Non pas : IL DIT (croit, suppose, prend le risque d'affirmer, etc.) QUE CELA EST, mais : (...) CELA EST. Dans ce schéma, la place vide (vidée !) suggère le mécanisme général de la décontextualisation absolue. Il faut lire les exemples rassemblés par les deux auteurs tant leur valeur démonstrative est probante.

Après avoir examiné de façon critique plusieurs exemples de transpositions didactiques attestées, Jean-Pierre Astolfi et Michel Develay présentent des propositions constructives. Une charte de la transposition, en quelque sorte, ou un discours de la méthode ou, si l'on préfère, les conditions de sa légitimité. On peut décrire leur position en trois temps :

a) ils posent que la transposition fait partie de la nature des choses pédagogiques. Elle est inhérente à l'enseignement. Par conséquent le problème n'est pas *transposer / ne pas transposer*, mais *bien / mal transposer* ;

b) en second lieu, la transposition est multidéterminée. Le savoir savant est un de ses déterminants, mais il n'est pas le seul. Les auteurs parlent de « croisements complexes » entre une logique conceptuelle (le savoir constitué comme détermination épistémologique), un projet de formation (les finalités de l'enseignement comme détermination politique) et les contraintes professionnelles (les exigences de l'enseignement comme détermination technologique). Bref, l'enjeu de la transposition ne se borne pas à la « réduction régressive du savoir universitaire » ;

c) la transposition didactique, enfin, doit être raisonnée. Du moins dans la mesure où elle peut l'être dans l'état actuel des connaissances. Les auteurs reconnaissent que les conditions d'un raisonnement parfait ne sont pas totalement réunies. Le tableau des prémisses, à partir de quoi on pourrait inférer des conclusions valides, est encore incomplet. Mais il n'est pas totalement vide, des drapeaux sont déjà posés sur cette terre nouvelle.

La transposition didactique en question

À peine née, la transposition didactique est, en tant que domaine original de recherche, contestée. On interroge son utilité, et on répond par la négative. On pèse sa légitimité, et le verdict n'est pas favorable. À quelques mois de distance, deux auteurs, parmi ceux qui comptent en sciences de l'éducation et dont les travaux méritent le respect, se sont faits les hérauts de cette nouvelle croisade. Philippe Meirieu (1991, p. 42-56), d'une part ; Olivier Reboul (1992, p. 180-184), d'autre part. L'un et l'autre la considèrent comme un contresens pédagogique. Leurs arguments sont complémentaires. Philippe Meirieu considère que la distribution des sciences et la répartition des disciplines scolaires ne sont pas des découpages superposables ; l'exécution d'une tâche scolaire fait appel simultanément à plusieurs sciences fondamentales. Olivier Reboul écrit : « On raisonne comme si, dans l'histoire, le "savoir savant" avait toujours précédé le "savoir enseigné" (...). L'histoire ne commence jamais par la science, elle commence par l'éducation. » Par conséquent, la dérivation est une légende dont il faut s'exonérer ou, s'il y a malgré tout des dérivés, il convient de les remettre à leur juste place, qui est modeste. L'essentiel est ailleurs. Les deux auteurs se rejoignent pour poser que la culture scientifique et la culture scolaire sont deux configurations spécifiques, non réductibles l'une à l'autre, développant deux programmes largement autonomes. Les disciplines scolaires sont des « configurations épistémologiques originales », dit l'un ; « les valeurs de l'éducation sont autres que celles de la science », surenchérit le second. Dès lors, les prémisses étant ce qu'elles sont, il est dans la logique de leur propos de contester l'idée de transposition. Les programmes scolaires ne sont pas suspendus aux tribulations de la science. L'un découvre la finalité de l'école dans un pragmatisme de bon aloi : donner aux élèves des compétences leur permettant de résoudre les problèmes de la vie quotidienne. L'autre, plus humaniste, pense que « l'enseignement n'est pas la science du pauvre ; ce qu'elle enseigne n'est pas la science au rabais, c'est la culture ».

Les arguments et les raisonnements des anti-transpositeurs sont forts. Ils pourraient entraîner définitivement la conviction. Prenons le parti – force ou faiblesse ? – de résister. Je remarque d'abord que l'efficience, vantée par Philippe Meirieu, implique des compétences. Or il existe une science des compétences, savoir déjà constitué ou en train de se constituer et de se reconstituer, comme il convient à toute recherche authentique. L'activité scolaire prônée par l'auteur puise à cette science comme à une source vive : elle en est la transposition didactique. Donc Philippe Meirieu ne la supprime pas, il la déplace. Il la nie en paroles, il l'affirme en actes. Je pronostique l'apparition prochaine de manuels et de fiches qui mettront en forme didactique nationale, voire internationale, les suggestions du chercheur lyonnais. La seconde remarque s'adresse aux deux auteurs. À maintes reprises, pour ne pas dire de façon chronique, l'école s'est déconnectée des sciences en train de se faire et de se refaire, qu'elles soient de Dieu, du monde ou de l'homme. La pédagogie courante vit sur d'anciennes transpositions qui, au regard de l'état actuel des sciences, apparaissent comme des survivances. Nos deux auteurs revendiquent l'autonomie de la culture scolaire, elle ne les a pas attendus pour s'exiler. C'est sa tentation constante, il est rare qu'elle n'y succombe pas. Apparaît alors le règne de la scolastique, qui n'est pas une originalité médiévale. La transposition didactique, qui n'est pas la panacée universelle, pourrait en être l'antidote.

RÉFÉRENCES BIBLIOGRAPHIQUES

Astolfi J.-P., Develay M., *La didactique des sciences*, Paris, PUF, 1989.

Chevallard Y., *La transposition didactique*, Grenoble, La pensée sauvage, 1985.

Meirieu Ph., *Le choix d'éduquer*, Paris, ESF éditeur, 1991.

Reboul O., *Les valeurs de l'éducation*, Paris, PUF, 1992.

Tardy M., *Sciences de l'éducation : considérations épistémologiques*, Strasbourg, CRDP, 1984.

Curriculum : le formel, le réel, le caché

Philippe Perrenoud

Service de la recherche sociologique
Faculté de psychologie et des sciences de l'éducation
Genève

Historiquement, la notion de curriculum n'est pas un concept savant. Dans les pays anglo-saxons, on parle de curriculum pour désigner le parcours éducatif proposé aux apprenants, alors qu'en français on dira plus volontiers plan d'études, programme ou cursus, selon qu'on met plutôt l'accent sur la progression dans les connaissances, les contenus successifs ou la structuration de la carrière scolaire. Paradoxalement, c'est la notion de *curriculum caché* (*hidden curriculum*) qui donne au concept son statut en sciences humaines. Le curriculum caché, c'est la part des apprentissages qui n'apparaît pas programmée par l'institution scolaire, du moins pas explicitement. On se trouve ici dans le registre des notions construites par la sociologie pour rendre compte des effets involontaires des actions et des institutions humaines. Merton a montré que les systèmes sociaux ont des fonctions latentes et Boudon a mis à la mode la notion d'effets pervers. Le curriculum caché fait partie des concepts qui prétendent dévoiler l'envers du décor : l'école enseigne autre chose ou davantage que ce qu'elle annonce. On se trouve dès lors sur un terrain brûlant : que cache le caché ? Pourquoi certains effets de la scolarisation restent-ils obscurs pour les intéressés ?

On voit bien que peuvent s'engouffrer dans la notion de curriculum caché toutes les interprétations machiavéliques du système scolaire comme appareil idéologique d'État, comme instrument de violence symbolique, comme usine et machine à décerveler ou simplement comme instance de socialisation au service du conformisme social. Dans ce sens, le curriculum caché est au carrefour de l'analyse et de la dénonciation, du constat et du soupçon...

Pour revenir plus sereinement à la question de savoir quelle conscience et quelle maîtrise ont l'organisation scolaire et ses agents des apprentissages qu'ils engendrent, un détour s'impose par la notion de *curriculum réel* et de *curriculum formel*. Après avoir tenté de donner un statut conceptuel clair à ces deux expressions, nous reviendrons à la notion de curriculum caché de façon plus instrumentée. Le *détour* lui-même est fondamental : il permettra de décentrer le regard, de quitter un instant des yeux l'intention d'instruire traduite en programmes, plans d'études ou curricula formels, pour s'intéresser à *l'expérience des apprenants*, autrement dit à ce qui forge réellement leurs apprentissages.

Un curriculum, au sens commun, c'est un *parcours*, celui que résume le *curriculum vitae*. Dans le champ éducatif, c'est un *parcours de formation*. Et là commence la complexité : est-ce un parcours réel ou un parcours rêvé, pensé, organisé, « programmé » pour engendrer certains apprentissages ? Lorsque Rousseau écrit l'*Émile*, il n'a guère besoin de distinguer son *projet* et sa *réalisation*, parce que le parcours éducatif dont il rêve est conçu pour une seule personne, sur mesure. Sans doute y a-t-il toujours une *distance* possible et même inéluctable entre l'intention d'instruire et ses effets, et même entre le parcours éducatif rêvé et l'expérience effective des « éducables » [Hameline, 1971] ou des « apprenants ». Mais cette distance apparaît triviale, puisqu'on la retrouve dans toute action humaine. En éducation, elle est à la fois creusée par la complexité de l'esprit et l'autonomie des éducables, et limitée par la possibilité continue d'adapter l'action éducative, de réorganiser le parcours en fonction des résistances du sujet ou de la réalité.

Si l'on accepte que même les distances triviales méritent qu'on s'y arrête, il serait légitime de distinguer trois niveaux dans une relation éducative, même hors de toute organisation scolaire :

– celui de la « programmation » d'un parcours éducatif, notamment dans l'esprit de l'éducateur. C'est le niveau du curriculum rêvé, *prescrit* ou *formel* ;
– celui des expériences que vit l'apprenant et qui le transforment. C'est le niveau du curriculum *réel* ou *réalisé* ;
– celui des apprentissages qui en résultent.

Plus le rêve d'éduquer et l'intention d'instruire s'incarnent dans une organisation et une division du travail pédagogique, moins il devient légitime de ne pas penser et nommer la distance structurelle entre un parcours éducatif prévu par des textes – le *curriculum formel ou prescrit* – et le parcours effectivement vécu par les élèves – le *curriculum réel ou réalisé* [Perrenoud, 1984]. À l'échelle des systèmes éducatifs contemporains, la distance entre l'intention d'instruire et les expériences des apprenants est telle que la distinction devient cruciale. Mais on va voir qu'on peut la construire de deux manières :

– la première part d'une intention d'instruire, d'un curriculum prescrit, pour s'intéresser à sa mise en œuvre effective, donc au curriculum réalisé ;

– la seconde, à l'inverse, part de l'histoire de vie éducative, de la succession d'expériences formatrices et s'interroge sur les intentions et les stratégies qui sous-tendent ce curriculum réel.

Les deux approches sont complémentaires et éclairent différemment la réalité de l'action éducative et des processus d'apprentissage et de socialisation.

Du curriculum prescrit au curriculum réalisé

Dans un système scolaire, l'intention d'instruire prend la forme d'une programmation à large échelle des expériences formatrices de centaines ou de milliers d'apprenants. Dans l'organisation, les objectifs et autres programmes, plans d'études constituent un *niveau de réalité presque autonome*. Le curriculum formel est un monde de textes et de représentations : les lois qui assignent les buts à l'instruction publique, les programmes à mettre en oeuvre dans les divers degrés ou cycles d'études des diverses filières, les méthodes recommandées ou imposées, les moyens d'enseignement plus ou moins officiels et toutes les grilles, circulaires et autres documents de travail qui prétendent assister ou régir l'action pédagogique. Chacun conviendra bien entendu qu'il s'agit en fin de compte d'éduquer et d'instruire, donc de créer des conditions, des interactions, des « situations didactiques » structurant l'expérience des apprenants, et donc leurs apprentissages, dans le sens des finalités déclarées du système. Mais cette évidence peut être, à certains niveaux de fonctionnement de l'organisation scolaire, mise entre parenthèses.

Le curriculum prescrit comme programmation de l'expérience

Les spécialistes, les décideurs et les commissions qui élaborent, examinent ou adoptent les textes programmatiques se réfèrent généralement à un élève *abstrait*, cousin du sujet épistémique de Piaget : l'élève de la classe de CM1 ou de seconde, placé en face de professeurs non moins abstraits, définis par le programme qu'ils ont la charge d'enseigner dans tel degré et tel type d'établissement. On peut écrire des volumes sur les buts de l'éducation, les programmes, les valeurs et les finalités essentielles sans observer une seconde les élèves et leurs maîtres au travail. L'expérience de l'élève se trouve au bout de la *chaîne de transposition didactique*, et pour une partie des acteurs du système éducatif, l'articulation des maillons précédents est l'enjeu majeur. Certains investissent dans ce que Chevallard a appelé la transposition didactique *externe*, autrement dit la redéfinition permanente des savoirs et savoir-faire à enseigner en fonction de l'évolution des sciences et des technologies, de la culture et des modes de vie, de l'éthique et de l'organisation du travail. On se pose à ce stade des questions du type « *faut-il introduire les mathématiques ensemblistes, faut-il initier à l'informatique ou introduire une seconde langue étrangère ?* » D'autres acteurs se préoccupent de normaliser, d'encadrer ou de soutenir la transposition didactique *interne*, en offrant aux enseignants un commentaire des programmes, des moyens d'enseignement substantiels, des grilles et des instruments d'évaluation, des guides méthodologiques et didactiques. Là, l'élève est un peu moins abstrait, un peu moins lointain, mais on se trouve encore loin de la salle de classe, en train de rêver d'un curriculum idéal, ou du moins optimal, pour des centaines, des milliers ou des dizaines de milliers d'élèves, en faisant abstraction de leur diversité – pour peu qu'ils suivent le même programme – et des aléas de la mise en œuvre de toute intention éducative.

On parle parfois de curriculum formel, parfois de curriculum prescrit. Ces deux adjectifs sont complémentaires plutôt qu'antinomiques. Le curriculum est *prescrit* parce qu'il a le statut d'une *norme*, d'un « devoir être », d'une injonction faite aux acteurs, principalement aux maîtres, mais indirectement à tous ceux dont dépend le respect du programme, notamment aux élèves. Il est *formel* au sens de *sociologie des organisations*, qui rapporte la réalité des pratiques aux structures formelles d'une entreprise ou d'une administration : son organigramme, ses règles de fonctionnement, les lignes hiérarchiques et fonctionnelles tracées sur le papier, les principes qui régissent la division des tâches, les compétences statutaires des uns et des autres, les procédures de consultation, de décision, de transmission de l'information, etc. On insiste moins sur la prescription au sens étroit que sur la part du rêve de maîtrise, de l'*utopie rationaliste* dans toute organisation humaine. Les écoles n'échappent pas à cette utopie. Elles prétendent contrôler et donc savoir ce qu'on enseigne et ce qu'on apprend vraiment dans les classes...

Le curriculum réalisé comme compromis avec la réalité

Lorsqu'on part du curriculum prescrit, il reste évidemment à s'interroger sur la part des intentions qui passent dans les faits. Cette perspective est d'autant plus légitime que les organisations scolaires tiennent un discours substantiel sur ce que les maîtres sont *censés enseigner* et sur ce que les élèves sont *censés étudier*. Il est normal alors que l'observateur cherche à établir la mesure dans laquelle ces intentions ou ces prétentions sont réalisées.

On admettra volontiers que les finalités de l'éducation sont souvent très ambitieuses et qu'elles ne se réalisent pleinement que pour une fraction des élèves. Mais cette distance se décompose :

– d'une part, le curriculum prescrit est diversement interprété et mis en œuvre dans les classes ;

– d'autre part, même lorsque le curriculum prescrit est entièrement respecté, les apprentissages attendus ne se font totalement que pour une fraction des élèves.

Ce dernier mécanisme renvoie aux incertitudes de toute action éducative et donc, dans le cadre scolaire, aux inégalités et aux différences de tout genre (ressources, condition sociale, culture familiale, attitude, personnalité) qui, conjuguées à une certaine forme d'organisation scolaire et de pratiques pédagogiques, expliquent l'inégalité des acquis, donc des niveaux d'excellence et de réussite. Ce thème est essentiel en sciences de l'éducation, mais je n'en traiterai pas ici, parce qu'il s'agit alors non du curriculum réalisé, comme suite d'expériences formatrices, mais des apprentissages qu'il engendre, qui se situent à un autre niveau de la réalité.

La distinction peut sembler byzantine. Elle est fondamentale. Même pour étudier les effets de l'enseignement, il faut saisir les *variables médiatrices*, en particulier la façon dont le curriculum prescrit est réalisé dans les classes. Les fluctuations et variations des contenus réels de l'enseignement sont liées à la part d'autonomie et de subjectivité des enseignants dans l'interprétation des textes et à la diversité des conditions de travail. Je ne puis ici que mentionner certains facteurs :

a) le programme n'est qu'une trame. Pour la remplir, l'enseignant fait appel à son propre rapport au savoir, à sa culture, à sa vision de ce qui est important, intéressant, nécessaire ;

b) les enseignants allègent sélectivement, à leur manière, des programmes jugés « trop chargés » ;

c) le vrai programme, ce sont les manuels et les cahiers d'exercices utilisés chaque jour qui l'incarnent, plus que les textes généraux ;

d) le maître construit des démarches didactiques personnelles, qui impliquent une interprétation particulière du programme ;

e) selon son énergie, sa capacité de mobiliser ses élèves, un enseignant fait passer un nombre variable de notions, savoirs et savoir-faire pendant la même année scolaire ;

f) selon le niveau et les attitudes des élèves, et dans une négociation explicite ou implicite avec eux, le maître module les contenus pour qu'ils restent accessibles et permettent le fonctionnement du contrat didactique ;

g) davantage que du programme, le maître se soucie des attentes de ses collègues enseignant en aval dans le cursus ;

h) la culture, le climat pédagogique, le degré de sélectivité de l'établissement influent également sur les exigences et l'orientation pédagogique d'une école particulière ;

i) les enseignants tiennent compte de la composition sociologique de leur public (Isambert-Jamati, 1984) ;

j) l'enseignement est infléchi en fonction des débouchés scolaires ou professionnels probables ;

k) la communauté locale pèse sur l'interprétation de la culture scolaire.

On le voit, la problématique du curriculum réalisé introduit à l'analyse des organisations scolaires et du travail en classe, sous l'angle des représentations, des stratégies, du pouvoir, de l'autonomie, de la négociation, sous l'angle de la diversité des expériences. En définitive, pour chaque élève, le curriculum prescrit se réalise de façon *originale*, parce que même dans un enseignement uniformisé et frontal, chacune vit des *expériences singulières*.

Des expériences formatrices à l'intention éducative

En partant du curriculum prescrit, on s'enferme dans une logique qui définit le curriculum réalisé à partir d'une intention d'instruire, en tenant compte des failles, des contradictions, des manques et des marges d'autonomie dans sa mise en œuvre. Nous allons tenter de proposer une approche anthropologique plus large, qui part des expériences formatrices, sans postuler d'emblée une quelconque forme de scolarisation, ni même d'intention éducative. Dans le sens large pour lequel nous plaidons ici, la notion de curriculum réel relève d'une sociologie générale de l'apprentissage social plutôt que d'une sociologie de l'éducation scolaire *stricto sensu*. En effet, dans les sociétés sans école, les individus sont confrontés à des successions d'expériences formatrices qui produisent des apprentissages partiellement prévisibles. Pour comprendre comment les structures sociales forgent les *habitus* qui vont en retour contribuer à leur fonctionnement (Bourdieu, 1980), pour expliquer comment les cultures sont transmises, comment les sociétés assurent leur continuité, il faut notamment rendre compte de la façon dont, intentionnellement ou non, elles *aménagent l'expérience formatrice* des individus, dont elles font en sorte qu'ils apprennent *grosso modo*, bon an mal an, l'essentiel de ce qu'il faut savoir et savoir faire pour être un membre « acceptable » d'une société globale et, en son sein, d'une classe sociale, d'une famille et de diverses autres communautés et organisations.

Le curriculum réel comme suite cohérente d'expériences formatrices

Tout être vivant apprend au gré de l'expérience. Mais son expérience est une réalité complexe, multiple, fluctuante, qui n'est jamais l'expression pure et simple de sa volonté d'apprendre. Il est, pour une part, le jouet des événements et de l'action des institutions et des autres acteurs. En ce sens, son expérience est largement déterminée par des intentions, des pouvoirs et des structures qui le dépassent. Un pouvoir très fort peut structurer l'expérience formatrice d'un individu au point de lui laisser peu de degrés de liberté dans la conquête du sens et la construction du savoir. Mais même le lavage de cerveau, la propagande la plus insidieuse, la torture mise au service d'une violence symbolique n'influent sur les apprentissages qu'à travers l'esprit d'un *sujet*. On ne peut le déposséder de son expérience qu'en le niant comme être conscient, par l'hypnose, diverses drogues ou d'autres manipulations neurologiques qui agissent directement sur la mémoire, les perceptions, les émotions, les idées, en court-circuitant la conscience. On se trouve alors aux limites d'une théorie psychosociologique de l'apprentissage. Dans les autres situations, les plus fréquentes, c'est *son* expérience, *sa* construction, *sa* compréhension du monde qui changent une personne, lui permettent d'apprendre ou l'y forcent.

Il arrive qu'une expérience sans lendemain transforme quelqu'un durablement, soit parce qu'elle est si forte qu'un apprentissage fondamental se réalise en peu de temps, soit parce qu'il s'agit d'un apprentissage simple : il suffit de voir une fois certains gestes ou de les découvrir seul par tâtonnements pour les posséder à jamais. Toutefois, les apprentissages de haut niveau, l'appropriation de connaissances, de représentations de valeurs, de concepts, de techniques complexes passent généralement par une *succession cohérentes d'expériences formatrices*. C'est cette succession, ce parcours qu'on définira comme un *curriculum réel*. Evidemment, la cohérence n'est pas alors mesurée à l'aune d'une intention, mais en fonction des effets de l'expérience sur la formation de la personnalité et du capital culturel. L'anthropologue observe des apprentissages consolidés présentant une certaine unité symbolique ou fonctionnelle, une certaine spécificité par rapport à l'ensemble de l'habitus. Et il s'intéresse alors au parcours qui a produit ces apprentissages. L'identification d'un ensemble cohérent est souvent suggérée par les catégories conceptuelles qui ont cours dans une société donnée, notamment celles qui différencient et nomment les formes d'excellence et de compétence.

Si l'on s'intéresse à tout ce qu'un individu a appris au cours de son existence, son curriculum de formation se confondra avec sa vie même, ou du moins avec tous les moments de sa vie qui auront contribué à amorcer, développer ou simplement consolider un apprentissage quelconque, à enrichir son capital culturel, à transformer son habitus. Le concept de curriculum réel devient plus opératoire si l'on s'en tient à une composante spécifique de l'habitus, à un ensemble limité, cohérent et homogène de schèmes, de représentations, de savoirs et savoir-faire. On voit bien que certains ensembles d'acquis renvoient à un curriculum *concentré* (on apprend à sauter en parachute au cours d'un stage de dix jours) alors que d'autres évoquent une suite d'expériences très *étalées dans le temps* (apprendre à s'exprimer oralement dès la naissance ou presque). En creusant un peu, on s'aperçoit que la distinction n'est pas si nette : on apprend à sauter en parachute bien avant le début du stage, parce qu'en dix jours, on ne peut que coordonner et différencier des schèmes d'actions préexistants, constitués parfois de longue date. Tout cela varie d'un contenu d'apprentissage à un autre, si bien que le curriculum réel « responsable » d'un apprentissage identifiable peut, du moins en théorie, se caractériser par :

– un empan temporel plus ou moins large, autrement dit le nombre de jours, de semaines, de mois ou d'années qu'il couvre ;

– une densité plus ou moins forte, autrement dit le rapport entre les temps forts et la durée globale de l'apprentissage ;

– un degré variable de fermeture, autrement dit d'isolement relatif par rapport à d'autres apprentissages.

Cette approche anthropologique du curriculum réel s'affranchit de la référence obligée à une intention d'instruire, à une action éducative délibérée. Elle oblige à prendre en compte ce que les sociétés hyperscolarisées ont tendance à oublier : on apprend au gré d'une expérience redondante, structurée et structurante, qu'elle soit ou non sous le contrôle d'une intention éducative. Sans doute n'est-ce pas par hasard que c'est en éducation des adultes que *l'histoire de vie* est pensée comme *processus de formation* [Dominicé, 1990]. Car alors il apparaît clairement que les actions éducatives, lorsqu'elles existent, ne sont que des moments dans une dynamique alimentée par bien d'autres expériences.

Le curriculum formel comme structuration d'expériences formatrices

Même dans les sociétés sans école, la structuration de l'expérience des enfants n'est pas entièrement le fait de régularités inconscientes. Les adultes visent à garantir ou du moins à favoriser certains apprentissages plutôt que d'autres. Identifié au niveau de l'apprenant comme une suite cohérente d'expériences formatrices dans un domaine délimité, un curriculum réel suscite immédiatement une question : dans quelle mesure a-t-il été délibérément mis en place en fonction d'un projet éducatif, d'une intention d'instruire ?

La notion de curriculum réel n'est pas courante dans le langage pédagogique ; celle d'expérience formatrice, moins rare, participe plutôt du sens commun. Les psychologues, qu'ils soient d'orientation cognitiviste ou psychanalytique, ont attribué à l'expérience un statut théorique que les sciences de l'éducation, en général, n'ont à ce jour pas jugé bon de lui donner, même si les courants qui mettent l'accent sur les représentations, le sens, les procédures, les cartes conceptuelles ou les situations didactiques traitent en fait, avec d'autres mots, d'une partie de l'expérience de l'apprenant. De fait, toutes les pédagogies, des plus naïves aux plus savantes, des plus diffuses aux plus explicites, qu'elles se déploient dans la famille, l'école ou une autre organisation, ont un dénominateur commun : la conscience de ne pouvoir éduquer ou instruire qu'en *structurant l'expérience formatrice des apprenants*. Même la pédagogie la plus frontale, magistrale, discursive, traditionnelle partage ce *credo*. L'efficacité variable des pédagogies tient alors, notamment, à la pertinence de leur représentation des expériences formatrices ; en ce sens, toutes les pédagogies ne se valent pas, mais toutes ont pour projet de transformer l'apprenant durablement, en tentant d'infléchir son expérience, autrement dit de façonner en partie son curriculum réel. Peu importe qu'on pense cette stratégie dans un autre vocabulaire, elle est, depuis l'aube de l'humanité sans doute, commune à tous les éducateurs.

De là à construire un cursus scolaire assorti d'un plan d'études, d'un programme, il y a un pas que l'école d'aujourd'hui a franchi, lentement, en plusieurs siècles, et c'est ce qui fait sa spécificité. La scolarisation massive se caractérise par une volonté inédite dans l'histoire, celle de *maîtriser les processus de socialisation à l'échelle sociétale et dans le cadre d'une organisation bureaucratique*. Cela n'autorise pas à restreindre la notion de curriculum réel au champ scolaire, ni même à assimiler intégralement le curriculum réel observable dans le champ scolaire à la réalisation plus ou moins imparfaite d'une intention d'instruire et *a fortiori* du curriculum prescrit.

Une volonté de « fabriquer » une suite cohérente d'expériences formatrices peut rester tout à fait à l'écart de la forme scolaire d'éducation et de son mode de programmation des apprentissages. Les parents les moins méthodiques, les moins inspirés par le modèle scolaire, façonnent avec une certaine constance un curriculum réel, qui est au principe de la prime socialisation des enfants et adolescents. Et en dehors de l'école, d'autres organisations balisent l'expérience formatrice de leurs membres ou de leurs usagers. Une prison, un hôpital, une entreprise, un parti, une administration, un club sportif, un syndicat structurent le curriculum réel des individus qui y travaillent ou y séjournent. Tant dans la famille que dans ces organisations, cette structuration est partiellement volontaire. Fabriquer un curriculum pour susciter certains apprentissages n'est donc nullement l'apanage de l'école. Mais elle seule a pour vocation principale de structurer le curriculum de milliers d'élèves durant des années. Il est donc peu surprenant que ce soit l'organisation où l'on ait poussé le plus loin la construction « rationnelle » de curricula formels, en développant un langage, des méthodes et des pouvoirs pour expliciter, élaborer, négocier et mettre en œuvre des intentions d'instruire.

L'approche anthropologique du curriculum réel ouvre donc un immense champ d'investigation, qui va de la structuration involontaire et inconsciente d'une suite cohérente d'expériences formatrices à la scolarisation organisée des apprentissages, en passant par toutes sortes de degrés de flou dans les intentions et d'institutionnalisation dans les pratiques. Cet élargissement de la notion de curriculum réel a d'abord pour vertu de permettre de mieux théoriser l'ensemble des processus de socialisation, intentionnels ou non, dans le cadre scolaire ou ailleurs.

Le caché, enjeu complexe des rapports sociaux

L'approche large qui vient d'être esquissée, qui part des expériences formatrices, du curriculum réel, permet de définir avec rigueur le curriculum caché. En effet, parmi toutes les expériences formatrices vécues par un individu, certaines satisfont à une double condition :
– elles se déroulent dans le cadre scolaire ;
– elles produisent des apprentissages qui échappent à la conscience des principaux intéressés, maîtres, élèves et parents.

On le verra, cependant, tout n'est pas simple : pourquoi les principaux intéressés n'ont-ils pas conscience des expériences qu'ils vivent ou aménagent ? D'autres acteurs en ont-ils conscience, existe-t-il une volonté de cacher certains apprentissages ?

Le caché comme simple ignorance

En un sens élémentaire, tout curriculum réel est *caché* parce que les expériences d'un individu ne sont pas directement observables. Même en suivant un sujet pas à pas, durant des années, un tiers identifiera au mieux tout ce qui lui arrive : une suite d'événements, d'interactions, de conduites, de situations. Il n'observera pas directement son expérience, puisqu'il n'est pas dans la tête du sujet. Il ne pourra que la reconstituer, en inférant ce qui se passe dans la « boîte noire » à partir d'un modèle théorique plus ou moins fondé de la perception, de l'intelligence, de la mémoire, des émotions, etc. Certes, on peut inviter un sujet à verbaliser son expérience, soit en temps réel soit de mémoire ; ce n'est pas un accès direct à l'expérience, qui est définitivement hors d'atteinte. Et cela y ajoute et la modifie...

De plus, même un sujet parfaitement conscient de son expérience n'est pas capable d'identifier constamment ce qui contribue à le transformer ; un être humain est en général incapable de dire exactement quand et comment il a appris certaines choses, même lorsqu'elles paraissent « essentielles », parce que l'apprentissage s'est opéré graduellement, partiellement à son insu et qu'il était déjà fort avancé lorsqu'il en a pris conscience. Une expérience formatrice complexe est faite de moments multiples, parfois très brefs et intermittents, durant de longues périodes ; c'est donc une réalité particulièrement difficile à dissocier du flux des événements, même si l'on admet l'existence de temps forts et de paliers de structuration plus faciles à identifier. De plus, chaque temps fort peut induire des dynamiques à long terme. Lorsque Dominicé [1990] parle des *faces cachées de la formation*, il met en évidence un aspect essentiel du curriculum caché : tout ce que la formation déclenche à l'insu du formateur, au-delà du temps, de l'espace, du contraint qu'il maîtrise.

Les enfants et les adolescents d'aujourd'hui passent dix à vingt ans de leur vie dans une organisation de type scolaire, vingt-cinq à trente-cinq heures par semaine, environ trente à quarante semaines par an. C'est donc là que se forge assez naturellement une part de leur personnalité et de leur capital culturel, là qu'ils vivent une partie de leurs expériences formatrices. Pour une part, ces expériences et leurs effets peuvent rester cachés, du moins sur le moment, aux yeux des élèves et de leurs parents.

Ce qui est caché aux élèves l'est-il aussi aux enseignants ? Font-ils fonctionner *à leur insu* des processus d'inculcation dont la réalité, ou du moins la portée leur échapperait ? On peut difficilement soutenir que les enseignants ne savent pas ce qu'ils font. De là à prendre conscience de tous les effets de leurs pratiques, de toutes les expériences qu'ils façonnent au jour le jour... Lorsqu'on demande à un groupe d'étudiants en sciences de l'éducation, au début d'une recherche sur le curriculum caché, de répondre à la question :« Qu'ai-je appris à l'école sans qu'on me l'ait ouvertement enseigné ? », on obtient une liste impressionnante :

1. À vivre avec d'autres dans une foule, à l'intérieur d'un petit espace.
2. À passer le temps.
3. À supporter le jugement des autres.
4. À craindre pour ce qu'on possède, à se méfier des autres.
5. À échapper à la violence, à se défendre.
6. À ne pas perdre la face.
7. À jouer sur plusieurs registres en présence d'autrui.
8. À construire une façade, à dissimuler.
9. À flairer les différences chez les autres, à s'adapter.
10. À juger (ses camarades, la maîtresse).
11. À s'inscrire dans un milieu contraignant.
12. À faire sa place, à se défendre.
13. À doser son effort.
14. À apprendre, à bachoter.
15. À tricher, faire semblant, simuler.
16. À travailler, à évaluer positivement le travail.
17. À se maîtriser, à se contrôler, à ne pas crier.
18. À être solidaire, à s'entraider.
19. À respecter les autres et les différences.
20. À flatter (lèche-botte).
21. À se révolter.
22. À passer des limites.
23. À être patient, à supporter, à endurer.
24. À être docile, à faire sans avoir envie.
25. À se noyer dans la masse, à se faire oublier, à être comme tout le monde.
26. À se connaître soi-même, à se situer.
27. À rêver dans une foule sans se faire prendre.
28. À faire des choix, à s'organiser.
29. À se créer un milieu de vie.
30. À vivre dans une jungle, à marcher sur les autres.
31. À se débrouiller.
32. À penser qu'il faut être bon, qu'il faut être le meilleur.
33. À être confronté à des choses dures à vivre, à des engrenages (du type du petit crédit), à des contradictions.
34. À se protéger, à se blinder.
35. À crier en silence.

36. À attendre la récréation.
37. À obéir, à se plier à une discipline.
38. À avoir une bonne ou une mauvaise estime de soi.
39. À travailler à heure fixe.
40. À gérer son temps.
41. À apprendre la hiérarchie.
42. À être autonome.
43. À identifier des jeux et des enjeux.

Le traitement savant du curriculum caché aboutit à une liste de même nature : on apprend à vivre dans une foule, à tuer le temps et à différer les satisfactions, à se prêter à l'évaluation d'autrui, à satisfaire à des attentes, à vivre dans une société hiérarchisée, à développer des contre-stratégies, à vivre dans un groupe restreint. Si l'on pouvait interroger les maîtres qui sont censés avoir favorisé de tels apprentissages, seraient-ils vraiment étonnés ? Chaque enseignant se fait évidemment quelques illusions sur ce que ses propres élèves apprennent. Mais c'est précisément parce qu'il croit échapper à ce qu'il perçoit autour de lui, dont il a une représentation assez réaliste. Les enseignants interrogés disent en général : « *C'est déprimant, vu et dit de cette façon, mais c'est assez juste…* »

Tous les enseignants n'ont pas conscience de tous les apprentissages que tous les élèves font à l'école. Mais beaucoup d'enseignants ont une vague idée des expériences formatrices courantes dans une classe, même si elles ne figurent pas dans les programmes. Ils *savent sans savoir*, de ce savoir particulier qui fait qu'on reconnaît les choses le jour où quelqu'un d'autre les formule, sans éprouver le besoin de les formuler spontanément. Le caché n'est pas vraiment caché. Il est *non dit*, partiellement *non pensé*. Il relève de l'intuition, et de ce qu'il vaut mieux passer sous silence ou conserver dans le flou, parce que ça fait honte, ça fait mal, ça pose des questions embarrassantes, ça met en difficulté face à sa conscience et au jugement d'autrui.

Le caché comme flou fonctionnel

Dans une vaste organisation, il est inévitable et probablement « fonctionnel » que les expériences et les pratiques des uns et des autres conservent une certaine opacité. Même lorsque le curriculum réel correspond trait pour trait au curriculum prescrit, il n'y a pas nécessairement quelqu'un pour le constater et s'en féliciter. Dans le fond, à part quelques auteurs de programmes ou de moyens d'enseignement, qui voudrait exercer un *contrôle total* sur les pratiques pédagogiques et les contenus de l'enseignement ? La plupart des gestionnaires et des responsables politiques de l'école se satisfont d'un conformisme approximatif. Que diable feraient-ils d'une information complète sur les fluctuations du curriculum réel ?

Ce n'est pas seulement par indifférence, gain de paix, économie d'énergie ou hauteur de vue. Une certaine opacité des pratiques est la contrepartie obligée de l'autonomie relative des professeurs, qu'elle soit conquise ou imposée. On se trouve, en effet, dans un métier semi-professionnalisé, qui oscille constamment entre une logique du respect de contenus et de méthodes prescrits dans le détail et une logique de la liberté académique dans le cadre d'objectifs fondamentaux. D'une certaine manière, aussi détaillés et contraignants soient-ils, les programmes ne sont jamais qu'une *trame*, à partir de laquelle le professeur doit *tisser* les contenus réels de l'enseignement et du travail scolaire, donc en dernière instance l'expérience formatrice des élèves. Compte tenu de la complexité des pratiques pédagogiques, de la variabilité des conditions de travail (à programme égal), de la nécessaire négociation avec les élèves et les collègues, des fluctuations inévitables de rythme et de niveau d'une classe à l'autre, ou encore de tout ce qu'il y a de singulier dans l'histoire d'un groupe-classe au cours d'une année scolaire, il serait totalement absurde de vouloir programmer dans le détail l'action des professeurs. On les autorise et, en même temps, on les incite à inventer la substance quotidienne du curriculum réel. Les programmes et les plans d'études, les guides didactiques et les moyens d'enseignement qui les prolongent, ne sont que des garde-fous, ils ne dispensent pas le professeur d'une part considérable de création, d'interprétation, de spécification, d'illustration, de mise en relation des éléments du programme. Il est donc de la nature même du travail pédagogique que le détail des contenus de l'enseignement varie d'une classe à l'autre. Il ne s'agit pas là de libertés coupables prises avec le programme, mais du fonctionnement régulier de l'action pédagogique. La transposition didactique et la création de curriculum se jouent constamment dans le travail quotidien, dans les choix du maître, mais aussi dans sa négociation permanente avec ses élèves, ses collègues, voire les parents ou la collectivité locale. Le système éducatif cherche simplement à faire croire que cette marge d'interprétation et de variation n'entre pas en contradiction avec les principes d'égalité devant l'école et de conformité aux objectifs fondamentaux du système éducatif. Pour maintenir cette fiction, le plus sûr est de ne pas y aller voir de trop près, et donc de ne pas se donner trop de moyens de connaître le curriculum réel, du moins dans son détail.

Dans le même ordre d'idées, il y a une autre raison de considérer le curriculum réel comme caché : dans un système éducatif où l'enseignement reste largement frontal, peu différencié, on entretient l'illusion que les élèves suivent le même enseignement sous prétexte qu'ils sont réunis dans la même classe et assistent aux mêmes leçons, dans le cadre du même programme. Or, précisément en raison de l'indifférence aux différences, l'expérience que vivent les élèves réunis dans la même classe est extrêmement diverse, parce que les uns s'ennuient à force de n'entendre que des choses qu'ils connaissent déjà et que les autres se désespèrent à force d'être confrontés à des leçons et des exercices qui les dépassent. Que la didactique et la gestion de classe nient les différences ou, au contraire, les prennent en compte explicitement, ne change rien au fait que l'expérience formatrice est toujours celle d'une *personne*, pas d'un groupe. Les élèves réunis dans la même classe ne vivent pas la même expérience formatrice et ces différences contribuent à la fabrication de l'échec scolaire. C'est une des raisons de ne pas trop mettre en lumière, élève par élève, le détail des expériences formatrices : certaines le sont fort peu, parce que l'école est encore assez impuissante à individualiser les parcours éducatifs et à différencier son enseignement...

Le caché comme implicite

Dans un monde où tout serait simple, on pourrait distinguer dans le curriculum réel deux parties bien distinctes :
– une *partie manifeste*, qui serait la traduction plus ou moins fidèle d'une intention d'instruire, la mise en œuvre d'un curriculum prescrit ;
– une *partie cachée*, qui engendrerait régulièrement des expériences formatrices à l'insu des intéressés ou du moins sans que de tels apprentissages aient été volontairement favorisés.

Dans les affaires humaines, les choses sont rarement aussi tranchées. D'abord parce que l'intention d'instruire n'est pas une réalité simple. Certes, une partie des objectifs de l'école sont mis noir sur blanc, sont assumés publiquement, régulièrement réaffirmés dans des textes et des discours. Mais toutes les finalités du système éducatif ne sont pas de cet ordre. Certaines sont plus implicites, sans être pour autant secrètes. Cet *implicite* peut avoir diverses raisons. Parfois, c'est tellement évident que personne n'a éprouvé le besoin de le dire : tout le monde sait qu'on va aussi à l'école pour apprendre à vivre en société, avec la part de contrainte, d'oubli de soi, d'obéissance, de patience et de sacrifice que cela suppose ; ce n'est pas parce que ces finalités sont absentes des textes qu'elles ne sont pas dans les esprits de chacun, il n'y a là aucun voile à déchirer. Parfois, on préfère rester dans le vague pour masquer *l'absence de consensus sur les finalités du système éducatif* : ainsi, dans le domaine de l'éducation civique, de l'adhésion aux valeurs nationales, ou de l'éducation morale, de l'appropriation de certaines valeurs, il est difficile d'être très explicite sans apparaître aussitôt prisonnier de la culture et des normes d'une fraction de la société, qu'il s'agisse de la bourgeoisie, de l'Église ou des courants patriotiques et nationalistes. Dans ces domaines, les programmes s'en tiennent à des formules assez floues, qu'il faut lire entre les lignes, et qui ont pour vertu majeure de ne pas susciter trop de conflits dans les parlements et les salles des maîtres.

Même lorsqu'il est codifié par écrit, le curriculum formel est avant tout une affaire de *représentations*. Il y a donc autant d'interprétations que de courants politiques et pédagogiques, de fonctions, de groupes de pression, de perspectives régionales ou militantes. Développer l'esprit critique ou la faculté de raisonnement, la capacité d'expression ou d'écoute, l'imagination créatrice ou la rigueur méthodologique, cela peut recouvrir des pratiques extrêmement différentes, selon l'éclairage philosophique et pragmatique qu'on donne à ces finalités. Ceux qui, plus ou moins consciemment, sont du côté de l'école libératrice, identifieront volontiers comme cachés les aspects du curriculum qui favorisent le conformisme, le respect des institutions, la répression des désirs, etc. Alors que ceux qui sont du côté de l'école conservatrice considéreront comme naturel que l'école contribue au maintien de l'ordre social. S'il y a un large consensus apparent sur le rôle civique de l'éducation, l'image d'une société démocratique est loin d'être monolithique. Dans une région de montagne, des observateurs placés dans des endroits différents ne verront pas la même chose : ce qui est caché aux uns est apparent pour d'autres, et inversement. Entre les sommets visibles de partout et les creux échappant à tous, on trouve une large zone de clair-obscur, une zone où ce qui est évident pour les uns est invisible pour les autres et inversement. Ainsi en va-t-il du curriculum réel.

C'est pourquoi *l'identification du caché est largement tributaire de la définition du manifeste*. Si l'on s'en tient aux textes officiels, on repérera facilement, dans les expériences formatrices qu'on propose aux élèves, un large curriculum caché. Si l'on tient compte du sens commun, des représentations partagées sur le rôle de l'école, en deçà et au-delà de l'instruction, on constatera que la part du caché se réduit comme peau de chagrin. L'observateur qui croit avoir découvert une zone de curriculum caché comme on découvre un continent disparu sera fort déçu lorsque, dévoilant le mystère aux yeux de l'opinion, on lui répondra : « Ah, mais ce n'est pas une découverte. Il y a longtemps qu'on le savait. Il n'y a pas besoin de le dire aussi crûment. » Dans le curriculum réel, une partie va sans dire, cela ne signifie pas qu'elle soit véritablement cachée.

Caché oui, mais à qui ?

Aux apprenants ? Aux enseignants ? Aux personnes étrangères au monde scolaire ? La nature même du rapport pédagogique conduit à cacher aux apprenants une partie de ce vers quoi on les mène : parce qu'ils ne sont pas capables ou n'ont pas envie de savoir, parce qu'ils s'opposeraient à un projet plus explicite, parce que les routines scolaires permettent d'enseigner sans que les apprenants posent la question du sens, des finalités du travail scolaire. Pour une part, il y a une censure active, pour une part une méconnaissance que personne n'a sciemment organisée, mais qui facilite les choses. Sans doute pourrait-on pousser assez loin l'analyse du caché ou du moins du méconnu, de l'implicite, dans tout rapport de pouvoir, et notamment dans un rapport de violence symbolique. Bourdieu et Passeron [1970] ont souligné l'importance de la méconnaissance de l'arbitraire dans le rapport pédagogique, *arbitraire* tant du pouvoir qui le fonde que de ses contenus et finalités.

Le curriculum n'est caché qu'à ceux qui ne veulent pas voir, c'est-à-dire à la majorité ! Ce qui brouille toute analyse du caché, lorsque le sens commun s'en mêle, c'est d'imaginer que le caché est honteux, que tous les acteurs ont à cœur de favoriser la transparence. Dans le monde social, l'éducation ne fait pas exception, la transparence n'a qu'une valeur pragmatique : elle sert les stratégies et les intérêts des uns, contrarie ceux des autres. Sans doute une approche aussi radicalement constructiviste ne peut-elle que choquer les éducateurs porteurs d'un point de vue éthique. Comment oserait-on dissimuler la « vérité » par pur opportunisme ? L'observateur sociologue doit simplement reconnaître que cette éthique n'est qu'un point de vue parmi d'autres et que ceux qui la défendent travaillent, comme les autres acteurs, à fabriquer des représentations de la réalité qui, d'une manière ou d'une autre, les arrangent...

Il n'y a pas de curriculum caché une fois pour toutes et pour tout le monde. L'effort des sciences humaines s'inscrit au nombre des stratégies de dévoilement, d'explicitation ; d'autres acteurs et mouvements pédagogiques vont dans le même sens. Les stratégies et les pratiques de dissimulation ou d'euphémisation sont encore plus courantes. Il existe des enjeux multiples : à l'échelle macrosociale, par exemple autour de la dénonciation des fonctions occultes de l'école ; à l'échelle des organisations scolaires et des établissements, autour de la dialectique du contrôle et de l'autonomie, de l'uniformité et de la différence ; ou encore à l'échelle de la salle de classe et du rapport pédagogique, autour du pouvoir, de l'évaluation, du traitement des différences, de la routine du travail scolaire. Le caché n'est pas une ombre aux contours clairs, parce que sa mise en lumière est l'affaire des acteurs, dans les rapports sociaux quotidiens aussi bien que dans les conflits sociétaux.

Reste à examiner l'hypothèse d'un curriculum non pas seulement implicite, mais réellement caché, indécelable même pour un observateur attentif, armé de concepts et d'instruments adéquats. S'il existe un tel curriculum, même les sociologues de l'éducation les plus perspicaces ne peuvent évidemment en parler... Jusqu'au jour où leur « naïveté » reculera d'un nouveau pas !

RÉFÉRENCES BIBLIOGRAPHIQUES

BOURDIEU P., *Le sens pratique*, Paris, Minuit, 1980.

DOMINICÉ P., *L'histoire de vie comme processus de formation*, Paris, L'Harmattan, 1990.

FORQUIN J.-C, *École et culture*, Bruxelles, De Boeck, 1989.

HAMELINE D., *Du savoir et des hommes. Contribution à l'analyse de l'intention d'instruire*, Paris, Gauthier-Villars, 1971.

ISAMBERT-JAMATI V., *Culture technique et critique sociale à l'école élémentaire*, Paris, PUF, 1984.

ISAMBERT-JAMATI V., *Les savoirs scolaires. Enjeux sociaux des contenus d'enseignement et de leurs réformes*, Paris, Éditions universitaires, 1990.

PERRENOUD P., *La fabrication de l'excellence scolaire : du curriculum aux pratiques d'évaluation*, Genève, Droz, 1984.

PERRET J.-F., PERRENOUD P., (dir.), *Qui définit le curriculum, pour qui ? Autour de la reformulation des programmes de l'école primaire en Suisse romande*, Cousset (Suisse), Delval, 1990.

Préparation et planification

Marguerite Altet
Sciences de l'éducation
Université de Nantes

Si le processus-enseigner privilégie l'axe enseignant-savoir, c'est que tout enseignant a des contenus d'enseignement à transmettre ou à faire acquérir, que ce soit au travers de programmes scolaires ou de curriculum centrés sur des objectifs d'apprentissage nécessaires au développement de l'élève. Les connaissances à enseigner, « véritable moteur de la situation pédagogique » comme le rappelle Jean Houssaye, proviennent du savoir savant, savoir de référence, transformé par « transposition didactique » (Chevallard) en savoirs à enseigner présentés à l'enseignant sous une forme structurée selon un découpage formel en chapitres, thèmes, sujets de leçons.

Pour la mise en œuvre pédagogique de ces contenus, l'enseignant est amené à faire des choix, *à anticiper* des contenus, *à prévoir* le déroulement de ses actions, *à organiser* des situations d'apprentissage, *à arrêter* le temps imparti pour les différentes tâches et actions. Il a à *se préparer* à l'action, à concevoir une planification didactique, pédagogique, temporelle, *à anticiper* le processus-enseigner qu'il va mettre en œuvre dans son action pédagogique. La phase de planification ou de préparation concerne donc le moment de l'anticipation des contenus et de leur organisation, *temps* préalable au processus-enseigner qui va en être lui-même la réalisation en temps réel. Elle articule le didactique et le pédagogique ou comme l'écrit Tochon la « diachronie » (anticipation des contenus) et la « synchronie » (relation interactive) de l'enseignement.

Devant la complexité et l'imprévisibilité des situations pédagogiques vécues, des interactions possibles en classe, on peut se demander si il n'est pas paradoxal de vouloir prévoir et planifier une situation pédagogique. Pour Tochon (1990, p. 952), « il existe un paradoxe à parler de planification de l'enseignement, tant l'interaction en classe est tributaire d'une adaptation aux événements de la classe impliquant l'imprévu et l'improvisation ». La planification de l'enseignement a pendant longtemps surtout consisté en une préparation didactique, un découpage des contenus ; c'est le courant de la technologie éducative visant la rationalisation du processus-enseigner qui a mis l'accent sur la planification pédagogique du processus-enseigner (ainsi d'ailleurs que sur la planification éducative au niveau du macrosystème, planification faite par les décideurs, ou les inspecteurs et spécialistes des disciplines qui construisent les curriculum dont nous ne traiterons pas ici).

En réalité, on peut à présent distinguer deux approches de la planification de l'enseignement : une approche technologique, prescriptive, héritée de Skinner et de l'enseignement programmé et, récemment, une approche plus cognitiviste, issue de travaux phénoménologiques, descriptifs qui se sont accrus avec le développement de la psychologie cognitive.

Planification, préparation : approche technologique

Dans les pays anglo-saxons, les courants de la technologie de l'éducation et de la pédagogie par objectifs, visant une rationalisation du processus-enseigner, ont développé la conception behavioriste d'une planification explicitée avant la séance, organisée autour d'objectifs à atteindre (Popham, Baker, 1970) selon des modèles prescriptifs([Skinner,1968, Gagne, Briggs, 1979). Ces modèles de planification, d'abord utilisés dans la formation d'adultes, la formation de formateurs du monde de l'entreprise ou de l'armée, ont été diffusés et appliqués dans le milieu scolaire dès les années soixante-dix. Les enseignants ont alors été formés à planifier de façon systématique leur enseignement, à appliquer des modèles théoriques de planification construits par les chercheurs (Davies, 1976 ; Stolovitch et Laroque, 1983 ; Brien, 1990).

La planification est définie comme une démarche systématique et systémique qui part de l'analyse des besoins des apprenants, de l'identification des ressources et des contraintes. S'appuyant sur cette « analyse diagnostique de la situation de départ » (Altet, 1987), la phase de planification comporte la conception des objectifs, le choix des stratégies, des moyens, la construction des évaluations et la prise en compte de régulations. Dans ces modèles de l'action rationnelle, la phase de planification suit la phase d'analyse et comporte deux fonctions : la détermination des objectifs en fonction du public, des ressources et des contraintes, et le choix et l'élaboration des stratégies et des moyens, des situations à mettre en œuvre pour atteindre ces objectifs. Cette phase de planification est souvent désignée par le terme de « design pédagogique ». Dans cette perspective, l'enseignant est un « concepteur, un designer de séquences », un technologue du processus enseignement-apprentissage. Stolovitch et Laroque dégagent quatre opérations fondamentales repérables dans la majorité des modèles :

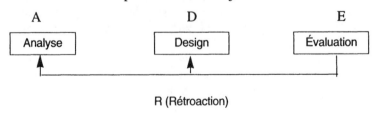

Dans cette approche technologique, la planification est centrale ; elle est perçue comme une organisation systématique globale, préconisant un plan arrêté, à suivre, c'est une prescription. Ce type de planification, qui consiste à analyser une situation, puis à articuler des objectifs précis, des stratégies, des moyens propres à atteindre ces objectifs dans les délais prévus et une évaluation, s'inscrit dans un modèle systémique du processus enseignement-apprentissage et vise l'efficacité des actions. Dans cette optique, un plan est un projet élaboré comportant une suite ordonnée d'opérations destinée à atteindre les objectifs fixés.

C'est une activité qui exige de l'enseignant des compétences techniques de rationalisation de l'action. Le plan se situe dans une optique technologique de rationalité, d'efficacité, de rentabilité. Il est le point de départ organisé, systématique de la réalisation à venir. Les recherches sur cette approche technologique portent sur les modèles proposés, leur conception de l'apprentissage et leurs effets [Heinich,1985].

En France ces modèles prescriptifs de planification ont été repris en formation d'adultes et dans l'enseignement technique, mais l'approche technologique de la planification comme le courant de rationalisation des pratiques restent encore généralement peu développés à ce jour.

L'intérêt de cette approche c'est qu'elle centre la planification de l'enseignant sur le processus d'apprentissage des élèves. La fiche qui suit est un exemple d'outil de planification proposé à des enseignants du secondaire en formation continue pour les amener à se décentrer du contenu (Altet 1987) :

Planification d'une situation d'enseignement-apprentissage
(décision prise avant la séquence)

OBJECTIF DE LA SÉQUENCE Prérequis : Critère de réussite	
Action didactique de l'enseignant Contenu, stratégie didactique, méthodes, moyens, style d'enseignement, variables décisionnelles, organisationnelles	Activité d'apprentissage des élèves Tâches, procédures utilisées, attitudes face à la tâche, problèmes pouvant être rencontrés, interactions maître-élève, style d'apprentissage
Évaluation : Modes d'évaluation formative, sommative Proposition de remédiation : Régulation	

Préparation, planification : l'approche cognitiviste

Dans ce courant qui date des années quatre-vingt et qui reflète une conception cognitiviste du processus-enseigner, on parle autant de préparation que de planification. Or si l'on analyse ces deux concepts, on s'aperçoit qu'ils recouvrent effectivement deux façons de voir et deux réalités différentes (Altet, 1992).

La préparation d'une séance pédagogique, c'est un cadre général, un arrangement des parties de cette séance. La préparation est un travail préalable qui met l'enseignant en état de remplir son action pédagogique à venir à partir de *son anticipation*. L'enseignant organise des contenus et se prépare à faire face à l'imprévu. Dans la préparation, l'enseignant se met en état de faire son cours à partir de *ses* intentions, en déterminant des contenus, des activités pour les élèves et, surtout, le déroulement probable de ses actions en sachant que, dans la relation interactive avec les élèves, tout peut se réaliser autrement. Le terme de préparation est un antonyme de celui de réalisation, il reste de l'ordre de l'anticipation, du projet, du temps fictif, du probable, « de l'aventure pédagogique » (Tochon).

C'est pourquoi l'analyse du processus de préparation d'un cours s'est peu à peu centrée sur les processus cognitifs et affectifs mis en œuvre chez l'enseignant.

Comme l'écrit Clark (cité par Donnay, Charlier, 1990, p. 37), la préparation est « un processus psychologique au cours duquel l'enseignant visualise le futur, inventorie des moyens et des fins, construit une structure de base qui orientera son action future. »

Cette conception cognitiviste de la préparation et de la planification de l'enseignement se situe dans un nouveau courant de recherches, une approche phénoménologique et descriptive de la planification.

Ces recherches tentent de décrire les processus mentaux mis en œuvre par les enseignants dans la phase de planification à partir d'interviews, de verbalisations, de rappels stimulés et portent sur l'anticipation et les prises de décision des enseignants avant, pendant et après la séance (Clark et Peterson,1986 ; Yinger, 1986 ; Charlier, 1988 ; Tochon, 1989 ; Altet, 1991). Le processus-enseigner est alors défini comme « un processus de traitement d'informations et de prise de décisions » (Charlier, p. 17).

Dans cette optique descriptive, les chercheurs mettent l'accent sur les facettes cognitives et affectives de la préparation ou de la planification définies ainsi : « Planifier un cours, c'est gérer anticipativement des risques. C'est prévoir une structure de conduites d'enseignement organisée dans le temps. »([Donnay, Charlier, 1990 p. 17). Ils proposent un modèle alliant les théories décisionnelles et celles du traitement de l'information :

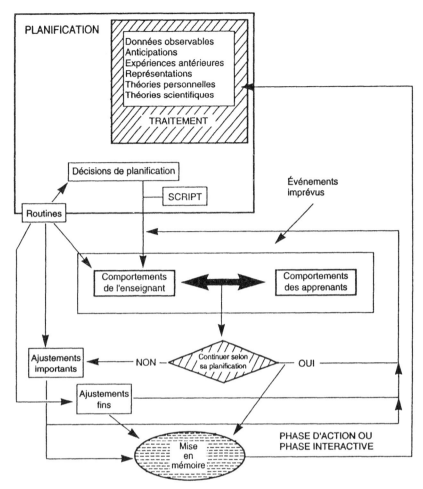

Les auteurs distinguent la préparation, « partie visible de la planification… traces de la planification », du processus-planifier lui-même qui intéresse toutes les décisions prises avant la séance et repérables à partir des verbalisations *a posteriori* des enseignants. Nous avons adopté cette distinction et la recherche que nous avons menée s'est inscrite dans une perspective descriptive.

Analyse de pratiques de planification en collège

À partir de l'analyse de 115 séances de 23 enseignants de collège et des résultats d'un questionnaire adressé à 67 autres enseignants du secondaire, nous avons pu dresser un profil de la pratique actuelle des enseignants au niveau de leur planification.

De nos analyses et interviews des enseignants de collège, il ressort que ceux-ci préparent généralement leurs séances en fonction du programme et d'une progression. Ils rassemblent une documentation, ils fixent des objectifs, choisissent une méthode, optent pour des stratégies, du matériel, en s'appuyant sur leurs expériences antérieures. Ils construisent à l'avance un *scénario,* sans voir que celui-ci détermine déjà le type d'interactions qui se dérouleront en classe.

Ces préparations varient elles-mêmes selon les enseignants. Elles se font à plus ou moins long terme : au jour, à la semaine, au trimestre, à l'année.

Chez les 23 enseignants interviewés dans notre recherche c'est la planification par unité, par séance de cours qui est la plus répandue (60 %), suivie par la planification hebdomadaire (25 %), puis trimestrielle (5 %). Nous retrouvons là aussi des résultats voisins de ceux des recherches anglo-saxonnes cités par Yinger.

Mais quel est l'objectif des enseignants au moment de la préparation de leur séance ? Sur quelles bases choisissent-ils telle ou telle intervention pédagogique, construisent-ils telle situation ?

La plupart de nos interviews mettent en évidence que ce qui prime pour l'enseignant c'est la *participation en classe* et l'*engagement des élèves* sur les tâches proposées ; il cherche à prévoir actions et activités qui motivent les élèves et développent leur participation. Nous retrouvons sur ce point-là les mêmes constats dans d'autres recherches sur la question.

Tous les enseignants interviewés reconnaissent que la planification « simplifie » et « rend plus efficace le temps de l'action ». Il semble bien que le principal apport des préparations soit la mise en place de « routines ». C'est ce qu'affirma aussi Yinger [1977, p. 302], qui définit les routines comme « des ensembles de procédures établies qui ont pour fonction de contrôler et de coordonner des séquences spécifiques de comportements ». Lorsqu'on interroge un enseignant, il montre très vite l'importance des routines dans sa planification. D'ailleurs Yinger [1979] considère la planification comme « la prise de décision concernant la sélection, l'organisation, la répartition des routines ».

Nous avions remis aux enseignants que nous allions enregistrer des fiches de préparation comportant cinq rubriques :

1. Les objectifs et les prérequis
2. Les stratégies pédagogiques
3. Les activités d'apprentissage des élèves
4. L'évaluation
5. La régulation

Certains les ont utilisées et remplies ; d'autres ont préféré nous remettre leurs fiches de préparation habituelles.

À la lecture des 115 fiches remises, on peut faire un certain nombre de constats :

– les enseignants préparent d'abord le contenu de la séance et estiment passer 45 % de leur temps de préparation pour ce faire ;

– les enseignants observés formulent pas ou peu leur intention pédagogique *sous forme d'objectifs* : ils ont des *buts* ou des *contenus,* des thèmes à traiter, mais seulement 6 d'entre eux (26 %) formulent leurs objectifs de façon opérationalisée avec des verbes d'action et 3 sur les 6 notent les conditions et critères de réalisation, les 3 autres définissent leurs objectifs après avoir fixé leurs stratégies !

– c'est la préparation des stratégies qui occupe la seconde partie du temps consacré à la planification (35 % environ). Pour leurs stratégies, les enseignants indiquent ce qu'ils font faire aux élèves, un déroulement chronologique d'actions, une succession de moments, d'actions à faire et selon les fiches est indiquée ou non la « trame conceptuelle » des notions à traiter, la « carte des concepts » clés utilisés par l'enseignant ;

– pour l'apprentissage, ce sont les activités que feront les élèves, les exercices, leur nombre, numéro, type ; rarement les obstacles pouvant être rencontrés, jamais les procédures d'apprentissage ne sont envisagées ;

– pour l'évaluation, les enseignants indiquent des exercices, des devoirs, des types d'évaluation bilan, de produits, non de processus.

La manière dont sont rédigées ces fiches indiquent bien qu'il s'agit pour l'enseignant de la construction d'un *scénario prédéterminé de contenus à faire absolument dans le temps prévu* ; elles prédisent le déroulement de l'action pédagogique de l'enseignant en préconisant le contenu, les techniques, voire le temps. Aucune des fiches de préparation n'envisage plusieurs pistes possibles ou un éventail de stratégies plus diversifiées et adaptables aux élèves.

Nous avons aussi retrouvé dans les questionnaires une distinction significative entre les pratiques de préparation des enseignants certifiés et celle des enseignants n'ayant pas de licence, différence relevée aussi par Yinger : les enseignants mieux formés sur le plan disciplinaire, qui maîtrisent mieux les contenus, passent moins de temps à la préparation de ceux-ci et emploient davantage leur temps au choix des stratégies pédagogiques.

Autre constat général : lorsqu'il y a improvisation en classe, celle-ci s'appuie sur les apports des séances réalisées antérieurement et jugées réussies par l'enseignant, à partir de routines structurées préalablement.

La plupart des enseignants reconnaissent avoir des difficultés pour préparer leurs séances et oscillent entre une préparation très structurée et une certaine improvisation, mais avouent tâtonner à chaque fois et, en général, pour 78 % d'entre eux, ne pas avoir de méthode bien définie.

Mais, surtout, aucun parmi eux n'a *conscience du poids de leur scénario dans la réalisation de la séance réelle*. Les enseignants ne sont pas conscients du fait que leurs comportements interactifs varient en fonction des scénarios qu'ils ont conçus. Dans notre recherche, ce sont les contraintes et possibilités provenant du scénario même que se crée à l'avance l'enseignant que nous avons voulu analyser.

Devant ces constats sur les pratiques de planification, une réflexion sur les prises de décision faites pendant la planification, pendant la séance et après, aide à comprendre le processus de planification et le rôle du facteur temps.

Planification et prises de décision

Nos travaux d'analyse de la planification des enseignants de collège (Altet, 1991) se sont appuyés sur le récent courant de recherches sur les « décisions interactives » des enseignants en classe (Morine, 1978 ; Yinger, 1979 ; Shalvelson, 1976 ; Charlier, 1985).

Nos résultats montrent aussi que les décisions que prend l'enseignant dans l'action, sont faites pendant sa préparation et que les *décisions interactives* en classe sont essentiellement des ajustements de la stratégie déjà prévue à l'avance. Peu nombreuses sont les décisions concernant les apprenants ou les relations entre les acteurs et rarement sont envisagées plusieurs possibilités de conduites pédagogiques pour une situation donnée.

Notre recherche a essayé de montrer que les éléments de la préparation constituent déjà les *déterminants* du type d'interactions entre l'enseignant et les élèves en classe.

Dans le questionnaire passé à 67 enseignants toutes disciplines, 3 seulement parmi eux pensent que « leur préparation préalable détermine les interactions avec les élèves en classe et influence leurs prises de décisions interactives ». Nous voulions mettre en évidence que cela se passait tout autrement dans la réalité.

Dans les interviews, les enseignants de collège interrogés perçoivent la conception technologique de la planification comme une simplification excessive de la complexité particulière propre à chaque situation pédagogique et aussi comme un frein à la créativité des enseignants et des élèves. Ils préfèrent « se préparer » pour chaque séance, ils ont ainsi l'impression de mieux prendre en compte la réalité de la classe et de pouvoir ajuster au fur et à mesure. En réalité leur préparation est-elle aussi souple et adaptable qu'ils le prétendent ? Prennent-ils en compte vraiment les réactions des élèves ?

Pour comprendre le rôle de leurs décisions dans la planification, nous sommes partis de l'observation et de l'analyse des situations pédagogiques créées par les préparations de leçons.

Après avoir enregistré des séances en classe, il s'agissait de faire prendre conscience aux enseignants que leurs conduites varient en fonction des situations qu'ils ont créées dans leurs préparations préalables.

Nous avons ainsi mis en évidence que les enseignants préparent généralement leurs séances en rassemblant une documentation sur le contenu à présenter, en fixant des objectifs, en choisissant une méthode, des activités, du matériel, sans prendre conscience, sans envisager les *conséquences* de ces choix sur leurs comportements et ceux des élèves.

Une analyse des effets de la situation pédagogique et de ses contraintes sur les comportements des élèves nous a permis de saisir le *poids déterminant de la préparation*. Nous partageons le point de vue de Crahay (1989) : « L'identification, d'une part, des paramètres situationnels qui contraignent fortement le comportement de l'enseignant, d'autre part, des paramètres qui laissent une certaine liberté d'action à l'enseignant, devient un objet d'études primordial. »

Nous avons identifié, à partir de la fiche de préparation, comment l'enseignant installe par anticipation certaines conditions d'apprentissage et comment il les gère réellement dans la séance.

Dans la mise en place des situations pédagogiques, interviennent en aval les variables de la *préparation*, de la *planification préactive* [Clark et Peterson, 1986]. Notre recherche a pris en compte ces variables *conditionnelles* dans l'analyse avec l'enseignant (visionnement des enregistrements et verbalisations des décisions prises avant et pendant la séance). Nous avons ainsi mis en évidence le poids des décisions préactives de la préparation et analysé de façon descriptive les effets de ces préparations sur les décisions interactives.

Plus la préparation est structurée et univoque, plus l'enseignant a du mal à s'adapter aux événements imprévus et moins il prend en compte les réactions des élèves. Il « se raccroche » à sa préparation pour ne pas « prendre de risques » [Altet, 1992].

Pour une formation à la planification

Il s'agit d'amener les enseignants en formation à prendre conscience de leurs pratiques de planification. Une formation leur est proposée dans des ateliers où ils préparent ensemble, avec le soutien de formateurs, des séquences pédagogiques qui vont ensuite être enregistrées sur le terrain. Puis, dans un second temps, ils observent et analysent ces séquences pédagogiques réelles enregistrées en vidéo sur le terrain, l'auteur de la prestation essayant d'identifier ses prises de décisions interactives et de les mettre en rapport avec les décisions préactives de sa planification, puis de prendre en considération les décisions post-actives de réajustement qui suivent la séance.

Cette centration sur l'analyse des préparations et des séances réalisées permet de prendre conscience non seulement des contenus et des pratiques, mais bien de l'ensemble de la situation pédagogique et des prises de décisions faites avant, pendant et après les séances.

L'objectif général de ces Ateliers, c'est une formation professionnelle par l'analyse à la planification et à la conduite d'une séquence pédagogique. Les objectifs de formation de ces ateliers de vidéo-formation sont multiples :

– apprendre à préparer et à analyser les décisions pré-actives ;

– apprendre à analyser et à identifier les décisions interactives ;

– apprendre à construire de nouvelles situations pédagogiques, à repérer les effets de choix pédagogiques alternatifs et à prendre des décisions à partir des réactions des élèves.

Les ateliers que nous avons mis en place dans le cadre de la MAFPEN (stage de formation continue) et de l'IUFM (formation initiale), avaient pour objectifs spécifiques :

– de se centrer sur les prises de décision réalisées avant, pendant et après la séance enregistrée, et d'identifier les effets des préparations préalables ;

– de faire prendre conscience aux enseignants des variables de la situation pédagogique et de faire identifier les contraintes créées par leurs préparations, scénarios de leçons.

Les stagiaires ont donc eu à arrêter, selon leur discipline, un objectif pédagogique commun, pour un niveau de classe. Par groupe de 4, ils ont mis au point une préparation de séquence courte (durée : 20mn), qui a été enregistrée dans leur classe, ou pour certains en simulation dans l'atelier.

Les stratégies choisies ont ensuite été analysées, comparées.

De même, leurs effets sur les tâches remplies par les élèves et les résultats observables obtenus, ont été repérés en commun.

Les variables de la situation modifiées par les choix stratégiques ont été alors répertoriées. Les enseignants en comparant les différentes stratégies, ont pris conscience du **poids des stratégies arrêtées dans les préparations** et des différences dans les tâches et comportements demandés aux élèves.

Il s'agissait ensuite d'atteindre un deuxième objectif de formation : former les enseignants à construire une préparation « **ouverte** », souple, diversifiée, « à choix multiple ».

Nous appuyant sur les résultats de nos recherches, nous avons conçu une action de formation à une planification ouverte, souple de séquences.Une préparation prévoyant **un éventail de stratégies possibles**, peut amener les enseignants à envisager davantage de solutions variées, plus adaptées aux différents élèves, dans une situation de classe qu'ils considèrent alors comme une situation-problème à résoudre, où ils prennent des décisions ajustées à la situation avec une relation pédagogique attentive à l'apprenant.

La construction et l'expérimentation d'une préparation ouverte

Les stagiaires construisent en groupe la planification d'une séquence en envisageant plusieurs pistes possibles selon les composantes de la situation, en concevant un éventail de stratégies et tactiques possibles : il s'agit d'inventorier des réponses pédagogiques adaptées à la situation analysée, SI..., ALORS..., SINON..., en prévoyant des alternatives de conduites. Ainsi, il est demandé aux stagiaires de développer leur métacognition, d'inférer les opérations cognitives mises en œuvre par les élèves à partir des conditions d'apprentissage qu'eux-mêmes ont créées, de réfléchir à leurs propres processus cognitifs.

Ces séances sont alors réalisées sur le terrain, enregistrées et analysées. Certains stagiaires sont d'abord déstabilisés par la possibilité de plusieurs choix pédagogiques, mais dans la phase d'analyse tous reconnaissent que la préparation de tactiques et stratégies variées entraîne une adaptation des conduites pédagogiques aux spécificités de la situation vécue.

Cette déstabilisation momentanée correspond à la déséquilibration (Piaget) nécessaire à l'apprentissage et à la modification réelle de comportements.

C'est dans cette même optique, au niveau d'une formation de formateurs à l'analyse, que Donnay et Charlier (1990) développent la technique du « diagnostic situationnel » pour préparer un formateur « adaptable, capable d'envisager plusieurs possibilités de conduites pour une même situation de formation ». Ils utilisent une analyse des préparations à quatre niveaux « descriptif, systémique, théorique et divergent »; au niveau divergent « les participants proposent d'autres actions pédagogiques possibles pour la même situation et leurs conséquences sont imaginées ».

Quant à Tochon (1990), il propose pour amener l'enseignant à « se libérer du contenu », l'utilisation par l'enseignant en formation de la technique des « cartes de concepts » (1990) qui « rassemblent ses connaissances en modules ou en champs conceptuels à partir desquels il improvise en réponse aux réactions des élèves ». Il utilise le micro-enseignement comme « stage de réflexion sur l'image de soi », pour développer les compétences interactives et relationnelles des enseignants, diversifier et adapter les conduites pédagogiques aux élèves selon les situations rencontrées. Il emploie le concept « d'improvisation bien planifiée » et forme l'enseignant à un mode de planification souple permettant d'« être à l'aise et efficace dans une relation avec les élèves ».

Ainsi, les recherches contemporaines nous ont amenée à concevoir une formation d'enseignants centrée sur l'analyse et la conscientisation des contraintes inhérentes à chaque situation, sur la métacognition et la recherche des prises de décision réelles des enseignants.

Cet aller et retour entre terrain et lieu d'analyse des pratiques, a pour objectif de développer une attitude réflexive de l'enseignant sur ce qu'il fait pour l'inciter à une plus grande souplesse d'action, à une adaptation plus appropriée à l'apprenant et « l'amener à mettre en œuvre une relation pédagogique ajustée » (Altet).

Pour conclure, la planification est un processus important qui joue un rôle décisif sur le processus-enseigner.

Les inspecteurs ont pendant longtemps expliqué aux enseignants comment préparer une leçon. Les chercheurs ont aussi, dans une perspective technologique, prescrit des plans systématiques souvent peu adaptés à la réalité.

L'optique descriptive des recherches actuelles permet de dégager certaines caractéristiques du processus de planification « invisible » (Clark et Yinger, 1980), car il ne peut être identifié qu'à partir des traces des préparations et des verbalisations des enseignants. Ces travaux ont particulièrement mis en évidence que dans sa préparation, l'enseignant se centre sur ses actions propres sans vraiment prendre en compte les apprenants. Il reste donc essentiel de développer à la fois les travaux de recherche et la formation sur les processus cognitifs que les enseignants utilisent avant, pendant et après leurs actions.

La restitution du fonctionnement de ces processus cognitifs, la prise de conscience de la nécessaire articulation dans le temps des prises de décision mises en œuvre dans la planification puis dans l'action au niveau des interactions, la mise en évidence du poids de préparations rigides sur le déroulement des situations pédagogiques, peut aider l'enseignant à modifier ses préparations, à abandonner la préparation centrée sur le contenu et les activités pour adopter une préparation plus pédagogique qui prenne en compte les interactions des élèves, leurs spécificités et aboutisse à un processus-enseigner dans lequel l'apprenant est partie prenante.

RÉFÉRENCES BIBLIOGRAPHIQUES

ALTET M., « Planification ou préparation d'une séquence pédagogique » *La planification de l'enseignement : deux approches, deux visions ?*, collectif R. Viau, Sherbrooke, Éditions du CRP, 1993.
ALTET M., *La formation professionnelle des enseignants*, Paris, PUF, 1992.
CHARLIER E, *Planifier un cours*, Bruxelles.De Boeck, 1989.
DONNAY J., CHARLIER E, *Comprendre des situations de formation.*, Bruxelles, De Boeck, 1990.
TOCHON F.V., « A quoi pensent les enseignants quand ils planifient leur cours ? », *Revue française de pédagogie*, 1989, N° 86.
YINGER R.J. « A study of teacher planning », *Elementary School Journal*, 1980.

Styles d'enseignement,
styles pédagogiques

Marguerite Altet
Sciences de l'Éducation
Université de Nantes

L'enseignant est un élément clef du triangle pédagogique, à la fois membre du *processus-enseigner* et du *processus-former*, à l'intersection des deux comme sur les deux axes qui les caractérisent.

Le processus-enseigner recouvre la relation enseignant-savoir, la manière dont l'enseignant transmet ses informations, son propre savoir afin que ceux-ci se transforment à leur tour en savoir chez l'élève. Ce sont les actions, les pratiques qu'il met en œuvre en classe dans la transmission du savoir.

Le processus-former, quant à lui, privilégie la relation enseignant-élèves, les pratiques relationnelles en usage en classe dans l'action de formation de l'élève. Ces deux processus caractérisent les pratiques enseignantes en classe, il est essentiel que chaque enseignant en comprenne le fonctionnement réel pour lui-même mais cette compréhension est aussi indispensable pour la mise en place d'une formation professionnelle des enseignants.

Lorsque les chercheurs ont tenté de décrire la réalité des pratiques enseignantes, manières de faire et d'être en classe, ou conduites véritables des enseignants telles qu'elles se déroulent dans une situation pédagogique, ils ont constaté que celles-ci présentent une très grande variété. Comme le montre fort bien Marc Bru dans ses ouvrages consacrés à la « variété et la variabilité didactique » (1987,1991) l'enseignant met en œuvre des pratiques variées, différentes selon les élèves et les contextes. D'autres chercheurs ont aussi mis en évidence que la description de ces pratiques ne peut être menée à partir de la définition de « méthodes » *a priori*. D'abord parce qu'il n'existe pas une « bonne méthode » d'enseignement définissable scientifiquement qui permettrait la réussite de tous. Ensuite parce qu'il n'est pas possible de comparer les méthodes d'enseignement pour elles-mêmes ; comme l'a souligné L.J.Cronbach (1974), la « méthode d'enseignement » n'est pas une variable causale indépendante. Mais surtout parce qu'on observe un énorme décalage entre les discours des enseignants sur les pratiques et les pratiques réelles, entre le dire et le faire.

C'est pourquoi, pour essayer de restituer le fonctionnement réel de l'enseignant dans le processus enseigner et le processus-former, les chercheurs en éducation ont mis au point de nombreux instruments d'observation systématique des comportements d'enseignants en classe. Ils se sont efforcés, au travers de recherches descriptives, d'identifier au niveau *des processus « du pôle enseignant »*, les *types de pratiques* mis en œuvre. Il s'agissait d'aider l'enseignant à comprendre ce qu'il fait, à mieux se connaître de manière à modifier ensuite ses pratiques par la formation.

« Comment les maîtres enseignent? » s'interrogent dans leur recherche Gilbert de Landsheere et Emile Bayer (1969). Et à partir d'observations méthodiques, ils repèrent les *traits qui caractérisent telle pratique* et qui, en même temps les différencient des autres. De même Gaston Mialaret (1978) essaye de construire des profils d'enseignants et Marcel Postic (1977) analyse les interactions et les actes pédagogiques en classe en les combinant avec les intentions des enseignants pour dégager des fréquences de comportements et des profils.

Ayant procédé à une description pointilliste des comportements variés observés en classe, les chercheurs européens ont, tout comme les chercheurs américains (Emmer et Peck, 1973), repéré des regroupements possibles de comportements autour de certaines dimensions du processus-enseigner et du processus-former, puis essayé de construire des systèmes de classification des conduites d'enseignement.

Le concept de *style* est alors apparu, style d'enseignement ou style pédagogique puisqu'il s'agissait de catégoriser les comportements réellement mis en œuvre dans l'action. C'est donc la dimension pédagogique de l'enseignement, le pôle de la transformation de l'information en savoir chez l'élève, par le biais de la relation et des actions vécues, qui étaient décrits et objectivés à l'aide de ce concept de style.

Le concept de style d'enseignement

Dès les années cinquante, de nombreux travaux nord-américains ont abouti à des classifications variées des pratiques enseignantes et dégagé ainsi des *styles d'enseignement*. Le concept de style a d'abord été employé de façon opératoire pour faciliter l'identification des pratiques réelles des enseignants dans leur classe et devenir ainsi un outil descripteur de pratiques, utilisable en formation d'enseignants.

Mais dans la recherche en éducation, ce concept de style a été utilisé sur le plan heuristique dans deux sens différents :

– soit comme un instrument de *généralisation, de classification* pour recenser des comportements caractéristiques, des traits communs à plusieurs enseignants et définir un style *global* par exemple, traditionnel ou moderne. Le style d'enseignement est alors défini comme un ensemble de comportements caractéristiques communs à plusieurs enseignants ;

– soit au contraire comme un outil de *singularisation* pour repérer le style propre à chaque enseignant, sa manière personnelle dominante d'être et de faire, sa facture propre et définir un style *différentiel*. Le style d'enseignement représente ici la manière personnelle d'agir, de se comporter d'un enseignant.

Ainsi, le courant des recherches américaines des années 1950-1970 s'est efforcé de caractériser des styles globaux et de les examiner comme systèmes d'effets, effet de tel ou tel style d'enseignement sur l'apprentissage des élèves. Ces recherches se sont attachées à catégoriser les styles globaux de façon dichotomique :

– Flanders, styles direct-indirect,
– Anderson, styles dominateur-socio-intégratif,
– Bennett, sur les styles formel, informel ou mixte.

Par contre, les travaux des années 1970-80 s'attachèrent plus à l'analyse des styles personnels et différentiels, des comportements spécifiques des enseignants face à tels ou tels types d'élèves.

Mais tous ces travaux, qu'ils s'appuient sur la fonction généralisante ou sur la fonction individuante du style, mettent en évidence qu'il n'existe pas de styles purs définis dans l'absolu, mais des combinaisons de styles variées, des styles « intermédiaires » (M. Postic, J. M. de Ketele. 1988), chaque style représentant plutôt : « le reflet d'un mode d'enseignement dominant » (G. Provencher 1983).

Les chercheurs ont ainsi relevé « des styles » d'enseignants, avec de trés nombreuses variantes, mais ont aussi relevé que chaque style est lui-même multidimensionnel, chaque dimension étant constituée par une combinaison de comportements. Les travaux de S. N. Bennett (1975) ont permis de repérer 12 styles à partir de diverses dimensions possibles de la conduite de la classe :

1) la façon d'organiser la classe,
2) le degré de contrôle social et les sanctions éventuelles,
3) le type de contenu et de planification,
4) les stratégies d'intervention,
5) les techniques de motivation,
6) les procédures d'évaluation.

Ici, ce sont les choix organisationnels, les m*anières de faire*, qui caractérisent les styles pédagogiques des enseignants.

A cette approche par les « *stratégies* » des enseignants, d'autres chercheurs ont préféré une approche par les « *manières d'être* », (Anderson, style dominateur ou style socio-intégratif ; Lewin, Lipitt et White, style autoritaire, démocratique ou laisser-faire). Les attitudes sont privilégiées et c'est le style plutôt relationnel de l'enseignant qui est alors défini. D'autres encore ont analysé les façons employées par l'enseignant pour traiter l'information, et dégagé le style cognitif, le style personnel d'apprentissage de l'enseignant (Witkin, 1977, Entwistle 1981).

Certains ont aussi cherché à repérer les « tactiques » mises en œuvre en classe par rapport aux stratégies préalablement fixées (M. Mosston). Selon les critères retenus, les catégorisations sont nombreuses mais elles privilégient souvent une dimension sur l'autre.

A l'inverse, nos travaux ont tenté de prendre en compte plusieurs dimensions constitutives d'un style et aboutissent ainsi à une définition en trois dimensions :

Le style c'est la manière dominante personnelle d'être, d'entrer en relation et de faire de l'enseignant (Altet, 1985 p. 9).

Ces trois dimensions sont en interaction et en interdépendance. On peut identifier le style personnel, le style relationnel, et le style didactique d'un enseignant pour mieux restituer ses pratiques :

Dimensions			Axe
Espace cognitif	– LE STYLE PERSONNEL *Facteurs personnels* • Style cognitif • Structure cognitive • Attitudes • Facteurs motivationnels	Champ des *Conditions :* variables personnelles et institutionnelles	stimulant — structurant
Espace social	– LE STYLE RELATIONNEL *Facteurs sociopsychologiques* • Interactions, façons d'entrer en interaction • Relations maître-élève(s) • Climat socio-émotionnel • Représentations • Tactiques		acceptant — ordonnant
Espace organisationnel	– LE STYLE DIDACTIQUE *Facteurs opérationnels* • Modalités didactiques, médias • Méthodes, techniques, stratégies • Structuration du contenu • Formes de groupement • Planification	Champ des *Décisions :* variables décisionnelles	guidant — dirigeant

Si le repérage des facteurs personnels, psycho-sociologiques, organisationnels permet de définir un style d'enseignement, et par là même, d'aider à analyser, à caractériser une pratique, il peut aussi faciliter la mise en évidence de la variabilité intra-individuelle des conduites de l'enseignant. Qu'est-ce qui change dans la pratique dans des situations différentes, que reste-t-il d'inchangé ? À ce sujet, Galton, Simon et Croll (recherche « Oracle » 1980) identifient les styles à partir de la variable « changement de style » et distinguent les styles stables et les styles changeants.

Pour notre part, nous avons aussi essayé de repérer la part de stabilité ou constance et la part de variabilité d'une pratique à l'aide du concept de style.

L'identification des styles

Pour identifier ces multiples facettes du style, nos travaux ont emprunté selon la pluri-référentialité des Sciences de l'éducation, les référents théoriques de différentes sciences humaines, plus particulièrement de la psychologie de l'éducation, psychologie cognitive, sociale, de la communication, de l'apprentissage. Pour décrire et analyser les trois dimensions – personnelle, relationnelle et didactique – constitutives de son style propre, un enseignant peut faire appel à des outils et à des concepts descripteurs divers :

Le style personnel

C'est la dimension liée à la personne, à la personnalité. Il s'agit d'identifier des variables liées au sujet : par des questionnaires qui font émerger chez l'enseignant, ses opinions, attitudes, représentations, ses conceptions et valeurs pédagogiques, sa conception des élèves, son acceptation d'autrui, son rapport au savoir, ses théories implicites.

Tout ce travail d'explicitation des représentations peut être mené :
– à partir de questionnaires d'attitudes, de Q-sort (par exemple le questionnaire ACP 77 de G. Mialaret, échelle d'attitudes de type Likert sur l'attitude pédagogique générale de l'enseignant, ses modalités d'action, la place du savoir, l'image de l'enseignant, l'image de l'élève);
– à partir de l'inventaire des valeurs interpersonnelles de L.V. Gordon (1975).
– à partir aussi du questionnaire sur les dimensions de la personnalité (16 P. F de Catell, 1970 ; recherche de J. P. Rolland, 1987).

Ces outils sont liés à un travail introspectif de connaissance de soi mené par l'enseignant sur l'image de soi, sa manière d'apprendre, à l'aide de travaux d'observations et d'analyse sur des situations vécues.

Pour identifier quelques facteurs personnels de l'enseignant, nous avons aussi, quant à nous, examiné une variable en relation avec le traitement de l'information : le style cognitif de l'enseignant, en particulier la dimension étudiée par Witkin (1965), sa dépendance ou son indépendance du champ qui permet de caractériser les sujets selon leur facilité à percevoir des éléments indépendamment du contexte ou pas.

Les résultats au test de Witkin RFT, peuvent être regroupés en trois points (Huteau 1975) : rapport de l'individu :
– avec son milieu, actif (IDP), passif (DP);
– à ses pulsions, DP + agressif, anxieux ;
– à soi, DP faible estime de soi.

Witkin (1977) met en évidence que les enseignants « dépendants du champ » ont tendance à privilégier un style d'enseignement structuré, alors que les « indépendants du champ » adoptent plutôt un style d'enseignement informel.

À partir d'un ensemble de Q-sort et de tests, nous avons pu situer les enseignants observés sur une échelle de comportements allant d'*un axe structurant* plus centré sur le processus-enseigner, pôle savoir, à *un axe stimulant* privilégiant le processus-former, pôle apprenant (Altet, 1988).

Bien sûr, il ne s'agit pas pour nous *d'expliquer* le style pédagogique de l'enseignant *par sa personnalité et son style personnel*. Il s'agit plutôt de *fournir* à l'enseignant des descripteurs des variables personnelles afin qu'il prenne conscience des effets de ces facteurs personnels *qui interviennent* dans les processus enseigner et former *mais pas seuls,* en interaction avec les styles relationnels et didactiques, ceux-ci étant influencés *à leur tour* par les effets des *interactions* et du *contexte*, et ce, différemment selon les situations.

Le style relationnel

À côté de son style personnel il y a, chez tout enseignant, une manière de communiquer avec l'élève. Si l'enseignement est avant tout une pratique relationnelle, le style relationnel, c'est :
– la manière d'entrer en interaction avec l'élève, la classe,
– la façon de gérer les interactions, de mettre en œuvre certaines relations,
– de créer un certain climat, de développer certaines formes et modes de communication, d'utiliser plus ou moins les messages non verbaux,
– et surtout de montrer une certaine habileté à être en relation avec les élèves, à avoir « le contact », à percevoir la réalité du groupe-classe.

On peut identifier cette dimension relationnelle du style pédagogique en analysant l'origine et la destination des messages du dialogue pédagogique, le nombre d'interactions avec les élèves, le temps de parole de l'enseignant, en repérant la forme des messages, verbale ou non verbale, en faisant prendre conscience des éléments qui perturbent la communication interpersonnelle en classe.

Il s'agit là encore de proposer à l'enseignant des outils pour mieux se connaître dans sa relation avec les autres, de lui faire découvrir les facteurs qui agissent sur la communication.

Une première grille peut dresser un relevé de l'origine des messages en classe, leur destination, le nombre des interactions et reconstruire ainsi le réseau de communication se déroulant dans la classe :

Qui parle? A qui ? Combien de temps ? Combien de fois ? Comment ?
– messages verbaux venant de l'enseignant
– adressés à la classe entière,
– adressés à un élève individuellement,
– adressés à la fois à un élève et au collectif, ou parfois à un élève, parfois au collectif,

– messages verbaux venant spontanément des élèves,
– adressés à l'enseignant, à la classe, à un élève, à un groupe d'élèves.

Professeur	Professeur	Professeur	Élève	Élève	Groupes d'élèves
classe collective	élève individu	groupe d'élèves	prof.	élève	prof. ou groupe d'élèves
1	2	3	4	5	6

En relevant le nombre, l'origine, la destination, la forme des interactions dans plusieurs séquences de classe on retrouve, quelles que soient les modalités didactiques choisies par l'enseignant, une certaine stabilité de cette dimension relationnelle dans la manière d'entrer en relation avec les élèves ; et nous avons dégagé des styles relationnels ou interactionnels privilégiés par chaque enseignant :
– *l'instructeur* ou *le questionneur de classe* s'adresse au collectif, à la cantonnade,
– *le questionneur d'individus* s'adresse essentiellement à l'élève-individu en le désignant,
– *le questionneur échangeur mixte* dirige à la fois ses messages vers la classe et vers des individus,
– *le moniteur-guide* laisse l'initiative des messages à l'élève et régule les échanges dans des petits groupes ou à deux.

STYLE INSTRUCTEUR	Peu d'interactions avec la classe ou l'élève-individu ; aucune interaction venant des élèves spontanément.
STYLE QUESTIONNEUR DE CLASSE	Les interactions sont plus ou moins nombreuses, mais s'adressent toujours à la classe, au collectif, à la cantonnade sans appel à un élève particulier.
STYLE QUESTIONNEUR D'ÉLÈVES-INDIVIDUS	Les interactions sont plus ou moins nombreuses et s'adressent surtout à un élève-individu, désigné nominativement.
STYLE QUESTIONNEUR ÉCHANGEUR MIXTE	Les interactions provenant du professeur sont nombreuses et s'adressent soit à la classe, soit à des élèves identifiés nominativement. Des interactions venant de la classe ou d'élèves-individus sont également présentes ; c'est la FLEXIBILITÉ qui caractérise ce style.
STYLE MONITEUR GUIDE	Les interactions duelles ou avec des petits groupes sont nombreuses : c'est la régulation individualisée qui est privilégiée. Une large place est laissée aux interactions et actions spontanées provenant des élèves : c'est la DISPONIBILITÉ qui définit ce style

Dans une recherche sur les styles relationnels (Altet,1988) nous avons identifié des *patterns interactifs stables* sur trois séances chez le même enseignant.

Nous avons mis en évidence que les enseignants de style « *instructeurs, questionneurs de classe, questionneurs d'individus* ont plutôt un pattern interactif *ordonnant :* ils sont à l'origine des interactions et organisent des échanges de communication verticaux. Leur mode de communication est de type : séduction-persuasion ».

Alors que chez les enseignants de style « *questionneur-échangeur-mixte, ou moniteur-guide*, on relève un pattern interactif *acceptant :* les interactions viennent autant des élèves que des enseignants, les relations sont plus horizontales, basées sur le dialogue. Leur mode de communication est de type écoute-échange ».

Si l'on retrouve une certaine stabilité des styles personnels et relationnels, c'est qu'ils renferment les facteurs personnels et psycho-sociaux et recouvrent le champ des conditions des actions et des attitudes qui les sous-tendent.

Le style didactique

Il est caractérisé par les choix de modalités didactiques, stratégies, méthodes mises en œuvre par chaque enseignant.

C'est le champ des variables décisionnelles prises par l'enseignant dans l'organisation de ses actions et des conditions d'apprentissage.

Ce style didactique qui concerne les facteurs organisationnels de l'enseignant, peut être identifié par *une analyse fonctionnelle des actions* remplies par l'enseignant.

« Tout acte pédagogique a une fonction » (Postic,1977, p.179) et il est possible, à partir d'une observation systématique, de regrouper les actes pédagogiques en classes plus larges en fonction de leur intention dominante : information, organisation, évaluation...

Restructurant le modèle de Hughes, de Landsheere et Bayer (1969) avaient repéré six fonctions remplies par les enseignants du primaire en classe : organisation, imposition, développement, personnalisation, évaluation, feedback.

Dans sa recherche sur les professeurs de l'enseignement technique, Postic (1977) en avait identifié trois : information, encadrement, éveil. Ces analyses fonctionnelles portaient essentiellement sur les comportements des enseignants.

Pour notre part, nous avons construit une grille d'analyse qui identifie les fonctions remplies par l'enseignant et celles remplies par les élèves de façon interactive, pour mieux décrire le processus interactif enseignement-apprentissage.

Ainsi les styles didactiques sont repérés à partir des fonctions de l'enseignant et des fonctions qu'elles induisent chez les élèves au niveau de leurs activités d'apprentissage : chaque fonction-enseignant est mise en liaison avec une fonction élèves : il s'agit de relever la conséquence interactive de chaque fonction, « son incidence immédiate dans le processus communicationnel » (Crahay,1984).

FONCTIONS DIDACTIQUE PROFESSEUR	INFORMATION ORGANISATION STIMULATION ÉVALUATION RÉGULATION	NIVEAU CONTENU NIVEAU SITUATION D'APPRENTISSAGE IVEAU APPRENANT NIVEAU TACHE NIVEAU CLIMAT
FONCTIONS APPRENTISSAGE ÉLÈVE	EXÉCUTION ACTION CONFRONTATION ÉGULATION	NIVEAU RÉCEPTION SAVOIR NIVEAU CONSTRUCTION SAVOIR NIVEAU RELATIONS NIVEAU CLIMAT

L'observation systématique de 5 à 8 séances chez le même enseignant nous a permis de distinguer à partir du type et de la fréquence des fonctions remplies, des profils comportementaux stables dans le classement ordinal des fonctins, profils qui se situent sur deux axes :
– celui d'une centration sur le contenu : *le processus-enseigner est privilégié,* les enseignants sont de type *dirigeants et les élèves des exécutants.*
– celui d'une centration sur l'apprenant : *le processus-former est développé,* les enseignants sont plutôt *guidants et les élèves acteurs.* ≈

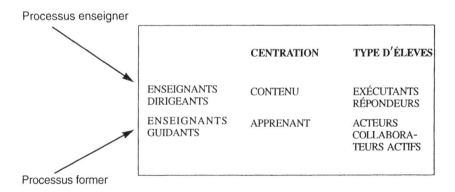

En croisant les fonctions didactiques dominantes, *la situation* d'apprentissage mise en place et l'outil d'apprentissage privilégié, nous avons ainsi repéré dans une recherche sur 58 enseignants de collège observés au cours de 3 séances, 6 styles didactiques différents :

STYLE	FONCTION DIDACTIQUE	SITUATION D'APPRENTISSAGE	OUTIL D'APPRENTISSAGE
EXPOSITIF	information organisation gestion	impositive collective	discours verbal inducteur
INTERROGATIF	interrogation évaluation	interactive collective	jeu de questions fermées, dirigées
INCITATIF	stimulation	interactive collective	questions ouvertes apports élèves
ANIMATION	guidance	interactive groupale	travail de groupe
GUIDE	guidance régulation	individualisé	relation d'aide fiche ordinateur
MIXTE-FLEXIBLE	toutes fonctions selon la modalité	variées différenciées	multiples selon situation

Stabilité et variabilité des styles

Ainsi, lorsqu'on analyse à partir d'observations en classe les styles d'enseignement dans leurs différentes dimensions, on peut faire deux constats :

– selon les enseignants, les styles personnels et relationnels sont plus ou moins stables, les styles didactiques plus ou moins variables.
– deux types d'enseignants cohabitent : les stables qui ont un style pédagogique dominant et les flexibles qui présentent des styles mixtes.

Alors qu'on retrouve chez les enseignants observés dans plusieurs situations, un pattern général, une stabilité ordinale des interactions pour les dimensions *personnelles et relationnelles des styles,* c'est au niveau de la dimension *didactique* du style que l'on observe la plus grande *variabilité* chez certains enseignants qui modifient leurs types d'intervention, *leurs stratégies* selon les contextes.

Comme l'avait montré E. Bayer (1979), nous avons, dans nos recherches, mis en évidence que la variabilité intra-comportementale de certains professeurs due à des modifications du contexte est même plus grande que la variabilité inter-comportementale entre différents enseignants plus stables. C'est ce que confirme

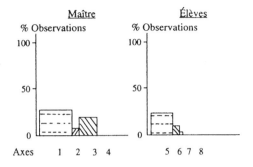
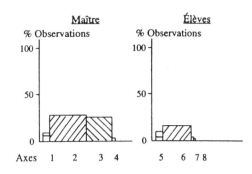

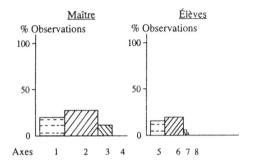
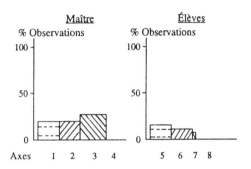

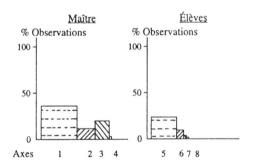
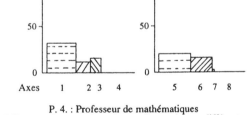

P. 5. : Professeur de mathématiques
Même enseignant, même classe, même type d'activité.
STABILITÉ du style centré sur l'apprenant, axe-*dirigeant*.

P. 4. : Professeur de mathématiques
Même enseignant, même classe, séances de type différent.
1. Recherche en petits groupes.
2. Exposé, exercices, évaluation. Cours collectif.
3. Questionnement, exercices. VARIABILITÉ du style.

Analyse fonctionnelle

Fonctions enseignant :
1. Centrées sur le contenu
2. Centrées sur l'apprenant
3. Centrées sur la tâche
4. Centrées sur le climat

Fonctions élèves :
5. Exécution
6. Participation
7. Confrontation
8. Climat

T. N. Posteltwhaite (1986) diffusant les résultats d'une recherche internationale de l'IEA, « Pour la plupart des types de comportement de maîtres observés, 70% de la variance correspondent à de la variabilité intra-maître et 30% seulement à de la variabilité inter-maître ».

Ces résultats se retrouvent actuellement dans plusieurs travaux (Crahay, 1987, Altet,1988, Bru,1989) et confirment l'importance du contexte, des contraintes de la situation et son influence sur le style pédagogique.

Comme le montre Bayer (1986, p. 490) « le profil comportemental, c'est-à-dire l'importance des catégories (fonctions) reste identique d'une leçon à l'autre, d'un maître à l'autre; néanmoins des variations d'amplitude apparaissent à l'intérieur de chaque catégorie comportementale imputable au contexte d'enseignement ». Ainsi, le style pédagogique d'un enseignant n'est pas déterminé par sa personnalité comme le suggérait les variables de présage constitutives du style dans le modèle linéaire, unidirectionnel processus-produits de Dunkin et Biddle (1974). Dans un modèle de « processus-interactifs-contextualisés » (Altet, 1988), le style d'enseignement est plutôt à concevoir comme une manière personnelle de gérer le processus interactif enseignement-apprentissage en prenant en compte l'influence de la situation et du contexte : les styles personnels et relationnels sont ainsi influencés et modifiés par le style didactique. Comme l'écrit fort justement Bru (1991 p. 28) : « La conduite didactique révèle le style personnel dont elle dépend mais ce dernier n'est pas forcément immuable, il dépend lui-même des effets de situation et de contexte. »

C'est pourquoi le concept de style reste un outil opératoire pour la formation des enseignants. Si l'on veut modifier les pratiques enseignantes encore faut-il, dans un premier temps, amener l'enseignant à prendre conscience de son style dominant dans toutes ses dimensions, pour l'aider à développer sa variabilité didactique afin qu'il s'adapte aux situations changeantes et diversifiées qu'il rencontre.

B. Bloom (1982) a montré qu'en offrant aux enseignants une image exacte de leur style et en les sensibilisant à agir sur les variables décisionnelles qui dépendent d'eux (alterable variables), on les amène à modifier leurs styles d'interaction avec les élèves, à changer leur style didactique en leur faisant expérimenter des stratégies variées pour diversifier leurs pratiques et en les conduisant ainsi à améliorer la gestion des conditions d'apprentissage pour *tous* les élèves.

Les styles : un outil d'analyse des pratiques pour la formation des enseignants

Comme nous l'avons déjà dit, « les styles d'enseignement sont des descripteurs de pratiques, qui permettent à l'enseignant de faire des diagnostics sur ce qu'il fait mais aussi de mener des comparaisons entre des stratégies différentes et leurs effets sur l'apprentissage des élèves ».

Si la formation des enseignants est à la fois une transformation personnelle et professionnelle, si l'on veut développer une formation non pas sur des modèles à reproduire ou sur des théories, mais bien à partir de pratiques réelles, si l'on souhaite centrer la formation sur l'action de celui qui se forme en favorisant une prise de conscience, une objectivation-analyse de ses propres pratiques en situation réelles pour permettre ainsi à tout enseignant de se faire une image plus exacte de ce qu'il fait, si l'on veut mettre en œuvre une formation centrée sur l'analyse et la reconstruction de pratiques, des outils descripteurs des pratiques deviennent essentiels : le concept de style en est un.

Pour que l'enseignant s'adapte, varie sa pédagogie encore faut-il qu'il ait pris d'abord conscience de son style propre.

Chercher à identifier son style, c'est pour un enseignant mettre en œuvre une démarche de réflexivité sur soi, c'est analyser ses pratiques, développer sa métacognition. C'est le point de départ incontournable pour changer des pratiques.

On ne peut pas modifier efficacement ses pratiques si on n'a pas d'abord, pris conscience de ce que l'on est, de ce que l'on fait réellement dans ses actions en classe.

La méthodologie de la vidéo-formation s'appuyant sur des enregistrements vidéo de séquences réelles de classe, permet d'analyser les pratiques et de repérer les styles: chaque « se formant », enseignant volontaire, enregistre plusieurs situations d'enseignement-apprentissage, analyse ses actions pédagogiques, dégage son style à l'aide des outils proposés, puis conçoit de nouvelles stratégies mettant en œuvre des styles autres, variés, compensatoires. Dispositifs de co-formation en équipe ou d'auto-formation, la pratique vidéo en formation permet non seulement l'analyse des comportements enseignants mais aussi celle des variables de situation et de contexte. Le repérage de l'interdépendance des dimensions personnelles, relationnelles et didactiques facilite la conception de nouvelles situations d'enseigement-apprentissage et la mise en place de conditions d'apprentissage variées.

De plus, former à et par la recherche a été un des objectifs de nos travaux sur les styles et les pratiques enseignantes: nous avons associé des enseignants à cette recherche. L'identification des facteurs constitutifs du style, des interrelations entre les trois dimensions du style, permet une prise de conscience et une objectivation des pratiques qui favorise alors la mise en place de variations didactiques, la construction de stratégies compensatoires diversifiées plus adaptées aux apprenants.

En formation initiale ou continue, IUFM ou MAFPEN, on peut envisager la mise en place de dispositifs, du type « Ateliers de formation professionnelle » où par la médiation vidéo, les enseignants sont amenés à identifier à l'aide de l'analyse fonctionnelle leurs styles pédagogiques et les types d'apprentissage qu'ils induisent chez les élèves. Ils peuvent aussi analyser le fonctionnement de la situation pédagogique à l'aide d'autres outils conceptuels complémentaires : modes de communication, épisodes, modes cognitifs, modes d'ajustement (Altet,

1991). Puis, après l'analyse, les enseignants construisent des situations et conditions d'apprentissage dans lesquels ils développent une variabilité de leurs styles pour diversifier leurs pratiques et mieux s'adapter à l'hétérogénéité de la classe. (Altet, 1989,1991,1992). Ils parviennent ainsi à se détacher de leur style dominant, à varier leurs actions et comme le suggère Legrand (1986), à « minorer leur style au profit de la technique ».

Conclusion

Les recherches sur les styles partent de l'observation systématique des pratiques, les décrivent, permettent de les catégoriser, d'en dégager des dominantes et de mettre alors consciemment en œuvre des conduites compensatoires plus variées et plus efficientes pour les élèves.

Ainsi même si ces recherches sur les styles restent essentiellement descriptives, elles ont permis d'identifier chez les enseignants le décalage entre pédagogie souhaitée et pédagogie réelle, « de repérer les maîtres pratiquant le même style ou des styles contrastés » (de Landsheere), de construire des outils et des savoirs pédagogiques éprouvés pour la formation des enseignants.

Si l'objet de la recherche en éducation est de constituer un savoir susceptible d'éclairer la pratique enseignante, les savoirs sur les styles d'enseignement sont des savoirs pédagogiques utiles aux enseignants car ils leur permettent de mieux objectiver leurs pratiques, de les réguler, de les varier, de les rendre plus efficientes. Ils mettent aussi en évidence que chaque enseignant participe selon son style à la fois au processus-enseigner et au processus-former. Ces savoirs sont des éléments clés de la construction de la professionnalité enseignante.

RÉFÉRENCES BIBLIOGRAPHIQUES

ALTET M., « Les styles d'enseignement : un instrument d'analyse de la stabilité et de la variabilité des pratiques enseignantes, un outil de formation à l'autoanalyse ». *Les Sciences de l'Education pour l'ère nouvelle,* Caen, Cerse, 1988, N° 4-5.

ALTET M., *La formation professionnelle des enseignants,* Paris, PUF, 1993.

BRU M., *Les variations didactiques dans l'organisation des conditions d'apprentissage,* Toulouse, Éditions Universitaires du Sud, 1991.

POSTIC M., de KETELE J.-M., *Observer les situations éducatives,* Paris, PUF, 1988.

L'enseignant, organisateur des conditions d'apprentissage

Marc Bru
Sciences de l'Éducation
Université de Toulouse II - Le Mirail

Intérêt et renouvellement des recherches sur les conduites d'enseignement

Si l'accord est unanime pour placer l'élève au centre du système éducatif et si, en conséquence, l'apprentissage est prioritaire, est-il encore pertinent de s'intéresser aux conduites d'enseignement ? Nous répondons par l'affirmative car il faut au moins savoir comment les enseignants réussissent – ou ne réussissent pas – à rendre les élèves acteurs de leurs apprentissages.

Définie globalement par sa fonction organisatrice des conditions d'apprentissage, l'action de l'enseignant (conception, planification, décision, réalisation...) constitue ainsi un objet d'étude et de recherche. Cette action doit être considérée dans ses multiples expressions, aussi bien chez le même enseignant que chez des enseignants différents. Le but premier est de rassembler les éléments qui permettront de répondre à des questions simples (au moins dans leur formulation) : comment enseigne-t-on ? Pourquoi ? Quelles en sont les implications ?

Les limites de cette contribution ne permettent pas de longs développements théoriques. Cependant, l'approche opérationnelle dont les grandes lignes seront exposées dans la suite, doit être précédée de trois remarques qui constituent autant de ruptures avec les orientations adoptées par nombre de recherches sur l'enseignement.

Remise en cause de la notion de méthode d'enseignement

Considérant la variable « méthode d'enseignement » comme variable indépendante, explicative des résultats de l'apprentissage, plusieurs études menées selon des protocoles expérimentaux ont tenté, par comparaison, de hiérarchiser lesdites méthodes en fonction de leur efficacité. L'exemple le plus connu est certainement celui des recherches comparatives sur les méthodes d'enseignement de la lecture. On sait aujourd'hui que malgré la rigueur méthodologique qui les caractérisait, ces investigations n'ont pas permis de trancher définitivement au sujet du choix de la meilleure méthode d'enseignement. Parmi les critiques qui peuvent être adressées à de telles recherches retenons, celles qui concernent la notion de méthode :

– notons d'abord qu'il est toujours difficile de spécifier la méthode mise en œuvre par un enseignant. Généralement on se fonde sur des déclarations obtenues au cours d'un entretien ou par l'intermédiaire d'un questionnaire; ces informations sont parfois complétées par l'examen des supports utilisés (manuels scolaires) et/ou par une observation ponctuelle de la classe. Est-ce suffisant? Sûrement pas, si l'on veut bien reconnaître, d'une part qu'il existe, en matière de pédagogie, un écart non négligeable entre le faire et le dire et que, d'autre part, les enseignants adaptent souvent de manière significative les manuels qu'ils utilisent ;

– plus fondamentale ensuite, est la critique selon laquelle, compte tenu de la multiplicité des réactions des apprenants en fonction de leurs caractéristiques personnelles, il est vain de chercher à définir une méthode d'enseignement universellement supérieure à toutes les autres ;

– enfin, des travaux récents (Crahay, 1989) introduisent le doute quant à la stabilité des pratiques pédagogiques sur une période donnée lorsque les conditions locales ou générales de l'action évoluent. Certaines conclusions établissent même que la variabilité intra-maître pour des conditions différentes dépasse la variabilité inter-maîtres à conditions semblables.

L'enseignant est-il un « décideur souverain » ?

On a souvent tendance à considérer que l'intervention du maître auprès des élèves est la conséquence d'un choix toujours conscient effectué selon une démarche sélective rationnelle. Ainsi, après avoir mesuré les avantages et les inconvénients de plusieurs modalités d'action, l'enseignant choisirait la modalité la plus performante pour atteindre l'objectif de pleine réussite de tous.

Une telle façon de concevoir la pratique de l'enseignement doit être nuancée car elle ne rend compte que d'une seule des procédures suivies pour organiser les conditions d'apprentissage ; plusieurs observations montrent d'ailleurs que ce n'est pas forcément la plus fréquente :

– dans beaucoup de cas, les choix de l'enseignant sont dépendants d'éléments contextuels qui font que les décisions se prennent sous contraintes (moyens disponibles, habitudes instituées dans l'établissement, pressions de l'environnement social hors de l'école...). Ajoutons que les effets de contexte et les contradictions qu'ils véhiculent ne sont pas nécessairement traités consciemment; les explications de choix fournies par les acteurs hors du feu de l'action sont fréquemment des rationalisations *a posteriori*. On ne saurait donc accepter une interprétation trop cognitiviste des choix pédagogiques effectués ; des facteurs sociaux et psychosociaux entrent en jeu, parfois même à l'insu des acteurs ou des observateurs...

– cette précaution à l'égard d'une vision qui poserait l'enseignant comme décideur souverain conduit à se défier de toute réduction des critères de sélection des modalités d'enseignement à un seul d'entre eux : celui du rendement ou de l'efficacité maximale. En situation concrète, l'enseignant est amené à considérer plusieurs critères de choix qui, selon les cas, pourront s'organiser de façon complémentaire ou contradictoire. A titre d'exemples on peut mentionner, outre le critère de rendement (offrir à chacun les meilleures conditions d'apprentissage), le critère de la charge de travail qui, pour un temps, ne saurait être dépassée sous peine de placer l'enseignant devant des difficultés de gestion de son activité ; le critère de fidélité à un engagement personnel dans le domaine de l'éducation ; le critère d'acceptation forcée ou délibérée d'une nouveauté pédagogique ; le critère d'avancement de carrière et de promotion personnelle de l'enseignant...

On comprend combien la recherche sur les conduites d'enseignement doit éviter, au moins dans une première approche, toute simplification qui reviendrait à ignorer l'existence de choix multicritères ou pire, qui consisterait implicitement ou explicitement, à considérer que les enseignants qui ne font pas référence de façon exclusive au critère d'efficacité maximale auprès des élèves sont de mauvais enseignants.

L'impasse de l'orientation prescriptive

Quels rapports peut-on envisager entre la recherche et la pratique de l'enseignement ? On aura compris qu'il n'est nullement question de concevoir la pratique comme simple application de la recherche. Trop de travaux ont été abusivement utilisés pour fonder des prescriptions ; ainsi, au nom de la science a-t-on parfois demandé aux enseignants d'adopter des modalités d'action totalement inadaptées à certaines situations. S'il est possible de concevoir une étude scientifique de la pratique de l'enseignement, il est illusoire de penser que cette même pratique peut être organisée en totalité selon des règles scientifiques. Mais alors, à quoi bon poursuivre des recherches sur l'enseignement si leurs résultats ne sont pas exploitables pour améliorer les effets de l'acte pédagogique? On pourrait répondre en remarquant que la recherche n'a pas forcément à se préoccuper de ses applications concrètes et qu'elle a pour but essentiel de réunir des connaissances relatives aux objets qu'elle examine. Si cette réponse est recevable, rien ne s'oppose pourtant à ce que la recherche établisse, dans un enrichissement réciproque, des relations avec la pratique. Dans cette perspective, dépassant la simple application, l'enseignant peut trouver dans les résultats de la recherche des points d'appui pour son action. Soyons précis, cela ne signifie pas d'une part, que toute recherche doit offrir un intérêt pratique et d'autre part, que tout acte pédagogique doit être justifié par des arguments issus de la recherche.

L'orientation de la recherche sur l'enseignement qui convient le mieux au rapport recherche/pratique qui vient d'être évoqué est, nous semble-t-il, une orientation descriptive et explicative. La description consiste à définir des objets d'étude et à mettre en œuvre une méthodologie permettant de construire une connaissance de ces objets. La mise en relation des variables observées et leur organisation selon un ensemble structuré de rapports (dépendance, interdépendance, causalité) peuvent ensuite conduire à un essai d'explication des faits observés. C'est dans cette voie que s'inscrivent les travaux sur la variabilité didactique dont il va maintenant être question.

Les profils de l'action didactique

La notion de profil d'action didactique se substitue à celle de méthode d'enseignement dont nous avons énuméré les principales insuffisances.

L'enseignant ne gère pas directement les apprentissages, il en gère les conditions en agissant sur un certain nombre de variables qu'il peut modifier. Nous avons vu qu'il n'a pas tous les pouvoirs, certains éléments de la situation lui sont imposés ; cependant, dans de nombreux cas, il lui reste une marge de manœuvre significative pour plusieurs variables qui deviennent alors pour lui variables d'action. Le profil de l'action didactique en un temps « T » est constitué par les modalités concrètes que prennent ces variables. Trois catégories de variables peuvent être distinguées :

– *variables de structuration des contenus* (transposition didactique, opérationalisation des objectifs, choix des activités sur les contenus).

– *variables processuelles* (dynamique de l'apprentissage, répartition des initiatives, registres de la communication didactique, modalités d'évaluation).

– *variables relatives au dispositif* (organisation de l'espace, du temps, groupement des élèves, matériels et supports utilisés).

On s'en doute, cette liste n'est pas exhaustive ; ont été seulement mentionnées les variables prises en compte dans plusieurs recherches déjà réalisées ou en cours. Une discussion serait nécessaire au sujet de la place attribuée parmi les variables didactiques, aux variables processuelles et aux variables relatives au dispositif. Certes, ces variables ne sont pas *a priori* liées aux contenus, elles ont cependant, en situation de classe, une incidence incontestable sur la façon dont s'établit le rapport de l'apprenant à la connaissance. Si on considère que la didactique s'intéresse, à propos d'un savoir de référence défini, aux conditions et aux formes du rapport entre conduites d'enseignement et conduites d'apprentissage de ce savoir, les variables processuelles et les variables de dispositif sont bien des variables didactiques. Nous utilisons donc le terme didactique dans son sens élargi, trop restreint cependant pour que l'on puisse parler indifféremment d'action pédagogique car, en particulier, la question des finalités éducatives n'est pas traitée dans l'approche que nous proposons.

Examinons rapidement chacune des variables sur lesquelles l'enseignant peut agir et voyons, en prenant l'exemple de l'enseignement-apprentissage de la langue écrite, quelques-unes des multiples modalités qu'elles peuvent prendre.

La structuration et la mise en œuvre des contenus

Sélection et organisation des contenus

Les instructions officielles et les programmes ne constituent qu'un cadre général à l'intérieur duquel l'enseignant ou le rédacteur de manuel scolaire fait des choix :
– sur les contenus (transposition didactique : passage d'un savoir savant ou d'un savoir-faire social au savoir à enseigner puis au savoir enseigné) ;
– sur leur organisation et leur présentation (découpage, répartition, articulations, enchaînements, comparaisons, procédés analogiques, contextualisation/décontextualisation...).

Pour la langue écrite, l'enseignant retiendra par exemple des éléments d'analyse linguistique et psycholinguistique (référence aux phonèmes et à leur transcription, activités cognitives au cours de la lecture...) ainsi que des éléments sur les différents aspects de l'usage de l'écrit dans la vie sociale et cherchera à distribuer ces contenus sur la base d'un critère d'organisation (selon les cas du simple au complexe ou au contraire en faisant précéder l'analyse et l'étude des unités d'une phase d'appréhension globale). D'une séquence d'enseignement-apprentissage à l'autre les choix du même enseignant quant à l'organisation des contenus peuvent évoluer ou au contraire se répéter de façon quasi systématique.

Opérationnalisation des objectifs

Les objectifs généraux font l'objet d'une interprétation et d'une spécification en termes d'objectifs intermédiaires plus ou moins opérationnalisés. L'objectif « savoir lire en fin de cycle des apprentissages fondamentaux » est un objectif trop large pour être traité tel quel ; aussi pour chaque période d'enseignement-apprentissage, on va être amené à formuler des objectifs plus précis. Dans la perspective de la pédagogie par objectifs (PPO), l'opérationnalisation d'un objectif passe par la description des comportements attendus, de leur degré de réalisation et des conditions dans lesquelles ils devront se produire. Chaque objectif opérationnel appartient à un niveau taxonomique. Les taxonomies distinguent souvent : les objectifs relevant des connaissances factuelles (associer une lettre à un son), les objectifs de compréhension, les objectifs procéduraux, les objectifs de résolution de problèmes...

Les objectifs mis en œuvre quotidiennement en classe ne relèvent pas toujours du même niveau taxonomique et n'atteignent pas tous le même degré d'opérationalisation. Il existe bien ici aussi un ensemble de possibilités plus ou moins largement exploitées selon les enseignants ou la période considérée.

Activités sur les contenus

Lorsqu'ils sont rendus opérationnels selon les règles de la PPO les objectifs décrivent une activité ; si les séquences scolaires font référence à cette activité, ce n'est cependant pas de façon exclusive : bien d'autres activités d'apprentissage sont réalisées car, en général, on ne se limite pas au « bachotage » des objectifs à atteindre.

Les activités en classe peuvent appartenir à plusieurs champs : celui des activités sensorielles, celui des activités motrices, des activités cognitives... Dans chacun de ces champs il peut s'agir de reproduire, de comparer, d'inventer...

Pour poursuivre sur l'exemple retenu, le rapport à la langue écrite peut ainsi, chez de jeunes enfants, prendre la forme de manipulations de lettres mobiles, d'exercices psycho-moteurs portant sur l'organisation spatio-temporelle, d'un entraînement à la discrimination phonétique, de comparaison de mots, de production d'écrit, d'anticipation de sens, de recherche d'indices, de lecture rapide, de lecture à haute voix, d'écoute d'une lecture magistrale...

Les variables processuelles

Ce sont les variables qui interviennent dans le rapport enseignement-apprentissage comme source d'énergie, de mouvement ou de régulation.

Les conditions de la dynamique de l'apprentissage

L'engagement dans une activité d'apprentissage et l'implication de l'élève sont bien souvent le résultat d'un ensemble de motifs et de motivations qui, en partie, échappent à l'enseignant. Cependant, ce dernier n'est pas totalement étranger à la façon dont s'installe ou ne s'installe pas une dynamique de l'apprentissage.

Les solutions adoptées sont nombreuses et assez rarement formalisées :

– le recours à des sanctions positives ou négatives qui, dans certains cas extrêmes relèvent du châtiment corporel mais qui plus généralement restent symboliques (le bon point ou l'image pour les petits, la note pour les plus grands ou bien, plus simplement, le commentaire élogieux ou encourageant...) ;

– la référence sociale utilisée sous des modalités diverses telles l'émulation, la comparaison ou la rivalité ;
– l'attrait des situations, des matériels ou des exercices proposés. L'application des techniques modernes à la fabrication de manuels ou de matériel didactique en fournit de nombreux exemples ;
– la prise en compte de la dynamique interne du sujet qui apprend.

Les pédagogues de l'Ecole Nouvelle font depuis longtemps référence à la notion de besoin. Les centres d'intérêt de Decroly cherchaient à organiser les apprentissages autour des principaux besoins vitaux : se nourrir, se déplacer, se protéger contre les intempéries...

Le désir d'accomplissement du sujet, la recherche d'un équilibre cognitif, la réalisation d'un projet personnel ou collectif sont aussi source de motivation.

La répartition des initiatives

Les activités que l'élève accomplit s'organisent à partir d'initiatives qui, pour partie ou en totalité, peuvent appartenir soit à l'élève lui-même ou au groupe dont il fait partie, soit à l'enseignant. A des fins d'analyse, il est possible de distinguer trois aspects principaux d'une activité scolaire : son but, sa procédure et ses moyens.

Pour chaque activité réalisée en classe, il est intéressant de repérer la façon dont se répartissent les initiatives sur chacun de ces trois aspects. Les configurations rencontrées se situent entre deux pôles extrêmes :
– celui de l'initiative magistrale exclusive (l'enseignant fixe le but, la procédure et les moyens). C'est le cas lorsqu'il est demandé à l'élève de réaliser un exercice selon une démarche établie, voire un algorithme, et à l'aide de moyens mis à sa disposition; par exemple écrire son prénom (but) avec des lettres mobiles (moyen) en respectant un modèle ou l'ordre indiqué pas à pas par l'enseignant (procédure).
– celui de l'initiative totale de l'apprenant ou du groupe d'apprenants. Il s'agit alors de ce que l'on appelle habituellement une activité libre dans laquelle le maître n'intervient éventuellement qu'à la demande de l'apprenant. La production personnelle d'écrit sans aucune consigne préalable, la consultation autonome d'un livre ou d'un ensemble de documents pour satisfaire sa curiosité en sont des illustrations.

Entre ces deux pôles, existent des variations selon de multiples « dosages » dans la répartition des initiatives : initiative du but réservée à l'enseignant et initiative de la procédure ainsi que des moyens à la disposition de l'apprenant...

Les registres de la communication didactique

Les informations orales ou écrites communiquées directement ou mises à la disposition des élèves se caractérisent entre autres par le registre auquel elles appartiennent. Il existe un langage technique propre à chaque discipline scolaire, cependant d'autres registres sont utilisés notamment à l'école maternelle et à l'école élémentaire : langage familier, langage scolaire particulier, langage utilisant un vocabulaire peu commun...

L'exemple le plus fréquent de diversification est celui des variations de registre constatées lorsque l'enseignant est amené à reprendre une explication qui, à l'évidence, n'a pas été bien comprise par certains élèves.

Les modalités d'évaluation

Dans un but d'analyse, on peut retenir la distinction entre les fonctions, les objets, les agents et les moyens de l'évaluation (de Ketele, 1984). Cela revient à essayer de répondre à quatre questions : pourquoi évalue-t-on ? sur quoi porte l'évaluation ? qui évalue ? de quelle manière ?

Schématiquement, on peut se donner une représentation de l'ensemble des possibilités en considérant que sur chacune des dimensions construites en référence à ces quatre questions, existent de multiples modalités connues ou à inventer :

– *pourquoi/pour quoi évaluer ?*

Fonction de diagnostic, formative, certificative, d'orientation, de régulation des apprentissages, de régulation sociale...

– *à quoi/à qui s'applique l'évaluation ?*

Dispositifs d'enseignement, productions, savoirs déclaratifs, procédures, attitudes des élèves...

– *qui évalue ?*

Agents extérieurs, autorités, experts, enseignant, apprenants...

– *avec quels moyens ?*

Observation régulière interactive ou non interactive, avec ou sans instrumentation systématique, observation ponctuelle, épreuves, questionnaires, entretiens...

Chaque opération d'évaluation peut être décrite à partir de sa configuration caractéristique constituée par la ou les modalités retenue(s) sur chacune des quatre dimensions. Les combinaisons étant très nombreuses, on imagine facilement l'étendue des variations théoriquement envisageables.

Le cadre matériel de l'enseignement-apprentissage

Lieux et espaces d'enseignement-apprentissage

Au sein de chaque établissement scolaire, les classes ou salles de cours sont les lieux les plus habituels où se retrouvent enseignants et apprenants. Les variations les plus fréquentes interviennent lors de l'utilisation de locaux spécialisés (audio-visuel, informatique, éducation physique...). Par l'organisation de séquences décloisonnées, ou par la mise en place d'ateliers de travail autonomes certains établissements parviennent à élargir le champ des possibilités. Les activités organisées à l'extérieur (classes découverte, enquêtes, visites...) réalisent aussi de nouvelles conditions d'appropriation de connaissances. Ajoutons enfin que l'aménagement matériel de la classe (affichages, mobilier...) n'est pas forcément immuable ; les modifications et déplacements divers lorsqu'ils répondent à un besoin des apprenants, ont une signification didactique qu'on ne saurait négliger.

Les circonstances matérielles, le choix et l'aménagement des lieux constituent une variable particulièrement importante lors des premiers apprentissages de la langue écrite :

– à l'intérieur de l'espace classe : renouvellement et mise à jour des listes de mots et de phrases de référence, aménagements pour les activités en ateliers, lieux de documentation...

– à l'intérieur de l'établissement : utilisation périodique d'installations communes, affichage collectif, panneau de libre expression écrite...

– à l'extérieur de l'établissement : consultation de l'indicateur horaire des trains dans une gare, fréquentation d'une bibliothèque, lecture des enseignes, des panneaux routiers, des affiches publicitaires...

Le regroupement des élèves

L'interdépendance de cette variable avec celle qui vient d'être examinée est évidente : d'une part, une organisation de l'espace évolutive offre la possibilité de regrouper les élèves selon des modalités variables ; d'autre part, le choix de diversifier les modalités de regroupement implique une autre façon de concevoir l'espace et son aménagement. On retrouve d'ailleurs ce même type d'interaction avec la dimension temporelle considérée plus loin.

Le groupe d'apprentissage que l'on peut distinguer du groupe de relations et du groupe de production, est avant tout, pour l'apprenant, un moyen de progresser dans l'appropriation des connaissances (Meirieu, 1984). Les recherches des néo-constructivistes ont renouvelé l'intérêt pour les activités réalisées en situation de groupe : la confrontation des points de vue et des interprétations divergentes d'un même problème génère des conflits socio-cognitifs constituant ainsi pour l'apprenant une occasion de remise en question ou de consolidation de sa perception des faits, de ses conceptions et des systèmes explicatifs qui lui étaient familiers.

Les conditions de progrès personnel à travers le groupe ne sont pas présentes dans n'importe quelles circonstances. Le degré d'hétérogénéité, la taille du groupe, le statut sociométrique de ses membres... sont des dimensions sur lesquelles l'enseignant peut agir afin de réaliser des situations d'apprentissage diversifiées : discussion collective en grand groupe pour la lecture d'un texte inconnu et la proposition d'hypothèses sur le contenu de ce texte, travail en groupe de deux pour l'utilisation d'un didacticiel d'activités sur la langue écrite, lecture individuelle silencieuse, rédaction en petit groupe d'une lettre pour les correspondants...

L'organisation temporelle

En étroite relation avec les deux variables précédentes, l'enseignant est amené à adopter une répartition des activités dans le temps ; il peut s'agir d'un choix initial définitif (dans ce cas la référence est, pour toute l'année, une répartition réglée à l'avance dans ses moindres détails) ou bien du choix d'une organisation temporelle adaptable (elle est facilitée lorsque l'établissement fonctionne selon un emploi du temps souple).

Pour une classe ou un groupe, les variations envisageables se rapportent à deux aspects principaux de la gestion temporelle :

– la durée de chaque activité (pour une séquence : une dizaine de minutes pour la lecture silencieuse personnelle, quelques minutes pour la recherche d'un mot dans un texte, une heure ou davantage pour la rédaction d'un compte rendu ; pour la séquence suivante, lecture silencieuse sur trente minutes...)

– l'ordre chronologique et le rythme des activités (l'enchaînement des activités peut ne pas être immuable ; une séquence peut parfois débuter par une intervention magistrale, se poursuivre par du travail écrit personnel, se terminer par une lecture silencieuse, une autre séquence débutera par la lecture silencieuse...).

Les matériels et les supports didactiques

L'intérêt didactique de l'utilisation de matériels et de supports diversifiés réside dans les possibilités nouvelles de rapport à la connaissance qui, par ce moyen, sont offertes aux apprenants.

Le cas extrême d'absence de diversification est pour cette variable et en didactique de la langue écrite, représenté par la référence exclusive à un manuel (une « méthode ») dans lequel se répètent des textes du même cru, des mots ou des phrases d'étude toujours présentés de la même manière, des consignes d'exercice identiques...

Bien que le cas évoqué ne soit pas exceptionnel, on observe bien évidemment des classes dans lesquelles les supports et les outils s'inscrivent sur une large palette : les textes de lecture proviennent de plusieurs sources (revues, journaux, catalogues, textes littéraires, production des enfants...); les moyens pour écrire sont nombreux (matériel habituel, machine à écrire, traitement de texte...). L'observation attentive permet de constater que les changements de situation introduits par plusieurs supports et outils ne sont pas sans effets sur la façon dont l'apprenant prend conscience des caractéristiques de notre système d'écriture et de son fonctionnement.

Cet inventaire des principales variables (onze dans le schéma d'analyse proposé) sur lesquelles l'enseignant fait des choix plus ou moins contrastés permet de décrire l'état ponctuel du profil didactique : ce profil est caractérisé par l'ensemble des modalités retenues à un moment donné (dans le cas le plus simple, il suffit pour dresser le profil d'action didactique au temps « T », de relever pour chaque variable la modalité réalisée). La mise en perspective des profils sur une période définie rend compte de la diversification de l'action didactique du même enseignant. L'évolution temporelle des profils et ses implications deviennent ainsi de nouveaux objets d'étude.

L'étude de la variabilité et de la variété didactique

À partir du schéma d'analyse qui vient d'être présenté, plusieurs indices peuvent être construits.

Pour une discipline d'enseignement et pour un niveau scolaire donné, il est possible de faire référence à la *variabilité potentielle* propre à cette discipline : cet indice représente tous les profils d'action que l'on peut théoriquement imaginer.

Chaque enseignant ne possède pas une représentation aussi large des potentialités. Il conçoit, certes, plusieurs profils différents mais le champ des variations didactiques tel qu'il se le représente n'épuise pas tous les possibles. La *variabilité conçue* par l'enseignant est seulement un sous-ensemble de la variabilité potentielle théorique.

Notons aussi que dans sa pratique, l'enseignant ne met pas forcément en œuvre tous les profils d'action qu'il est en mesure de concevoir. Des limitations relationnelles et/ou matérielles et/ou institutionnelles font que la *variété réalisée* est généralement elle-même un sous-ensemble de la variabilité conçue (il est aussi des cas où, dans la pratique, les effets de contexte et de situation amènent l'enseignant à s'engager dans la réalisation d'un profil qu'il n'aurait jamais imaginé auparavant).

Les études de terrain : quelques résultats

On ne constate pas une corrélation forte entre la variabilité conçue par l'enseignant et la variété réalisée effectivement.

Cela signifie que ce n'est pas parce qu'il imagine des variations sur telle ou telle variable d'action, que l'enseignant, dans sa pratique, met en œuvre des variations sur ces mêmes variables. Les effets de contexte et de situation en sont certainement la cause. Cette observation confirme la nécessité d'étudier les conduites d'enseignement dans leurs rapports aux conduites d'apprentissage à partir d'un modèle de l'interaction contextualisée et non à partir d'un modèle programmatique (l'action didactique n'est pas la stricte conséquence de sa planification).

Il n'existe pas de profil d'action nettement supérieur à tous les autres.

On pouvait penser que la réussite des élèves à une épreuve terminale de performance en lecture-écriture était liée à l'adoption d'un profil (ou d'un ensemble de modalités) particulier. Les résultats ne permettent pas d'établir une relation significative. En fait, ce constat corrobore le point de vue théorique adopté : la pertinence de l'action didactique dépend des caractéristiques des sujets (celui qui enseigne, ceux qui apprennent) et des caractéristiques du contexte ; il n'est donc pas surprenant d'observer qu'aucun profil d'action n'est universellement meilleur que tous les autres. Les recherches visant à déterminer la « meilleure » méthode d'enseignement de la langue écrite perdent ainsi leur intérêt.

Les variables construites (variabilité et variété didactiques) sont des variables discriminantes ; les indices établis permettent de différencier et de caractériser l'action des enseignants observés.

Les enseignants de l'échantillon se répartissent en trois grandes catégories établies à l'aide d'une classification automatique, sur la base des informations relatives à la variabilité conçue et à la variété réalisée :

– groupe G1 (23% de l'échantillon) : enseignants qui conçoivent un champ d'action didactique large (comportant au moins 5 des 11 variables d'action) et qui réalisent des variations sur au moins 8 variables d'action.

– groupe G2 (32%) : enseignants qui, comme les premiers, ont un indice élevé de variété réalisée mais qui ne conçoivent pas un large champ d'action didactique ;

– groupe G3 (45%) : enseignants pour lesquels la valeur des indices de variabilité conçue et de variété réalisée est faible. Ces enseignants ne réalisent jamais de variations sur : la répartition des initiatives, l'organisation des contenus, les lieux d'enseignement-apprentissage, la dynamique de l'apprentissage et les modalités d'évaluation.

Les variations didactiques dans la gestion des conditions d'apprentissage sont surtout profitables aux enfants qui, en début d'année, avaient de faibles pré-acquis dans le domaine de la langue écrite.

On observe en effet, chez ces élèves, une relation significative entre l'appartenance du maître au groupe G1 et le taux d'activité en rapport avec l'apprentissage. Même type de relation entre l'appartenance à G1 et les performances des apprenants en fin d'année. Cette relation n'est pas significative pour les enfants qui, au départ, avaient acquis plusieurs connaissances (un « bon niveau ») sur le fonctionnement de la langue écrite.

La cohérence des profils d'action didactique

Les quelques conclusions provisoires qui précèdent pourraient incliner à penser qu'il suffit de renouveler les conditions d'apprentissage par des changements fréquents du profil d'action didactique pour que la réussite des apprenants soit plus grande ; dans ce cas, la variété à elle seule expliquerait les meilleurs résultats observés notamment chez ceux qui, en début d'année, n'ont qu'une faible ou très faible connaissance de la langue écrite et de son utilisation (lecture, écriture). Cette interprétation est quelque peu abusive. En effet, les enseignants du groupe G1 réalisent certes sur la période considérée d'assez nombreuses variations mais de plus, ils possèdent une représentation structurée du champ des variables sur lesquelles ils peuvent agir (variabilité conçue). Ainsi, la variété en tant que telle n'est pas suffisante même si elle reste nécessaire. Des recherches complémentaires ont montré que le mode d'organisation de la variété constitue un facteur important.

Une série d'entretiens avec les enseignants a permis d'approcher la façon dont se posent pratiquement les problèmes d'organisation de la variété. Les enseignants du groupe G1 sont particulièrement sensibles à ces problèmes. Les propos recueillis mettent l'accent sur la cohérence des profils d'action didactique ; cette préoccupation est repérable dans le discours des acteurs au moins sous trois formes : celle de la cohérence interne, celle de la cohérence externe et celle de la cohérence séquentielle.

La cohérence interne

Aux yeux de l'enseignant, les variables de l'action didactique (variables liées au contenu, processuelles, matériel et dispositif) ne sont pas indépendantes. S'il choisit par exemple un travail de résolution de problème en petit groupe, ce choix de départ va avoir des implications sur les choix ultérieurs concernant particulièrement les objectifs poursuivis, les durées, les supports proposés ou la façon d'évaluer. Le profil d'action didactique apparaît ainsi comme un tout qui dépasse le simple assemblage sans organisation. La cohérence interne d'un profil se traduit pour l'enseignant par des relations nécessaires, établies entre les modalités retenues sur l'ensemble des variables. La singularité de chaque enseignant marque assez nettement la façon dont il conçoit la cohérence interne et les relations jugées nécessaires dont elle dépend.

La cohérence externe

L'action de l'enseignant s'inscrit toujours dans un contexte particulier et évolutif. La cohérence externe du profil d'action est construite à partir d'une prise en compte plus ou moins large des éléments de ce contexte.

On pourrait penser qu'aux yeux des enseignants, ce sont les caractéristiques des élèves dans leur diversité qui importent avant tout pour fonder la cohérence externe. Si c'est le cas pour certains d'entre eux ou, pour le même enseignant, à certains moments de son activité professionnelle, il faut rester prudent et éviter toute réduction à la seule prise en compte des élèves.

La cohérence externe dépend plus largement du contexte humain et relationnel proximal ; certes, les élèves en font partie et l'on peut chercher à répondre à leurs besoins d'apprentissage par un profil d'action adapté, mais l'enseignant en fait aussi partie ainsi que les autres membres de l'équipe pédagogique. En situation, rien n'est simple... Par exemple, la disponibilité de l'enseignant n'est pas sans limites et sera parfois insuffisante pour l'organisation et le suivi de travaux de groupe; dans ce cas la recherche d'une cohérence externe commande, pour un temps, d'éviter cette modalité de travail. Pourtant, cette même modalité peut être tout à fait pertinente dans l'intérêt des apprenants compte tenu de leurs besoins à ce moment précis. La situation est alors celle d'un conflit de critères de construction de la cohérence externe. La complexité de la situation augmente encore si on intègre (ce qui est pratiquement inévitable) de nouveaux critères : limitations du contexte matériel, cadre institutionnel, partenaires extérieurs, idéologies éducatives en présence... La cohérence externe n'est que très rarement décidée *a priori,* elle est un équilibre provisoire, imparfait, un compromis plus ou moins satisfaisant pour les acteurs, résultat de négociations implicites ou explicites.

La cohérence séquentielle

L'action de l'enseignant s'organise dans la durée; la cohérence séquentielle concerne les relations entre les différents profils dans le temps. Les modalités caractéristiques du profil d'action en un temps T ne sont pas sans implication sur le choix des modalités au temps T+1.

L'enchaînement des différents profils et leur distribution chronologique se font rarement au hasard. Les entretiens avec les enseignants mettent en évidence les problèmes posés par le maintien ou la modification d'un profil sur une période donnée.

Transitions progressives, continuité, ruptures, alternance de profils contrastés selon un rythme fixe ou modulable sont autant de possibilités à exploiter en référence plus ou moins marquée avec les exigences d'une cohérence séquentielle. Cette préoccupation ne se rencontre pas avec la même importance chez tous les enseignants. Ceux d'entre eux qui reproduisent de façon quasi systématique le même profil d'action didactique évoquent assez rarement la nécessité de rechercher une cohérence sur la durée; par contre les enseignants du groupe G1 décrit plus haut sont attentifs à cette question.

La confrontation des trois niveaux de cohérence

L'analyse qui vient d'être proposée met en évidence l'impossibilité de fixer pour chaque discipline et pour chaque degré d'enseignement les règles d'une « bonne » cohérence interne, externe ou séquentielle des profils d'action didactique : à chaque niveau interfèrent des critères de cohérence dont la prise en compte simultanée pose souvent problème et génère des contradictions; la recherche de leur dépassement est affaire de choix qui appartiennent aux acteurs.

La confrontation des trois niveaux de cohérence (relations inter-cohérences) rend encore plus complexe le problème de l'organisation des conditions d'apprentissage. En effet, il n'est pas rare que la construction d'une cohérence à l'un des niveaux trouve des limitations dans la cohérence établie à un autre niveau : le souci de cohérence interne peut entrer en contradiction avec le souci de cohérence externe (adéquation aux normes institutionnelles). Ici aussi, tout est question d'appréciation de la part des acteurs et l'on ne saurait prétendre régler le problème *a priori* sans courir le risque d'appauvrir les situations d'enseignement-apprentissage et d'en supprimer la dynamique psycho-sociale.

La recherche en ce domaine a encore beaucoup à faire d'un point de vue descriptif car on sait très mal comment les enseignants procèdent. Si le chercheur se donnait pour but immédiat, au nom d'une ingéniérie didactique, de parvenir à des règles pour établir les différentes cohérences, on peut se demander si, par une attitude qui deviendrait rapidement normative, les chances d'établir un dialogue entre recherche et pratique ne disparaîtraient pas. La polarisation sur une seule des dimensions du triangle qui met en relation le savoir, le professeur et les élèves (Houssaye, 1988) en serait confortée. Par contre, l'analyse des démarches et des processus en jeu dans l'organisation des conditions d'apprentissage, analyse dont nous avons proposé quelques pistes dans cette contribution, peut faciliter la mise à plat des problèmes et permettre aux enseignants de porter un nouveau regard sur leur action auprès des élèves. C'est en tout cas l'espoir que nous formulons.

RÉFÉRENCES BIBLIOGRAPHIQUES

BRU M., *Les variations didactiques dans l'organisation des conditions d'apprentissage*, Toulouse, Éditions Universitaires du Sud, 1992.

CRAHAY M., « Contraintes de situation et interactions maîtres-élèves : changer sa façon d'enseigner, est-ce possible? », *Revue Française de Pédagogie*, 1989, N° 88.

JONNAERT P., *Les didactiques, similitudes et spécificités,* Bruxelles, Éditions Plantyn, 1991.

NOT L., *L'enseignement répondant*, Paris, PUF, 1989.

Deuxième partie

Du côté du processus « former »

Présentation

Le processus « former » privilégie l'axe professeur-élèves et place le savoir en position de mort ou de fou. Les huit contributions de cette seconde partie vont donc explorer cet axe. Comment les enseignants rencontrent-ils les élèves ? Historiquement parlant, on peut montrer que les modalités de leur mise en présence ont beaucoup évolué (C. Lelièvre). Et le fait de tenir compte ou non des différences entre les élèves induit des formes de travail plus ou moins diversifiées (L. Legrand). D'autant que le rapport professeur-élèves s'inscrit dans un processus de comparaison sociale et qu'il n'est pas indifférent de privilégier la coopération ou la compétition (J.-M. Monteil). Le maître ne peut faire l'économie de la gestion du groupe-classe et de la compréhension des communications dans la classe (P. Poussière).

Si le rapport professeur-élèves est bien de l'ordre de la relation, encore convient-il d'en saisir les enjeux (J. Moll). Sans oublier que les relations peuvent toujours déboucher sur des écarts qui sont loin d'être anodins (P. Jubin). Mais parler de relation(s), c'est aussi aborder la question de l'autorité, tant ces deux notions sont liées, la sanction étant après tout une forme de relation (B. Douet). Il n'est pas jusqu'à la violence elle-même qui ne s'inscrive dans cet ordre ou qui ne signe son désordre (J. Pain).

Les formes de regroupement des élèves

Claude Lelièvre
Sciences de l'Éducation
Université René-Descartes (Paris V)

La question des formes de regroupement des élèves peut être envisagée de bien des façons. Un choix a été fait : privilégier l'approche historique et institutionnelle.

L'appréhension - même rapide et simplifiée – de l'origine et des évolutions des modalités fortement institutionnalisées de regroupement des élèves en regard de quelques grandes caractéristiques (le sexe, l'âge, le niveau scolaire et/ou social) permet en effet un premier balisage – suggestif bien qu'allusif.

Et la bibliographie jointe invite à l'approfondissement.

La question de la mixité

Un des principes de regroupement des élèves, apparemment le plus visible, renvoie à la séparation ou non des élèves de sexes différents dans les institutions scolaires (dans les établissements et/ou les classes).

La Réforme protestante et la Contre-Réforme catholique ont permis le démarrage décisif de la scolarisation. La condamnation de la mixité est alors plus qu'une règle, c'est une obsession. Dans les statuts synodaux, la recommandation est constante, tirée des autorités les plus hautes (les conciles de l'Église et les rois de France). Le plus important, dans cette règle édictée, réside moins dans son application pratique (parfois limitée) que dans la conception éducative qu'elle implique. La non-mixité de l'école et la ségrégation des femmes jusqu'au mariage ne sont que des aspects de la lutte que mène l'Église de la Contre-Réforme pour effacer du monde les objets sexuels. Les filles sont des mères virtuelles ; il s'agit d'en faire des mères qui aient gardé leur innocence : la figure de la Vierge Marie structure cette éducation, cette idéalisation. La vertu essentielle de la femme chrétienne est la « pudicité » ; selon Vivès, dès la plus tendre enfance « ne doit la pucelle continuer de hanter les enfants mâles, pour non se accoutumer à délecter avec les hommes » *(De l'institution de la femme chrétienne,* 1523).

Après la Révolution française, la Restauration – inspirée par la hiérarchie catholique – se place à la pointe du combat contre la mixité. L'Ordonnance de 1816, première charte de l'école primaire, stipule que « les garçons et les filles ne pourront jamais être réunis pour recevoir l'enseignement. »

Lorsque la loi Guizot de 1883 impose à chaque commune d'entretenir au moins une école primaire élémentaire (de garçons) alors que rien n'est obligatoire pour les filles, la demande de scolarisation féminine accrue pose des problèmes car nombre de filles doivent être accueillies dans la seule école communale. L'arrêté du 22 décembre 1835 édicte l'obligation de séparer les garçons et les filles ; il est redoublé par celui du 8 janvier 1836 qui impose une cloison entre eux lorsqu'ils sont admis en même temps dans le même local. Cette « barrière » est contestée par certains instituteurs qui assurent avoir souvent besoin, depuis son installation, « de réprimer certaines manières ou certains propos indécents » dont ils ne peuvent « attribuer la cause qu'à la suggestion de l'idée de leur séparation » (*Réponses au concours de 1861,* Archives nationales, F 17, 10779).

La législation scolaire de Ferry, de la Troisième République triomphante, se montre tout autant puritaine et renchérit même sur la « moralité », la séparation. Elle supprime certes l'obligation de la « barrière », mais elle multiplie les écoles spécifiques de filles (sauf dans les hameaux où survit une mixité résiduelle marginale). Par ailleurs les écoles de filles ont une programmation et une orientation nettement différenciées de celles des garçons. La scolarisation des filles n'a pas pour objectif majeur de faciliter leur insertion dans le monde du travail, bien au contraire. Les femmes, même scolarisées, doivent rester « à leur place » et si possible « au foyer ».

Ces orientations sont inscrites institutionnellement. L'enseignement secondaire féminin d'État (créé en 1880) est destiné en principe à de futures bourgeoises qui régneront sur leur intérieur. Le niveau des études est proche du secondaire masculin, mais les cursus diffèrent profondément : il n'est pas question de préparer au baccalauréat qui peut donner accès aux professions libérales. La philosophie et les humanités classiques (qui sont les fleurons du secondaire masculin) ne sont pas au programme. Les sciences, surtout les mathématiques, sont réduites à la portion congrue. Pour l'essentiel, il s'agit d'un enseignement de lettres et de langues modernes.

Dans le primaire supérieur (qui regroupe les écoles primaires supérieures et les cours complémentaires destinés à l'élite du peuple), les programmes sont très différents selon qu'il s'agit du primaire supérieur masculin ou du primaire supérieur féminin. Les garçons ont un horaire plus important dans les enseignements scientifiques. Les filles seules doivent étudier le droit usuel et l'économie domestique, la cuisine, le ménage, la puériculture. Les travaux manuels des garçons sont le travail du fer et du bois ; ceux des filles, la couture ou la mode. Là encore, les cursus sont de même ampleur, mais il y a enseignement différent pour la moitié des horaires.

Enfin, l'orientation de l'élémentaire du primaire est nettement différenciée pour les filles et pour les garçons. Selon les programmes signés par Jules Ferry le 27 juillet 1882 : « L'École primaire peut et doit faire aux exercices du corps une part suffisante pour préparer et prédisposer, en quelque sorte, les garçons aux futurs travaux de l'ouvrier et du soldat, les filles aux soins du ménage et aux ouvrages des femmes ».

En définitive, le principe retenu par la troisième République est – selon le mot de Legouvé – « l'égalité dans la différence » (les filles et les garçons sont formés à des rôles et des statuts sociaux différents) dans et par la séparation institutionnalisée des sexes.

Le grand événement du XXe siècle, à cet égard, est la généralisation de la mixité à l'École : dans les années soixante pour les écoles primaires et les collèges, dans les années soixante-dix pour les lycées. Les décrets d'application du 28 décembre 1976 de la loi « Haby » du 11 juillet 1975 assurent l'obligation de mixité de l'enseignement.

Ce véritable bouleversement s'est produit dans le cadre d'une politique soutenue (voire impulsée) par l'administration de l'École publique ; et sans doute d'abord en raison d'une gestion « maximalisée » des moyens à disposition dans une période de forte croissance démographique et d'allongement de la scolarisation, alors même que l'exode rural s'est accéléré.

Cette généralisation de la mixité s'est faite sans débat d'envergure portant soit sur la « coéducation » des sexes (ses principes et ses problèmes), soit sur la question explicite de l'égalité des sexes.

Il s'était développé, en effet, au cours de la première moitié du XIXe siècle, un courant favorable a une « coéducation » des sexes qui soutenait que la coexistence entre jeunes des deux sexes dans les mêmes lieux et avec les mêmes activités scolaires était par elle-même éducative : « La coéducation donne lieu à une émulation plus grande entre les élèves, favorise leur enrichissement intellectuel réciproque ; elle provoque l'usure des curiosités malsaines, sans qu'en fait aucun incident sexuel ait pu être imputé à ce système pédagogique » (*L'Éducation nationale* du 2 novembre 1961).

On peut se demander, avec Nicole Mosconi, si le glissement terminologique de la « coéducation » à la « mixité » ne serait pas un symptôme de « cette opération alchimique qui, par le mélange, tendrait, en supprimant les deux sexes différenciés, à obtenir une seule substance, un être complexe (bisexe ?), celui que précisément le monde scolaire désignerait par ces termes neutres, indifférenciés d'"élève" et de "professeur" ? En somme, tout se passerait comme si le système scolaire ne cherchait pas tant, dans la relation pédagogique, à éduquer qu'à conjurer la sexualité » (1989, p. 38)...

Il est remarquable également qu'il ait fallu attendre la circulaire du 22 juillet 1982 pour que la mixité se voie assigner explicitement une finalité nettement égalitariste, voire féministe : « assurer la pleine égalité des chances » entre les filles et les garçons, par la « lutte contre les préjugés sexistes » ; viser à un changement des mentalités afin de « faire disparaître toute discrimination à l'égard des femmes ». Encore convient-il de noter que cette circulaire n'a pas eu un grand retentissement ni des conséquences évidentes. L'absence d'un débat ample, prolongé et d'envergure n'a pas été de nature à mettre au jour et à l'ordre du jour les problèmes relatifs aux rapports différenciés, voire inégalitaires, qu'entretiennent les enseignants avec leurs élèves selon qu'ils sont filles ou garçons.

Quoi qu'il en soit une autre révolution silencieuse, corrélative du bouleversement tenant à la généralisation institutionnelle de la mixité, a eu lieu au cours des années soixante-dix.

Alors que, dans le début des années soixante, les écoles de filles ou de garçons pouvaient subsister quand elles avaient au moins trois classes (voire deux classes) sans être rassemblées et transformées en écoles mixtes, le regroupement (facilité par le « ramassage scolaire » instauré en zones rurales) et la mixité vont devenir la règle dans les années soixante-dix. La classe unique, ou l'école à deux ou trois classes, tendent à s'effacer devant l'école à cinq cours, où chaque année du cursus de l'enseignement élémentaire s'effectue dans une classe différente. Comme le souligne Antoine Prost, « l'école primaire actuelle se structure de façon très différente de celle de Ferry : il y a un siècle, on mélangeait les âges, mais séparait les sexes ; aujourd'hui, on mélange les sexes, mais on distingue soigneusement les âges. Cette substitution donne au problème des redoublements toute son acuité » (Revue *Histoire de l'éducation*, avril 1982, p. 31).

Âges et niveaux à l'école primaire

À vrai dire, au début était le « chaos » ou, plutôt, le mélange indifférencié des niveaux, des âges (voire des sexes).

En effet, sous l'Ancien Régime comme dans la première moitié du XIXe siècle, le mode pédagogique dominant a été le « mode individuel ». Son principe est que les élèves viennent recevoir, chacun à leur tour, leurs leçons au bureau du maître ; le reste du temps ils sont censés étudier seuls à leurs bancs. Par exemple, en lecture, le maître appelle auprès de lui un élève et le fait lire à l'endroit qu'il désigne du doigt, tandis qu'un autre enfant prépare le texte qu'il lui appartiendra de déchiffrer quelques instants plus tard. Pendant ce temps, le reste de la classe est pratiquement abandonné à lui-même. Cette méthode individuelle s'explique d'abord par l'extrême hétérogénéité des niveaux scolaires dans des écoles à effectifs relativement limités (en raison notamment de la grande irrégularité de la fréquentation scolaire), mais aussi par l'hétérogénéité du matériel scolaire (d'origine familiale le plus souvent) et par le manque de formation pédagogique dans la quasi-totalité des cas.

Une exception pourtant (très minoritaire mais significative) dès le XVIIIe siècle : le mode « simultané » des Frères des Écoles Chrétiennes (méthode codifiée par Jean-Baptiste de La Salle en 1720 dans *La conduite des écoles chrétiennes*). Installés en milieu urbain par groupes de trois au minimum, les Frères peuvent (et doivent) répartir leurs nombreux élèves en groupes distincts en fonction de leur niveau. L'homogénéité relative qui en résulte leur permet d'occuper « simultanément » à une même activité tous les élèves regroupés. Le maître s'intéresse à tout moment à *tous* les élèves (c'est-à-dire à aucun en particulier). Selon « la Conduite » il faut obtenir le silence le plus complet (pour être entendu), utiliser des consignes codées (pour être compris), et avoir une « égalité de conduite » (pour être respecté). Aussi le maître reste-t-il toujours face aux élèves assis ou debout devant son siège. Les élèves doivent en principe être assis à leur table, silencieux et toujours en activité. L'air grave, ne parlant quasiment jamais, le Frère communique par un système de signes, qui, pour la plupart, sont effectués grâce au « signal ». La vertu supposée de ce « signal » n'est pas sans rappeler celle des signaux qu'on utilise pour célébrer la messe : « Un bon écolier, toutes les fois qu'il entendra le bruit d'un seul coup de signal, s'imaginera entendre la voix du maître, ou plutôt la voix de Dieu lui-même qui l'appelle par son nom » (*La conduite des Écoles chrétiennes*, éd. 1811, p.159). Il s'agit de soumettre à une règle impersonnelle (où le maître est le représentant de Dieu sur terre et doit payer lui-même d'exemple), d'autant plus forte qu'elle passe moins par la parole que par un système de signes. Il s'agit de mettre en place l'autorité magistrale, une autorité littéralement indiscutable, au service d'une vision théocratique de la société (les Frères des Écoles chrétiennes sont des partisans résolus de la Monarchie absolue de droit divin).

On comprend alors pourquoi la querelle des « modes » pédagogiques est perçue comme une bataille politique sous la Restauration (1815-1830) et la Monarchie constitutionnelle (1830-1848). Les libéraux, partisans de la « Charte », d'une monarchie constitutionnelle, soutiennent le « mode mutuel » pour des raisons explicitement politiques. « *On chercherait vainement ailleurs une plus fidèle image d'une monarchie constitutionnelle ; la règle, comme la loi, s'y étend à tout, y domine tout, et protégerait au besoin l'élève contre le moniteur et contre le maître lui-même ; l'instituteur y représente le monarque, semblable à la Providence dont l'œil est partout et dont le bras ne se montre nulle part. Il a ses moniteurs généraux qui, comme ses ministres, gouvernent sous lui ; ceux-ci à leur tour sont secondés par des moniteurs particuliers, pareils aux fonctionnaires préposés à tous les services publics. À l'ombre de cette organisation vraiment gouvernementale, la masse des élèves a ses droits ainsi que la nation. Ils sont tous égaux entre eux par les leçons qu'ils reçoivent, par la discipline, par le costume ; et tous peuvent incessamment parvenir par le mérite, et seulement par le mérite ».* (Bulletin de la société pour l'instruction élémentaire, oct.-nov. 1836, p. 392.)

Le « mode mutuel » (arrivé d'Angleterre en 1814, où il est appelé *monitoring system*) tient son nom de la place qu'il accorde aux « moniteurs », élèves conduisant l'instruction d'autres élèves. Les élèves de l'école mutuelle sont répartis, dans chaque discipline, en classes de niveau suivant leur degré de connaissance (selon un principe qui s'apparente à nos modernes groupes de « niveau-matière »). Un élève peut être au même moment en cinquième « classe » de lecture, en troisième « classe » d'arithmétique : tout dépend de son rythme d'acquisition dans chacune des « classes » et des disciplines. À l'intérieur de chaque « classe », l'enseignement est dispensé selon un certain nombre de « procédés » qui sont très codifiés, ce qui permet la direction de l'instruction par des moniteurs-élèves.

Le système repose sur une émulation multiforme de tous les instants. Les changements de place sont incessants. Des marques distinctives récompensent l'obtention d'une première place, la bonne tenue ; des marques infamantes désignent le bavard, le malpropre, le paresseux, le joueur... Le mérite est récompensé par l'accès aux différents postes de moniteurs gradués, ce qui ouvre à la possibilité de participer à quelque jury d'enfants. En effet, lorsqu'il y a faute grave, le maître constitue un jury (composé des élèves les plus distingués parmi les moniteurs) chargé d'instruire le procès et de prononcer la peine (le maître n'intervient plus après la nomination du jury).

Pour les promoteurs du mode « mutuel », la subordination des élèves les uns aux autres (par le système des moniteurs et des jurys), précisément parce qu'elle s'établit entre enfants, inspire l'amour de l'ordre à cause de « l'action et la réaction non interrompue de l'obéissance et du commandement ». C'est aussi ce qui ne peut être admis par les ultraroyalistes, par les partisans de la monarchie absolue de droit divin : « Habituer les enfants au commandement, leur déléguer l'autorité magistrale, les rendre juges de leurs camarades, n'est-ce pas là prendre le contrepied de l'ancienne éducation, n'est-ce pas transformer chaque établissement scolaire en république ? » (*Histoire générale de l'Institut des Frères des Écoles chrétiennes,* tome IV, Plon, 1942, p. 343).

L'exemple du « mode mutuel » et du « mode simultané » montre clairement en quoi des modes d'organisation différents participent d'une volonté de formation à des conceptions sociopolitiques différentes : « théocratique » ou « libérale ».

Le ministre de l'Instruction publique Guizot, soucieux avant tout d'ordre, choisit de fait le mode simultané en promulguant les « statuts sur les écoles primaires communales » adoptés par le Conseil de l'université le 25 avril 1834 : ces statuts stipulent que toute école élémentaire sera partagée en trois « divisions » (les enfants de 6 à 8 ans formeront la première, ceux de 8 à 10 ans, la seconde, ceux de 10 ans et plus la troisième). C'était adopter le mode de structuration propre aux Frères des Écoles chrétiennes (en trois temps) ; c'était rendre très difficile le système des moniteurs, de l'émulation incessante enracinée dans une organisation selon les « niveaux-matières ».

Inspirés par Octave Gréard (et par son *Organisation pédagogique* rédigée en 1868), les programmes du 27 juillet 1882 signés par Ferry, reprennent l'option « simultanée » en la développant et en la précisant. L'école primaire est officiellement divisée en trois cours de deux années. L'élève de 6 ans entre au « cours élémentaire », il passe ensuite au « cours intermédiaire » (appelé postérieurement cours moyen), puis au « cours supérieur ». La structuration fondamentale de notre école primaire est alors solidement installée, même si elle est ces dernières années plus ou moins ébranlée ou modulée par certaines tentatives : le « tiers temps » pédagogique articulé sur la mise en place de groupes d'élèves intra et/ou interclasses, certains dispositifs de la mise en œuvre des « cycles » dans le primaire.

Âges et niveaux dans le secondaire

Dès la fin du XVe siècle et tout au long du XVIe, les initiatives successives ou parallèles des Frères de la Vie commune, des réformateurs universitaires, des Jésuites, contribuent à façonner une institution neuve dans ses programmes et son organisation : le collège d'Ancien Régime.

À partir d'une nécessité pratique (la plupart de leurs collèges comptent plus de mille élèves), les Frères de la Vie commune instituent une répartition par niveau : chaque classe (ou *locus*) correspond à une étape d'un parcours programmé. Chaque école comprend huit classes numérotées par rapport au point d'aboutissement : la « première » classe. En huitième les débutants ; septième et sixième, la grammaire ; quatrième et troisième, la logique et la rhétorique ; seconde et première, l'éthique et la philosophie.

Ce principe d'ordre est repris en France lors de la vague de création des collèges humanistes. « On n'avait eu jusqu'ici nul souci de l'ordre dans lequel il convient d'enseigner les lettres. On suivra une méthode plus appropriée aux divers degrés de développement de l'enfant et à la nature des matières qu'il doit étudier. L'école se divisera en classes diverses selon l'âge et le développement des élèves » (Baduel, recteur du collège de Nîmes, en 1540).

Les collèges jésuites assureront le triomphe de ce mode d'organisation. Le « Ratio studiorum » arrêté en 1599 définit avec précision un plan d'études (à orientation nettement lettrée) qui structure l'établissement scolaire en cinq classes : trois de grammaire, une d'humanité, une de rhétorique. L'hétérogénéité des âges est alors étonnante. Au collège d'Auch, entrent en 6e (une sorte de classe préparatoire aux cinq autres classes) des enfants de 4 à 18 ans (l'âge modal est de 8 ans) ; en 5e, les nouveaux entrants ont de 7 à 21 ans (l'âge modal est de 12 ans). La pyramide des âges de chaque classe se restreint au XVIIIe (on passe de cinq à six âges différents étalés entre 10 et 15 ans pour les classes de cinquième ou sixième, à des âges désormais considérés comme « normaux » : 10 ou 11 ans pour la sixième, 11 ou 12 ans pour la cinquième).

Le principe d'une relative adéquation entre l'âge et le niveau d'étude (centré sur un cursus de lettres) est donc pratiquement acquis à la fin de l'Ancien Régime. Il durera.

Différences et diversifications : les modes de regroupement

Les différentes institutions scolaires sont confrontées aux différences (scolaires, sociales, sexuées) de leurs élèves et, lorsqu'on se rapproche de l'entrée à la vie active, aux problèmes relatifs à l'incontournable diversification des parcours scolaires (dans la mesure où l'École joue un rôle dans l'accès différencié à des postes ou statuts sociaux plus ou moins convoités).

Il existe plusieurs modalités pour traiter ces différences et participer aux diversifications : différenciation des établissements, différenciation des filières, différenciation des cursus (des curriculum collectifs ou individualisés).

La Troisième République a mis en place une modalité dominante de différenciation : celle par le type d'établissement. Il existe, on l'a vu, des institutions scolaires réservées aux garçons, d'autres aux filles. Il existe une école réservée aux enfants de notables, de privilégiés sociaux : le secondaire (avec ses classes élémentaires de la onzième à la septième) qui conduit au baccalauréat (dans les lycées et les collèges). Il existe une « école du peuple » : le primaire (avec ses écoles primaires supérieures et ses cours complémentaires), qui conduit au brevet. La mobilité scolaire et sociale est limitée dans et par ces deux ordres d'établissements institués.

La Cinquième République à ses débuts substitue à ces grandes divisions verticales une école institutionnellement mixte structurée par « degrés » (l'école élémentaire, le collège, les lycées). La réforme Fouchet-Capelle du 3 août 1963 crée une école moyenne de quatre années qui succède à l'élémentaire : les différentes filières existantes sont réunies dans un premier cycle du secondaire constitué d'établissements autonomes. Le même jour, la mixité devient le régime normal des collèges d'enseignement secondaire (CES) nouvellement créés. Il est remarquable qu'on décide de mettre « sous le même toit » les garçons et les filles du premier cycle du secondaire au moment même où est décidé le rassemblement sous un « même toit » d'élèves de forces scolaires et d'origines sociales différentes. Le mode de différenciation dominant est alors le système des filières. Les collèges d'enseignement secondaire comprennent trois groupes de sections (trois filières) caractérisées par leur encadrement et leur pédagogie spécifique. Un enseignement général long, classique ou moderne (la voie I) est dispensé par des professeurs certifiés ou agrégés. Un enseignement général moderne court (la voie II) est assuré par des professeurs bivalents. Un enseignement terminal (la filière transition-pratique, dite voie III) est dispensé par des instituteurs en principe spécialisés. Cette mise en système fondée sur des filières se poursuit par la restructuration des seconds cycles : par décret du 10 juin 1965, les filières conduisant au baccalauréat se spécialisent dès la classe de seconde avec quatre séries générales (A, B, C, D). Le baccalauréat de technicien est créé : il sanctionne des formations techniques très spécialisées (séries F, G, H).

La réforme Haby du 11 juillet 1975 décide, en principe, la suppression des filières dans les collèges. Du coup la pédagogie différenciée vient à l'ordre du jour, le « soutien » et « l'approfondissement » aussi.

L'homogénéité croissante des grandes structures du système rencontre une hétérogénéité sociale et scolaire croissante des élèves. Cette hétérogénéité touche l'ensemble des établissements, mais de façon plus ou moins marquée et différenciée. Très vite se substitue à la hiérarchie des grands ordres scolaires (et se superpose à celle des grandes filières) une hiérarchie d'établissements. On parle de l'« effet établissement ».

L'orientation essentielle de la politique menée depuis le ministère Jospin peut être caractérisée de la manière suivante : l'affaiblissement du rôle différenciateur joué par les filières est toujours à l'ordre du jour ; il n'est pas question de revenir à une différenciation selon les types d'établissements, mais il s'agit de prendre en compte et de maîtriser « l'effet établissement » (c'est-à-dire le jeu dont dispose, ou pourrait disposer, chaque établissement dans le traitement des différences entre élèves) ; cette différenciation peut être conjuguée avec le développement d'un système optionnel (plus ou moins étendu et contrôlé) permettant de multiplier les combinaisons et donc les cursus individualisés très diversifiés.

Le rapport de la Commission « Éducation, formation, recherche » du Xe Plan, paru en septembre 1989 conclut : « *On ne peut que se féliciter de voir affirmer par la loi que l'élève est au centre du système éducatif. Si l'on veut vraiment en tirer des conséquences pratiques, ne faut-il pas reconnaître qu'il n'y a pas un élève idéal mais une grande diversité d'élèves que distinguent leurs origines, leurs formes d'esprit, leurs rythmes de maturation. Toute amélioration de la situation repose sur une diversification des méthodes et des contenus adaptée à l'hétérogénéité des élèves. Cette diversification suppose que la notion de classe évolue... Chaque élève, tout en faisant partie d'un groupe, pourrait se construire un cursus personnalisé avec l'aide des enseignants et des conseillers d'orientation* » (p. 38-39).

RÉFÉRENCES BIBLIOGRAPHIQUES

Giolitto P., *Histoire de l'enseignement primaire au XIXe siècle. L'organisation pédagogique*, Nathan, 1983.

Lelièvre C., *Histoire des institutions scolaires, 1789-1989*, Paris, Nathan, 1990.

Lelièvre C. et F., *Histoire de la scolarisation des filles*, Nathan, 1991.

Mosconi N., *La mixité dans l'enseignement secondaire : un faux-semblant* ? Paris, PUF, 1989.

Yates A., *Le groupement des élèves en éducation*, Nathan, 1983.

Les différences entre les élèves et les formes de travail

Louis Legrand
Sciences de l'Éducation
Université Louis-Pasteur, Strasbourg

Différencier la pédagogie : un problème récent

Les élèves ont toujours été divers. Mais l'institution scolaire n'a pas toujours été conviée à traiter cette diversité comme telle. La domination quasi exclusive du *processus enseigner*, c'est-à-dire celle du respect de programmes définis *a priori* pour un niveau scolaire donné et imposé par la hiérarchie, conduisait naturellement à minorer cette diversité. La recherche de l'homogénéité des populations scolaires par le tri à l'entrée, le redoublement à l'intérieur et l'éviction *in fine*, permettait de créer et de maintenir cette diversité native dans les limites compatibles avec les exigences de l'enseignement.

Les techniques de cette homogénéisation sont bien connues. Il s'agit de l'évaluation classique, dite *sommative*, où les élèves sont soumis à des épreuves composites destinées à mesurer l'atteinte des objectifs jugés nécessaires, soit pour entrer dans une formation, soit pour accéder au niveau supérieur. Ces interrogations ne prennent en considération que le contenu de savoir des programmes. La notation, sur vingt ou sur dix, est faite à partir du maximum exigible. Nul souci de comparer les élèves à autre chose qu'à cette norme *a priori*. Quant aux classements, ils visent à l'émulation et, ultérieurement, aux décisions de promotion, de redoublement ou d'éviction.

Dans ces conditions générales, nul souci d'adapter les formes de travail à la diversité. Une seule pédagogie est pratiquée, celle jugée la plus apte à diffuser le savoir. J'y reviendrai.

C'est le parti pris, économiquement et politiquement, d'unifier le système éducatif inférieur et moyen qui a entraîné la mise en cause de ce système d'homogénéisation classique et d'ailleurs persistant dans les esprits et dans les pratiques. A partir du moment où le législateur demande de maintenir dans l'école, puis dans les classes, des élèves divers par leurs performances scolaires, et de repousser le plus loin possible les évictions en minorant les redoublements, l'enseignant chargé de diffuser un programme se trouve dans une situation nouvelle très difficile à laquelle, le plus souvent, il n'a pas été préparé. De là le souci de mieux cerner cette diversité qui, jusque-là, n'apparaissait que dans l'échec, d'affiner les instruments de cette évaluation et finalement d'essayer de varier les formes de travail pour tenir compte de cette diversité imposée. Cette situation est souvent vécue comme insupportable faute d'instruments adéquats, faute surtout d'une capacité à minorer l'enseignement auquel on est habitué par attachement exclusif au savoir pour donner sa place devenue nécessaire à l'apprentissage personnel de l'élève.

Les différences entre les élèves

Les approches classiques de la diversité

Attentif avant tout aux performances de ses élèves dans sa discipline, l'enseignant juge habituellement la diversité des élèves qui lui sont confiés par leurs résultats aux épreuves classiques : l'élève est bon, moyen, mauvais en orthographe, en lecture ou en calcul, etc. Ainsi se révèlent déjà des distorsions possibles. Dès la fin de l'école élémentaire et au début du secondaire, apparaissent des distorsions conduisant ultérieurement à des orientations volontaires ou imposées : l'élève est bon en français mais mauvais en mathématiques. Lorsque ses performances sont mauvaises en plusieurs matières, voire en toutes les disciplines intellectuelles, le soupçon se fait jour, ou la certitude s'affirme, que tel élève manque d'intelligence. L'idée des « dons » natifs est une explication classique. De là aussi l'idée que, de façon native, il y a des élèves doués pour l'abstraction, d'autres pour les activités manuelles ou physiques : il y a des « abstraits » et des « concrets ». Cette opposition fait le fonds commun des procédures d'orientation : tel qui échoue dans les disciplines intellectuelles sera « orienté » dans l'enseignement technique et, dans cet enseignement, vers des spécialités plus ou moins nobles, électronique, mécanique, ou bâtiment, selon la part supposée de l'abstraction dans ces activités.

Le cas de l'élève mauvais, ou faible, dans les études intellectuelles et qui, par ailleurs, semble ne pas manquer d'intelligence introduit une autre forme de jugement commun : l'élève est paresseux ou il est distrait par une situation familiale perturbée, ou encore son milieu culturel familial n'est pas favorable à des études sérieuses.

Ainsi des constats faits au cours de l'enseignement habituel conduisent déjà à dépasser les simples faits par des explications communément énoncées : la diversité des élèves face à l'enseignement relève de « dons » ou s'explique par l'influence du milieu. L'interprétation morale, ou moralisatrice, complète éventuellement le tableau.

Ces constats, on l'a dit en passant, sont le pain quotidien des décisions d'orientation prises dans les conseils de classe. Ils servent tous à faire fonctionner le système de l'enseignement et justifient les redoublements (la paresse ou la maladie), ou le changement d'affectation scolaire (les concrets dans l'enseignement technique), ou les évictions pures et simples (l'agitation et le désintérêt venus du milieu). Et il est clair que le parti d'une scolarité obligatoire pour tous jusqu'à 16 ans et, plus encore, l'unification progressive des programmes au moins jusqu'à la fin de la classe de cinquième, conduisent à envisager d'autres mesures et à exploiter d'autres interprétations. Ici apparaît l'importance des apports en la matière de la psychologie différentielle.

Les apports de la psychologie différentielle

Depuis maintenant bientôt cent ans, la psychologie s'est efforcée d'approfondir les intuitions spontanées dont je viens de faire état. Il en est résulté un corps de doctrine très élaboré qui devrait être d'un intérêt majeur pour la pédagogie (Reuchlin, 1979).

La première tentative en date fut l'élaboration d'instruments destinés à préciser, en le quantifiant, le niveau intellectuel. Binet et Simon, suivis d'auteurs américains comme Terman, ouvrirent la voie à des batteries de tests qui devaient préciser, dans l'esprit de leurs auteurs, les compétences intellectuelles des enfants et des adolescents, plus tard également des adultes. L'usage de tels instruments devait conduire à la détermination d'un « quotient intellectuel » propre à chaque individu. La détermination d'un tel quotient consistait à comparer l'âge réel d'un sujet à ce qu'on convient d'appeler son âge mental. Cet âge mental est une production statistique à partir de questions (items) soumises à des populations constituant, en principe, un échantillon représentatif d'un âge réel donné. Par exemple, cent enfants de huit ans à huit ans deux mois.

L'ensemble des questions réussies par 75 % des enfants de cet âge constitue l'indicateur de l'âge « mental » des enfants de huit ans deux mois. Le quotient intellectuel est obtenu par le rapport de l'âge réel d'un enfant déterminé à l'âge mental obtenu par la passation du test. Ce mode de détermination a fait l'objet de raffinements ultérieurs. La composition de l'échantillon de référence, la nature des questions posées, constituent en effet autant de variables entraînant des effets sur la détermination de l'âge mental. Cet instrument était, et est, certes imparfait. En plus des aléas liés à la composition et à l'étalonnage du test, l'inconvénient majeur réside dans l'usage qu'on a pu faire de tels instruments.

Le quotient intellectuel est apparu souvent comme une caractéristique native des individus, et cet instrument de classement statistique est souvent devenu un instrument de tri qui se voulait objectif pour la détermination « rationnelle » des bons et des mauvais et de leur affectation, leur redoublement, leur orientation ou leur éviction (Claparède, 1924). Comme tel, cet instrument doit être considéré comme dangereux et inadéquat à une prise en compte positive (formation ou apprentissage) de la diversité des individus.

Mais cet usage-même a eu des retombées beaucoup plus intéressantes lorsqu'on a cherché à s'en servir pour un approfondissement du concept d'intelligence. En premier lieu, la constatation faite des relations entre QI et classe sociale d'appartenance a conduit à affiner la notion de détermination sociale de l'intelligence et a entraîné des études précises et utiles sur la notion de handicap scolaire (Bourdieu, 1970 ; Lautrey, 1980). En second lieu, la composition des batteries et la constatation des réussites et des échecs aux différents items a conduit à affiner la diversité des intelligences, en particulier en mettant en relief les composantes verbales, spatiales, numériques des batteries de tests, et à recomposer ces derniers de façon plus affinées (Thurstone, 1941; Vernon, 1952 ; Wechsler, 1944). Enfin, des études statistiques à grande échelle et répétées ont permis d'affiner la notion de compétence en relation avec les tâches intellectuelles conduisant à des analyses rationnelles de la matière enseignée (Guilford, 1967).

J'ajouterai, dans la même perspective, bien que la méthodologie soit ici très différente par l'importance donnée à l'introspection, la distinction entre les visuels et les auditifs établie par de La Garanderie. Ces études, en particulier celles portant sur la sociologie des échecs scolaires et celles portant sur la nature des tâches intellectuelles, devraient avoir des retombées importantes sur la prise en compte de la diversité des élèves dans une perspective de formation et d'apprentissage.

Les apports de la psychologie génétique

Le second apport important à la description fine de la diversité est celui de Piaget et de ses équipes. La description des différences individuelles en matière cognitive est mise ici en perspective diachronique. Le concept clé est celui de développement. La construction de l'intelligence suit, chez tous les enfants, un cheminement semblable mais des différences apparaissent dans la vitesse de construction et dans l'état final atteint chez l'adulte. Pour s'en tenir au temps de la scolarité obligatoire, actuellement de 6 à 16 ans, les enfants et les adolescents passent par deux stades fondamentaux atteints de façon diversifiée selon les individus, diachroniquement mais aussi synchroniquement selon les objets sur lesquels s'exerce l'intelligence. Le stade dit des *opérations concrètes*, où l'activité intellectuelle a besoin pour s'exercer d'objets tirés de l'expérience perçue et manipulée et où les opérations de classement et d'organisation du perçu se font de façon segmentaire et parfois contradictoire. Par exemple, la conservation des quantités s'élaborera d'abord sur des objets discrets organisés de façon perceptive, mais le nombre ainsi produit le sera dans les limites d'une perception et d'une manipulation possibles. L'idée d'une propriété additive générale et de la réitération additive, comme pouvant produire tous les nombres possibles, ne sera atteint qu'avec le stade ultérieur, dit de la *pensée hypothético-déductive*, où le réel est alors organisé par l'application dans telle ou telle situation d'une règle générale *a priori*. L'accès à ce stade supérieur de la pensée rationnelle sera plus ou moins tardif selon les objets et les sujets. Un raisonnement arithmétique, par exemple, aura encore besoin à 10-11 ans, chez beaucoup d'élèves, d'une représentation schématique des quantités et d'une imagination concrète des opérations effectuées. Les niveaux de développement seront plus tardifs lorsqu'il s'agira d'opérations sur les masses ou sur les volumes (Piaget, Inhelder, 1941, 1962). La compréhension des phénomènes physiques et chimiques se construira progressivement dans les mêmes conditions (Piaget, Inhelder, 1965).

Soulignons que l'on retrouve ici, affinées et mises en perspective de développement, les données de la psychologie différentielle. Ces apports sont du plus haut intérêt pour une prise en compte pédagogique de la diversité des élèves aux âges clés du développement, entre 8 et 14 ans. Des tests spécifiques ont été élaborés (Longeot, 1978). On a pu, ainsi, mettre en évidence les problèmes liés au passage dans l'enseignement secondaire : 6 % seulement des élèves entrés en sixième ont atteint le stade de la pensée hypothético-déductive et 44 % en sont encore au stade de la pensée concrète (Cros, 1983).

Les apports de la psychologie affective et relationnelle

Les résultats de ces recherches concernent principalement l'intelligence conceptuelle. Mais l'importance de l'affectivité a également été mise en relief depuis plus longtemps encore. L'abord de l'enseignement, tel qu'il est classiquement donné, exige une disponibilité affective que freinent ou que perturbent souvent les conditions de vie familiale. La psychanalyse a, de ce point de vue, montré en quoi un attachement tardif et exclusif à la mère pouvait entraîner, à l'âge scolaire, des désintérêts et des blocages affectifs à l'enseignement scolaire perçu comme relevant du « principe paternel ». Les enseignants, hommes ou femmes exclusivement centrés sur le savoir impersonnel, constituent parfois, sans le savoir, un obstacle à l'investissement affectif du savoir chez des enfants immatures ou affectivement perturbés (Lévine et Vermeil, 1981). Le rôle envahissant du langage écrit normé dès l'école élémentaire peut être un obstacle pour beaucoup d'enfants et ce, d'autant plus que ce style pédagogique exige des écoliers dociles et assis, travaillant de façon solitaire. Or il est d'observation commune que les enfants, plus encore que les adultes, ne sont pas tous aptes à ces comportements et manifestent souvent un goût pour l'activité conviviale qui leur rend insupportable l'immobilité « intellectuelle » (Lacerbeau, 1965). Cette diversité affective est importante tout au cours de l'école élémentaire et une pédagogie soucieuse de s'adapter à la diversité devra donner une place importante à la diversification des situations relationnelles (Postic, 1979).

Les formes diverses du travail et leur adéquation à la diversité des élèves

Principes

Dans un système éducatif où l'enseignement est prévalent, la prise en compte de la diversité est impossible. L'objectif étant exclusivement l'atteinte d'un savoir, seuls sont conduits à réussir les élèves possédant les caractéristiques nécessaires à la réception et à l'assimilation des informations distribuées de façon magistrale. Il y a un profil du bon élève (Repusseau,1978). A partir du moment où, comme je l'ai rappelé au début de cet article, le pouvoir politique impose l'unification du système éducatif inférieur et moyen, la prise en compte pédagogique de la diversité devient une nécessité. Le choix de méthodes adéquates, c'est-à-dire capables de prendre en compte cette diversité pour atteindre des objectifs communs, devient le problème central. Il ne s'agit plus d'enseigner mais de former et de créer les conditions d'un véritable apprentissage individualisé.

Le formateur n'a pas à inventer, mais à choisir et à adapter. Le savoir pédagogique commun a en effet accumulé, au cours des âges, des techniques pédagogiques bien rodées, même si la plupart demeurent aujourd'hui des curiosités ou des pièces de musée. Ce n'est pas tant, en effet, l'exigence de s'adapter à la diversité qui a conduit à inventer et à mettre en œuvre des méthodes pédagogiques différentes. C'est l'attachement à des objectifs autres que le seul savoir : socialisation, formation morale, développement de l'autonomie. Il y a donc une ambiguïté certaine dans la recherche de modes de travail adaptés à la diversité des élèves. Il peut s'agir de chercher à atteindre les objectifs classiques de savoir par des détours techniques prenant en compte, comme point de départ, la diversité des élèves, diversité qu'il convient finalement de réduire. Il peut s'agir, aussi, d'atteindre des objectifs de socialisation et de formation morale considérés comme universellement valables, auquel cas il conviendra d'imposer à tous des styles d'apprentissage, même s'ils ne conviennent pas aux « bons élèves » de l'enseignement classique. Il peut s'agir, enfin, d'approfondir et de magnifier les compétences diversifiées par une individualisation prise comme fin en soi.

Il est clair que ces trois options ne sont que des modèles théoriques. L'acquisition du savoir peut être considérée comme un objectif commun nécessaire, au même titre que la formation sociale et morale. Il n'en est pas moins vrai que, dans les conditions actuelles, des styles divers d'enseignement ou de formation découlent des options souvent inconscientes des enseignants. Le propre d'une formation des maîtres, dans ces conditions, devrait être non seulement de faire connaître les diverses techniques possibles mais également les raisons de leurs choix.

Les méthodes classiques de l'enseignement

Ce sont celles que tout le monde connaît pour les avoir subies ou les avoir pratiquées. Le maître diffuse le savoir par la parole et l'usage éventuel du tableau. Les élèves écoutent. Ils prennent des notes. Ils peuvent, si le nombre s'y prête, interrompre le professeur pour demander telle ou telle précision. Le professeur lui-même peut pratiquer la *maïeutique*, c'est-à-dire inciter les élèves à la réflexion personnelle sur tel ou tel point de l'exposé, recueillir les réponses et les mettre en débat oral avant de conclure par l'apport magistral valable. Le cours est suivi d'exercices d'application, soit en classe, soit à la maison. Chaque élève exécute l'exercice solitairement ou en petits groupes. Suit la correction collective, orale ou écrite, permettant de mesurer le degré d'assimilation. Et le cycle recommence. On l'aura remarqué : ce type de travail comprend des variantes. Le cours peut être strictement magistral et l'exécution des exercices strictement individuelle. Mais, par ladite *maïeutique*, peut déjà s'introduire des éléments de formation, voire d'apprentissage. Il n'en reste pas moins que l'importance massive de l'information et de l'imposition caractérise ce type d'enseignement. La « maïeutique », comme chez Socrate, demeure souvent simple mise en scène (De Landsheere, Bayer, 1974 ; Postic, 1988).

Il est clair que la réussite d'une telle méthode nécessite des élèves « murs » pour la recevoir. Cette maturité se caractérise par le goût du verbe, la pensée hypothético-déductive, le goût pour l'abstraction gratuite, le goût pour le travail solitaire et la compétition. Une telle méthode demande des élèves sélectionnés issus de milieux favorisés. Les autres, à quelques exceptions près, ne peuvent qu'échouer.

Une méthode d'enseignement dérivée : le soutien

L'obligation d'accueillir à l'école des élèves non sélectionnés, alors que la méthode d'enseignement se trouvait inchangée, a conduit le législateur à mettre en place un dispositif jugé apte à prendre en charge les élèves en difficulté : le *soutien*. Dans un tel dispositif, les élèves qui décrochent sont pris à part quelques heures par semaine en groupes de faible effectif. Un encadrement plus précis est ainsi réalisé. Le professeur peut diriger de près les exercices permettant une reprise du cours collectif. Le modèle ainsi institutionnalisé s'inspire des techniques du « petit cours » payant que les familles fortunées font donner à leurs enfants en difficulté. Mais un tel dispositif ne fait guère varier la méthode. Elle reste la plupart du temps celle de l'enseignement. Quand l'élève en difficulté est très éloigné du profil classique, le soutien ne parvient pas à améliorer les performances. Les déficits s'accumulent au cours des semaines et le décrochage devient trop important. Le redoublement ou l'éviction ne sont pas évités.

Certes, un meilleur encadrement devrait permettre également un changement de méthode. Rien n'empêche que ce temps séparé soit mis à profit pour mettre en œuvre une formation véritable, voire de véritables situations d'apprentissage. Mais cela suppose que le professeur soit averti de ces possibilités, ce qui est rarement le cas.

Une méthode d'enseignement plus élaborée : la pédagogie de maîtrise et la différenciation pédagogique

La pédagogie dite de « maîtrise » amorce une véritable conversion. Dans cette technique l'élève apparaît de façon précise face aux contenus de programme : c'est *l'évaluation,* dite *formative*, qui devient la pièce essentielle sur laquelle un cours plus adapté pourra se bâtir. Au début de chaque année et ensuite pour chaque sujet étudié, l'élève est observé par tests quantifiables de façon à détecter ses connaissances et ses compétences par rapport au sujet d'étude. L'action pédagogique qui suit tient compte de ces observations : elle adapte le sujet d'étude, elle construit les prérequis manquants, elle adapte la méthode aux caractéristiques individuelles repérées (Bloom, 1979 ; Abernot, 1988). Il est clair que cette description reste très largement idyllique. Tout dépend de la nature des épreuves et de la différenciation des actions pédagogiques qui suivent. La tentation est forte de rester dans la sphère de l'enseignement, privilégiant le savoir et la didactique verbale et impositive. Pour qu'il y ait véritablement prise en compte de l'élève dans sa spécificité, il convient que cette pédagogie de maîtrise satisfasse aux exigences suivantes : les épreuves formatives doivent inclure les divers modes d'appréhension de la matière, c'est-à-dire tenir compte de la psychologie différentielle et génétique ; la pédagogie qui suit doit varier les méthodes en fonction des observations faites ; le système doit accepter une relativisation des objectifs cognitifs ; l'élève est associé à l'évaluation comme auto-évaluation et choix des cursus proposés. Par là se définit ce qu'il convient d'appeler la *pédagogie différenciée* ou plutôt la *différenciation de la pédagogie* pour marquer le caractère actif et volontaire des décisions prises au vu de la diversité (Legrand, 1986 ; Meirieu, 1987, 1989). Les méthodes dont la description suit font partie de cette différenciation.

L'individualisation

Avec les techniques d'individualisation se font jour plus clairement les préoccupations de « formation ». Cette individualisation peut être plus ou moins poussée. On retrouve ici les présupposés du « soutien » quand il s'agit pour le professeur d'être plus présent à l'élève. Mais l'individualisation peut être plus complète quand l'élève est confronté seul à la matière, ce qui est le cas dans le travail à la fiche ou à l'ordinateur. La matière est ici préparée par le professeur sous forme de questions conduisant à la recherche d'une réponse, avec l'utilisation d'une documentation que l'élève est invité à consulter. Le goût du travail solitaire peut être ici exploité, mais les variations sur le sujet sont très nombreuses. L'individualisation peut ne pas être totale et laisser place à un travail en très petit groupe : deux élèves au clavier par exemple, où se trouvent satisfaits les besoins de socialisation. Le type de travail sollicité de l'élève peut donner une place plus ou moins grande à l'autonomie. Dans l'enseignement programmé, l'autonomie est souvent très restreinte, les questions appelant des réponses sans recherche particulière de documentation. Les questions posées peuvent, au contraire, conduire à une recherche importante de documentation au centre documentaire. Auquel cas, la recherche est rarement solitaire, mais s'insère plutôt dans une division du travail faite au sein de l'équipe. Par où s'introduit une *pédagogie de projet* (Meirieu, 1987). On pourra constater qu'un tel travail individualisé correspond à la fois au souci d'atteindre un objectif d'enseignement : l'autonomie de l'élève, et à celui d'adapter l'enseignement aux besoins individuels. Il n'y a pas forcément convenance entre ces deux exigences, tel élève préférant un travail guidé, alors que la poursuite d'objectifs d'autonomie conduit à l'individualisation maximale, tel autre, soumis à un enseignement très directif, se trouvant aspirer à un travail autonome.

La concrétisation

Nous rencontrons ici un point, central à mon avis, de l'adaptation de l'enseignement aux besoins spécifiques des individus. L'accès à la pensée rationnelle, considéré comme l'objectif majeur de tout enseignement intellectuel, ne peut s'opérer valablement que si l'enseignant tient compte du degré de développement cognitif de l'élève. Cela est rarement le cas, particulièrement dans les collèges où la croissance mentale, on l'a vu, est loin d'être achevée. Il ne viendrait à l'idée de personne d'enseigner la numération entre 5 et 7 ans sans recourir à du matériel et aux manipulations. Mais on croit pouvoir naturellement se passer de tels « bricolages » dans l'enseignement secondaire. Or c'est là une grave erreur qui a depuis longtemps été dénoncée sans grand succès. L'apprentissage de l'algèbre, par exemple, a depuis longtemps été introduit par des novateurs à partir de pesées ou de mesures linéaires. L'analyse grammaticale peut encore, à ce niveau, bénéficier de schémas, voire de découpages et de manipulations d'étiquettes, etc.

La pédagogie de maîtrise et l'individualisation décrites ci-dessus, lorsqu'elles souhaitent véritablement s'adapter à la diversité des élèves des collèges, *a fortiori* de ceux présents en fin de scolarité élémentaire, ne peut éviter le recours à une concrétisation plus ou moins poussée, de la manipulation de matériel à la schématisation. Où l'on retrouve les données de Guilford.

Synthèse

Pour reprendre l'idée de schématisation chère à Houssaye, je dirai que le choix des méthodes en vue de l'individualisation se situe sur un carré pédagogique.

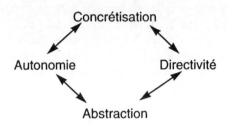

Chaque sommet du carré peut être relié à un sommet, définissant une pédagogie :
– la *directivité abstraite* est la forme classique d'enseignement ;
– la *directivité concrétisante* se trouve dans les classes élémentaires où le maître dirige pas à pas les manipulations ;
– l'*autonomie abstraite* se trouve dans l'enseignement programmé ;
– l'*autonomie concrétisante* dans des activités techniques dirigées, à la fiche ou à l'ordinateur.

Ces styles pédagogiques peuvent appartenir à tel ou tel enseignant. Mais ils peuvent également être utilisés de façon souple par un même enseignant, compte tenu des objectifs poursuivis et du public auquel il s'adresse. Par là on s'achemine vers une véritable différenciation pédagogique qui est l'aboutissement d'une pédagogie devenue une véritable technologie.

RÉFÉRENCES BIBLIOGRAPHIQUES

BLOOM B., *Caractéristiques individuelles et apprentissages scolaires,* Bruxelles et Paris, Labor et Nathan, 1979.

LEGRAND L., *La différenciation pédagogique,* Paris, Scarabée, 1986.

LEGRAND L., *Les différenciations de la pédagogie,* Paris, PUF, 1994.

MEIRIEU Ph., *L'école mode d'emploi,* Paris, ESF éditeur, 1985.

REUCHLIN M., *Psychologie, Paris,* PUF, (coll. « Fondamental »), 1979.

Comparaison sociale, coopération, compétition

Jean-Marc Monteil
Laboratoire de Psychologie Sociale de la Cognition
EP 22 CNRS
Université Blaise-Pascal (Clermont-Ferrand)

La réalité objective des situations scolaires conduit généralement l'élève à apprendre et à réaliser ses performances en présence d'autrui. Par la comparaison sociale ainsi installée, cet état de fait rend visible les différences interindividuelles de valeurs, d'attitudes, de connaissances ou encore d'habiletés à apprendre. Ces différences et leurs expressions posent un problème à la fois aux maîtres, chargés d'en organiser la gestion, et aux élèves contraints d'assumer les positions ou statuts qu'elles peuvent leur assigner.

Omniprésente dans la vie quotidienne, la comparaison sociale apparaît donc comme un élément presque inévitable de l'interaction sociale. Aussi, la connaissance, même superficielle, des résultats des travaux dont elle fait l'objet est-elle indispensable pour évoquer les effets des structures compétitives et coopératives sur les activités individuelles, notamment cognitives.

La comparaison sociale : éléments introductifs

Les recherches les plus actuelles sur la comparaison sociale posent les mêmes questions fondamentales que posait déjà Festinger en 1954 au moment où il formulait les principales propositions de sa théorie : pourquoi y a-t-il comparaison avec autrui ? Avec quelles personnes est-elle effectuée ? Quelles conséquences pour les sujets la comparaison sociale entraîne-t-elle ?

Selon Festinger, tout individu aurait tendance à évaluer ses opinions et aptitudes personnelles. En l'absence de moyens objectifs non sociaux, cette évaluation se ferait par comparaison avec les aptitudes et opinions des autres.

Toutefois, une telle tendance à se comparer serait moins probable si la différence entre l'individu et ceux auxquels il se compare est trop grande. De plus, la rupture de la comparaison avec d'autres s'accompagnerait de la volonté de les abaisser. Cette tendance à la comparaison évaluative se situerait donc à l'origine de comportements individuels visant à se placer dans une situation où ceux avec lesquels on se compare sont relativement proches. Par symétrie, les situations où les autres ont des opinions et aptitudes par trop différentes seraient évitées. Le modèle du sujet festingerien se présente donc sous l'aspect d'un homme rationnel, précis dans l'évaluation de ses aptitudes et opinions. Il repose sur une hypothèse de similitude selon laquelle l'individu exprime une préférence de comparaison avec des autres semblables.

Sociale, la comparaison implique nécessairement l'existence de deux individus au moins. Cette réalité conduit à la question de qui constitue le second terme de la comparaison. Cette interrogation a sous-tendu et sous-tend de nombreux travaux. Depuis la théorie originale de Festinger en 1954, la similitude interpersonnelle est considérée comme un élément déterminant de l'engagement du sujet dans la comparaison sociale. Pour le père de la théorie de la comparaison sociale, lorsque cette dernière s'effectue par rapport à des personnes très différentes, « on cesse de se comparer avec ces personnes ». Cependant, d'autres chercheurs soulignent aussi la possibilité d'une comparaison avec des personnes différentes de soi (Wood, 1989). Ainsi admet-on aujourd'hui l'existence de plusieurs stratégies de comparaison. Nous en retiendrons ici seulement deux : les stratégies ascendante et descendante.

Dans ce cadre, le paradigme de sélection d'une cible (*Rank Order Choice Paradigm*) s'impose comme le paradigme dominant pour repérer la direction de la comparaison. Il s'agit de demander aux sujets expérimentaux de sélectionner, parmi plusieurs cibles disponibles et ordonnées de façon hiérarchique, celle avec laquelle ils préfèrent se comparer. Cette méthode permet de repérer et d'identifier la direction de la comparaison, ascendante (orientée vers des individus supérieurs à soi), ou descendante (orientée vers des individus inférieurs à soi). L'orientation choisie est supposée refléter la stratégie de comparaison sociale utilisée par les sujets pour atteindre soit un but d'auto-évaluation (comparaison ascendante) soit un but d'autovalorisation (comparaison descendante).

C'est en utilisant un paradigme de ce type que de nombreux travaux mettent au jour l'existence d'une comparaison ascendante avec des « autrui » semblables à soi et repèrent une comparaison descendante chez des sujets engagés dans une comparaison avec quelqu'un occupant une position plus défavorable que la leur. Un exemple : dans une série d'expériences, « supposées » étudier la validité de différents tests, on dit à des sujets, sur la base de leurs réponses à une épreuve de personnalité, qu'ils appartiennent à un groupe de personnes obtenant un score soit faible soit élevé sur le trait « hostilité envers un de ses parents ». Ce trait, présenté positivement, reflèterait une certaine maturité, présenté négativement, révèlerait un trouble de la personnalité. La possibilité de consulter les scores des membres du groupe est ensuite offerte aux sujets. Les résultats montrent que les sujets des conditions négatives choisissent préférentiellement de consulter les scores les plus faibles, les sujets des conditions positives n'expriment, au contraire, aucun choix particulier. Une telle stratégie de comparaison descendante serait toujours plus probable lorsqu'une menace pèse sur le sujet (Wills, 1981).

Les activités de comparaison sociale s'inscrivent toujours dans des situations sociales, elles-mêmes sous-tendues par des normes et valeurs. La diversité de ces situations installe, de fait, les sujets dans des comparaisons qui sont autant d'insertions sociales structurées par ces normes et valeurs. Ainsi a-t-on montré, par exemple, que la stratégie de comparaison ascendante était principalement utilisée dans les situations où domine une norme compétitive. Mais il y a plus, la comparaison ascendante est d'autant plus systématique que les résultats du sujet sont inférieurs à ceux de la cible. L'explication de ce phénomène tiendrait à la nécessité d'obtenir des informations supplémentaires pour comprendre les raisons de cette infériorité. Ainsi le sujet serait-il conduit à un engagement plus important dans une stratégie de comparaison ascendante.

Dans certains cas, la comparaison porterait non plus sur les individus eux-mêmes, mais sur leurs caractéristiques définitoires. Ainsi, pour atténuer l'effet d'une comparaison avec une personne supérieure, serait-il également possible d'insister sur les différences entre soi et autrui ou d'attribuer la supériorité d'autrui à certaines dimensions particulières, ou encore de créer une différence sur des dimensions non directement reliées à celles incluses dans la situation de comparaison.

Consécutives à la perception d'une infériorité, la stratégie de compensation illustre clairement la modulation de la comparaison par le jeu des dimensions invoquées. Ainsi, Lemaine (1966 ; 1979) met-il en évidence comment, à travers la recherche d'incomparabilité, il est possible de compenser une infériorité objective en se réfugiant dans le non-mesurable par déplacement de la comparaison sur des dimensions non pertinentes au regard de la situation. Dans une de ses nombreuses expériences, Lemaine, mettant en compétition des enfants pour construire des cabanes, infériorise une partie d'entre eux. Un groupe dispose de ficelles, l'autre pas. Le handicap, imposé par l'expérimentateur, est décrit aux enfants et accepté par eux comme une règle du jeu avant que le tirage au sort ne désigne qui en sera affligé. Dans cette situation expérimentale on assiste, chez les sujets « handicapés », à l'expression d'une volonté d'introduire un autre critère de jugement que celui défini au départ, de se différencier du groupe des « favorisés » en faisant autre chose. Par exemple un jardinet autour de la cabane, en s'efforçant de le faire prendre en compte dans l'évaluation, à la fois par les adultes juges et par les autres enfants. Il s'agit ici d'une stratégie visant à sélectionner des dimensions permettant au sujet de compenser une infériorité objective perçue en créant un nouvel espace de comparaison.

L'évocation de ces différents travaux souligne l'importance du processus de comparaison sociale lorsque le sujet est engagé dans une relation réelle avec autrui. Mais ce processus n'est pas nécessairement contingent à l'existence d'une cible réelle. Le sujet humain dispose de la capacité à imaginer une cible de comparaison hypothétique en la construisant mentalement.

En l'absence de possibilités comparatives (cibles ou dimensions) immédiatement disponibles on pourrait mentalement construire une cible ou récupérer en mémoire une cible pré-existante (par exemple un prototype). Cette façon de poser le problème est apparemment plus proche des domaines d'étude de la cognition ou perception sociale que de la comparaison sociale au sens strict. On ne peut cependant manquer de mentionner ce type de travaux. Il semblerait, en effet, que cette forme de comparaison soit une forme communément utilisée. « L'effet de faux consensus » en est un exemple parmi les plus fameux. Ce dernier, exprime la tendance des individus à concevoir leurs propres habitudes, valeurs et comportements comme relativement communs et partagés. Manifeste pour les opinions et les comportements, l'effet de faux consensus disparaît pour les aptitudes mais présente une forte sensibilité aux valeurs. On a ainsi montré (Campbell, 1986; Goethals et al, 1991) que les gens ont tendance à croire que leurs opinions sont communes, et leurs aptitudes uniques, soulignant par là l'existence d'un « effet de fausse idiosyncrasie » ou « biais d'unicité ». Une interprétation de ces « biais », empiriquement avérés, tiendrait au fait qu'au cours de leur socialisation les individus développent un besoin de valorisation qui ferait des renforcements, performances et autres événements des épisodes associés à leurs conséquences cognitives, affectives ou comportementales, tels que l'état d'humeur et l'estime de soi. Ainsi pourrait-on envisager ici que l'image de soi appartienne en propre à une mémoire autobiographique. Dès lors, les configurations sociales auxquelles sont affrontés les sujets pourraient fournir des indices de récupération d'expériences antérieures de comparaison et partant des stratégies qui leur sont associées. Il est manifeste que l'étude des stratégies de comparaison sociale et leurs conséquences invitent à s'interroger sur l'impact des expériences antérieures sur le choix et la gestion de stratégies actuelles. C'est pourquoi, notamment, une attention particulière devrait être portée aux conditions de distribution des renforcements au sein de l'espace scolaire. Ce sont elles, en effet, qui définissent le plus souvent les dimensions sur lesquelles s'expriment les comparaisons sociales.

Si les travaux qui montrent l'influence de la comparaison sociale sur les régulations interindividuelles sont nombreux, on dispose en revanche de moins de données s'agissant de l'étude du lien entre comparaison, direction de comparaison et performances cognitives individuelles. Cependant, dans une perspective plus directement liée à l'étude de la régulation sociale des fonctionnements cognitifs, un ensemble de recherches (Monteil, 1988, 1991, 1992 ; Monteil et Huguet, 1991, 1992 ; Huguet et Monteil, 1992 ; Huguet, 1992) a pu montrer que les performances cognitives individuelles pouvaient être drastiquement affectées par certains types d'insertions sociales sous lesquelles le sujet était amené à exercer une activité de connaissance. Il convient ici d'en décrire les grandes lignes pour permettre au lecteur d'en percevoir les prolongements pratiques éventuels.

Dans une première expérimentation, 32 élèves, dont une moitié sont des élèves en réussite scolaire et l'autre moitié en échec scolaire avéré, étaient amenés à entendre, par groupes de huit, une leçon de biologie dans deux conditions différentes : une condition anonymat et une condition individuation. Dans la première, les élèves sont informés qu'aucun d'entre eux ne sera interrogé durant la leçon. Dans la seconde condition, il est au contraire dit que chacun fera l'objet d'une interrogation au cours de la leçon. De plus, il est rappelé à une moitié des sujets, oralement et publiquement, leur niveau scolaire (fort *versus* faible) alors qu'il est dit à l'autre moitié des sujets que leur niveau scolaire est identique. Cette manipulation introduit donc une variable comparaison sociale personnelle, c'est-à-dire une comparaison fondée sur un feed-back relatif aux mérites de chacun. Les sujets faisaient ensuite l'objet d'un test de connaissances portant strictement sur le cours de biologie donné précédemment. Les résultats montraient que les sujets en situation de non-comparaison obtenaient, quelles que soient les conditions, anonymat ou individuation, des performances conformes à leur statut scolaire habituel : les « bons élèves » des performances élevées, les « mauvais élèves » des performances faibles. Dans la situation de comparaison les résultats étaient, en revanche, très différents : en condition anonymat les « mauvais élèves » obtenaient des performances équivalentes à celles « des bons élèves », et en condition individuation les « bons élèves » réussissaient beaucoup mieux que les mauvais élèves. Une deuxième expérimentation, réalisée avec seulement de « bons élèves », manipulait expérimentalement échec et réussite, par attribution aléatoire et publique de résultats supposés avoir été obtenus à une tâche antérieure, construite pour la circonstance par l'expérimentateur. De ce fait tous les sujets étaient en situation de comparaison sociale personnelle. On introduisait aussi les conditions anonymat et individuation. Conformément aux prédictions, en condition anonymat, les sujets objets d'une attribution d'échec obtenaient, au test de connaissances, des performances supérieures à celles des sujets objets d'attribution de réussite. L'inverse était observé en condition individuation.

Enfin, une troisième expérimentation, réalisée selon le même paradigme, montrait que l'effet d'interaction, entre attribution d'échec et de réussite d'un côté et anonymat et individuation de l'autre, était d'autant plus fort (les pourcentages de variance expliquée constituaient ici la mesure dépendante) que l'on expérimentait avec un support disciplinaire prestigieux comme les mathématiques, et allait jusqu'à disparaître avec un support peu valorisé comme l'éducation manuelle et technique. L'enjeu social (représenté par la hiérarchie des disciplines scolaires), en modifiant significativement les performances, jouait ici, *via* la comparaison sociale, le rôle d'un régulateur du fonctionnement cognitif individuel.

Ces premiers résultats attestent l'importance des situations de comparaison et l'influence d'insertions spécifiques sur les performances intellectuelles. Ils ne permettent cependant pas d'identifier les mécanismes responsables de ces effets, ils indiquent, néanmoins, que l'activité de connaissance de l'individu humain n'est pas seulement affectée par les propriétés intrinsèques de l'objet à connaître mais aussi, et parfois même de manière majeure, par les conditions sociales et notamment les situations de comparaison sous lesquelles il exerce ou on lui fait exercer cette activité. Les connaissances que possède l'individu sur lui-même sont, sans doute, solidement représentées en mémoire permanente donc facilement activées et aisément accessibles. C'est pourquoi, ces connaissances étant des construits représentationnels, on peut envisager que les contextes sociaux de leur élaboration en soient une partie intégrante. Il est, dès lors, envisageable de considérer les fonctionnements cognitifs, sous certaines conditions d'activation, comme partiellement subordonnés à des éléments de la représentation en rapport avec ces contextes sociaux. Aussi peut-on faire l'hypothèse que lorsqu'on manipule des insertions sociales (anonymat *versus* individuation) pour des sujets à qui on attribue de la valeur (réussite *versus* échec), laquelle prend son sens dans une comparaison sociale, on active des représentations en rapport avec l'histoire sociale de ces sujets. Cette conception peut aider à comprendre, par exemple, pourquoi des élèves étiquetés institutionnellement comme bons élèves, lorsqu'on leur attribue expérimentalement de la réussite et qu'on les place en situation d'anonymat (état contraire à celui qui est et a été le plus souvent le leur), produisent des performances significativement plus faibles qu'en situation individuation (état correspondant à celui qui est et a été le plus souvent le leur). Il est en effet pensable de considérer que lorsque les modalités expérimentales créent une situation contraire à la connaissance que les sujets ont d'eux-mêmes ces derniers soient conduits, par la modification des conditions sociales de leur rapport à l'objet, à construire une signification nouvelle de la situation sociale. Cette nouvelle signification servirait alors de base à leur comportement cognitif.

Pour explorer ce problème de l'influence des représentations antérieures – liées aux contextes sociaux dans lesquels elles se sont construites – sur le fonctionnement cognitif actuel du sujet on a utilisé le paradigme expérimental de l'insertion avec une population d'élèves étiquetés scolairement faibles. Quatre groupes de 8 sujets de 14 et 15 ans, tous issus d'un même niveau de classe de plusieurs écoles secondaires, d'une zone scolaire identique, sont constitués par tirage au sort. Chacun de ces groupes assiste à une leçon de mathématiques, préalablement standardisée, d'une durée d'une heure, donnée par un professeur inconnu d'eux et portant sur une question nouvelle pour tous : le théorème de Thalès. Comme dans l'expérimentation précédente, le statut académique est manipulé en distribuant au hasard, à partir d'une tâche leurre, de l'échec et de la réussite. La « leçon » est écoutée sous les deux conditions, anonymat *versus* individuation. La tâche consécutive réclame de résoudre une succession de problèmes impliquant l'information délivrée. Un patron de résultats totalement inverse de celui des bons élèves est ici obtenu. C'est, en effet, en situation d'anonymat et sous condition d'attribution de réussite que les sujets obtiennent des performances élevées, inhabituelles pour eux, et c'est également en situation d'individuation avec un statut de réussite qu'ils réalisent leurs performances les plus faibles. Les sujets semblent se comporter comme si, habitués à l'échec scolaire depuis toujours, ils n'étaient pas en mesure d'assumer publiquement (c'est-à-dire en condition individuation) une évaluation positive (une attribution de succès) qui, en situation d'anonymat, se révèle avoir un impact bénéfique sur leurs performances. On voit bien, ici, que les conditions psychosociales antérieures dans lesquelles les sujets ont été conduits à agir – évaluations et comparaisons négatives au long de leur scolarité – jouent un rôle dans la gestion des conditions sociales qui leur sont proposées. Une autre recherche visant à saisir l'impact cognitif de la comparaison sociale catégorielle atteste le poids des catégorisations initiales du sujet dans la gestion cognitive de ses conditions actuelles d'apprentissage. De « bons » *versus* de « mauvais » élèves, placés en situation fictive de coaction, sont soumis à des tâches de rappel et de reconnaissance de figures géométriques, dans le contexte socialement et scolairement très valorisé de la géométrie *versus* peu valorisé du dessin. Les sujets sont confrontés, avant la réalisation de ces tâches, à une assignation catégorielle qui leur permet, dans le domaine des capacités mnésiques, de se comparer plus ou moins positivement à un coacteur fictif. Assigné à une catégorie supérieure à celle du coacteur, l'élève de niveau scolaire faible produit des performances très inférieures à celles qu'il réalise dans la condition de contrôle (coaction sans feed-back catégoriel) et dans les deux autres conditions expérimentales (feed-back d'égalité *versus* d'infériorité catégorielle), plus congruentes avec son statut scolaire. À l'inverse, placé en situation de comparaison catégorielle défavorable, l'élève de niveau scolaire fort produit des performances très supérieures à celles qu'il réalise dans toutes les autres conditions.

D'autres résultats font apparaître le poids des catégorisations de genre dans le fonctionnement cognitif individuel. Les modifications de performances obtenues par des sujets des deux sexes, dans les deux conditions d'insertion, individuante *versus* anonymante, s'expriment différemment selon que ces insertions sont congruentes ou non avec les catégorisations de genre. Placés en situations de coaction et d'attente positive à l'égard de la tâche à effectuer, les sujets de sexe masculin obtiennent de meilleures performances sous un mode d'insertion favorisant l'individuation (visibilité) que sous un mode favorable à la déindividuation (anonymat). Placés ultérieurement en condition d'échec, ces sujets rappellent, à propos d'une tâche identique, moins d'informations en situation individuante qu'en situation anonymante. On observe un pattern comportemental contraire pour les sujets de l'autre sexe. Placés en situation de réussite, ils produisent, en effet, de meilleures performances en situation d'anonymat qu'en situation de visibilité. Placés en condition d'échec, à l'égard de la même tâche, ils rappellent autant d'informations dans les deux situations. Ces derniers résultats plaident en faveur de la puissance de la comparaison sociale comme principe activateur de cognitions individuelles ou partagées. En effet, les catégories de genre impliquées dans une situation de comparaison consignent, par définition, un ensemble de normes et de valeurs liées à la façon dont les systèmes sociaux appréhendent et situent les hommes et les femmes dans la formation sociale, et l'on observe ici que les conditions de comparaison actualisent de telles valeurs.

Parce que l'élève connaissant est un acteur qui entretient des relations sociales, participe à des interactions, appartient à des groupes, fait l'objet de catégorisations, etc., les quelques recherches évoquées tendent à indiquer que cet ensemble de caractéristiques, qui le situe dans un univers de comparaison quasi permanente, doit faire l'objet d'attention particulière pour l'étude et la mise en œuvre des actions pédagogiques. Il en va de même pour ce qui touche aux modes d'organisation coopératifs et compétitifs des situations d'apprentissage.

Coopération et compétition

Depuis les travaux originaux de Deutsch en 1942, il n'y a rien à ajouter aux définitions avancées par ce même auteur en 1962. La structure coopérative implique qu'on ne peut atteindre son but que si l'autre l'atteint; à l'inverse, la structure compétitive signifie que l'on atteint son but que si l'autre ne l'atteint pas. Ces deux types de structures s'appliquent aussi bien aux dynamiques interindividuelles qu'intergroupes.

Si l'on s'en tient aux résultats les plus saillants de la littérature, très abondante dans ce domaine, il semble avéré que la coopération produit de meilleurs résultats sur les performances à une tâche que la compétition (Slavin, 1985 ; 1990 ; Johnson et Johnson, 1989; Ames, 1984). C'est pourquoi le développement de programmes d'apprentissage coopératif représente un des points possibles d'application psychosocial à l'école. Ce type d'apprentissage rend compte de méthodes d'instruction dans lesquelles les élèves travaillent ensemble en petits groupes à l'atteinte d'un but commun. Contrairement aux structures de classes scolaires dites compétitives, la caractéristique essentielle de l'apprentissage coopératif tient au fait que le succès d'un élève contribue au succès de l'ensemble du groupe. Mais énoncer la supériorité de la structure coopérative sur la structure compétitive n'en fournit pas pour autant l'explication. D'autant que cette supériorité semble s'installer sur de multiples habiletés : raisonnement, mémorisation, stratégies métacognitives, etc.

Les structures coopératives doivent cependant présenter certaines caractéristiques pour rendre compte de leur efficacité sur les productions et activités cognitives. Elles réclament principalement d'offrir les éléments essentiels d'une interdépendance positive incluant la perception de la responsabilité individuelle chez les sujets. Ainsi, par exemple, de nombreux travaux expérimentaux montrent que lorsque les rôles attribués à chacun sont strictement définis *a priori* et différents pour chacun, la coopération perd son efficacité. À l'inverse, une situation dans laquelle les rôles sont plutôt indéterminés, c'est-à-dire offrent un espace de différenciation et de confrontations interindividuelles, fournit à la coopération les moyens d'expression de sa pleine mesure. En effet, par l'absence de rôles préalablement définis, les sujets doivent s'attacher à construire une division minimale du travail. Cette obligation fonctionnelle est de nature à engendrer d'éventuels points de vue opposés. Or, nous savons, dans la ligne des travaux sur le conflit sociocognitif, que des centrations opposées de point de vue facilitent les constructions cognitives. La structure d'apprentissage coopérative, imposant de fait la prise en compte de ce point de vue d'autrui, apparaît ainsi comme la structure susceptible de faciliter l'émergence de centrations opposées, dont on connaît aujourd'hui les vertus (Nemeth et Watchler, 1983 ; Doise et Mugny, 1981; Brown et Wade, 1987), tout en maintenant une interdépendance fonctionnelle et de buts chez les partenaires de l'interaction. Par ailleurs de nombreux résultats expérimentaux (Johnson et Johnson, 1989) permettent de noter que, dans ce type de configuration, les élèves organisent cognitivement le matériel à apprendre de manière plus élaborée que lorsqu'ils sont amenés à le faire pour leur seul bénéfice. En d'autres termes, l'obligation d'échanger le matériau cognitif avec autrui constitue un facteur de base de la formation de compétences métacognitives transférables à l'apprentissage individuel.

Sur la base d'une supériorité déclarée des structures socio-pédagogiques coopératives, sur les structures compétitives il serait évidemment dangereux d'en tirer argument pour vouer aux gémonies les situations sous-tendues par des dynamiques compétitives. Cela d'autant que les pratiques scolaires se déroulent généralement dans des espaces collectifs où les interactions sociales, les distributions de renforcement et les feed-back évaluatifs engendrent des processus de comparaison sociale dont on a pu entrevoir la complexité et la modalisation des effets. La comparaison sociale n'est évidemment pas indépendante des dynamiques compétitives. Ces dernières ne doivent cependant pas être confondues avec les présupposés idéologiques qui trop souvent saturent leur défense au profit d'une pédagogie libérale à finalité prosélyte. Pour l'avoir écrit ailleurs (Monteil, 1989) on réaffirmera ici que la compétition doit être le champ d'application des compétences acquises et non la base sociale de leur acquisition.

Pour conclure

Les travaux, brièvement évoqués dans ce chapitre, montrant, à travers la plus ou moins grande valorisation des savoirs scolaires, la sensibilité des sujets aux situations de comparaison auxquelles ils sont confrontés, devraient, pour satisfaire une différenciation interindividuelle indispensable à la construction d'une estime de soi positive, inciter à concevoir les situations de compétition, comme de coopération d'ailleurs, dans une perspective multidimensionnelle. Ce qui conduit à s'interroger sur la trop pesante hiérarchie disciplinaire à l'école. Cette dernière n'enferme-t-elle pas l'élève dans des situations scolaires où prédominent comme seuls termes de comparaison à autrui les performances obtenues dans les disciplines à forte valeur sociale? Il importe, en effet, que l'évaluation des savoirs et des habiletés socialement les plus valorisées n'engloutissent pas toutes les habiletés et tous les savoirs. L'intériorisation des normes et valeurs, base de la socialisation, se réalise pour une part non négligeable à l'école. Dès lors, les représentations et autre schéma de soi, structures cognitives puissantes pour le traitement de l'information en rapport à soi et aux autres (Monteil et Martinot, 1991), ne sauraient se construire sans dommage dans des espaces, fussent-ils coopératifs, où le point de référence de la comparaison demeure invariable.

L'élève est un acteur et non le produit passif de ses déterminants biologiques et sociaux. Son comportement cognitif et social est aussi le résultat de la perception qu'il a de son environnement et de la façon dont il le construit. C'est pourquoi les quelques travaux évoqués dans ce chapitre suggèrent de ne pas abandonner au hasard l'organisation de l'espace social où se déroulent les apprentissages.

RÉFÉRENCES BIBLIOGRAPHIQUES

JOHNSON D.W., JOHNSON R.T., *Cooperation and competition : Theory and research*, Edina, MN : Interaction Book Company, 1989.

SLAVIN R.E., *Cooperative Learning : Theory, research and practice*, Boston, Allyn and Bacon, 1990.

MONTEIL J.M., *Éduquer et former. Perspectives psychosociales*, Grenoble, Presses Universitaires de Grenoble, 1989.

MONTEIL J.M., « Social regulation and individual cognitive function : effects of individuation on cognitive performance », *European Journal of Social Psychology*, 21, 225-237, 1991.

MONTEIL J.M. AND HUGUET P., « The influence of social comparison situations on individual cognitive task performance : experimental illustrations », *International Journal of Psychology*, 1992.

La gestion du groupe
et les communications dans la classe

Philippe Poussière
Sciences de l'Éducation
Université de Genève

Combien de fois entend-on dans les salles des professeurs, des propos comme : « Cette année j'ai de la chance, j'ai une bonne classe », ou bien : « Décidément, ils sont impossibles, j'ai tout essayé, ça ne marche pas... »

Enseignants euphoriques, maîtres découragés, les uns et les autres ne savent souvent pas en quoi et comment ils sont responsables de la qualité des relations qui s'établissent dans leurs classes. Est-ce vraiment une affaire de hasard, d'habileté, de gentillesse, de sévérité, de charisme, d'autorité, de compétence, d'affirmation de soi ? Les qualités requises et les « trucs » pour gérer un groupe d'élèves ne manquent pas. Pourtant il n'existe pas de recettes qui conviennent à tout le monde. Il appartient à chaque enseignant de chercher ses solutions. Les lignes qui suivent tentent de l'aider dans cette démarche, en explorant les particularités qui fondent l'originalité du groupe-classe et qui déterminent en grande partie la manière de le gérer. Entre un triomphalisme trop souvent oppressif et un fatalisme démobilisant et coupable, il existe une voie moyenne, faite de réflexions, de tâtonnements et, pourquoi pas, de remises en question.

Sur l'origine des représentations
et des attentes vis-à-vis du groupe

Le groupe familial, creuset des comportements de groupe

Les représentations que l'enfant se fait du groupe trouvent leur origine dans ses premières expériences vécues au sein du groupe familial. Le développement de son identité est étroitement lié aux relations qu'il établit avec son entourage et que son entourage noue avec lui. L'identité se construit dans un rapport dialectique avec le regard d'autrui. Faire partie du groupe familial, c'est assumer une part de l'identité collective tout en sauvegardant la sienne, c'est, en d'autres termes, être suffisamment « comme les autres » mais aussi suffisamment différent pour être « soi-même ».

Les représentations du groupe acquises dans la famille sont marquées par deux caractéristiques : d'une part, l'enfant n'a pas choisi d'appartenir au groupe familial, il en faisait partie avant même de naître et, d'autre part, les relations de pouvoir qui s'y développent et dont il est partie prenante sont étroitement imbriquées de liens affectifs faits de dépendance, d'amour et de haine, dans un contexte structurel dont il est peu conscient.

La scolarité, prolongation de l'expérience acquise dans la famille

Ces deux caractéristiques se retrouvent à l'école. On ne consulte pas l'enfant avant de le mettre dans une classe. La fréquentation scolaire a un caractère inéluctable qui rejoint l'appartenance à la famille. De même, l'enfant retrouve durant ses premières années de scolarité des relations de pouvoir empreintes d'affectivité. Dans ces conditions, les attentes qui déterminent sa participation à la classe se construisent initialement sur un registre affectif.

Toutefois, les activités scolaires de l'élève ne structurent qu'une partie de la réalité vécue par l'enfant. L'emprise et la durabilité des liens affectifs qu'il noue sont moins profondes que dans sa famille. La classe demeure un lieu de passage obligé mais temporaire. Cela explique que l'identification de l'élève aux objectifs de l'école demande à être régulièrement confirmée.

La fréquentation scolaire n'en procure pas moins à l'enfant :
– une identité nouvelle, celle d'élève ;
– une voie d'accès incontournable à toute forme d'intégration sociale et professionnelle ;
– un groupe de pairs nécessaire à la connaissance de soi.

La classe comme lieu d'acquisition de comportements stratégiques vis-à-vis du groupe

On peut communiquer avec les participants d'un groupe sans en faire partie. On peut faire partie d'un groupe sans y être intégré. On peut être intégré par les membres d'un groupe sans soi-même y trouver sa place.

L'adaptation affective, intellectuelle, culturelle et sociale que l'élève doit effectuer pour s'intégrer à la classe et au milieu scolaire exige de lui des efforts d'accommodation et de soumission auxquels sa famille ne l'avait souvent pas préparé. Trouver sa place demande du temps et de l'énergie. L'élève est ainsi amené à évaluer le coût des efforts qu'il doit fournir pour s'intégrer à la classe à l'aune de ce qu'il reçoit d'elle en retour. L'intégration est un processus de négociation.

L'obligation dans laquelle il se trouve de fréquenter des personnes qu'il n'a pas choisi de connaître l'amène à développer de nouveaux comportement : fuite, agression, manipulation, acceptation... Beaucoup d'adolescents, prenant la mesure du décalage culturel existant entre la réalité que leur propose le groupe classe, celle qu'ils connaissent dans leur famille ou celle que leur réserve la réalité socioprofessionnelle, désinvestissent la réalité scolaire ou s'insurgent contre elle. Ces attitudes sont entretenues, soutenues, ignorées ou combattues par les parents, les camarades, les enseignants ou l'institution. Elles fournissent leur trame aux événements de la vie quotidienne d'une classe.

C'est ainsi qu'au sein des classes successives qu'il fréquente, l'enfant, puis l'adolescent, développe les stratégies auxquelles il aura recours plus tard face aux groupes dont il fera partie.

Sur la gestion des relations dans la classe

Toute gestion du groupe se heurte aux connaissances expérientielles de ses membres

La connaissance individuelle des groupes s'enracine dans une histoire personnelle dont l'un des enjeux est la permanence et le contrôle de l'identité.

Chacun fonde une bonne part de sa compréhension et de ses relations de groupe sur ses expériences, ses représentations et sur ses seuils de tolérance à l'altérité. Cette compréhension s'appuie sur un système de causes et d'effets rapportés à une succession de rencontres et d'échanges interindividuels qui déterminent les relations, les attitudes, les sentiments, les croyances, les décisions. Sans ignorer cette connaissance subjective, tout enseignant se doit pourtant de dépasser cette conception linéaire de la causalité s'il veut inscrire la gestion de sa classe dans une perspective plus objective. Une telle démarche est d'autant plus nécessaire que la position qu'il occupe au sein de la classe rend son identité particulièrement vulnérable aux remises en question.

Les communications dans la classe

Il est souhaitable de se dégager d'une perception subjective des relations si l'on veut saisir la classe en tant qu'elle constitue une globalité dont le maître n'est qu'un des éléments. Ce n'est pas un comportement individuel ou même la somme des comportements individuels qui permettent de comprendre le fonctionnement d'une classe, mais la globalité de la classe qui détermine les comportements individuels et collectifs des élèves.

Sortir d'une position égocentrique pour essayer de comprendre sa classe revient à s'efforcer de la percevoir comme un ensemble d'individus en interrelation. Toute manifestation de l'un affecte l'ensemble des autres et réciproquement. Il est possible dans cette optique de dégager quelques caractéristiques générales.

Toute communication est cause et effet à la fois

Les interactions d'un individu avec le reste du groupe devraient toujours être pensées en termes de relations multiples et non en termes d'actions-réponses linéaires. Même si l'enseignant entend ne s'adresser qu'à un seul de ses élèves, l'ensemble de la classe l'entend et peut réagir à ses propos. En effet, il s'avère dans les groupes que les comportements s'entretiennent mutuellement, qu'un comportement peut avoir plusieurs conséquences différentes et que des comportements différents peuvent n'avoir qu'un seul effet. On parle à ce sujet de causalité circulaire (Watzlawick et al., 1972).

La communication se comprend dès lors comme un ensemble (flux) d'échanges, un enchaînement d'informations dont il n'est pas pertinent d'isoler une séquence pour l'analyser sans tenir compte de ce qui précède et de ce qui suit.

Le maître ou les élèves ne sont souvent pas d'accord quand il s'agit de savoir « qui a commencé », « qui est en faute ». Le maître dira, par exemple, qu'il est sévère parce que la classe est indisciplinée... mais les élèves diront qu'ils sont indisciplinés parce que le maître est sévère.

L'attribution de la cause première dans une succession d'échanges est un enjeu de pouvoir.

Penser systématiquement que les uns *et* les autres sont également responsables d'une situation conflictuelle est une étape de pensée d'autant plus difficile à franchir que l'image de l'autorité scolaire est associée à celle de l'autorité paternelle. Une façon concrète d'entrer dans cette manière de penser consiste pour les protagonistes à se demander systématiquement : « Qu'ai-je fait pour que les choses en viennent à se passer comme elles se passent ? ». De même, il est erroné pour l'enseignant de s'en remettre au conseiller, au psychologue, ou aux autorités comme s'il leur était possible d'agir sur l'élève (ou sur le maître) indépendamment du contexte de la classe.

Toute communication définit la relation et donne des informations sur la manière dont celle-ci doit être comprise

Périodiquement, mais surtout au début d'une rencontre, des négociations implicites s'établissent durant lesquelles chacun essaie de faire prévaloir le type de rapport dont il a besoin pour trouver sa place et pouvoir jouer le rôle qu'il désire.

Tout échange tend à confirmer ou infirmer une définition des rôles. Quand, par exemple, l'enseignant dit : « Prenez une feuille de papier » il signifie par la même occasion que c'est lui qui décide de ce qu'il y a lieu de faire et que les élèves se doivent de lui obéir. Il se peut que cette définition des rôles ne soit pas acceptée.

D'autre part le ton ou les mimiques qu'il utilise signifient aussi quelque chose, par exemple qu'il est fâché, ou qu'il fait ce qui était convenu... En d'autres termes la communication n'est pas seulement verbale, elle inclut toute forme de comportement.

L'élève qui répond correctement à l'injonction du maître peut donner l'impression qu'il accepte son rôle, mais si la forme de son travail est inacceptable, cela peut signifier qu'il n'apprécie pas le maître. Pour comprendre un échange, il faut le replacer dans son contexte et prendre en compte les comportements non verbaux qui l'accompagnent. On parle à ce sujet de langage analogique (Watzlawick, 1972). Il arrive souvent dans les situations de contrainte inacceptées que l'information transmise par le langage analogique soit en contradiction avec l'information explicite transmise par le message. Cela peut être le cas de l'élève prétendant qu'il écoute tout en bavardant avec un camarade.

Toute communication est une interaction

Selon la nature des interactions qu'il entretient avec la classe, l'élève ou le maître peut se trouver confirmé ou infirmé dans le rôle qui lui est dévolu et qu'il accepte ou refuse. L'aide qu'on lui apporte, comme du reste les contraintes qui s'exercent sur lui, peuvent avoir pour effet d'enfermer un acteur dans un rôle dont on souhaiterait le voir sortir.

La représentation d'un enseignant agissant sur un ou plusieurs de ses élèves comme si lui-même ne faisait pas intégralement partie de la situation est fausse. Il n'y a pas seulement « action » et « réaction », indépendamment du contexte global de la classe. Il y a interaction. Si l'on ne prend pas en compte l'idée d'interaction comprise ici comme un ensemble d'échanges dont le sens est lié au contexte et à la définition du rôle des acteurs, il devient difficile d'agir sur la relation pour la comprendre et la modifier. L'enseignant peut s'entraîner à observer quelles sont les stratégies répétitives (les « jeux » selon Watzlawick, 1972) qu'il met en place face aux comportements de ses élèves, et comment ceux-ci y réagissent. Il peut aussi se souvenir que la manière d'agir de ses élèves constitue leur meilleure réponse pour s'adapter à la situation... et que son propre comportement est également sa meilleure réaction... pour le moment.

Le concept de classe : le point de vue des acteurs

Il existe dans la littérature deux grandes approches des groupes : l'approche psychosociale et l'approche psychosociologique.

En partant d'observations effectuées sur des groupes artificiels expérimentaux, la *psychologie sociale* a construit une connaissance générale mais décontextualisée des groupes. La mise en évidence de nombreux paramètres qui régissent certains aspects de leur vie demeure souvent frustrante pour le praticien ayant à faire face à des situations originales et cherchant à résoudre des problèmes concrets.

La classe est ainsi décrite comme un groupe constitué d'individus en interaction, poursuivant un ou plusieurs buts communs. Ses membres partagent des normes et des valeurs communes qui déterminent leurs comportements et leurs attitudes. Elle a comme tout groupe, une structure, une organisation, un système hiérarchique, des leaders. Elle dépense une part de son énergie à sa régulation interne (maintenance) et une autre part à la production. Les participants, selon leur degré de solidarité, leur adhésion (motivation), déterminent la plus ou moins grande cohésion du groupe, ainsi que son moral. L'ensemble de ces éléments sous-tend la dynamique du groupe qui obéit à des lois d'évolution.

Cette approche ne rend pas suffisamment compte des dimensions aléatoires, historiques, conflictuelles et institutionnelles du groupe-classe auxquelles les enseignants sont usuellement confrontés. Quand la classe n'est pas considérée comme un objet d'étude mais comme un lieu de travail, il devient important d'en aborder la connaissance à partir des points de vue de ceux qui s'y rencontrent.

Quand des administrateurs, des pédagogues, des parents ou des élèves parlent de classe, ils n'en ont ni la même expérience, ni les mêmes représentations, ni les mêmes attentes.

Parler de « la » classe, c'est masquer qu'elle est le point de rencontre d'attentes et de représentations potentiellement conflictuelles et, en tout cas, différentes. On se posera donc utilement les questions suivantes : qui parle de la classe ? et avec quelles intentions ?

À partir d'une approche clinique et d'une étude historique effectuées sur des groupes naturels, la *psychosociologie* s'est orientée vers une connaissance pratique des groupes dans des domaines comme la formation, l'intervention et la thérapie. Ces domaines ont en commun d'envisager le groupe comme un outil de changement social utilisé sur le terrain.

Anzieu et Martin (1968) proposent une classification des groupes dont certains éléments sont susceptibles d'être appliqués aux points de vue développés par des gestionnaires, des enseignants et des élèves.

La classe pour les gestionnaires de l'école

Pour les gestionnaires de l'institution scolaire, la classe est d'abord et avant tout une entité administrative composée d'éléments abstraits (les élèves). Elle est soumise à des exigences qui lui donnent son existence et sa légitimité au regard de la société. Elle est un instrument stratégique au service d'une volonté politique.

Elle permet de regrouper et d'encadrer la jeunesse selon certains critères d'homogénéité ou d'hétérogénéité contrôlés, afin de la socialiser et de lui transmettre un héritage culturel.

La classe constitue également un des maillons d'une organisation : l'école, le collège, le lycée et sa gestion sont soumis à des contraintes administratives (horaires, locaux, effectifs, postes, secteur de recrutement...).

Anzieu et Martin (1968), évoquant le groupement, écrivent ceci : « *Quand des personnes se réunissent, en nombre petit, moyen ou élevé... avec une fréquence de réunions plus ou moins grande, avec une permanence relative des objectifs dans l'intervalle des réunions, le nom qui convient est celui de groupement.*
Les buts du groupement répondent à un intérêt commun à ses membres. Ceux-ci en sont partiellement conscients, mais la prise en charge de cet intérêt ne s'effectue pas activement chez la plupart ; ils s'en remettent à leurs représentants, à leurs dirigeants, voire aux événements... On pourrait dire que cet intérêt leur est commun, mais qu'ils ne l'ont pas en commun, pour leur propre compte ; ils ne se le sont pas approprié. »

Cette définition met en évidence la dimension organisationnelle du groupe et le fait que s'il y a bien communauté d'intérêts, ceux-ci sont diversement perçus et assumés par les différents acteurs.

La classe pour les élèves

Pour les enfants ou les adolescents, la classe est d'abord un lieu de contrainte où ils se trouvent confrontés à des pairs. La cohabitation et le partage de situations diversement vécues les amènent à se constituer en un ou plusieurs groupes qui répondent aux exigences de la situation scolaire soit en l'assumant, soit en y résistant, soit en la contournant.

Quand l'ensemble des élèves accepte les rôles qui leur sont dévolus dans la situation scolaire, la classe occupe une part importante et significative de leur vie. Elle devient un lieu fortement structuré où, confrontés les uns aux autres, ils apprennent les différents rôles que l'école les invite à tenir. En ce sens, la participation active au groupe classe donne une identité positive d'apprenant qui facilite les apprentissages scolaires et sociaux. Cette évolution heureuse du groupe d'élèves souhaitée par les enseignants n'est cependant pas la seule issue possible.

Il arrive en effet que la classe ou un sous-groupe se développe en opposition, en marge ou en parallèle à la situation scolaire (classe difficile). Le sous-groupe sert de refuge et d'exutoire à des élèves que la situation scolaire rebute. Les sous-groupes qui se forment ainsi acquièrent une sorte d'existence autonome, étrangère aux apprentissages proprement scolaires. On n'est alors pas loin de la « bande » telle qu'Anzieu et Martin (1968), la décrivent : « *Chez les êtres humains, (la bande)... consiste à rechercher dans les « congénères » les mêmes modes de penser et de sentir que l'on a soi-même sans en être nécessairement conscient... la bande a la similitude en commun... Le plaisir d'être en bande provient de ce qu'est supprimée ou suspendue l'exigence de s'adapter, au prix d'une tension psychique pénible, à un univers adulte ou social et à ses règles de pensée et de conduite.* »

Ce qui interpelle ici l'enseignant, c'est le fait que le processus de formation (socialisation et apprentissage) lui échappe. L'école n'est plus en mesure de remplir son rôle.

La classe pour les enseignants

Tenant compte du contexte institutionnel dans lequel il évolue, chaque enseignant tente de façonner le groupe d'élèves qu'il a reçu en charge afin qu'il serve ses intentions pédagogiques.

Selon la démarche pédagogique poursuivie par l'enseignant, le groupe classe peut par exemple s'apparenter à la « foule conventionnelle » ainsi définie par Anzieu et Martin (1968) : « *Quand les individus se trouvent réunis en grand nombre au même endroit, sans avoir cherché explicitement à se réunir, on a affaire à des phénomènes de foule. Chacun vise en même temps une motivation individuelle. La situation de foule développe un état psychologique propre :*
a) passivité ;
b) absence ou faible niveau des contacts sociaux et des relations interhumaines ;
c) contagion des émotions et propagation rapide à l'ensemble d'une agitation née en un point » (p. 16-17).

Ces conditions peuvent se trouver réunies dans un enseignement magistral. Celui-ci accentue la dépendance des élèves vis-à-vis de la figure centrale représentée par le maître.

Mais l'enseignant peut aussi chercher à faire en sorte que la classe se rapproche du groupe primaire ou groupe restreint. Celui-ci présente, selon Anzieu et Martin (1968), les caractéristiques suivantes :

« *– nombre restreint de membres, tel que chacun puisse avoir une perception individualisée de chacun des autres...*
– poursuite en commun et de façon active des mêmes buts, dotés d'une certaine permanence, assumés comme buts...
– relations affectives...
– forte interdépendance des membres et sentiments de solidarité...
– constitution de normes, de croyances, de signaux, et de rites propres au groupe » (p. 23-24).

Compte tenu du nombre d'élèves généralement réunis dans une classe, ce type de groupe peut être créé dans des classes à effectif « réduit » ou quand l'enseignant divise sa classe pour y faire du travail de groupe.

Le groupe-classe

Aucun des points de vue évoqués n'est en mesure de rendre compte de l'ensemble de la réalité. Chacun des acteurs est dans un rapport de dépendance et de pouvoir vis-à-vis des autres. Chacun essaie à sa manière, avec sa logique et ses attentes, de faire prévaloir ses représentations, et quelle que soit l'issue d'une éventuelle confrontation, il a tendance à ne percevoir la classe qu'à partir de son point de vue.

On est ainsi amené à poser que le groupe-classe résulte de l'ensemble des interactions que des élèves et des enseignants d'une classe apportent en réponse aux contraintes institutionnelles, et aux attentes réciproques dont ils sont les objets. Ces réponses, apportées par les uns et les autres, suscitent à leur tour d'autres questions et d'autres réponses, si bien que le groupe classe ne peut pas être considéré comme une entité stable. Il est au contraire constamment travaillé par une dynamique interne et externe. On peut également à ce sujet évoquer l'idée de scénarios répétitifs.

Chaque groupe d'acteurs réagit, investit et se représente la situation scolaire, selon des objectifs et des stratégies qui lui sont propres. De même à l'intérieur des groupes se nouent et se dénouent des rapports d'influence selon des jeux relationnels.

Les déterminants du groupe-classe

La notion de déterminant renvoie à l'idée qu'il existe des éléments repérables agissant sur le comportement stratégiques des acteurs. Celui qui garde en tête les déterminants de son interlocuteur est mieux à même de le comprendre et de gérer la situation dans sa globalité.

Les déterminants institutionnels

Ces déterminants correspondent à l'ensemble des contraintes qui donnent naissance à la classe avant même que celle-ci ne soit le lieu de rencontre entre des élèves et des enseignants. Ceux-ci devront donc s'accommoder de ce « déjà là ».

Caractéristiques de la population
Une classe réunit des jeunes et des adultes qui ne se connaissent pas. Des facteurs comme le nombre d'élèves (et de maîtres), l'âge, le niveau intellectuel

et scolaire, la maîtrise de la langue, l'origine sociale, le milieu culturel, la situation de famille, sont autant de facteurs qui interviennent dans la possibilité pour les individus de se constituer en groupe et de communiquer entre eux.

Entrée et sortie du groupe

Les modalités définissant les conditions d'admission et de sortie de l'élève dans une classe obéissent à des critères qui peuvent favoriser l'homogénéité ou l'hétérogénéité de celle-ci. Si l'élève possède une certaine maîtrise quant au choix du type de classe à laquelle il peut prétendre, il est rare qu'il puisse choisir les camarades avec lesquels il y sera admis. En inscrivant leur enfant dans une école privée, bien des parents essaient de contrôler le milieu dans lequel celui-ci va évoluer.

Durée d'existence du groupe

La durée d'existence du groupe-classe n'excède généralement pas l'année scolaire. Cette durée n'est pas déterminée par des considérations personnelles. Selon les politiques d'établissement, les groupes d'élèves sont maintenus ensemble ou au contraire disloqués.

Rythme des activités

L'activité du groupe s'effectue selon un horaire hebdomadaire, la durée des périodes de travail est fixe, elles sont ponctuées de signaux sonores qui en indiquent le début et la fin. Chaque classe a son emploi du temps. Ces périodes d'activité sont entrecoupées de périodes de repos durant lesquelles la classe en tant que telle n'existe plus. Toute modification de l'emploi du temps par les élèves et les maîtres se heurte à des difficultés administratives.

Lieux de travail

Selon le niveau et la nature des activités scolaires, le travail de la classe se passe dans des locaux dont l'aménagement a été prévu selon des logiques d'utilisation qu'il est souvent difficile de modifier. Cela est d'autant plus vrai quand le même local est attribué à plusieurs classes qui s'y succèdent. La classe ne fait alors que passer dans des lieux qu'elle n'est pas en mesure d'investir.

Comportement requis

Le comportement que les élèves se doivent d'avoir en classe est prescrit de façon explicite dans des règlements et de façon plus ou moins implicite dans les directives données par les enseignants.

Objectifs

Les objectifs du groupe sont fixés par un ensemble de directives qui définissent les programmes, les rythmes d'acquisition, les seuils d'exigences, les systèmes et la périodicité de l'évaluation du travail et du comportement.

Ce rappel un peu fastidieux de la réalité institutionnelle scolaire montre à quel point l'existence du groupe-classe est prédéterminée par un ensemble de contraintes dont la définition échappe aux acteurs. Les enseignants et les élèves n'ont que des possibilités extrêmement restreintes de se l'approprier. Tout se passe comme si l'institution scolaire s'adressait à un agrégat d'individus sans désir. Le collectif n'existe pour l'institution que lorsqu'il s'affirme comme groupe détenteur d'une autonomie allant à l'encontre de ce qu'elle prescrit et qui devrait aller de soi.

Les déterminants pédagogiques

Selon qu'il choisit de privilégier le processus « enseigner », le processus « former » ou le processus « apprendre », l'enseignant cherche à induire chez ses élèves des comportements collectifs différents.

Dans les processus « enseigner » et « apprendre » le groupe-classe joue la partie du « mort », c'est dans le processus « former » qu'il est considéré comme « sujet » de la situation scolaire.

Mais quoi qu'il advienne, le groupe ne peut jamais être agressé ou ignoré sans qu'il ne se manifeste en « faisant le fou ». Dans les efforts qu'il déploie pour constituer le groupe comme sujet, l'enseignant n'est pas à l'abri de certaines dérives.

La classe dans le processus « former »

Dans son livre, « Itinéraires des pédagogies de groupe », Meirieu (1987) décrit fort bien les différents usages du groupe en pédagogie. Il met également en évidence les conditions qu'il lui semble nécessaire de réunir afin que le groupe puisse servir des fins pédagogiques profitables aux élèves :

• La démultiplication par le fractionnement

Le maître peut réunir ses élèves en sous-groupes chaque fois qu'il est dans l'incapacité d'assurer auprès de chacun d'eux un apprentissage qui aurait tout à gagner à se faire de façon individuelle. Les sous-groupes démultiplient l'action de l'enseignant. Dans certains cas, un ou deux élèves prennent au sein du sous-groupe le relais de l'enseignant.

• La communauté éducative

L'enseignant désireux de privilégier au sein de sa classe les fonctions de socialisation transforme celle-ci en une micro-société composée « d'élèves-citoyens ». Toutes proportions gardées, la classe fonctionne comme une mini-république avec par exemple un parlement souvent appelé le conseil de classe, dont la fonction est d'assumer la gestion et l'ordre dans la classe.

L'hypothèse sous-jacente de cette approche est que les apprentissages sociaux doivent se faire en vivant les situations. Le groupe classe est formateur parce que l'autorité y est exercée par les élèves.

• L'atelier

L'enseignant utilise le groupe-classe à des fins d'apprentissage de connaissances. Il utilise le « travail par groupe ». Chaque groupe d'élèves se voit confier la réalisation d'une tâche. Le travail par équipe nécessite une division des responsabilités. L'image qui traduit ce type de travail est celle de l'orchestre dans lequel chaque musicien participe à l'interprétation d'une œuvre collective.

Meirieu (1987) fait ressortir les limites et les dérives de l'utilisation des groupes.

Si la socialisation est une fonction importante de l'école, ce n'est pas la seule. Il arrive que la classe se transforme en une sorte de club de loisirs convivial dans lequel est abandonnée toute préoccupation d'acquisitions scolaires. Les activités sont évaluées en fonction du plaisir qu'elles procurent, les relations que l'enseignant établit s'apparentent à celles d'une sorte de chef-éclaireur, d'un moniteur de colonie de vacances, voire d'un éducateur ou d'un grand frère.

Dans les groupes de travail où prime la recherche d'une performance, chaque élève sera, dans la répartition du travail, amené à faire ce qu'il fait le mieux. Dans ces conditions, l'élève ne sera pas en mesure d'effectuer de nouveaux apprentissages. Il s'exercera à faire mieux ce qu'il sait déjà faire.

Dans certains cas, le groupe-classe sert d'objet et de support à d'obscurs désirs menant à la constitution d'un couple maître-élèves malsain. L'enseignant investit par exemple sa classe comme objet d'amour pour compenser certaines frustrations. Celle-ci lui tient lieu de famille… Dans d'autres situations, le groupe-classe permet à l'enseignant de satisfaire des pulsions sadiques ou masochistes. Il lui arrive aussi de se transformer en propagandiste s'adressant à ses élèves devenus militants ou zélateurs pour les besoins de la cause. Il se livre alors à un endoctrinement religieux ou politique intempestif. Certains enseignants vivent leur fonction comme s'ils étaient chargés de « soigner » ou de « sauver » leurs élèves. Thérapeutes ou bons samaritains, ils n'ont alors de cesse qu'ils aient face à eux des « malades » à soigner ou des malheureux à secourir.

La classe dans le processus « enseigner »

• La célébration

Préoccupé de bien présenter son savoir, le maître transforme sa classe en auditoire. Les élèves participent à une célébration du savoir. L'enseignant donne à chaque élève l'impression qu'il s'adresse à lui en particulier, tout en s'adressant à la collectivité. Par tout un jeu de séduction rhétorique, il capte ainsi l'attention de son auditoire qui communie par le biais de ses discours à des émotions et des connaissances.

• Le spectacle

Sur un registre proche du précédent, il arrive que l'accent se déplace du savoir vers l'orateur. L'enseignant, dans ce cas, invite ses élèves à assister à une sorte de « one man show culturel ». À travers sa parole, il s'offre à l'admiration de « son » public. La classe se voit sollicitée de se transformer en « club de fans », fière de soutenir « son » enseignant-vedette.

Tous ces rapports relèvent des registres de la fascination, de la séduction, du charisme... Ils tendent à « objectiver » l'élève en lui donnant un statut de témoin passif, invité à s'identifier et finalement à ne pouvoir exister que dans un système de type fusionnel.

Le groupe-classe dans le processus « apprendre »

Situation inverse de la précédente, l'enseignant s'est ici retiré, non sans appeler de ses vœux la constitution d'un collectif chargé de prendre en charge ce qu'il laisse vacant. Cet abandon peut être réel ou relatif et masqué.

Quand il est masqué, l'enseignant feint de ne pas exercer de pouvoir, il se manifeste simplement en rappelant périodiquement les contraintes auxquelles le groupe doit faire face, ou en pratiquant certaines analyses destinées à empêcher le groupe de plonger dans l'irréalité. Les élèves se retrouvent ainsi dans une situation paradoxale. Ils savent en effet que l'effacement du maître ne les autorise pas à quitter l'école. Le maître demeure nécessairement présent pour les contraindre à demeurer libre de se passer de lui.

Quand le groupe est réellement abandonné à lui-même, on voit apparaître des phénomènes de prise de pouvoir, des situations de marasme... qui rappellent ceux et celles qui se passent fréquemment dans des dynamiques de groupe.

Les déterminants psychologiques

S'il est vrai que l'identité se forme sous et par le regard d'autrui, le groupe est un lieu dangereux, car il est rare qu'il renvoie une image cohérente à celui qui s'y cherche. Ceci est aussi vrai pour l'enseignant que pour l'élève. La dynamique des relations de l'individu au groupe se construit sur le besoin de reconnaissance, la recherche de l'identique, et la revendication de sa différence. Le métier d'enseignant est éprouvant dans la mesure où celui-ci est justement confronté aux regards critiques ou admiratifs d'enfants et d'adolescents en quête d'identité, prompts à s'enticher mais aussi à rejeter l'adulte.

Pour l'enfant et l'adolescent, le groupe n'est un instrument de socialisation que s'il les rassure sur leur valeur et s'il les aide à s'adapter, comprendre et accepter des personnes qui pensent et s'expriment différemment d'eux.

Fonctionnant sur un schéma de type familial, le jeune enfant quête assentiment et reconnaissance auprès de l'adulte. Ses camarades ne représentent souvent que des rivaux. Il n'est donc pas étonnant que la classe primaire se structure autour de la personnalité de l'instituteur, qui en est le leader, qui en assure la cohésion, et qui fait office de juge. En dehors de la présence de l'adulte, le groupe existe dans les jeux. La rencontre y est éphémère, instable et souvent violente chez les garçons. Il y règne une hiérarchie fondée sur la force et l'intolérance. Cette dernière se manifeste en particulier face au « nouveau » qui aura souvent beaucoup de peine à se faire une place.

C'est toutefois grâce aux jeux de règle que l'enfant apprend la réciprocité, le respect de l'autre et le fair-play.

Chez l'adolescent, le plaisir d'être en groupe (« avec les copains ») obéit en grande partie au besoin de se retrouver entre pairs à l'écart du monde des adultes. Il procède davantage d'une recherche de similitude, d'un rejet des différences que d'un besoin de s'ouvrir à l'altérité. Le groupe spontané exclut le monde adulte, voire s'y oppose. S'il rassure l'adolescent, il tend aussi à l'enfermer dans un univers dont les repères lui sont stables et connus. Le groupe permet l'expression de l'agressivité souvent incomprise et mal acceptée par les adultes. Il canalise la culpabilité et compense le sentiment d'infériorité. Le groupe spontané permet enfin à l'adolescent de se sentir différent tout en demeurant semblable, en ce sens le groupe constitue une sorte de banc d'essai dans lequel il va tout autant se tester que tester ses camarades.

Pour conclure, on peut se demander si l'école permet aux acteurs qui se trouvent réunis dans des classes de se constituer véritablement en groupes. En quoi l'enfant est-il en mesure de contribuer à l'édification du groupe-classe pensée par l'adulte, si ce n'est par son acceptation de grandir comme la société l'entend ? S'il reçoit beaucoup de l'école, l'enfant est-il en mesure de ressentir le bénéfice de cet apport qui s'adresse le plus souvent au futur travailleur et consommateur qu'il va devenir ? La difficulté, voire l'impossibilité de trouver des réponses satisfaisantes à ces questions explique peut-être que la classe soit si souvent un lieu difficile à gérer à la satisfaction de tous.

RÉFÉRENCES BIBLIOGRAPHIQUES

ANZIEU D., MARTIN JY., *La dynamique des groupes restreints,* Paris, Presses Universitaires de France, 1968.

FERRY G., *La pratique de travail en groupe,* Paris, Dunod, 1970.

MEIRIEU Ph., *Itinéraire des pédagogies de groupe – Apprendre en groupe ?* 1. Lyon, Chronique Sociale, 1987.

WATZLAWICK P., HELMICK-BEAVIN J., JACKSON D., *Une logique de la communication,* Paris, Editions du Seuil, 1972.

Les enjeux de la relation

Jeanne Moll
Sciences de l'éducation
IUFM, Strasbourg

La scène pédagogique, où un adulte se retrouve avec un groupe d'enfants ou d'adolescents qu'il est chargé de faire apprendre et de faire accéder progressivement à une culture, est le lieu d'un extraordinaire face à face dont la dimension dramatique a été longtemps ignorée par les spécialistes de la pédagogie.

Certes, les romanciers et les poètes, qui savent autrement que les représentants de la science ce qui agite l'âme humaine, ont souvent évoqué, depuis bientôt deux siècles, les émois et les souffrances des écoliers qu'ils ont été, leurs ruses et leur dépit, leurs emballements aussi, auprès de figures de maîtres que la littérature a immortalisés (C. Pujade-Renaud, *L'école dans la littérature*, Paris, ESF, 1986).

Depuis que la psychosociologie s'est attachée à étudier les modèles relationnels issus de l'organisation sociale et scolaire et leur influence sur la réussite ou l'échec des élèves, depuis surtout que la psychanalyse a dévoilé la dynamique des phénomènes inconscients qui affectent toute communication interpersonnelle, la relation enseignant-enseigné(s) est perçue comme une déterminante essentielle de la situation éducative.

S'interroger sur les enjeux de la relation revient à aborder de nombreuses questions et, d'abord, celle de l'emploi du singulier : ne convient-il pas de parler plutôt de relations, au pluriel, puisque les liens qui unissent un adulte à un enfant, un adulte à un adolescent, sont immanquablement marqués de l'unicité qui caractérise toute rencontre entre des humains et, en même temps, déterminés par l'âge, le sexe et l'histoire psycho-affective de chacun des partenaires ?

D'autre part, si nous posons comme des faits à la fois la singularité et la complexité de toute rencontre entre des sujets, nous savons aussi combien les structures de l'institution scolaire, les contraintes qui régissent son fonctionnement, les rapports professionnels qui y ont cours influent sur la nature des relations enseignant-enseignés.

Enfin, les relations ne se tissent pas seulement entre deux générations en présence, elles s'établissent conjointement entre pairs à l'intérieur de l'établissement et au sein de la classe.

Que se passe-t-il de l'un à l'autre, de l'adulte à l'enfant, de l'adulte au groupe et vice versa, qui puisse constituer un levier ou au contraire un obstacle à l'acte d'enseigner et d'apprendre ? Autrement dit, comment la dimension relationnelle affecte-t-elle le rapport professionnel dans lequel se trouvent, à première vue, enseignant et enseignés ?

Là où il est question de statuts, de rôles et de sujets

Un jeu d'interférences

L'adulte, homme ou femme, attaché à une institution scolaire, se définit d'abord par le statut, c'est-à-dire par la place qu'il occupe dans l'organisation sociale, à un moment donné, en vertu de son grade. Cette place lui vaut d'assumer une fonction, autrement dit, un ensemble de tâches dont il peut avoir à rendre compte à ses supérieurs hiérarchiques. Le professeur – des écoles, des collèges, des lycées ou des universités – ne peut dénier le statut que lui confère, qu'il le veuille ou non, une position d'autorité face aux élèves et aux étudiants. En tant que représentant de l'institution et professionnel d'un savoir, il détient, aussi jeune soit-il, un pouvoir social vis-à-vis des jeunes qu'il a pour mission de faire apprendre et de conduire vers l'ordre symbolique de la culture. Comment va-t-il user de ce pouvoir qui lui est conféré d'emblée, dès lors qu'il est appelé à enseigner ?

Les élèves, quant à eux, sont également dotés d'un statut et ils ont une fonction à remplir – celle d'apprendre – à l'intérieur de l'établissement où les ont placés les parents qui s'en remettent aux enseignants du soin de les instruire. Ainsi, les uns et les autres sont mis en condition de jouer leur rôle respectif dans le théâtre de l'école.

Les acteurs, cependant, ne se conforment pas toujours aux attentes sociales, ils prennent des libertés. C'est que, derrière les personnages qu'on voudrait qu'ils affichent, l'enseignant et l'enseigné sont aussi des personnes, inscrites dans une histoire aux prises avec celle de leurs proches et tributaire d'une culture, voire de plusieurs cultures dont les repères symboliques ne sont pas les mêmes. Qui plus est, entre ces êtres de chair et de sang que travaille un inconscient partout à l'œuvre, circulent souterrainement affects et projections imaginaires, fantasmes et phénomènes identificatoires ou transférentiels qui parasitent tout à la fois les actes d'enseigner et d'apprendre (Cifali, Moll, 1985).

Il n'est que d'évoquer son propre passé scolaire pour faire resurgir la gamme des sentiments qui sous-tendaient le rapport à l'autorité institutionnelle, le rapport au savoir et au maître chargé de le transmettre. A. Moyne le rappelle pertinemment : « *De l'angoisse à la joie, la nôtre et celle de l'élève, l'école est toute semée de phénomènes affectifs. À l'opposé du rationalisme pédagogique classique (" le maître doit être sans cœur", disait Alain), c'est peut-être la grande découverte de la pédagogie des trente dernières années.* » (*Cahiers pédagogiques,* n°156, 1977, p. 29).

Ainsi, même si les acteurs enseignants prétendent s'en tenir rigoureusement au rôle qui leur est prescrit, ils ne peuvent dissimuler aux yeux de leurs jeunes partenaires qu'autre chose se passe sur une autre scène ; les conséquences peuvent en être dramatiques lorsque, prétextant qu'ils travaillent dans l'objectivité, ils refusent de prendre en considération le fait inéluctable que l'élève est d'abord un sujet humain et que la relation éducative est fondamentalement conflictuelle.

Le jeu du désir et du pouvoir

Dans son ouvrage *Maître-élève. Rôles institutionnels et représentations,* (1980), Michel Gilly a bien mis en évidence les divergences, sources de malentendus et d'insatisfactions, entre les manières dont chacun des partenaires de l'acte éducatif appréhende l'autre : tandis que les enseignants privilégient chez les élèves les valeurs cognitives et les attitudes « morales » face au travail scolaire, les « apprenants » de tous âges accordent beaucoup plus d'importance aux qualités humaines et relationnelles des maîtres, perçues, il est vrai, en intrication étroite avec les qualités didactiques. Tout se passe, selon Gilly, comme si les adultes se retranchaient derrière leur rôle de « personnage professionnel » et refusaient de prendre en compte les demandes profondes des enfants et des adolescents.

Ces demandes sont rarement formulées de façon explicite, elles sont cependant toujours là, à l'état latent. Elles sont l'expression du désir de reconnaissance par l'autre, du désir de communication interpsychique qui, autant que la parole engagée dans l'échange avec l'autre, spécifie tout sujet humain. Si la classe est bien une scène où l'on joue à cache-cache au jeu de la vérité, et où la parole peut se prendre et se donner, il n'est pas toujours permis aux enfants et aux adolescents de greffer leur désir sur celui de l'enseignant pour s'inscrire dans une authentique démarche d'apprentissage. La parole constitue à vrai dire un enjeu de pouvoir où le désir de l'un peut l'emporter sur celui de l'autre.

Soit le maître, en se référant jalousement à l'autorité ou en les enfermant dans un amour captatif, instaure des relations où les élèves sont maintenus dans un état de dépendance ; soit, abdiquant de son pouvoir, il s'en remet totalement aux jeunes du soin de s'approprier leur savoir et de conquérir leur autonomie ; soit, encore, il tente de mettre en place des médiations entre lui et le groupe pour amener ses membres à conquérir une difficile indépendance et à trouver un sens à leurs activités. Les relations qui unissent les partenaires de la situation éducative se déclinent sur de nombreux modes. Si elles sont fonction des déterminismes psychosociaux liés à l'institution et aux valeurs qu'elle véhicule, elles dépendent essentiellement des options pédagogiques de l'enseignant et, surtout, de ce qu'on peut appeler sa personnalité profonde, de ce qui sous-tend son rapport au savoir et son rapport à autrui.

Rapport au savoir sacralisé et rapport à autrui hiérarchisé

Longtemps, on a cru qu'enseigner consistait simplement à transmettre un savoir par le moyen de la parole. Dépositaire du savoir, le maître avait à le déverser en des élèves-réceptacles ; certains s'avéraient capables de transformer et de restituer au besoin la nourriture absorbée, mais d'autres refusaient le contenu, ou bien se vidaient au fur et à mesure de son instillation. Certes, les apprentissages premiers de la lecture et de l'écriture requéraient un accompagnement du geste de l'enfant de la part de l'instituteur, mais l'instrument privilégié de l'enseignement était sa parole sacro-sainte. En maître qui s'identifiait au savoir, il régnait sur les écoliers, distribuait à son gré paroles d'encouragement et paroles de blâmes quand il ne châtiait pas les récalcitrants qui ne se pliaient pas à l'ordre du savoir souverain et de la discipline imposée.

Dans ce type de rapport vertical, fortement hiérarchisé et fondé sur le pouvoir que confère un savoir sacralisé, les élèves sont considérés comme des « ignorants » ; voués au silence et à la répétition, ils encourent le mépris du maître lorsqu'ils ne consentent pas à devenir ses copies conformes. Dans une situation pédagogique où l'un est tout et l'autre rien, il peut paraître dérisoire d'utiliser le terme de « relation »; il serait en effet plus approprié de parler d'un rapport de force. D'ailleurs, on est tenté de croire que ce mode d'être et de faire relève du passé.

Or, cette double relation de subordination – du maître au savoir qui fait autorité et de l'élève au maître – est encore bien présente de nos jours : c'est que le désir de pouvoir sur l'autre, qui découle du désir de reconnaissance absolue, est inhérent à l'humain, et singulièrement lorsque l'autre de la relation est perçu comme inférieur ou plus faible; c'est le cas de l'enfant en face de qui l'adulte retrouve inconsciemment les fantômes de son passé et ses fantasmes infantiles de toute-puissance.

L'enseignant qui n'a pu se libérer d'une tutelle qu'il rejette inconsciemment, reproduit à son insu, avec ses élèves, la relation de dépendance qui est son propre mode d'existence. La « référence obsessionnelle au programme » sert à dissimuler l'angoisse de l'adulte qui ne tolère aucune marge de liberté, aucun écart chez les jeunes qu'il « tient » sévèrement. Contraints de « suivre » ou de « lâcher les pédales », pareils à des machines destinées à « produire », ils sont classés en « bons éléments », en « moyens », « médiocres » ou « nuls » selon leurs performances.

Le rapport dépersonnalisé qui s'institue entre celui qu'on peut désigner comme un technicien du savoir et ceux qu'il réduit à n'être que des « objets d'enseignement » renvoie à l'image d'une société déshumanisée où production et consommation sont les maîtres mots, à l'image totalement asymétrique d'un pouvoir autoritariste qui n'accepte pas de se partager, de peur d'être ébranlé dans ses fondements par ceux qu'il assujettit, mais aussi à la représentation d'un savoir non problématisé qui se donne, telle une nourriture, à qui est capable de le prendre.

Lorsque l'enseignant s'interdit de penser la relation pédagogique autrement que comme un lien de supérieur à subordonné, lorsqu'il ne questionne pas la maîtrise qu'il s'attribue et son mode de rapport à autrui, il enferme les enfants et les adolescents dans un rôle d'exécutants qu'ils ne sont pas tous prêts à jouer. Certains d'ailleurs refusent d'être traités à l'école comme des objets ou des numéros et ils le font savoir, dénonçant ainsi le non-sens d'une conception simpliste de l'enseignement et la perversion d'un système éducatif où des adultes, même s'ils sont rares, continuent d'entretenir impunément des rapports de type colonial avec leurs élèves.

Qu'en est-il du désir d'apprendre dans la relation de domination ?

« Nul ne peut être éducateur s'il ne peut sentir de l'intérieur la vie psychique infantile », écrivait Freud en 1913 (*Résultats, idées, problèmes,* Paris, PUF, 1984, p. 136). Comprendre les enfants, c'est être au su de la complexité du psychisme dès les premières années de la vie, c'est savoir intimement que l'être humain ne peut se constituer comme sujet, ne peut s'approprier son désir d'apprendre, que s'il est reconnu par un autre, appelé par lui et soutenu inlassablement dans son désir d'exister.

Or, à côté du milieu familial dont l'importance est fondamentale, l'école est le lieu où enfants et adolescents ont besoin d'être accompagnés dans la construction de leur moi et leur quête de sens. Lorsque la relation pédagogique se réduit à un rapport de force et de domination sur des élèves gouvernés par la peur et classés selon leurs productions scolaires, les réactions des jeunes peuvent être très diverses, en particulier selon qu'ils bénéficient ou non d'un étayage narcissique suffisant de la part de leurs parents.

Identification et soumission

Ceux qui se sentent intérieurement assurés et dont les bons résultats confortent l'image positive qu'ils ont d'eux-mêmes ne craignent guère la rigueur ni les foudres du maître ; ils laissent passer l'orage et n'en continuent pas moins d'apprendre. Mais d'autres enfants que l'angoisse pousse à travailler et qui se trouvent encore, pour un jeu de raisons multiples, dans la dépendance du maître tout-puissant, en viennent à s'identifier inconsciemment à lui, à introjecter le pouvoir qu'il incarne et nourrir à leur tour du mépris pour le « gros de la classe » et surtout les « nuls » qui « ne suivent pas ».

Là réside un des dangers d'une relation fondée sur la domination et la prétendue maîtrise de l'adulte : non seulement elle produit une scandaleuse hiérarchisation des humains en « bons », « moyens » et « mauvais », mais elle tend à susciter, par le biais de l'identification et de la projection inconscientes, le besoin d'écraser à son tour – quand l'occasion s'en présentera plus tard – ceux qu'on sera amené à considérer comme inférieurs. Ainsi se met en place un processus insidieux de reproduction psychique. Il est d'autant plus fréquent qu'il puise son origine dans l'enfance et est réactivé lors de l'adolescence, au contact d'enseignants qui n'ont pas été amenés à réfléchir sur des pratiques dont ils ignorent qu'elles sont vouées à la répétition mortifère.

Quant aux élèves que l'enseignant étiquette verbalement tels des objets dénués de valeur (mathématique, linguistique ou autre) ou qui se sentent catalogués à travers le comportement non verbal du maître qui les agresse par son silence ou ses regards, il se peut qu'ils s'identifient aux déchets auxquels ils sont métaphoriquement comparés. Acquiesçant en leur for intérieur à la « nullité » qui leur est apposée à la façon d'une estampille de non-qualité, ils renoncent à apprendre. C'est surtout le cas d'enfants et d'adolescents non valorisés – ou se percevant comme tels – dans leur sphère familiale, ou issus d'un milieu socioculturel défavorisé et ressenti comme inférieur.

L'attitude méprisante d'un maître techniciste ou élitiste qui ne met pas en question son mode de relation aux élèves est une forme de violence qui fait injure au respect dû à chaque être humain ; de plus, elle favorise la reproduction de conduites d'échec chez des jeunes déjà fragilisés qui n'ont pu acquérir une certaine autonomie de leur moi et qui continuent de voir en les adultes, aussi persécuteurs soient-ils, des figures de référence. La haine cependant fait son œuvre chez les enfants et les adolescents mutilés de leur désir, et il est loisible d'imaginer comment l'angoisse de n'être « rien » nourrit l'agressivité contre soi ou contre les autres et bloque le fonctionnement de l'intelligence. L'échec scolaire ainsi attisé peut engendrer un sentiment d'échec personnel dont des êtres abandonnés psychiquement et socialement auront bien des difficultés à se relever.

Résistance et rébellion

D'autres élèves trouvent en eux la force de résister à l'emprise du maître : ils bravent en quelque sorte son pouvoir en cessant de travailler dans « sa matière », en refusant inconsciemment de pactiser avec cette figure d'autorité contraignante qui représente celle du père ou de la mère inattaquable. Ils « laissent tomber » pour ne pas se laisser piéger, ou bien ils trouvent refuge dans le monde imaginaire de leurs fantasmes. Mais ces escapades ne sont jamais sans risques.

Lorsque plusieurs enfants ou adolescents, unis par des liens identificatoires à cause de la répression qui s'exerce sur eux, se sentent assez forts pour affronter un enseignant qui use de violence à leur égard et dont ils devinent la fragilité intérieure, ils s'en prennent à lui, ou à elle, pour le ridiculiser, le déstabiliser, le déloger au moins momentanément de sa place de pouvoir : ils fomentent un chahut qui n'est rien d'autre que la mise en scène d'une cérémonie sacrificielle ; l'autorité symbolique est bafouée qui n'autorisait pas le surgissement du désir de l'autre.

Ainsi, selon l'histoire singulière où s'inscrit son devenir, chacun réagit de façon particulière à la domination-répression que l'adulte impose dans l'espace de la classe. S'il est urgent d'être conscient des effets le plus souvent néfastes qu'entraîne ce mode de relation meurtrier – puisque l'un vise et parfois réussit à détruire l'autre – , il convient de ne pas désigner de coupables mais de garder au contraire à l'esprit l'idée que la violence survit comme une tentation constante au cœur de l'humain. Pulsions de vie et pulsions de mort – de haine et de destruction – y cohabitent et il vaut mieux en être averti pour apprendre à reconnaître au fond de soi désir et goût du pouvoir et s'exercer à l'apprivoiser, à le dompter.

Quand le maître déserte la relation

À l'opposé d'une affirmation de maîtrise de la part de l'enseignant qui s'identifie au savoir et à l'autorité, une attitude d'effacement, de retrait symbolique de l'adulte de la situation pédagogique, a été prônée dans la mouvance du courant de libertarisme qui a suivi Mai 68. Elle avait déjà été expérimentée, au début des années vingt, par les « maîtres-camarades » de Hambourg qui réagissaient contre la sujétion dont les enfants étaient victimes à l'école en leur proposant un milieu de vie où devait « éclore » en toute liberté la personnalité enfantine devenue mesure de toute chose. L'expérience a échoué comme celle de la pédagogie non directive des années soixante-dix où il s'agissait moins de s'approprier des savoirs que de faire l'apprentissage de l'autonomie en rompant de façon radicale avec les pratiques anciennes : le maître n'était plus le pôle dominant, ne se donnait plus comme la référence obligée, désavouait le cours magistral pour renvoyer les jeunes à leur désir, à leurs propres ressources intellectuelles, à leurs capacités de négociation dans le groupe, lieu matriciel chaleureux où la seule empathie devait servir le développement des personnes et faire émerger le désir d'apprendre. Mais peut-on apprendre dans un lieu où l'on se sent comme abandonné en face d'un adulte inconsistant, absent de son désir qui ne peut alors rencontrer le vôtre ? L'enseignant-veilleur qui se contente de faire confiance et ne formule aucune exigence abdique en fait le pouvoir que lui confère son statut – comme s'il en avait honte – et renie le savoir qu'il est censé transmettre pour exalter une relation qui abolit la différence et se fonde sur une illusion (Postic, 1990, p. 204).

La relation éducative ne peut se soutenir d'une idée généreuse qui ignore la complexité du développement psychique, le jeu des projections et des identifications inconscientes, le nécessaire étayage du « moi », et qui sacrifie la finalité de l'enseignement, c'est-à-dire l'accès à la culture et à l'« humanitude », à la prétendue liberté des enfants et des adolescents. Ceux-ci ont besoin de se définir par rapport à des tâches précises et à des supports pédagogiques proposés par des enseignants-éveilleurs, qui construisent une relation sur une collaboration effective autour d'un objet de parole ou de travail, à travers un échange qui est reconnaissance de l'altérité, en vue d'un objectif commun.

Centrer la relation pédagogique exclusivement sur le maître ou exclusivement sur les enfants, c'est ignorer la dialectique du vivant, la dynamique de toute rencontre inscrite au cœur de l'humain et oublier que le désir d'apprendre doit se greffer sur celui d'autrui pour pouvoir se déployer.

Quand la relation se fonde prétendument sur l'amour

L'amour des enfants est souvent invoqué comme motif du choix d'enseigner et, de fait, il est difficile d'imaginer un adulte décidé d'exercer un métier où il sera presque continuellement au contact d'enfants et d'adolescents sans qu'il éprouve de la sympathie à leur égard. Cependant, les liens affectifs qui unissent enseignants et élèves sont très complexes, et la haine peut se trouver au rendez-vous de l'amour, à l'insu des partenaires. Car vouloir s'occuper d'enfants, c'est retrouver sa propre enfance, « et celui qui n'en a plus le souvenir n'en est pas moins habité car c'est là qu'il est né au désir, à la relation, à la perception de soi, à la frustration et à l'angoisse » (Hameline, *Du savoir et des hommes*, Paris, Gauthier-Villars, 1971, p. 28).

Or l'enfant qu'on a été n'est pas celui qu'on imagine, qu'on recrée et qu'on croit retrouver en face de soi, sur un visage... Il continue cependant de vivre secrètement en nous, avec son désir muet mais insistant de reconnaissance ; affirmer qu'on aime les enfants peut vouloir signifier qu'on désire d'abord être aimé d'eux. Cela peut être source de désarroi, voire de déstabilisation et de réactions d'agressivité chez l'adulte lorsqu'un enfant, un adolescent ou tout un groupe manifeste qu'il ne souhaite pas entrer dans ce jeu-là.

La séduction, jeu de miroirs

Ce jeu, c'est celui de la séduction, de la mise en scène du désir de plaire. Tout enseignant n'aborde-t-il pas la classe avec le désir d'être reconnu, comme professionnel et comme personne, et en même temps l'angoisse d'être rejeté ? Livré aux nombreux regards, familiers ou étrangers, qui le dévisagent, il a conscience de passer une épreuve et va développer, selon sa manière d'être, diverses stratégies pour conquérir ces élèves, pour les gagner au savoir qu'il propose. On l'a dit, tout enseignement commence dans la séduction, dans ce jeu de regards et d'échanges de paroles qui soutient le désir à l'œuvre chez petits et grands, hommes et femmes, filles et garçons, marqués par leur appartenance à un sexe et à une histoire qui interfère avec celle de leurs proches.

Si toute rencontre est celle de sujets humains qui croisent leur appel de reconnaissance et d'intercommunication, le risque existe de se complaire dans un mouvement de reflets narcissiques et d'oublier l'enjeu de l'école qui est un lieu pour apprendre – des savoirs, mais aussi la solidarité – et un relais pour accéder à une culture.

Lorsque l'adulte poursuit une visée de séduction auprès des enfants ou des adolescents, c'est-à-dire accède à toutes leurs demandes, et relègue le savoir à l'arrière-plan, il tombe dans le piège d'une relation affective complaisante, qui se suffit à elle-même, et il rompt le contrat qui le lie à l'institution. Les enfants, à la longue, ne s'y trompent pas, qui attendent d'être entraînés, guidés vers un but, et non pas « entretenus », « divertis ». Comme dans les situations de domination évoquées antérieurement, les élèves suffisamment soutenus par leur entourage familial souffrent à peine des manquements d'un enseignant si peu professionnel, mais tous ceux qui sont affectés par ce que J. Lévine appelle des phénomènes de « déliaison », dans le tissu familial mais aussi dans le tissu scolaire et social (Lévine, 1992, p. 12), sont davantage déstabilisés, voire plus angoissés par un enseignant qui démissionne de sa fonction.

Amour et fusion

Certains adultes éprouvent un tel besoin d'être aimés qu'ils instaurent inconsciemment une relation très forte mais aussi très exclusive avec leurs classes. Autant par le biais d'un rapport passionné au savoir qu'ils enseignent que par une attention particulière aux personnes des élèves, ou du moins de certains d'entre eux, ils cherchent à susciter une admiration sans réserve, à s'attacher les adolescents en manque de repères et de supports identificatoires et prêts à les suivre aveuglément. La relation jalouse et fusionnelle qui lie alors le petit groupe des élus à l'adulte qui les subjugue entraîne une dépendance affective dangereuse en ce qu'elle obstrue, voire barre le chemin vers l'émancipation nécessaire. « Les jeunes courtisés courtisent à leur tour et s'enferment dans une relation de type narcissique où l'on est avec un autre imaginaire » (Postic, 1990, p. 245). Ils ne voient pas que l'adulte les manipule, qu'il exerce sur eux une forme insidieuse de violence qui ne dit pas son nom. La relation prétendument fondée sur l'amour ressemble à une captation narcissique qui, tout autant que la relation fondée sur la domination et la peur, vise à obtenir la dévotion d'enfants-reflets du maître.

Il conviendrait donc que l'adulte qui souhaite travailler avec des jeunes soit assez assuré en lui-même, assez au clair de sa propre affectivité pour n'avoir pas à quémander leur amour.

L'au-delà de la relation

Ce qui importe en effet dans la situation pédagogique, ce n'est pas la relation en elle-même, mais son au-delà, ce qui, grâce à la dynamique qui la sous-tend, permet l'appropriation des savoirs en même temps que l'émergence progressive du sujet. Chacun sait qu'on ne va pas en classe pour être bien ensemble, mais pour apprendre ; et le désir d'apprendre qui a pu être enfoui pour de multiples raisons peut réapparaître lorsque l'enfant ou l'adolescent est intrigué par un adulte qui semble habité par une passion et qui sait l'entraîner, comme malgré lui, sur les chemins de la connaissance. Lorsque le savoir se présente comme une énigme à découvrir, comme un enjeu valorisant pour le jeune qui devine que la quête en vaut la peine, parce que les enseignants qui l'accompagnent sont eux-mêmes en recherche vive et mettent tout en œuvre – du côté des attitudes et du côté des méthodes – pour lui favoriser la tâche, alors il y a de grandes chances que le désir de l'élève rencontre celui de l'enseignant et que, de cette collusion, naisse une coalition secrète où l'un et l'autre, désormais rivaux tout autant que complices, poursuivent ensemble leur conquête. Certes, il se peut aussi que le désir trop fort de l'enseignant aliène celui de l'élève ou l'empêche d'advenir. Rien n'est jamais assuré dans l'entreprise d'éducation, et bien des jeunes qui ont eu la chance de rencontrer des enseignants vivants, animés par une passion et respectueux de la singularité des personnes, ne se sont pas mis à apprendre pour autant. Qui sait cependant ce qu'un échange vrai de regards, de paroles, soutenu par une reconnaissance inconditionnelle de la part de l'adulte qui a donné sa confiance une fois pour toutes et, quoi qu'il arrive, jamais ne la retire, a pu déclencher ultérieurement dans la vie d'un enfant, d'un adolescent qui en aura gardé le souvenir inaltérable ? La réussite scolaire n'est pas un gage de réussite personnelle. Cependant, nous devrions, nous, enseignants, être plus soucieux de reconnaître les enfants dans la multidimensionnalité de leur être en soutenant leurs besoins imprescriptibles pour la construction de leur identité et en les aidant à développer toutes leurs potentialités, dans une école qui ne se contenterait plus de promouvoir et de comptabiliser le seul langage cognitif (Lévine, 1992, p. 104).

Le maître et les relations interpersonnelles dans le groupe

Au-delà de la relation duale que le maître peut entretenir avec chacun ou quelques-uns des élèves, il existe tout un réseau souterrain de liaisons imaginaires au sein du groupe dont le maître participe sans y être tout à fait. Alliances, rivalités et tensions manifestes et inconscientes, à l'image de celles qui relient les membres d'une fratrie, traversent l'espace de la classe. S'y trouve mise en scène une forme de compétition pour obtenir l'amour du maître, pour se l'approprier et donc supplanter, voire supprimer les rivaux.

Transfert et désir d'apprendre

La classe est, en effet, le lieu par excellence où opère le transfert, cet ensemble d'émois amicaux, haineux ou ambivalents que l'enfant – l'adolescent – a éprouvés, et éprouve encore, envers ses parents et d'autres proches et qu'il reporte sur l'enseignant ou sur un « leader » au sein du groupe. Or, le transfert positif, c'est-à-dire l'affection, voire l'amour qu'un élève porte à un de ses maîtres – représentant d'une figure parentale suffisamment bonne et sécurisante – stimule généralement, déclenche même le désir d'apprendre, tandis que ce dernier peut être entravé par la rancœur et la haine, transférées sur un enseignant ressenti comme « mauvais ».

Il revient donc à l'enseignant de susciter le transfert par une attitude à la fois bienveillante et respectueuse à l'égard des élèves, afin qu'émerge le désir d'apprendre. Le risque est grand cependant que celui-ci s'enlise ensuite dans le seul souci de plaire à l'adulte et d'être gratifié par lui de ce que l'enfant considère comme un don d'amour. Reste à l'éducateur la tâche délicate, non pas de résoudre le transfert ni surtout d'en jouer, mais de le maîtriser, en faisant comprendre sans ambiguïté que le maître est là pour tous les élèves et en leur fournissant des occasions d'investir leur désir ailleurs, dans des activités où ils pourront progresser, c'est-à-dire apprendre à dépasser une relation de type fusionnel et narcissique (Cifali, Moll, 1985, p. 162). Au fond, il s'agit de les aider à passer du « apprendre pour faire plaisir » au « plaisir d'apprendre ».

L'enseignant qui a conscience d'avoir à assumer une tâche complexe d'étayage et de dégagement et qui travaille dans le sens d'"une émancipation des jeunes peut aussi avoir une influence bénéfique sur ceux qui cherchent à recréer l'unité matricielle perdue par des transferts « latéraux », c'est-à-dire des alliances affectives ou, au contraire, des aversions très fortes entre pairs. L'attitude de l'adulte qui ne craint pas les manifestations émotionnelles souvent ambivalentes de ses élèves et qui apparaît comme un relais vers le savoir, mais surtout les structures de médiation qu'il sait mettre en place dans le groupe permettent de déplacer les demandes affectives vers d'autres objets d'investissement. Lieu qui accentue l'angoisse et génère l'agressivité quand le maître démuni ne sait pas comment les transformer par le biais d'activités structurantes, le groupe peut s'avérer à la fois rassurant et mobilisateur du projet d'apprendre quand l'adulte qui instaure des relations de confiance et de respect réciproques réussit à l'organiser en milieu de vie et de travail (Cifali, Moll, 1985, p.185).

Le maniement du groupe

Après des psychanalystes comme Bettelheim et Redl qui ont montré que l'influence des enfants les uns sur les autres représente un des leviers thérapeutiques les plus efficaces, les praticiens de la pédagogie institutionnelle ont expérimenté, autour de F. Oury, combien la mise en place de systèmes de médiation dans l'espace de la classe permet tout un jeu d'identifications qui font progresser les enfants dans la structuration de leur moi.

Ces systèmes de médiation sont en fait des techniques empruntées à la pédagogie de C. Freinet ; mais la correspondance scolaire, le journal, la coopérative, le conseil où chacun doit à la fois tenir son rôle et l'articuler à celui des autres, obéissent à des règles – celles qu'exige tout travail effectué en commun – et introduisent à la compréhension de lois fondamentales dont le maître est le garant.

Le groupe, où chacun se sent considéré à travers les tâches qu'il a à accomplir et la responsabilité qui lui incombe devant les autres, est le support des apprentissages en même temps qu'un lieu de paroles et de médiations. Et puisque les conflits, les difficultés et les projets peuvent être exprimés en présence de tous, y compris le maître, suivant des règles déterminées par tous, les enfants trouvent dans la classe institutionnelle « multipolaire, avec des réseaux, des canaux, des liaisons qui assurent la multiplicité et la réciprocité des échanges » (Oury, Pochet, 1979 p. 386) un lieu vivant et organisé, capable de mouvement et d'évolution ; dans ce lieu où ils peuvent apprendre le langage et le travail, des enfants profondément perturbés ont pu se reconstruire, voire renaître, tel l'enfant Miloud qu'évoque C. Pochet dans un livre remarquable (C. Pochet, F. Oury, *L'année dernière, j'étais mort,* Paris, Matrice, 1986). « Sait-on jamais ce qui opère ? (...) Dans ce microcosme... ce qui opère, ce qui transforme, est de l'ordre de l'inconscient » (Oury, Pochet, 1979, p. 382). Il est vrai que les praticiens de la pédagogie institutionnelle ont intégré les apports de la psychanalyse au champ de l'éducation et ont poursuivi d'une certaine façon l'œuvre de Zulliger, le célèbre instituteur bernois qui a expérimenté, sa vie durant, une autre façon d'enseigner et de gérer la classe qui rompait radicalement avec les pratiques traditionnelles (J. Moll, *La pédagogie psychanalytique,* Paris, Dunod, 1989).

Dans le groupe-classe de la pédagogie institutionnelle, qui articule une parole et un « faire », le désir et la loi, l'important « c'est l'élaboration de la relation entre enfants et instituteurs, entre enfants eux-mêmes... dans le sens d'une élaboration des objets intermédiaires, que ce soit la peinture ou les math » (F. Oury, J. Pain, *Chronique de l'école-caserne,* Paris, 1972, p. 382).

Médiateur entre le moi et l'idéal du moi de l'enfant, entre l'individu et le social, médiateur aussi du savoir vers lequel il entraîne les enfants, l'éducateur qui veille à ne pas former un couple avec l'un ou l'autre d'entre eux utilise la dynamique du groupe pour les aider à accéder aux lois de la vie collective.

Changer sa pratique quotidienne ?

Des travaux récents qui associent enseignants-chercheurs et praticiens de l'éducation mettent en valeur les apports appréciables d'une pédagogie interactive pratiquée dans de petits groupes à l'intérieur des classes (CRESAS, *On n'apprend pas tout seul*, Paris, ESF, 1987). L'imitation, la coopération et la réciprocité des échanges entre enfants d'âge différent y ont cours, tandis que les adultes sont fortement impliqués, le plus souvent en équipe, dans l'organisation des tâches et le dialogue avec les petits.

Il semble bien qu'un des moyens de lutter contre l'échec scolaire, où l'on abandonne trop d'enfants et d'adolescents, réside dans la pratique d'une pédagogie qui fasse une grande place aux interactions et interrelations dans le groupe. Cette pédagogie, dite interactive, repose sur le postulat que, pour s'approprier un savoir, l'être humain doit être acteur de son apprentissage et que, dans cette démarche complexe qui requiert du temps, les interactions avec autrui jouent un rôle moteur. La confrontation organisée des points de vue stimule et soutient les curiosités dans « un milieu qui encourage et même contraint l'enfant à des dépassements continuels » (CRESAS, 1987, p. 60). Maints récits regroupés dans les *Actes du colloque sur la crise de l'école* (1992) témoignent en outre de cette « pédagogie de l'échange actif » mise en œuvre par des enseignants soucieux de fournir aux enfants différentes « plates-formes de réussite » qui évitent de se réfugier dans l'échec.

Portés au-delà d'eux-mêmes, dynamisés par le groupe qui a construit un projet collectif et par la considération inconditionnelle que le maître voue à chacun, des enfants auparavant étiquetés comme « nuls » sont à même de prendre le risque d'apprendre et de restaurer l'image négative qu'ils avaient d'eux-mêmes.

On le devine, la tâche ne s'improvise pas ; elle exige à la fois un travail sur soi, une analyse de sa propre implication, de son rapport à l'autorité, une meilleure connaissance des fantasmes qui nous habitent dans le rapport à autrui et une mise en forme, une organisation rigoureuse, si possible en équipe, du travail à proposer aux groupes d'élèves.

La réflexion sur les enjeux de la relation pédagogique, la question de savoir quelles sont les structures opérantes de la communication interpersonnelle en vue du développement des capacités d'apprentissage de chacun et de l'accès à la culture n'ont pu être abordées qu'en référence à une théorie – constructiviste et interactionniste – de la connaissance et à une théorie du sujet selon laquelle rien ne se passe sans désir et sans respect de l'autre. Il conviendrait d'ajouter que la psychanalyse, dont le rôle est « plutôt d'apporter des questions » (O. Mannoni, 1980, p. 61), nous invite justement à interroger notre mode relationnel à autrui et les visées que nous ne cessons d'avoir sur lui, au lieu de le laisser advenir.

Elle nous sollicite aussi de penser et d'assumer les contradictions inhérentes à la tâche d'éduquer, où il s'agit à la fois de croire en l'autre et d'être lucide sur soi, d'étayer le développement de l'enfant et de dégager son appui, d'aimer et d'imposer les frustrations nécessaires, de promouvoir des sujets capables de penser par eux-mêmes et d'inviter à vivre la solidarité.

Comment *être* pour établir une relation vivante, fondée sur la réciprocité et la reconnaissance de l'altérité fondamentale, une relation dialogale où *l'enseignant*, montreur de signes, en route vers un savoir en lequel il a investi son désir, rejoint l'éducateur, celui qui « conduit vers », qui fait croître dans l'ordre de l'humain ? La question est un défi, à relever quotidiennement.

RÉFÉRENCES BIBLIOGRAPHIQUES

CIFALI M. et MOLL J., *Pédagogie et psychanalyse*, Paris, Dunod, 1985.

CIFALI M., *Le lien éducatif : contre-jour psychanalytique*, Paris, PUF, 1994.

LÉVINE J. (dir.), Actes du colloque : *La crise de l'école. Du sens manifeste au sens latent*, Paris, 1992, (S'adresser à Mme Vintraud, 16 allée du Lac Supérieur, 78110 Le Vésinet).

OURY F. et POCHET C., *Qui c'est l'conseil ?* Paris, PUF, Maspéro, 1979.

POSTIC M., *La relation éducative*, Paris, PUF, 1990.

Les écarts dans les relations

Philippe Jubin
Sciences de l'Éducation
Paris VIII

Rencontre et relation

La rencontre d'un enseignant et d'un groupe d'élèves ne va pas de soi. Celui qui doit gérer cette situation le sait bien. En classe, une relation effective, humaine, existe, qu'on se situe sur l'axe « apprendre », « enseigner » ou « former » de notre triangle de base. Si, dans certaines situations, cette relation semble réduite au strict minimum, elle n'en est pas moins présente. Ce n'est pas seulement dans le processus « former » que des écarts peuvent se manifester. À tout moment, à tout niveau, l'équilibre peut être rompu, quand le contrat d'enseignement, d'apprentissage ou de formation ne peut plus être tenu.

Dans le mode « enseigner » du schéma, la relation aux élèves semble plus limitée mais elle est évidemment présente. Le mode « enseigner » fabrique un certain type relationnel, un écart possible pouvant être justement l'absence totale de relation (supposée), autrement dit la logique « enseigner » poussée à l'extrême. Être dans le mode « enseigner », c'est donc choisir un certain mode relationnel, ici une indifférence apparente à l'élève qui, d'après le schéma de base, peut tenir la place du mort à moins qu'il ne fasse le fou.

Mais cette mise à l'écart, choisie plus ou moins consciemment, reste une façon d'être à l'autre, une relation apparemment mineure qui peut cependant faire grande violence à l'élève.

Ce qui est réalisé dans une classe de terminale peut-il être organisé de la même façon dans un cours préparatoire ? La réponse est bien sûr négative. Se situer uniquement sur l'axe « enseigner » est en soi un écart relationnel grave dans un cours préparatoire. Le mode choisi peut donc être lui-même un écart par la façon dont il est mené en rapport avec le lieu où il se développe.

La formation actuelle des enseignants tend à répondre aux questions du comment enseigner, comment apprennent les élèves et que faire pour leur faciliter cet apprentissage ? Qu'en est-il des modes relationnels et de l'axe former ? Est-ce l'empirisme qui règne ou tout au moins la « formation sur le tas » ?

Il faut peu de temps à l'enseignant débutant pour s'apercevoir qu'au-delà des techniques, la réalité fait rapidement retour, y compris sous forme d'émotions et de sentiments qui alimentent la relation. La complexité de la situation pédagogique n'est pas réductible à de l'organisation programmée d'apprentissage. Il semble qu'une part échappe, liée aux personnes présentes.

« Je ne peux rien lui apprendre, il ne m'aime pas », disait Socrate en soulignant déjà qu'au-delà de la rencontre factuelle et fonctionnelle, un autre élément est présent, qu'il plaçait d'abord chez l'élève. L'élan de l'élève vers le savoir rebondit sur la personne du maître qui se trouve investie de l'espoir, garante de l'évolution et de l'accès à ce savoir.

Nous appellerons commodément transfert cet élan. Le mot « transfert » est à prendre dans le sens le plus commun de dynamique plus ou moins consciente vers (ou de rejet à l'encontre de), se traduisant par des attitudes visibles ou « ressenties ». Ce transfert va donc transformer la rencontre en relation et faciliter l'apprentissage ou le freiner, pouvant même devenir un obstacle infranchissable. La figure magistrale est cet écran sur lequel l'élève va projeter toutes ses attentes imaginaires, images du père admirable ou de la mère protectrice mais peut-être de l'autorité honnie ou de la mère dévoreuse. L'enseignant peut ainsi être enfermé par l'élève dans les rôles les plus divers.

La nécessaire relation, établie par la mise en place des statuts et des fonctions investis par des rôles, est paradoxale pour l'enseignant car à la fois force et fragilité.

Elle est une position de pouvoir institutionnel lié au statut d'enseignant et, par la captation du désir de l'élève, de pouvoir sur la personne de l'élève aliénée dans les images projetées.

Cette relation est cependant une situation dangereuse pour le professeur car sa propre affectivité peut être directement exposée. Qu'en est-il de son « contre-transfert » vis-à-vis de l'élève, comment s'en débrouille-t-il ? Que projette-t-il, lui, l'adulte qui a choisi de passer sa vie professionnelle avec des enfants de quatre ans ou des adolescents de collège ? Qu'en est-il de son désir d'enseigner ?

L'autre pôle de la relation est l'élève, singulier, avec son désir, ses réactions, ses émotions, son histoire personnelle, psychologique, sociale, l'élève, élément actif ou plus en retrait dans les écarts relationnels, sûrement pas ramassé dans le personnage qu'il laisse paraître et chez qui motivations affectives et intellectuelles se mêlent étroitement, principalement dans les petites classes.

J'ajouterai à ces deux protagonistes un troisième élément, le groupe des élèves, la classe en tant que telle et sa dynamique, à la fois cadre humain mais également partenaire, capable en soi de réactions autonomes, disfonctionnantes quant au relationnel. Notons également le cadre institutionnel et social dans lequel va se développer la situation et qui n'est pas sans influence sur celle-ci. Nous prendrons des exemples dans l'école.

La relation bien gérée facilite les échanges. Les écarts, et c'est une façon de cerner leurs effets, peuvent gêner, voire empêcher, l'accès de l'élève, d'un groupe d'élèves, à « ce pour quoi on est là ». Notons que ces écarts peuvent être bien vécus, trop bien vécus, dans une espèce de fascination réciproque – la situation amoureuse, la relation au groupe complet, fusionnelle, sans frustration, comme fantasme de plaisir idéal – ou provoquer au contraire de la souffrance.

Que la fonction d'enseignant serait simple à remplir si tout était mécanique ! L'élève neuronal, l'élève cerveau, « bionique », rencontrerait l'enseignant machine, l'« enseignator ». Ce qui peut fonctionner comme fantasme de tranquillité morbide pour le professeur ne correspond pas à la réalité de l'école obligatoire. Sur l'axe former, principalement, établir une relation affective positive, indispensable pour faciliter l'apprentissage, est un jeu périlleux qui pose immédiatement le problème de la réciprocité.

Attirances et rejets

Les enseignants interrogés sur leurs relations avec les élèves, s'accordent facilement sur le fait qu'ils peuvent se sentir attirés par certains, alors qu'ils en rejetteront d'autres, les élèves avec qui « il faut se forcer », la plupart les laissant tout à fait indifférents. Pour le professeur qui intervient sur plusieurs classes, il peut s'agir de groupes d'élèves ou de classes entières. Lorsque cette attirance ou ce rejet deviennent plus forts, l'enseignant peut parler d'élève préféré ou de classe inintéressante, voire d'élève « tête à claques ». L'écart est en marche.

« Mais je ne le montre pas », se défend-il immédiatement. Il n'y a pourtant pas accusation mais évoquer cette situation très banale culpabilise l'enseignant qui voit là une faille possible dans le sens profond qu'il donne à son métier.

Le code moral protège les partenaires : ne pas signifier à l'élève ses sentiments, son élection affective, positive ou négative, maintient l'équité dans la distribution de l'attention (de l'amour ?), condition première de l'acte pédagogique. L'enseignant est là pour toute la classe.

Cette précaution élémentaire n'empêche pas le sentiment d'exister. Quel est-il et qu'en fait le professeur ? Le slogan vite énoncé ne supprime pas l'interrogation sur ce que les élèves perçoivent au-delà des bonnes intentions de neutralité.

Je me propose d'évoquer dans cette contribution, les trois phénomènes extrêmes que sont le « chouchou », l'élève « tête à claques » et le phénomène du

« bouc-émissaire », écarts dans la relation qui révèlent cruellement des orientations sans doute présentes dans le quotidien banal de nombreuses classes.

Le chouchou

La notion de chouchou est ambiguë. Possible attirance du professeur pour un élève, elle est aussi une interrogation individuelle de beaucoup d'élèves : « Le prof m'a-t-il remarqué, suis-je le préféré »? Elle peut également devenir phénomène de groupe. Nous laisserons de côté l'interrogation individuelle, sans doute inscrite dans la condition de l'élève pris dans un groupe, moteur dynamisant qui fonctionne tant que la place du préféré reste vide et peut donc être investie par celui à qui ça dit, imaginairement. Avant de revenir sur le groupe, examinons la question du point de vue du professeur.

Le chouchou, c'est le préféré. Le professeur peut se défendre de ce genre de distinction, la situation n'est pas si extraordinaire que cela. Cette relation qui peut paraître sympathique n'est pas un écart en soi. Elle le devient quand les autres élèves s'en aperçoivent et s'en emparent ou, si elle reste secrète, quand le trouble et la culpabilité apparaissent, quand le sentiment devient trop violent. Seul le professeur connaît l'intensité de l'émotion ressentie et provoquée par tel élève en tant qu'enfant, adolescent ou adulte.

Une recherche antérieure (Jubin, 1991) a montré que les élèves reconnus chouchous n'étaient pas nécessairement porteurs des stéréotypes connus des bons élèves. Ces caractéristiques apparaissent insuffisantes comme explications pour l'attrait particulier ressenti par l'enseignant. Il y a plus de bons élèves que d'élèves préférés. L'exclusivité accompagne le chouchou. Le point essentiel semble être la rencontre d'un trait remarqué chez l'élève et d'une problématique personnelle de l'enseignant.

Tel petit garçon de maternelle renvoie l'institutrice à son propre enfant qui est maintenant marié, tel professeur de lycée technique pense ne pas laisser indifférente cette lycéenne, tel enseignant de collège se revoit dans cet élève de troisième.

Ces problématiques personnelles semblent infinies. Nous pouvons les regrouper néanmoins en deux grandes familles. La première renvoie à la question de l'enfance, l'enfant que le professeur a eu, qu'il aurait aimé avoir, qu'il a eu mais qui est parti, qui est mort, celui qu'il a été, qu'il aurait aimé être..., bref un enfant présent dans l'imaginaire de l'enseignant mais absent dans la réalité, et qui s'incarne d'une certaine façon dans celui qui est remarqué et qui se retrouve ainsi porteur des attributs d'un personnage qui lui est étranger.

La deuxième famille est plus directement érotisée, voire sexualisée. C'est une relation plus charnelle : l'élève qu'on aime bien caresser, embrasser en maternelle, celui qui attire physiquement, l'élève que l'on trouve beau, « à l'aise » en collège, celui, celle sur qui le regard se pose facilement, plus tard celui, celle avec qui, pourquoi pas, « une aventure aurait très bien pu avoir lieu », à moins qu'elle ne se produise dans la réalité.

Cette deuxième famille n'est pas sans lien avec la première.

Ces situations vécues sont donc très diverses. Les attirances du professeur vers l'élève s'enracinent dans une histoire personnelle en partie inconsciente et dont les éléments déterminants échappent totalement à la compréhension.

Et il faut faire avec cela, même s'il est tentant pour l'enseignant de nier toute cette dimension, tentant de se croire à l'abri. Lui qui peut se situer dans la séduction justifiée par un souci d'efficacité peut également ressentir tout le confort d'une telle situation. Le plaisir pris à faire cours peut dépendre de l'attrait éprouvé vers les personnes présentes. Ce qui est facilement reconnu par les enseignants reste souvent au niveau du jeu mais peut parfois envahir tout le champ.

C'est qu'il est tentant pour l'enseignant de ne travailler qu'avec, que pour certains élèves, les bons, ceux qui réussissent ou plutôt ceux qui lui renvoient une image gratifiante, ceux qui lui montrent qu'il est utile par rapport à l'axe du schéma qu'il a choisi. Mais l'enseignant peut également s'enfermer dans des relations à deux, d'amour ou de rejet.

L'autre n'est plus alors qu'un prétexte qui renvoie au professeur une image satisfaisante, un faire-valoir ne reflétant que la plénitude du professeur.

L'élève tête à claques

Pour une part, le phénomène que j'ai appelé « tête à claques » est le négatif du chouchou, l'autre face d'un même problème, l'autre face d'une même approche. A l'attirance émotionnelle ou physique peut correspondre chez le maître des rejets profonds.

Trois niveaux relationnels peuvent apparaître.

Le premier est celui de la *classe* : le professeur et le groupe. L'élève insupporté sera celui qui empêche le professeur de faire ce pour quoi il est là. Il agit au niveau de la classe. Il est celui qui, par des manifestations intempestives, « met le cours en l'air », empêche le travail, quel que soit l'axe du schéma sur lequel a choisi de se situer le professeur. C'est un élève qui est vécu comme saboteur. Il doit être maîtrisé voire éliminé, exclu ou renvoyé. L'envie de violence est rapidement présente chez l'enseignant qui peut vivre la situation en termes d'exclusivité : « C'est lui ou c'est moi » et de persécution : « Il me cherche, il veut me faire craquer ». L'enseignant se sent visé et atteint par ce qui se développe au niveau de la classe entière, atteint professionnellement et plus personnellement.

Le passage à l'acte violent peut apparaître quand les conditions institutionnelles s'y prêtent. Un professeur femme de classe de troisième, en collège, face à de grands gaillards pourra exprimer verbalement son ras le bol mais gardera son envie de violence physique en elle, se « minant de l'intérieur », cette envie de violence dirigée sur certains élèves précis pouvant sortir lors d'explosions brutales et incontrôlées à moins que le professeur ne « craque » et prenne quelque arrêt maladie.

Le deuxième niveau est celui de la *relation duelle*. Il révèle une relation difficile entre l'enseignant et l'élève sans que le groupe des autres élèves intervienne directement, sans que se pose, au professeur, la question de son rapport à la classe. Tout enseignant a une stratégie affective, relationnelle en classe. Elle est présente même quand il se situe du côté de la coupure la plus importante, celle du cours magistral, nous l'avons vu. L'élève insupporté est celui qui ne rentre pas dans cette stratégie. Pour l'enseignant qui instaure une coupure, il peut être l'élève qui cherche le contact et qui va venir systématiquement en fin de cours, en fin de journée, raconter « ses histoires, ses problèmes » à un enseignant qui n'en peut que mais. Par contre, pour le professeur qui aime le contact, il est l'élève avec qui ça ne marche pas, celui qui garde la distance, qui semble ignorer l'enseignant, qui le méprise même peut-être. Cet élève n'a pas intégré le code relationnel du lieu, du moment, il s'en écarte. Un tel élève perturbera d'autant plus l'enseignant si ce dernier fait de la relation le cœur de son approche pédagogique. Cet élève énerve, agace, et peut également toucher l'enseignant plus profondément quand ce qui n'aurait dû être que stratégie chez l'adulte, masque en fait un don de soi. L'écart de l'élève est alors douloureusement ressenti comme un rejet de la personne du professeur qui reste avec son impuissance : « Pourquoi ne m'aime-t-il pas ? » Question posée par l'élève non choisi comme chouchou, question que se pose l'enseignant rejeté quand l'amour et le don de soi sont les moteurs du pédagogique. L'écart dans la relation devient alors la revanche de l'élève pris comme objet de la bienveillance charitable de l'enseignant. « Votre fichue relation, votre fichu savoir, vous, rien à faire. » Quelle désillusion pour l'enseignant démiurge, quel anéantissement !

Le troisième élève « tête à claques » est celui qui est physiquement *gênant*. Autour d'une attitude insupportée (« un petit air supérieur »), d'un physique (« elle était molle, mais molle ! »), d'un caractère (« il était faux », « elle minaudait »...), petit à petit se construit le rejet que l'enseignant a parfois du mal à justifier, reconnaissant une part irraisonnée à son attitude, ce qui n'empêche pas, là aussi, le sentiment d'exister. Cet élève dont le physique renvoie à des traits de caractères insupportés ou à des peurs lointaines, révèle un problème spécifique de l'enseignant. Comme pour le chouchou mais en négatif, l'enseignant ne pourra que constater un trouble dont la genèse lui échappe mais dont les effets le travaillent. Pas d'envie directe de violence physique ici mais un sentiment de lassitude qui se heurte à la personnalité de l'élève. « On ne peut pas le changer, il est comme ça et c'est très agaçant. »

Ces situations engendrent de la souffrance chez l'enseignant qui ne peut que constater son incapacité à provoquer une évolution. L'angoisse peut s'exprimer, angoisse « sociale » née de l'impuissance à agir, nourrie par le fantasme de situations incontrôlées mais également angoisse plus profonde née d'une résurgence de questions enfouies depuis longtemps, question sur sa propre violence, sur les limites de celle-ci, question sur le désir de détruire, sur la mort. Jusqu'où peut-on aller dans une situation de conflit, quand l'enseignant craque par un passage à l'acte violent dirigé vers l'élève ou vers lui-même ? Peut-on continuellement réactualiser « le coup de force inaugural » de la scène pédagogique : je suis le professeur, vous êtes les élèves ? Que peut-on faire quand ce contrat premier ne peut être installé ?

Angoisse née de ce à quoi renvoient tous ces vécus de classe, angoisse provenant de la racine inconsciente de ces rejets et qui fait retour dans la réalité.

L'écart relationnel apparaît quand le corps et le cri, les cris, font loi au lieu de la parole, le corps de l'autre, mon propre corps, mes pulsions, quand la jouissance et la souffrance ne cessent de s'auto-alimenter, quand les images du passé submergent la réalité vécue. Les pulsions agressives qui s'ancrent au plus profond de l'individu ne sont plus dominées, domptées. L'écart relationnel, c'est le drame de l'enseignant qui ne sait plus quoi faire, c'est le drame de l'impuissance quand la domination est l'objet même du travail pédagogique ou tout au moins sa nécessaire condition et qu'elle ne peut se réaliser, c'est le drame de l'angoisse liée à cette impuissance, c'est le drame de celui qui se sent continuellement épié, persécuté.

Par le phénomène « tête à claques », l'enseignant se sent atteint dans sa toute puissance symbolique, dans son image professionnelle mais aussi narcissique. L'échange des images ne fonctionne plus, le miroir est brisé et renvoie des reflets de mort. C'est une relation dépourvue de toute médiation symbolique entre des individus qui collent aux leurres réciproques.

La relation duelle

Nous avons vu qu'au-delà de l'élève incontrôlable, incontrôlé, qui conduit la relation dans un conflit de violence verbale ou physique, l'enseignant peut également construire des rejets à partir d'éléments plus ténus, d'impressions et de sentiments qui lui sont personnels, propres à son histoire. Comme pour l'élève chouchou, un physique, des attitudes, tout ce qui traduit une personnalité d'élève rencontre un professeur dont la personne imprègne la fonction et donne sens à tous ces éléments.

Ainsi chargée, la relation interpersonnelle entraîne des identifications massives de l'enfant qui rencontre un terrain attentif, favorable en la personne de l'enseignant lui-même pris dans les rets de son imaginaire.

Une réactualisation de conflits anciens, vécus au temps de la jeunesse de l'adulte, peut également apparaître, rejaillissant directement dans la réalité de la classe et dans la façon qu'il a d'aborder l'autre. Ce phénomène est d'autant plus massif si l'enseignant n'a pas élaboré son approche et se contente d'être « comme il est ». Être « naturel » dans les relations, c'est laisser libre cours aux phénomènes inconscients sans se donner les moyens d'agir sur leurs manifestations, c'est le désir du professeur exposé sans médiation. Les écarts dans la relation apparaissent comme le retour du refoulé, l'émergence visible, éclaboussante du psychisme, la démonstration que tout n'est pas réductible à du tangible, à du découpable en petites cases, à du normalisé, à du prévisible, à de l'identifiable, à du comportement, à de l'explicite. Toujours une part de l'autre échappe. Il n'est pas tout entier dans ce qu'il (me) montre, dans ce qu'il (me) dit, dans ce qu'il (me) fait. Le sujet n'est pas réductible à ses actes. Il s'inscrit dans une histoire à la fois sociale et psychique.

La relation se développe ainsi sur un mode passionnel d'attirance et de rejet, d'amour et de haine. Fasciné par l'autre, chacun se referme sur cette relation. L'élève risque de buter et de ne pas dépasser la personne du professeur, oubliant de grandir, d'apprendre, alors que l'enseignant éludera son rôle social, accaparé par la résurgence d'images infantiles qui le pousseront inconsciemment à rejouer des situations relationnelles non élucidées. La relation à deux, même si elle est agréable, est toujours source de régression, nous dit F. Oury.

Il est vrai que le « couple pédagogique » peut fonctionner ainsi tant que la souffrance des individus n'est pas trop forte ou que le milieu dans lequel ils évoluent le permet. En effet, tout cela ne se développe pas dans une bulle, bien à l'abri des regards extérieurs. La classe est un lieu social dont les réactions peuvent servir de régulateur si tant est qu'on y soit attentif, à moins de crises profondes qui imposent cette prise en compte.

Pour illustrer ce point, allons plus loin dans l'analyse du phénomène chouchou.

Le chouchou, phénomène de groupe

Cet écart dans la relation n'est pas le même s'il est vu par l'enseignant ou par l'élève qui sent qu'il est le préféré ou qui reçoit les remarques des camarades de classe. L'élève ainsi désigné comme l'élu peut se plaindre à deux niveaux : d'abord parce qu'il ne demande souvent rien à l'enseignant et n'accepte pas nécessairement d'être ainsi « objet » d'une trop grande attention, et d'autre part, par l'ostracisme qu'il subit de la part des autres élèves de la classe.

Lorsque la préférence s'étale, les autres élèves sont spectateurs d'une pièce qu'ils n'ont pas vraiment choisie, exclus du jeu, d'un jeu où chacun pouvait imaginer tenir le rôle principal.

Il existe une situation limite, un écart particulier, qui est celui dans lequel se trouve enfermé un élève désigné comme chouchou par les copains alors que lui-même n'a rien demandé et que l'enseignant n'a rien remarqué. Les racines d'une telle attitude de la classe sont à chercher du côté de l'intérêt d'avoir un bouc-émissaire. L'affectivité supposée de l'enseignant ou le « fayotage » qu'il est toujours facile de trouver chez le camarade peuvent servir de prétexte. Le choix de la victime ne se fait pas au hasard et les « souffre-douleur » développent souvent des symptômes victimaires connus (physique, différence sociale, non-respect de codes tacites en usage dans le groupe : codes vestimentaires, langagiers ou comportementaux).

Quoi qu'il en soit, quand la classe s'en empare, la question du chouchou devient phénomène de groupe, agite la communauté et remplit une certaine fonction en son sein. Le phénomène du chouchou illustre bien cette double origine des phénomènes relationnels. D'un côté, il peut être un drame affectif liant l'enseignant à un élève, deux histoires qui se rencontrent, et d'un autre côté, il peut s'inscrire dans la dynamique du groupe, sans que l'affectif de l'enseignant se trouve directement piégé, comme une dérive relationnelle présente dans l'imaginaire de la classe.

Celui qui est désigné comme du côté de l'enseignant est rejeté. Le groupe des élèves non choisis, exclus de la relation privilégiée par l'existence même du préféré va se constituer « contre ». « Oh le chouchou ! oh le chouchou ! » Vieilles rengaines des cours de récréation qui permettent de se sentir entre soi puisque celui qui est différent ne fait plus partie du groupe.

« Le maître, il préfère les filles ! »

« Le prof, après le cours, il a parlé à Yolande. »

Fantasmes projetés, rumeurs sourdes, accusations indirectes.

Toutes les difficultés, les échecs de ceux qui s'expriment sont ainsi aplanis, des explications faciles peuvent être données. Si la place semble prise, si l'équité affective n'apparaît plus effective, si le professeur a choisi ou s'il s'est laissé piéger par le jeu d'un élève, alors celui qui est élu doit bien en tirer des avantages !

Quand l'enjeu scolaire augmente, cette question reste centrale mais évolue. Elle conditionne, en effet, directement, pour l'élève, l'équité dans l'évaluation du travail, donc la réussite. La sensibilité à l'injustice que représente cet état de fait semble aussi exacerbée dans une classe de terminale S qu'à l'école primaire. Elle ne s'exprimera simplement pas de la même façon.

Des reproches pourront être ouvertement adressés à l'enseignant, bien embêté par un phénomène qui lui échappe, qui peut prendre de l'ampleur et perturber le bon travail de la classe.

Notons que cette situation peut se produire suivant n'importe quel axe de notre triangle. Ce qui variera sera par contre le fait que cela arrive ou pas à l'oreille de l'enseignant, le fait que cela puisse être parlé, travaillé en classe.

Affectif et sélection sociale

Ces attirances ou ces rejets plus ou moins explicites apparaissent comme du domaine personnel et semblent provenir de problématiques individuelles. L'histoire singulière de chaque individu est mobilisée, nous l'avons vu. Mais le cadre même offert par l'institution et dans lequel ces écarts se développent, va imprégner ce phénomène d'abord en le bornant, en imposant une ritualisation des échanges qui limitera de fait les manifestations explicites possibles. Chacun est invité, par la pression même de l'environnement, à surseoir tout comportement déplacé.

Ces relations sont en fait également traversées par la réalité sociale de l'école en tant que système éducatif. Les enseignants ne sont pas attirés par n'importe quels élèves, ils ne rejettent pas certains autres au hasard. Les histoires et les inscriptions sociales sont également mobilisées (Zimmermann, 1982). Ce qui peut apparaître comme « purement » affectif est en fait le produit de trajectoires qui se rencontrent dans une réalité institutionnelle. La sélection affective est également une sélection sociale. Le « naturel » des attirances, chez l'enseignant, révèle des choix inconscients de classe. Les qualités dont fait preuve le « bon » élève attachant illustrent les rapports entretenus vis-à-vis de l'école par la classe moyenne. Le portrait de cet élève est un stéréotype marqué socialement. Le chouchou est de même marqué par cette dimension.

Le bouc émissaire de la classe a son équivalent au niveau de l'enseignant. Si nous prenons la violence physique vécue en classe comme le signe d'un problème relationnel, l'étude sur l'élève tête à claques a montré que la violence de l'enseignant ne s'exerçait pas à l'encontre de n'importe qui. Celui qui est amené à cette limite suivant un parcours qui peut être décrypté, au moment du passage à l'acte, choisira l'élève victime sur des critères qui échappent parfois à la rationalité. Les « symptômes victimaires » sont présents et perturbent la démarche logique qui veut que cet élève soit celui qui perturbe le plus. C'est un élève qui perturbe, certes, et pas nécessairement d'une façon très spectaculaire, mais également un élève sur qui l'enseignant pense avoir la possibilité de réagir violemment sans grand danger pour lui-même.

Les critères les plus présents statistiquement sont le sexe et l'origine sociale.

En caricaturant, il est facile de reconnaître que la fille du maire de la commune a moins de chance de recevoir une fessée dans ce cours préparatoire que ce garçon dont le père cheminot est venu dire à l'enseignant : « Allez-y, faites ce que vous voulez », même si la fille du maire, par certains côtés, justement ce petit air supérieur très proche du mépris, est tout à fait horripilante. Cet exemple grossier illustre un mécanisme de choix de la victime qui fonctionne sans doute d'une façon inconsciente.

Les travaux de D. Zimmerman (1982), ainsi qu'une de mes recherches (Jubin, 1988), ont montré que les fils de la classe ouvrière étaient significativement sur-représentés parmi les élèves qui se faisaient malmener physiquement par l'enseignant à l'école primaire. Mais peut-être le cherchent-ils d'une certaine façon ? Des entretiens non directifs ont montré « qu'il pouvait se passer, à côté, des trucs beaucoup plus graves » mais que le mode relationnel choisit par l'enseignant pour aborder ces problèmes avec certains élèves était le passage à l'acte violent, comme si l'enseignant se sentait d'une certaine façon autorisé à le faire.

L'écart affectif de l'enseignant n'en est que plus déplacé : il peut provoquer inutilement de la souffrance en étant une gêne dans le travail des élèves mais il va également renforcer le mécanisme de la sélection en fonction des origines sociales des élèves. L'école des années quatre-vingt n'a pas su réduire ce phénomène. Les statistiques officielles sur les cohortes d'élèves suivis depuis l'entrée en sixième jusqu'au bac le montrent très clairement.

Les écarts dans la relation s'inscrivent directement dans cette autre réalité de l'école actuelle.

Conclusion

Depuis le début de cette contribution, nous évoquons les écarts dans les relations en donnant à ce mot la signification de distance par rapport à une norme, de déviation proche de l'écart de conduite. La règle morale est-elle l'obligation de la « bonne relation épanouissante pour tout le monde », rêve d'un monde sans conflit, allant de soi, comme l'affirment de nombreuses pédagogies vendues actuellement clé en main ? Nous n'avons fait qu'esquisser une définition de cette bonne relation mythique : celle qui facilite le travail. Définition très large que nous pourrions encore plus modestement inverser : celle qui ne nuit pas.

Mais il est une autre façon de penser l'écart : un espace existant entre deux entités, l'espace nécessaire au jeu, à l'articulation, au mouvement et qui va ouvrir la relation en permettant le décollement des images et la réorganisation des identifications vers d'autres pôles que le partenaire fascinant, fasciné. Ainsi pourront progresser les individus.

La question du rapport inconscient-conscient est bien difficile à aborder. Elle est au cœur de l'axe « former » et donc continuellement présente en pédagogie, quel que soit le mode mis en avant. Cette présentation rapide d'écarts possibles l'a rappelé. Les manifestations transférentielles en sont un des signes. Elles donnent au professeur, par ce qu'il perçoit comme une demande affective, un grand pouvoir sur l'élève. Le terrain affectif est un lieu privilégié où peut se développer « un désir archaïque de maîtrise » dont parle F. Imbert (1992, p.169), même si ce projet contient en lui-même un germe mortifère.

Mais nous avons vu que ce désir de contrôle total est continuellement fragilisé, mis à mal, à l'évidence malmené par un élève qui peut se battre contre l'enfermement, la clôture, et qui exprime son envie de s'investir dans bien d'autres choses que la personne du professeur.

Souvent, l'enseignant n'arrive pas à élucider tout seul les situations et les processus en jeu. La pédagogie de la conscience et de la volonté intègre difficilement ce qui fait retour de façon toujours imprévue, incongrue : les effets de l'inconscient de l'enseignant, celui de l'élève, l'histoire du groupe qui se tisse dès sa constitution, dès le rassemblement des personnes, l'imaginaire du professeur, celui de l'élève. Les écarts présentés nous montrent, parce qu'ils sont l'expression spectaculaire de phénomènes présents potentiellement dans toute relation, qu'il est sans doute préférable de prendre le problème sous un autre angle : comment sortir de la relation duelle ?

Quels sont les dispositifs pour piéger les effets rencontrés ?

L'enseignant pourra chercher à multiplier les occasions de transferts afin d'éviter l'identification massive, en offrant un milieu riche de potentialités, de médiations venant casser le merveilleux rapport duel. À la fois lien et espace qui distingue, ces médiations permettront de passer de l'élan affectif spontané à la parole, au symbolique. Les écrits des praticiens se référant à la Pédagogie Institutionnelle nous montrent depuis longtemps la richesse de cette perspective.

RÉFÉRENCES BIBLIOGRAPHIQUES

IMBERT F., *Vers une clinique du pédagogique*, Vigneux, Matrice, 1992.

JUBIN Ph., *L'élève tête à claques*, Paris, ESF, 1988.

JUBIN Ph., *Le chouchou ou l'élève préféré*, Paris, ESF éditeur, 1991.

ZIMMERMANN D., *La sélection non verbale à l'école*, Paris, ESF, 1982.

Autorité et sanctions

Bernard Douet
Psychologie
Université René-Descartes, Paris V

Autorité et sanctions paraissent indissociables de l'acte éducatif. Le terme *discipline* (lat. *discere* : apprendre, étudier) désigne tout à la fois les règles de vie, l'ordre des conduites au sein de la classe (« être discipliné ») et l'ensemble organisé des différentes matières d'enseignement (« les disciplines fondamentales »). La *pédagogie* (gr. *paideia*) porte étymologiquement le sens d'éducation, mais aussi de châtiment, de punition. Ainsi, les mots sont à double sens et soulignent la proximité des concepts.

Pourtant, il est rare qu'on parle de l'autorité et des sanctions à l'école dans les ouvrages destinés aux maîtres. Les tendances pédagogiques les plus progressistes évoquent parfois les punitions pour les condamner et s'en affranchir, mais les pratiques générales en perpétuent l'usage à l'école et au collège. Lorsque nous avons commencé nos enquêtes sur ce sujet dans les années 1980, nous avons immédiatement ressenti une méfiance et un malaise chez les interrogés qui montraient bien qu'il s'agissait là d'un domaine difficile, chargé de significations multiples plus ou moins aisément abordables. D'où notre intérêt : si des pratiques aussi intimement liées à l'enseignement restent dans l'ombre, c'est que l'on n'aborde généralement qu'une partie du problème et il paraît alors capital d'explorer plus en détail « l'implicite scolaire » en œuvre dans ces pratiques qui pourra éclairer les motivations et les tendances profondes impliquées dans l'éducation des enfants.

Il ne faut pourtant pas confondre autorité et sanctions. L'autorité est une attitude qui encadre et maintient le respect des règles communes. Elle peut faciliter l'identification, l'intégration d'un modèle (« faire autorité en matière de... »). La punition est une pratique, une technique particulière, une « peine » pour contrebalancer symboliquement un acte irrecevable ou pour faire pression sur l'élève afin de modifier un comportement.

On peut faire preuve d'autorité sans jamais punir.

L'une et l'autre font partie intégrante de la vie scolaire. Nous nous proposons ici de les envisager en détail : quels usages rencontre-t-on à l'école, quelles en sont les causes et les conséquences, quels sont les besoins et quels sont les effets. Nous tenterons aussi d'échapper aux débats passionnels et aux tabous que le sujet soulève souvent et qui occultent les analyses.

Les enquêtes sur les punitions scolaires

Notre réflexion s'appuie ici sur deux enquêtes complémentaires. Il s'agit d'abord de nos propres travaux (Douet, 1987), qui ont touché par questionnaires plus de 200 enseignants de maternelle et de primaire et 300 enfants de niveaux correspondants. Ces données sont complétées par l'enquête de Pierre Prum (1989) sur les « Sanctions punitives au collège », et qui concerne 130 établissements.

La première constatation que nous avons faite, c'est qu'il existe un important décalage entre les pratiques constatées, les pratiques avouées et les textes officiels. Du point de vue légal, les sanctions sont à peu près toutes interdites dans le monde scolaire. « Aucune sanction ne peut être infligée. Seul est autorisé l'isolement sous surveillance d'un enfant momentanément difficile pendant un temps très court (...). Tout châtiment corporel pour quelque cause que ce soit est strictement interdit. Aucune sanction ne peut être infligée à un élève pour une insuffisance de résultats... » (Arrêté du 26 janvier 1978.) Cependant, l'autorité est nécessaire : « L'une des obligations essentielles de l'instituteur est de faire respecter l'ordre et la discipline dans sa classe. » (Arrêté du 23 novembre 1971). Pourtant, notre enquête montre que les punitions sont très nombreuses à l'école. P. Prum fait la même constatation au collège.

Avec les jeunes enfants (maternelle et primaire), la punition a d'abord une valeur de « réparation » (refaire un travail mal fait, réparer une action jugée irrecevable : près de 80 % des pratiques). Il s'agit d'une tentative d'annulation dont on espère que l'enfant comprendra le sens. Viennent ensuite les punitions plus symboliques. Elles sont de l'ordre de la privation (de récréation, d'activité : 50 à 70 % des interrogés les signalent), ou au contraire de surcroît de travail (lignes, copies, verbes à conjuguer, de l'ordre de 50 %). La punition est souvent très proche du travail scolaire. Les travaux supplémentaires doublent les exercices faits en classe, les mauvais points sont l'équivalent des mauvaises notes. L'intervention verbale (réprimandes, menaces), qui n'est pas à proprement parler une punition mais qui la précède, est également très fréquente (70 %). Plus rares mais encore très présentes sont les confiscations et les retenues (35 % à 45 %). Le recours à l'autorité du directeur ou des parents est également souvent cité (40 à 50 %). Le châtiment corporel qui fait l'objet des interdictions les plus marquées est encore utilisé à l'école : 15 % des maîtres citent les gifles et 45 % les fessées, les jeunes enfants sont plus affirmatifs encore. Ces pratiques semblent néanmoins en net recul par rapport au passé. Les grandes scènes d'humiliation d'autrefois ont pratiquement disparu.

Ces punitions varient selon le niveau de la classe et l'âge du maître. Les plus jeunes punissent moins que les maîtres âgés. Le « type pédagogique » (enseignement « traditionnel » ou « moderne ») est également une variable importante, les traditionnels donnant davantage de sanctions que les autres. Le sexe de l'enseignant est beaucoup moins significatif pour différencier les punitions utilisées. En fait, les sanctions sont pratiquement les mêmes dans tous ces groupes, c'est la densité de leur fréquence qui varie. Il faut noter aussi une adaptation de la punition à l'âge et aux possibilités scolaires des enfants. Chez les plus jeunes (maternelles), les sanctions sont moins diversifiées et beaucoup moins symboliques. Au primaire, les punitions s'accroissent, notamment dans les classes d'entrée et de sortie du cycle (CP et CM2). On note une tendance à détourner les acquisitions nouvelles pour en faire un moyen de pression sur l'élève : les lignes et les copies surviennent dès que l'enfant sait écrire ; les verbes à conjuguer, les tables de multiplication à recopier sont les punitions qui accompagnent ces apprentissages. Les maîtres semblent vouloir à la fois contraindre l'enfant à un travail pénible pour le punir et en même temps profiter de l'aspect répétitif de cette tâche pour renforcer l'apprentissage. L'effet pervers d'une collusion entre l'exercice scolaire et le pensum est malheureusement à craindre.

Au collège, Pierre Prum décrit des punitions assez identiques. L'usage est compliqué par l'existence des différentes catégories d'adultes qui encadrent l'enfant : surveillants, professeurs, principal, chacun ayant son propre système. Il oppose ainsi le « régime domestique » de chaque professeur au sein de sa classe, à ce qu'il nomme « l'appel à témoin », où le professeur demande l'appui des autorités ou de la famille, et le « régime supérieur » qui impliquera l'intervention institutionnelle. Dans la classe, on retrouve les copies, conjugaisons, exercices, leçons, devoirs et lignes, comme au primaire. « Elles ponctuent le cours et contribuent au climat d'une classe dans son intimité », dit l'auteur. Les retenues y occupent une place très importante. L'appel à témoin consiste en la signature des parents au bas de la copie, en la lettre que le professeur adresse à la famille pour prévenir des attitudes irrecevables, lettre qui est parfois accompagnée d'une convocation, et qui vise à associer les parents aux actions punitives. L'appel à l'administration a des raisons plus formelles (comptabiliser les punitions, informer l'autorité supérieure) ou encore des raisons psychologiques (rendre la sanction plus solennelle). Au troisième niveau, les punitions se dramatisent par rapport à l'école primaire où ce mode d'intervention demeure extrêmement rare. Il s'agit des avertissements, puis de l'exclusion temporaire ou définitive qui implique la réunion d'une instance institutionnelle, le conseil de discipline.

Les opinions sur l'autorité et les sanctions

Les enseignants considèrent tous que la discipline est indispensable à l'intérieur de l'institution scolaire. Ils manifestent davantage d'ambivalence vis-à-vis des sanctions. Ils savent que la punition ne règle pas les problèmes et qu'elle risque de dévaluer l'activité scolaire qui est utilisée pour punir. Mais ils affirment aussi que les sanctions sont nécessaires pour faire respecter les règles de vie communes, les droits et les devoirs de chacun, et assurer la sécurité des élèves.

Les jeunes enfants sont assez conformistes. Ils approuvent l'adulte et les règles qu'il propose. Ainsi, pour eux, la punition est nécessaire et ne peut être remise en cause. Il faut attendre le CM2 pour qu'une relative autonomie de jugement émerge sous la forme d'un sens critique à l'égard du système. Tous affirment que les sanctions sont plutôt inefficaces, qu'elles ne servent pas à grand-chose. Les élèves que l'on punit sont toujours les mêmes, et les taux de récidive sont élevés. Tous aussi souhaiteraient un maître peu ou pas du tout sévère. Mais l'autorité doit être suffisante car elle rassure et évite les débordements.

Il semble aussi que la punition soit assez souvent perçue comme injuste (de 60 à 75 % des déclarations). Souvent s'affirme l'idée que la punition crée des fantasmes sadiques ou masochistes au sein du groupe (on aime bien voir punir les autres, certains prendraient même plaisir à être punis). La sanction institutionnalisée, qui est l'apanage du maître-modèle, amènerait parfois chez les jeunes enfants une identification à l'agresseur. En même temps, et ce n'est pas la moindre contradiction, les enfants évoquent la punition comme un acte agressif à leur égard, sévérité et méchanceté étant confondues. Seuls les plus grands accèdent à l'idée que la sanction peut leur être utile. Lorsqu'elles sont en grand nombre, les punitions soulèvent toujours à tous les niveaux des sentiments d'opposition ou de révolte.

Tous reconnaissent que le système s'est libéralisé. Les enfants eux-mêmes en parlent, en s'appuyant sur leurs lectures ou sur les films qui évoquent parfois la sévérité scolaire et familiale au siècle dernier. Au collège, P. Prum note aussi que l'on punit moins qu'autrefois, même si, de façon récente, on a pu parler d'un retour de l'autorité (voir par exemple l'article publié dans *Le Monde de l'Éducation* décembre 1989, p. 52-55).

Les instituteurs de notre enquête et les principaux de collège contactés par P. Prum se rejoignent dans leur difficulté à se situer face aux sanctions. Certains se plaignent du « laxisme » actuel et prônent un retour à la sévérité, d'autres (en proportion à peu près égale dans nos questionnaires) souhaitent au contraire libéraliser davantage le système, trouver des voies nouvelles plus efficaces et plus démocratiques, espérant parfois contribuer à transformer les rapports sociaux du monde des adultes, qui est également régi par les sanctions.

Réflexions sur les causes du phénomène

Les maîtres parlent difficilement des sanctions qu'ils utilisent. Nous avons noté un important décalage entre ce que les enseignants décrivent des pratiques habituellement en usage à l'école, et ce qu'ils avouent pratiquer eux-mêmes. C'est sans doute d'abord qu'ils savent bien que les sanctions sont interdites. Il convient d'ailleurs de s'interroger sur les raisons qui poussent les professeurs à maintenir un tel système, alors qu'il les met mal à l'aise et que les règlements s'y opposent. Il faut sans doute que la punition ait des fonctions particulièrement importantes. Nous allons y venir.

D'après nos analyses, les causes du maintien des sanctions à l'école sont au moins de trois registres. Il y a d'abord les causes sociales et institutionnelles qui dictent à l'école ses fonctions primordiales. On peut penser en second lieu aux modèles d'enfants, aux conceptions de l'enfance qui déterminent les attitudes. Enfin, il faut envisager des causes plus profondes qui rejoignent les rôles sociaux et la personnalité des maîtres.

Les enseignants acceptent mal l'idée qu'ils subissent des influences provenant de leurs collègues, des instances hiérarchiques ou du corps social (en l'occurrence des familles). Ce sont des pressions indéniables. Le petit enfant de six ans qui entre au CP a déjà entendu dire que « la grande école, c'est sérieux, on ne joue plus, il faut travailler, sinon... » Que ce soit dans la bouche du grand frère ou des parents, la fonction de l'école telle qu'elle est véhiculée par le sens commun est déjà posée. Ainsi, quoi que fasse le maître dans sa classe, l'école a déjà pris sens et l'élève a bâti une représentation qui crée des attentes et des rôles. Autorité et punitions en font partie. Les pressions institutionnelles dépassent largement le domaine des locaux, des effectifs ou des programmes scolaires que l'on met toujours en avant. Au-delà du « lire-écrire-compter », la fonction principale de l'école serait de maintenir les valeurs sociales prépondérantes (culturelles, morales, éthiques...) qui constituent les fondements mêmes de la société. Mollo (1970) parle d'un « musée de valeurs », Mendel (1971) d'un assujettissement des classes montantes aux classes installées. L'idée que l'on rencontre souvent chez les psychosociologues, c'est que l'institution scolaire pourrait, de façon souple et diluée dans le temps, jouer le rôle du « rite d'initiation » qui permet de réguler le passage du statut d'enfant au statut d'adulte dans les sociétés tribales. Les enseignants interrogés le disent à leur manière en reconnaissant que la vie scolaire constitue une micro-société qui prépare à la vie sociale de l'adulte. Autorité et sanctions ont alors pour fonction de faire passer les règles.

Les conceptions de l'enfance constituent un second élément important parmi les causes de la discipline. C'est d'ailleurs la deuxième cause évoquée par les maîtres dans nos études (à près de 90 %). Il s'y mêle des éléments de réalité et aussi des influences idéologiques. Nous avions commencé nos enquêtes en demandant aux maîtres de nous faire un portrait de l'élève bien adapté, ou encore de décrire les attitudes, les comportements attendus ou irrecevables, les souhaits et les interdictions au sein de la classe. Dans tous les cas, les réponses révèlent des attentes précises qui montrent que le maître a en tête un modèle d'enfant assez irréaliste, qui superpose l'enfant réel et l'élève idéal, « produit fini » d'une chaîne scolaire optimale. L'enfant doit avoir toutes les qualités, en cumulant attention, disponibilité, obéissance, qualités d'autogestion, de responsabilité, de travail... Discipline et punitions apparaissent comme les principaux moyens utilisés pour amener l'enfant à atteindre ce modèle.

Les représentations de l'enfant ont beaucoup changé au fil du temps, et évoluent lentement. On décèle dans les conceptions que les adultes ont de l'enfance des tendances proches des conceptions religieuses anciennes. Elles sont d'ailleurs paradoxales : l'enfant porte en lui des tendances mauvaises qu'il faut combattre, mais c'est aussi un être de pureté et d'innocence qu'il faut protéger. Le modèle du péché originel, de l'expiation des fautes comme unique voie de salut reste étrangement présent dans les conceptions collectives, y compris dans l'école laïque et obligatoire du XXe siècle, ainsi que le faisait remarquer Freinet (1978). L'évolution de ces concepts est actuellement très nettement perceptible. L'adoption récente par les Nations Unies d'une Charte des Droits de l'Enfant en témoigne. Le développement de la psychologie et le large écho qui a été fait dans le public des besoins de l'enfant, des étapes de son développement et des conséquences des attitudes familiales ou éducatives sur la construction de sa personnalité ont sans doute joué un rôle important dans l'évolution des idées. Cependant, il existe toujours un décalage au niveau individuel entre l'adoption des tendances nouvelles et la persistance de conceptions anciennes qui ressurgissent et qui influencent toujours les pratiques.

Rôles institutionnels et personnalité profonde

La fonction d'enseignant repose sur les descriptions que nous avons faites de l'institution scolaire. Dans nos questionnaires, les instituteurs reconnaissent à près de 80% avoir le sentiment de « jouer un rôle de modèle » face à leur classe. Différentes analyses, dont celles de A. Abraham (1972) ou de S. Mollo (1970), rappellent en effet que le statut d'enseignant comporte cette dimension de modèle, puisqu'il est celui qui sait, qui montre et qui démontre. L'image ancienne de la rigueur morale et vestimentaire du maître a sans doute évolué, on ne parle plus d'École Normale (normalisante) pour la formation des futurs instituteurs, mais les leçons modèle existent encore, et l'inspection reste souvent la recherche d'une conformité à un modèle implicite. S'identifier au modèle, c'est répondre aux attentes d'un large consensus social. La recherche d'une adéquation au modèle, par reproduction ou par identification implique des moyens de pression : autorité et sanctions sont à ce service. En même temps, la maître sait bien qu'il ne correspond pas aux attentes. Il peut s'ensuivre un sentiment d'aliénation ou d'imposture dont la seule issue est une recherche accrue d'adéquation aux modèles renforçant autorité et sanctions. On touche ici l'idée souvent rencontrée dans la littérature psychanalytique selon laquelle, en luttant contre les imperfections des élèves, l'enseignant lutte en fait contre ses propres pulsions. Son acharnement contre les taches, les fautes, les erreurs et les comportements inadmissibles serait en fait une tentative pour liquider ce qui reste en lui d'imparfait, ce qui le distingue du Modèle de référence. C'est en ce sens que Lévine (1976) peut parler de l'éducation des enfants comme d'une confrontation de l'adulte à sa propre enfance. Il s'agit d'un phénomène inconscient qui entraîne l'expression incontrôlée et irrationnelle des sanctions.

Cet aspect est déjà apparu à plusieurs reprises dans nos propos. La punition s'impose souvent au maître comme un acte irréfléchi, quasi pulsionnel. « La punition atteint parfois des degrés étonnants de complexité qui échappent à la raison » (P. Prum). Les rituels qui l'accompagnent (vérifications, doublement des punitions non faites...) prolongent le système irrationnel parfois jusqu'à l'absurde (le doublement systématique finit par une impasse pour le maître comme pour l'élève). La punition pourrait être un moyen de défense auquel il a recours face à la classe fantasmée comme « un groupe dévorant » que le rôle institutionnel lui impose de contenir. C'est la confrontation à la « horde sauvage » dont parle Freud dans *Totem et tabou*, ou la lutte des générations qu'évoquent les travaux de Mendel (*ibid.*).

On comprend mieux désormais le malaise et les contradictions qui entourent le système. Lorsqu'on leur demande les causes de l'usage des sanctions, les maîtres interrogés mettent en première position « le caractère de l'enseignant » (92 %). C'est sans doute une façon de reconnaître l'importance des tendances personnelles profondes qui y interviennent. Le tabou qui pèse sur les pratiques punitives n'est pas sans évoquer le tabou sexuel. Comme le rappelle Bergeret, après Freud (*in* Soulé, 1989), le fantasme de battre et d'être battu (on pourrait dire aussi punir et être puni) existe au fond de chacun et constitue l'une des composantes primaires de la perversion auto-érotique, puis sado-masochiste. En ce sens, la punition serait indissociable de la sexualité, probablement parce qu'elles renvoient l'une et l'autre à la même chose : violence originelle, violence fantasmée de l'acte sexuel, la « scène primitive » pour le pôle sadique, l'érotisation des sensations fortes nées de la contrainte pour le pôle masochiste. Comme l'écrit Bergeret (*ibid.*) : « La situation relationnelle vécue par l'enfant puni ou battu par un adulte peut être considéré comme réveillant trois fantasmes sexuels essentiels : (...) la scène primitive, la séduction, la castration » (p. 20). Ceci nous renvoie au domaine pulsionnel, qu'il s'agisse du maître ou de l'élève.

Besoins de l'enfant et attitudes éducatives

Les analyses qui précèdent mettent en relief des tendances sociales, institutionnelles ou personnelles incontournables. Elles constituent, de notre point de vue, une réflexion indispensable qui, en donnant du sens, modifie le regard et améliore forcément les attitudes relationnelles. Ce n'est cependant pas la seule façon d'aborder le problème. Les psychologues de l'apprentissage rejoignent les cliniciens dans des analyses davantage centrées sur les besoins de l'enfant et les attitudes éducatives à mettre en œuvre.

Les travaux déjà anciens de Skinner (1968) sur l'apprentissage différenciaient deux formes de renforcement : négatifs et positifs. Nous n'avons jusqu'ici parlé que des sanctions négatives (les punitions) tant il est vrai qu'elles dominent les autres dans le système éducatif. Les récompenses au sens le plus large (bonne note, satisfaction du maître ou des parents, mais aussi plaisir personnel à atteindre un but, à faire partie d'un groupe valorisant...) sont pourtant toujours préférables selon cet auteur, aux techniques aversives. Les courbes expérimentales de l'apprentissage s'accroissent plus vite avec le renforcement positif. Ainsi l'apprentissage n'est pas, comme on le considère encore trop souvent à l'école, uniquement affaire de répétition et de quantité. L'importance de la variété des stimulations et de l'intérêt qu'on en tire condamne fortement les sanctions qu'on a décrites.

Dans un esprit très différent, les travaux de Vygotsky et de Bruner (1932, 1983) vont dans le même sens. Ils soulignent la très grande importance des modèles qu'on propose à l'enfant, dont la construction personnelle est éminemment sociale. Le développement de l'appareil cognitif s'effectue d'autant mieux que le médiateur (le parent, l'éducateur, le maître, l'enfant qui sait et qui explique, ou celui qu'on observe) crée de façon spontanée ou volontaire un « format » éducatif adapté, des situations attrayantes et variées qui habituent l'enfant à rechercher le sens des situations qu'il traverse, à établir des rapports entre les choses. Le renforcement positif, qu'on appellera plutôt ici le monitoring, l'encouragement, l'étayage..., y est aussi privilégié. La punition est très secondaire sinon inexistante. Elle n'apparaît que sous la forme des expériences négatives, ou des frustrations imposées à l'enfant par la réalité physique ou sociale. L'épreuve de réalité (l'objet résiste, se casse) rejoint les expériences d'échec ou de désaccord que l'enfant rencontre dans ses tentatives. C'est peut-être l'archétype de la punition scolaire qu'on a décrite.

Il faut faire un sort particulier aux problèmes de « frustration ». La non-satisfaction du désir est inévitable, dès les débuts de la vie. Les psychanalystes y voient quelque chose de fondamentalement structurant dans la mesure où l'absence persistante de l'objet que l'on convoite (la nourriture qui apaisera la faim, par exemple) conduit à mettre en place les premières représentations, l'image de l'objet absent venant, pour un temps, combler le vide. On a pu dire en ce sens que sans frustration, il ne pouvait y avoir de pensée. La frustration joue donc un rôle essentiel dans le processus cognitif.

Ces considérations rappellent que l'enfant a besoin d'interdits, qu'il les recherche parce qu'ils lui sont indispensables. L'univers illimité de ses désirs est angoissant comme un chaos sans structures. Nous retrouvons ici le problème de l'autorité, qui apparaît indispensable pour créer un cadre de vie et introduire des règles. L'excès ou la carence peuvent conduire aux désordres les plus graves au niveau de la construction de la personne. De la même façon, une trop grande fluctuance dans l'application des règles risque de gommer les repères et de plonger dans l'insécurité et l'indifférenciation.

Ainsi, et pour conclure, autorité et sanctions sont véritablement au cœur de l'acte éducatif. Elles recouvrent des phénomènes extrêmement variés où se mêlent l'histoire, la religion, la morale, les conceptions de l'enfance, de l'éducation, des apprentissages, des rapports sociaux entre les êtres et les générations. Autorité et sanctions à l'école anticipent les lois sociales, le système pénal de la société adulte. Il s'y mêle des tentatives objectives de transmission des savoirs et des valeurs sociales, avec des tendances plus obscures, inconscientes, qui ont à voir avec les fondements du psychisme humain : pulsions, sexualité, sublimation qui conduit aux instances surmoïques, à l'idéalisation des modèles...

Pour l'enfant, les besoins de règles, de structures rejoignent le besoin fondamental d'amour et impliquent la nécessité des interdits. C'est en ce sens que l'autorité est nécessaire. C'est une autorité ferme, mais non excessive et compréhensive, qui paraît le mieux à même d'introduire les limites et permettre l'intériorisation des règles.

La punition n'est pas indispensable. Si parfois elle s'impose, elle sera d'autant plus efficace qu'elle restera exceptionnelle. Le renforcement positif dont on a parlé est toujours préférable. Pour P. Prum, il est temps que l'école suive le « jeu social » de responsabilité et de recherche d'autonomie.

Dans ce contexte, les sanctions scolaires sont souvent particulièrement inadaptées et apparaissent, au total, plus néfastes qu'utiles.

RÉFÉRENCES BIBLIOGRAPHIQUES

Douet B., *Discipline et punitions à l'école*, Paris, PUF, « Pédagogie d'aujourd'hui », 1987.

Prum P., *Sanctions punitives au Collège*, Ministère de l'Éducation Nationale, Inspection Générale, Groupe « Éducation et vie scolaire », Document ronéoté, 1989.

Soulé M., *Quand et comment punir les enfants ?*, Paris, ESF, 1989.

Violence en milieu scolaire et gestion pédagogique des conflits

Jacques Pain
Sciences de l'éducation
Université Paris X - Nanterre

L'école de la crise

L'école est en crise ? Il y a bien au moins trente ans que les questions de fond se posent, déjà dix ans qu'elles prennent corps dans le système éducatif, et la dernière crise, dite lycéenne, est à saisir dans ce travelling pédagogique de fin de siècle. Rien de vraiment nouveau, mais un concours de circonstances implacablement déterminées. De nombreux colloques, rapports, publications, en attestent. Mais la France est ainsi faite : douter de son école, c'est douter d'elle-même. Alors, se taire, c'est mieux. Au pire, protestons !

C'est donc la violence, opérateur social par excellence, qui, débordant de son champ d'action classique, fait irruption au coeur du savoir, là où s'originent la science et le pouvoir. La violence, désormais, ni plus ni moins qu'auparavant, mais d'une façon plus quotidienne et médiatique, nous habite. L'école en retrouve sa part. Il faudra faire avec.

Quatre problèmes de fond organisent les « violences » scolaires : le colonialisme du système, la malvie de l'école, le nouvel âge adolescent, la consommation de savoir.

Sortir d'un système colonial ? ...

Tout d'abord, nous devons dater notre système scolaire. Il a fait ses preuves. À présent, il les défait. En effet, la machine chère à J. Ferry et Chevènement est une machine d'époque, caractérisée par une homogénéité sans distinction, sa frontalité et sa clôture pédagogique, la répartition l'universalité problématique des « lumières ». C'est en cela que l'on peut dire que l'école que nous avons connue est « coloniale » : comptoir de la civilisation, elle distribue, répartit, isole, sélectionne, à partir du mérite et de l'évidence, et, après tout, comme le rappellent une partie importante de nos professeurs après Durkheim, elle fait ce qu'on lui demande. C'était possible tout au long du processus d'intégration de la société industrielle moderne : l'école était un signifiant fort de la réussite et de la culture, veillée par ses maîtres, respectée par les parents et les élèves, portée par les politiques. Ça ne l'est plus dans une société où l'angoisse du destin social et la consommation vont de pair. Les modèles de régulation et de repérage s'autodétruisent, mangés par le virus du manque.

D'une école hors de la vie ...

Ensuite, l'école vit mal, et, à l'école, on vit mal. *Les collèges* n'ont guère changé depuis le XVe siècle, et la discipline de l'esprit n'y contint pas toujours l'élève ; les émeutes larvées ou franches, du XIXe siècle à des heures plus récentes, le montrent. L'école, plus largement, dans son principe reste identique à elle-même, réceptacle de la pensée, où la vie doit se frayer un chemin presque par effraction. Les « lycéens » le disent fortement, au long des interviews et des discussions. Ils vivent, ou voudraient vivre, au lycée. Comme au collège, car le problème est noué là. On n'a pas assez noté que les établissements scolaires étaient des institutions de la quotidienneté et qu'elles suivaient le « hit » du modèle : aujourd'hui, il faut pouvoir y vivre. Or ces établissements sont souvent les produits étroits, casernes éternelles, ou montage tout terrain, de la mentalité d'époque. Or nous le savons, l'école appartient à tous, et l'éducation, bien sur, n'est pas une science, ou un jeu de scientificité, puisque tout un chacun se croit autorisé à dicter ce qu'il en pense. Des ministères aux médias, des enseignants aux parents, règne une ignorance profonde de la pédagogie, tant de l'établissement, que de l'apprentissage en institution.

Hier des adolescents aujourd'hui l'adolescence ...

Et puis, l'adolescence, déjà indéterminée, et repérée comme un syndrome par les psychologues depuis justement ce début de siècle, se structure désormais sur ce manège où l'emploi, l'insécurité, les études, les certitudes, la famille, l'école, se combinent et se perdent, se font et se défont, dans le style social des sociétés disjonctées, ou pour le moins diffractées.

En même temps, l'évolution occidentale s'ouvre avec force sur les droits des minorités. Les droits de l'enfant, de l'adolescent, du jeune, sont désormais en activité : Opinion, Association, Réunion, la convention signée par la France les reconnait, ou les revendique. Le Sida et la consommation font le reste, dans une société composite et multiraciale. L'ensemble, bien sûr, est plus visible dans les tableaux d'époque que sont les grandes banlieues urbaines. La parentalité glisse, l'anamorphose adolescente s'installe, c'est le territoire des bandes qui revient.

Responsables, oui, mais comment ?

Un monde de la consommation ...

Enfin, la consommation est entrée dans les mœurs, et je crois qu'elle est à présent internalisée, comme l'un des opérateurs des apprentissages. Technologies, vidéo, informatique ordinaire : tout s'apprend, vite, s'achète, se vend, se jette, se prend, se donne, bascule dans le monde du marché, de la négociation ou du vol. Pourquoi donc attendre et différer, dans ce temps où la longueur et la langueur de l'étude deviennent pour beaucoup une épreuve somme toute mystifiée. L'école, court-circuitée, éclate dans la rue ; les réseaux de remédiation s'implantent, mais autour d'elle.

Elle poursuit cependant, craie à la main, son discours, par des enseignants de plus en plus coupés des enseignés auxquels ils parlent. Car ils ne font que parler, pratiquement, loin souvent des techniques et des formations autonomisantes, actives. Ils en ont d'ailleurs fait, depuis l'antiquité, leur métier. Or, en société consumérienne, parler, c'est vendre ; et à l'école, c'est vendre du savoir à travers des objets visibles à l'œil nu.

Il faudra choisir : s'y former, sans tomber dans la prestation permanente, ou affronter le décodage des « masses » à 80 % ou 100 % Bac.

Prendre des risques ?

La crise lycéenne est un stress anticipé. C'est la montée d'une demande, devant l'offre masquée, au creux d'une vague naturelle et paradoxalement attendue, où presque aucun des partenaires ne peut faire ce qu'il sait faire. En fait, depuis trente ans, voire davantage, nous avons la plupart des réponses.

Mais tout ça n'a aucune importance : la France scolaire choisit l'épopée, sinon rien.

Donc peut-être l'impuissance.

À moins qu'elle ne retrouve, dans la classe, dans l'établissement, dans le réseau complexe qui fait la scolarité, la pédagogie.

Violence ou pédagogie ?

Violence ? de quoi parle-on ?

La violence ? Est-ce un concept ? L'évoquer, c'est déjà basculer dans la représentation, dans un registre limite, c'est engager une lecture qui va solliciter les émotions, et *a fortiori* l'angoisse.

Distinguons agression, agressivité, violence.

Parler agression, c'est s'inscrire sciemment dans la référence à la psychologie animale, à la biologie, à l'éthologie – animale ou humaine.

C'est considérer l'homme dans son biotope, avec ses comportements adaptatifs et réactionnels, les dominances, hiérarchies, territorialités, locales, et des mécanismes situationnels et neurophysiologiques de déclenchement plus ou moins instinctuels. Un peu comme si l'homme n'était qu'un animal prolongé. C'est une approche estimable, et rigoureuse, mais qui est sans cesse parasitée par la confusion animalière, surtout dans la société quotidienne. Nous verrons que la violence elle-même est peut-être quelque chose de *spécifiquement humain*, même si la biotypologie de l'agression demeure précieuse dans la saisie structurale des situations de violence.

Agression, ça vient d'*agredire*, marcher vers, quelqu'un, ou quelque chose, et c'est déjà une mise en relation. Nous l'entendons comme « l'affirmation vitale de soi », dans la « dynamique de l'éthodéfense ».

Agressivité, c'est peut-être le terme le plus employé, et le plus difficile à situer. Il polarise une certaine psychologisation, une connotation « psy » de prédisposition.

Je dirai de l'agressivité qu'elle est une disposition bioaffective, réactionnelle à l'environnement, en même temps qu'une défense d'ambiance. Ça dépend de l'ambiance, au sens de la psychothérapie institutionnelle, de ce qui se passe entre les gens assemblés ou dispersés dans un lieu, en fonction de l'écosystème immédiat, du degré d'incertitude dans les relations, des possibilités de circulations, de rencontre et de parole...

Prenez l'école, ou la famille. Vous y êtes différentiellement sous contrainte, en pleine contention sociale conflictuelle, sans pouvoir de droit fuir ou vous battre, dans l'un des cas asymptotiquement voué à l'indifférenciation « normosante », dans l'autre à la transparence absolue. Comment ne pas voir là des conditions adéquates au développement structurel d'un climat d'agressivité, et de l'agression ? Bien sûr, ces institutions n'ont rien d'autre en commun que la fonction pédagogique mal repérée que la société leur impute, qu'il n'y a pas à confondre, du moins politiquement. Car, si l'on pousse un peu vers l'institutionnel, dès que des personnes, en nombre, sont regroupées arbitrairement ou autoritairement, de manière continue, dans des lieux sur lesquels ils ont peu ou pas de prise, ils sont la proie du totalitaire ou de la violence, d'un système plus ou moins consciemment fermé.

Et la violence, alors ? C'est une démarche volontaire de destruction de l'intégrité pensant sa stratégie. Détruire, avec science. Nous nous éloignons de l'agression, nous sommes dans le désir, dans l'humain, dans la « dénaturation » essentielle de l'éthodéfense spécifique. Nous ne sommes d'ailleurs pas très loin du Droit.

Lorsque deux personnes s'empoignent, se bousculent, s'insultent, dans une crise de proximité, nous sommes dans l'agression d'ambiance, celle que Lorenz dit « naturelle », déprise du lapsus violent.

C'est toute la problématique, de la relation duelle, symétrique, où la triangulation ne prend pas, triangulation aujourd'hui systémisée par les cliniciens de la famille, qui désigne la relation humaine objective comme une combinatoire réussie éclatant sur les institutions son potentiel d'agression.

Ainsi l'agression serait de l'ordre de la maintenance identitaire, de l'affirmation répétitive, et nous retrouvons nombre de passages à l'acte « en institution », alors que *la violence serait dans l'ordre de l'entreprise maîtrisée de nuire.*

Repérons nous là-dessus, encore que ce soit parfois difficile de trancher.

La violence pose toujours des problèmes d'interprétation, et nécessite souvent une jurisprudence. Car elle est relative, et multiple. Il faut donc sortir résolument des schémas idéologiques attachant la violence à tel type de personnalité psychopathique par exemple, à une dégénérescence neurologique, ou à un raté, voire une pulsion, de l'espèce. Car la violence est en fait une forme d'expression sophistiquée, au cœur des relations.

La violence, c'est le forçage relationnel qui nous ouvrirait magiquement l'autre, et nous le livrerait vide, sinon identique. Ou encore nous identifierait tous dans le silence du vide, dans la dissolution des logiques binaires du monde affectif et la levée des signes, en pleine transparence.

Dans le champ éducatif, comment poser le problème ? *A priori*, nous voyons bien qu'il s'agit d'institutions, de lieux de vie, qui vont être plus ou moins « pathologiques », où il va y avoir des conflits, et donc des luttes, des fuites, des émotions, autour de l'angoisse, comme un peu partout. Mais avançons l'analyse.

Le champ éducatif est un champ conflictuel complexe, où les institutions sont des appareils (éducatifs) de dressage. On va toujours trouver de l'influence, du pouvoir, un jeu subtil de dominances, règles. En fait, ce qui le caractérise, c'est la conjonction d'une intention normative (éduquer) et d'une liaison relationnelle (l'un par l'autre), c'est même par la relation que vont s'intégrer la norme, l'habitus, les apprentissages. Double lien, double contrainte, toujours repérables dans la constitution du champ de formation humain. Nous sommes dans un cas de figure où une personne, ou plusieurs, qui détiennent un pouvoir mandataire, donc installé(es) dans une relation forte, usant légitimement de processus d'influence, ont à contraindre un enfant, un adolescent, un « jeune », en lui faisant librement accepter cette contrainte. La situation est d'autant plus paradoxale aujourd'hui que les mandataires doutent massivement du sens même de leur mission institutionnelle. C'est dans la crise des injonctions, leur rupture de terrain, et dans le resserrement des contradictions de l'institution, qu'il faut reprendre le blocage attesté du système éducatif. Comme si ce double lien, et la double contrainte fondatrice, perdaient à la fois sens et efficacité.

Poursuivons sur l'école. Lorsque la famille, le milieu de vie, et l'établissement scolaire, sont autant de lieux d'échecs complémentaires, fermés à la culture, autant de lieux voués à la survie de la « main d'oeuvre » moderne, les jeunes de ces milieux sont en permanence dans une angoisse difficile à situer, à reprendre. Car je crois qu'ils savent du fond du corps ce que chantent les sociologues, qu'ils ont une bonne partie des chances contre eux, car ils cumulent l'échec, et la difficulté de réussir.

Prenez un maghrébin de famille nombreuse, dont le père manœuvre est au chômage. Ou, cet adolescent, heureusement hanté par la poésie, qui se retrouvait en maçonnerie, en lycée professionnel, avec un frère enseignant dans le secondaire, et un père dans l'orchestre de l'Opéra. Ils me regardaient en se marrant franchement, lorsque je les asticotais, pour qu'ils apprennent. La vie active était leur destin. Le premier écumait joyeusement les pâquerettes, à Nanterre, avec sa bande. Le second s'est ouvert les veines, puis a tenté de m'agresser violemment, car j'étais, sans doute, un symbole du double lien d'accès facile.

Que peuvent-ils encore : se soumettre, se révolter, se dégager, se murer dans l'indifférence.

Se battre, ou fuir ! C'est là que l'on voit s'amorcer la naissance de la violence, la démarche identitaire de délinquance. Le « noyau dur » des agresseurs du rapport de Jean-Michel Léon sur la violence à l'école n'est pas loin (1985). Noyau dur résistantiel, symbiotique, avant que ne s'enclenche la personnalisation délictuelle. Dans la suture de l'échec.

L'école est le lieu de l'indistinct, la plupart du temps, de la massivité, de l'anonymat, d'ailleurs ces « noyaux » assurent souvent dans les grands ensembles scolaires des fonctions de territorialisation qui prolongent les structures de quartier. En même temps, l'école est aussi le lieu de l'enjeu social, sinon culturel, enjeu à chaque fois énoncé comme un enjeu personnel.

Des relations contraintes, jamais parlées, en des lieux structurés par d'autres (certains adultes), dans la déterritorialisation et la sériation de masse, où des enjeux importants fondent le cursus. Le principal effet de structure pour nos acteurs, c'est la tendance à la levée des tiers et à la dérégulation, la schématisation défensive primaire, à la frontière des binarités : c'est lui ou moi ; c'est la merde l'école ; ce prof est con ; cet élève est nul, sa place n'est pas ici ! L'agression est alors un comportement de sécurité, et va devenir dans la violence un test d'existence à terme.

Même le suicide, et bien entendu la drogue, sont des réponses. Et, lorsque le tissu relationnel est détruit, comme le tissu par la cigarette, brûle, la grande violence peut rester une dernière libération de la créativité.

Et alors, là, peut-on encore susciter des médiations, repérer, puisque l'ouverture de la relation est par hypothèse de moins en moins probable ? Car c'est dans l'affrontement, et dans un travail à la limite de la violence, sur son terrain, que la tentative doit se faire.

C'est ça qui justifie des pédagogies institutionnelles à l'école, et une approche vraiment systémiste, restructurant les tiers, les partages de pouvoir, ouvrant à la parole la grande nécrose du système. Les méthodes actives et la pédagogie différenciée, il y a longtemps que les grandes écoles ont compris à quoi ça servait. La prévention passe à mon avis avant tout par là.

Et par la restauration du risque, du risque de vivre, y compris dans la classe. L'ennui, ça n'a l'air de rien, et pourtant.

N'oublions jamais qu'une classe traditionnelle joue en permanence sur l'exclusion du tiers, et que c'est sur l'enseignant que va porter la fermeture. Comme elle va porter sur le chef d'établissement, plus centralement. La prévention, là, c'est en plus la formation des enseignants, des surveillants, des conseillers d'éducation, des élèves et de leurs délégués. Nous a t-on appris à manier notre angoisse, dans ce champ éducatif ? Implication, confrontation, parole. Le pédagogue aujourd'hui doit savoir qu'Émile est au bord du passage à l'acte. Si vous faites monter la pression, la contention, en classe ou ailleurs, c'est « l'ange exterminateur », toutes portes closes. Et il y a toujours un arrangement implicite ou explicite pour manger les plus faibles, les plus jeunes, soi-disant en tirant à la courte paille. Tout comme pour les meneurs scolaires, les racketteurs, qui choisiraient des victimes qui leur ressemblent, mais en plus jeunes, plus isolées, plus fragiles.

Je me souviendrai toujours de cette normalienne jetée pour son premier jour dans une classe féroce du Val Fourré, à Mantes la Jolie. Elle a été raccompagnée l'après-midi même à St Germain. Elle n'avait jamais pu en parler avant que, six mois plus tard, un stage de Sciences de l'Éducation ne le lui permette.

Et cette autre, qui fit quinze jours de remplacement, coupée de tous, pleurant tous les soirs toutes les larmes de son corps. Elle démissionna. Elle m'en parla, en séminaire, d'abord en aparté, dix ans plus tard.

Et ces éducateurs, vomissant avant d'entrer dans leur institution, chaque matin ?

Car ça fait beaucoup pisser, tout ça, puis vomir. Après, c'est pire.

C'est ça désormais le champ éducatif, le monde sec de la rencontre et de la relation contraintes, et si ce n'est que ça, c'est le désert des Tartares en pleine société de consommation. L'enseignant, qui ne supporte plus le bruit de sa classe, ce bruit qui l'habite en entier, et lui « monte », monte, jusqu'au cou. Il vit une situation d'innovation difficile, décriée. Ce sont en plus toujours les mêmes élèves qui « le cherchent ». Il suffira qu'il réussisse à se taire, à s'écarter du groupe, à jouer au silence, puis à leur apprendre à s'entendre, sans bruit, à écouter leur corps, ces machines menaçantes, respirer sous leurs organes, pour qu'une partie du rapport éducatif se rétablisse. Et cette autre, agrégée, livrée vierge aux classes préparatoires jusqu'à l'arrêt de longue durée, dans un grand lycée parisien ; elle n'avait pas su trouver « la distance ».

Ni trop loin, ni trop près ; ce combat ne supporte aucun collage. Car ce que personne ne nie, en ce qui concerne la violence, *c'est que dorénavant Pygmalion est aux commandes.*

De la violence au conflit : faire la classe

En fait, aujourd'hui, l'enseignant qui gagne à la rentrée sa classe, dans les banlieues et les quartiers difficiles, est pris s'il n'y prête garde dans une fantasmatique largement entretenue par les médias, et parfois par les collègues, la relation pédagogique à présent est une relation sous influence, faite tout autant par le contexte et le climat, l'établissement, que la classe.

Le contexte et le climat sont souvent fabriqués et montés, et installent à grande distance la peur ou l'angoisse. Si vous arrivez du midi, à regret, muté pour les banlieues profondes de nos grandes villes, la première mesure à prendre sera de l'ordre de la santé mentale. Sortir du montage médiatique et de la peur, contrôler son angoisse, et donc informer, s'informer. Nous voyons d'ailleurs de plus en plus d'enseignants venir à l'avance sur le terrain, dans l'établissement, dans le quartier, solliciter des stages de prérentrée, souvent partenariaux, où anciens et nouveaux font la part des choses. Les difficultés sont réelles, mais rarement dramatiques. A côté de zones surspécifiques, structurellement violentes, la grande majorité des établissements scolaires fait face à la situation et réussit à basculer de la violence à la gestion organisée des conflits. C'est un objectif central de la prévention de la violence.

Les violences ne sont pas spécifiquement scolaires. Ce sont des violences tout court, repérées par le code pénal, de l'atteinte aux biens à l'atteinte aux personnes, verbale et physique. Elles renvoient donc avec évidence à un maillage en réseaux de l'établissement scolaire et de son contexte, où les partenaires, éducation nationale, parents d'élèves, services sociaux, justice, police, dans le cadre municipal, relèvent bien la différence, et traitent les réponses adéquates. En effet, même si la classe de banlieue, la classe des villes, enjoint plus que d'autres une pédagogie active et différenciée, elle n'est guère possible sans cette première pédagogie, du contexte.

En effet, une collaboration ponctuelle mais efficace avec l'îlotage restaure parfois chez l'enseignant l'image troublée de l'élève, lui fait ressaisir son image propre, à distance objective ; le climat et la mentalisation sont déterminants.

L'établissement est un sous-ensemble plus ou moins structuré, avec ses environs, son environnement, ses populations, ses entrées-sorties, ses espaces-temps de groupes et de masses, ses lieux et ses points de tension, qui, s'ils ne tiennent à l'extérieur, souvent tiennent au nombre, aux couloirs de communication, à l'anonymat des interclasses, ou des entrées-sorties, à une gestion générale des flux. Dans les zones difficiles, ces problèmes de simple police peuvent devenir cruciaux, les élèves eux-mêmes le soulignent, et réclament des points de respiration, de convivialité, de travail surveillé, tout comme leurs professeurs. Dans une ambiance chargée, l'isolement ou la détente sensoriels acquièrent une grande importance. Vous retrouvez des élèves, des filles, cachées dans les couloirs les plus sûrs et les plus tranquilles, certains sixièmes n'ont jamais accès aux toilettes, parfois des enseignants se terrent entre midi et deux dans les labos. À ce stade, il convient de mener une politique de collectifs, en direction des parents, très souvent décentrés de la vie scolaire, et en direction des élèves, et des personnels. Dans certains cas, toutes les démarches sont bonnes pour sensibiliser ou a minima situer et interpeller des parents, y compris chez eux. Certaines violences de la rentrée 92 visaient les affectations des élèves, mais, peut-être, non tant les affectations que la dimension aveugle et mutique du processus. Pour que des jeunes en arrivent à se mettre en grève et surtout à attaquer leur professeurs, et leurs responsables, dans la rage verbale, il faut que les circuits de liaison internes, et extérieurs, soient grippés. L'urgence, la surprise, la gravité, font d'un conflit une violence potentielle. Ainsi, affecter en cinquième un élève de 15 ans, déjà loin des petits physiquement, de toute façon muré dans ce qui lui reste, sa taille, sa force, son agressivité, c'est chercher le problème. Il suffirait de lui assigner des classes de niveaux et une classe d'âge référente, avec des tuteurs, de fluidifier son intégration, et de calmer et cadrer le jeu. Certains chefs d'établissement y parviennent, lorsqu'ils ont une équipe suffisamment stable et engagée. On peut alors voir, en zone difficile, des enseignants et des secrétaires circuler dans la cour du collège aux heures de pointe, sans crispation. La sécurité et la détente permettent la confrontation, l'un sans l'autre multiplie la tension et les dispositions agressives.

Il y a donc une deuxième pédagogie, d'établissement, qui permet ou non de mettre au clair les possibilités de la vie scolaire et des apprentissages, sans fermeture, dans la proximité et la réalité sociales, dans l'imagination aussi de la rencontre. La parole est une clé contemporaine. On voit donc bien pourquoi les temps de concertation, de confrontation, les « conseils », l'expression plus largement, sont à traiter avec soin. Et pourquoi les conseils de discipline en particulier vont muter vers des formes plus réglées, de jurisprudence pédagogique, et institutionnelle de contexte.

La classe, quant à elle, est l'épicentre de ce dispositif complexe qui articule le contexte et le fonctionnement de l'établissement, et bien sûr elle focalise la densité d'une relation pédagogique qu'il faut entendre comme une résultante. Point nodal du système, elle grossit les comportements, ceux des élèves, ceux de l'enseignant, et en quelque sorte « grossit » les relations. Elle est à situer dans toute sa puissance commune comme un groupe, mais un groupe-classe, où des élèves apprennent, ou tentent d'apprendre, en personne.

La classe est un groupe, et elle est donc la proie des phénomènes de groupes. Là aussi, les entrées sorties, les déplacements, les places des élèves, la disposition, la place de l'enseignant comptent ; avec les premières prises de parole, qui mèneront de la rencontre à la construction du lien. Se présenter, faire se présenter les élèves, leur faire dire quelques mots de la matière, repérer les nouveaux, les sous-groupes, d'une façon un tant soit peu formalisée, peut aider. Tout ce que nous avons dit auparavant de la violence et de l'assignation se joue dans cette première heure, ce premier jour, ce premier mois, dans une communication en groupe, dirigée qu'il le veuille ou non par le « maître ». Ce qui va se dire et s'établir alors va construire un climat, une relation, et un lien enseignant-enseigné(s) spécifique, même s'il va se prismer et s'éclater en s'investissant au fil du temps davantage en direction des élèves en chair, en os, et en attitudes. Nous avons vu des classes progressivement rongées par des fièvres apparemment irrationnelles, au grand dam des enseignants, qui n'enseignaient plus que difficilement, ou par séquences de vingt minutes brèves, mettre à plat leur problème en une demi journée ou une journée, avec l'aide d'un extérieur dans les cas les plus pointus. Souvent, ce sont des clivages sociaux, culturels, interactifs, des peurs adolescentes, des stéréotypes de rôles qui cassent le groupe qu'est la classe. L'agression verbale et l'injure viennent dès lors scander cette relation marquée par l'angoisse.

Mais ce groupe est une classe, il convient de ne pas l'oublier, et il est fondé par le rapport aux savoirs et les apprentissages. Autant l'intervention d'extérieurs peut décloturer la classe, l'ouvrir mentalement, et c'est comme ça que devraient d'abord fonctionner les enseignants en équipe de classe, en « tiers circulaire » les uns par rapport aux autres, le groupe par rapport à l'un l'autre, autant que faire se peut il y a une politique d'accueil et d'écoute scolaires à mener d'entrée de jeu. C'est évidemment là qu'on va retrouver l'évaluation, et le repérage formatif des compétences des élèves, voire de l'enseignant. C'est ici que la nouvelle dimension « éducative » du professeur principal, animateur, conseil, et enseignant, conjoint apprendre et enseigner. Comment le faire sans différencier, sans décoller du groupe-classe, pour des suivis individuels, finalement rarement massifs, ou des suivis de petits groupes, sans mettre très vite, très fort, très tôt, l'accent sur les méthodologies et le travail autonomes ? Comment tenir une classe sans une réunion régulière, sans « point phone » d'information, ou de relance de groupe, sans vie commune, sans le minimum d'« institutions » partagées ? Les pédagogies actives, dans un cadre clair et bien dessiné, où l'enseignant ne joue ni avec la loi ni avec le savoir, sont alors prophylactiques. C'est donc de fait, une prévention de la violence scolaire, en ce sens qu'elles traitent en structure les conflits qui « parasitent » la classe.

Enfin, les élèves sont là en personne, sujets, muets ou non, et il y a un contact à établir, un sondage à effectuer, un geste à faire, un mot à dire. Faire signe. Combien d'élèves nous disent ne pas comprendre un traître mot de certains cours ?

Combien se taisent, écrasés, et ricanent bêtement pour se donner une contenance, ou se murent dans l'au delà d'un silence sans savoir ? Nous avons vu des petits groupes institutionnels tirer profit de certaines réunions de mise au point où la personnalisation de l'élève lui rendait une existence quotidienne lisible, et positivement banalisée. L'école doit à chaque fois, par ses responsables, ou par une instance adéquate, par ses enseignants, montrer qu'elle connait ses élèves, et qu'elle y veille. Il faut le faire savoir.

Cette troisième pédagogie, de la classe, des apprentissages, est la plus déterminante, c'est certain. Elle ouvre le champ du travail scolaire, en pleine reprise des possibilités du contexte. Elle permet du même coup de mieux cerner les vrais problèmes, les vrais blocages, jamais très nombreux, et de mener à niveau d'établissement une politique adaptée. La violence reste alors le plus souvent dehors.

Cependant, ce travail est un travail à long terme, et il est vrai qu'il devra passer par une gestion des conflits et des résistances des adultes eux-mêmes, sans coup férir. Ne m'apprends pas a pêcher, pêchons ensemble.

RÉFÉRENCES BIBLIOGRAPHIQUES

DEBARBIEUX E, *Violence dans la classe*, Paris, ESF, 1990.
DEFRANCE B., *La violence à l'école*, Paris, Syros, 1988.
MICHAUD Alain, *La violence,* Paris, PUF, 1987.
PAIN J., *Écoles : violence ou pédagogie*, Paris, Matrice, 1987.

Troisième partie

Du côté du processus « apprendre »

Le processus « apprendre » privilégie l'axe élèves-savoir et place le professeur en position de mort ou de fou. Les neuf contributions de cette troisième partie vont donc explorer cet axe. Certes l'appréhension du savoir par les élèves pose d'emblée les questions de la mémoire (A. Lieury) et de la motivation (J. Houssaye), sans omettre les opérations d'évaluation (Y. Abernot). Mais ceci est loin d'être suffisant car, depuis quelques années, les recherches liées à l'apprentissage ont fait l'objet d'attentions toutes particulières qui permettent maintenant de repérer des dimensions explicitatives et pratiques qui se donnent comme complémentaires et souvent concurrentes.

À l'articulation du développement cognitif et des interactions sociales, on trouve le conflit socio-cognitif (M.-J. Rémigy). À l'articulation du savoir déjà là chez l'élève et du savoir scientifique, on trouve les conceptions des apprenants (A. Giordan). À l'articulation du fonctionnement mental des élèves et de la construction épistémique du savoir, on trouve la détermination et l'apprentissage des concepts (B.-M. Barth) ou encore les objectifs-obstacles et les situations-problèmes (Ph. Meirieu). Manière de dire encore que les styles d'apprentissage et les modes de pensée sont les fondements de la nécessité de la différenciation pédagogique (J.-P. Astolfi). Dès lors l'enjeu de la prise en compte de tous ces paramètres n'est-il pas de développer la capacité d'apprentissage des élèves (J. Berbaum) ?

La mémoire

Alain Lieury
Psychologie
Université Rennes II

Enseigner

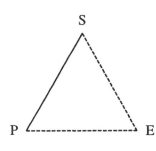

Du point de vue de la mémoire, la relation entre le professeur et le savoir concerne essentiellement le programme. Le savoir défini par le programme officiel est élaboré de manière complexe, par une corporation, des traditions, des commissions et aboutit de manière opérationnelle dans le manuel scolaire, expression visible et objective du programme. Quant au professeur, il essaie de l'appliquer en totalité ou en partie, selon ses critères personnels, ou... comme il peut, dans le temps d'une année scolaire.

À la fois pour des raisons de calendrier, le court délai entre la parution des programmes et la parution du manuel, et pour des raisons de complexité croissante des connaissances, un professeur ne peut plus être spécialiste de toutes les questions, le manuel est généralement fait par une équipe de spécialistes, assez souvent dirigée par un « expert », inspecteur, professeur d'université ou professeur de grandes écoles, regroupant des professeurs spécialistes d'un chapitre, voire des chercheurs très spécialisés (ex. égyptologue), c'est-à-dire bien souvent d'experts du savoir mais non des élèves. Au total, la complexité des connaissances aboutit à des manuels complets et intégrant les développements récents mais peut-être aussi à un savoir parfois inaccessible pour la mémoire d'un élève moyen.

Avant donc de se poser des questions concernant les capacités d'apprentissage, il m'a semblé indispensable d'essayer de dresser l'inventaire de ce qui en théorie devrait être appris, dans les normes, c'est-à-dire dans le programme. Un tel inventaire m'a conduit, avec plusieurs équipes (Lieury, 1991, Lieury et al., 1992) à relever tout le vocabulaire nouveau du programme de 6e tel qu'il apparaît dans les manuels. Une série complète de manuels a été ainsi dépouillée, correspondant à huit matières, français, première langue (anglais ou allemand), histoire, géographie, éducation civique, biologie, physique et maths. Comme je l'ai signalé auparavant, le programme de recensement n'était pas une analyse ou critique des manuels, raison pour laquelle l'éditeur n'est pas mentionné, mais un moyen de les utiliser comme estimation la plus objective possible (le décompte des mots peut être vérifié) des connaissances dans le cadre d'un programme donné. Les connaissances sont vastes et nous nous sommes intéressés dans un premier temps au vocabulaire technique comme un aspect fondamental de ces connaissances. Cela ne signifie pas que le vocabulaire résume complètement les connaissances (il y a des images, des cartes, des dates, des théorèmes...), mais des analyses statistiques montrent que la connaissance de ce vocabulaire technique est un très bon prédicteur de la réussite scolaire en fin d'année, bien meilleur que des tests de raisonnement (Lieury et al., 1992). Dans les manuels existent un grand nombre de mots courants qui sont censés être antérieurement acquis, c'est pourquoi nous n'avons compté que les mots nouveaux du programme par rapport aux mots censés être acquis à l'entrée en sixième. À la suite des travaux synthétiques de Dottrens et Massarenti (1963), le vocabulaire de base peut être estimé à environ 3 000. Ce sont donc les mots en plus qui ont fait l'objet de nos recherches.

Vocabulaire technique (hors vocabulaire courant),
dans une série de manuels de 6e, 5e, et 4e du même collège.

	6^e	5^e	4^e
Français	1 989	2 692	5 379
Histoire	1 088	2 841	3 257
Allemand	891	1 816	1 760
Éducation civique	872	421	1 646
Géographie	824	1 370	2 636
Anglais	716	1 164	2 354
Biologie	402	776	1 099
Physique	259	212	1 131
Math	167	203	571
Total	6 317	9 679	18 073

Ce total n'inclut pas les mots d'allemand, les élèves n'étudiant qu'une langue. Le classement des matières reprend celui de l'ordre décroissant de l'inventaire de sixième.

Notre recherche a démarré depuis trois ans avec la sixième et nous avons fait ce travail de recensement en suivant les mêmes élèves du plus grand collège de Rennes (huit classes), donc l'année suivante sur les manuels de cinquième et enfin sur la quatrième. Le dépouillement des manuels de sixième (en vigueur dans l'établissement de notre étude) avait conduit à une estimation d'environ 6 000 mots nouveaux (Lieury, 1992). Le recensement des manuels de cinquième, toujours par rapport aux 3 000 mots courants, aboutit au total impressionnant de près de 10 000 mots (Lieury et al, 1992). Et enfin, pour la troisième année de notre étude (état actuel de notre recherche), l'inventaire a révélé un total qui justifie l'expression de « bond de la quatrième » selon certains professeurs : 18 000 mots !

Un tel bilan, même s'il n'est pas exact à l'unité près, permet de remarquer des disparités entre matières et une absence de progressivité entre les niveaux. Les disparités entre matières amènent à réfléchir sur les causes de ces inégalités. Pour une part elles viennent de la conception des manuels, certains se limitant en difficulté, d'autres moins. Mais ces inégalités indiquent aussi que les mots ne recouvrent pas des notions d'égales difficultés. Nous verrons que la mémoire est complexe et qu'un mot n'est pas stocké en mémoire comme un « objet » simple. On peut prendre l'image d'un atome : certains atomes sont seulement composés de quelques protons et électrons tandis que d'autres, les atomes lourds, peuvent comporter jusqu'à deux cents particules. De la même manière, le mot « table » en anglais est simple parce qu'il correspond graphiquement et sémantiquement à son équivalent français tandis qu'un mot comme « Eratosthène » est à la fois complexe sur le plan graphique et sur le plan sémantique. Un mot comme « invariant » est simple sur le plan phonétique mais recouvre une grande complexité sémantique, etc. Si une réduction des mots, constituant l'ossature du programme est probablement nécessaire, ce nombre ne sera pas égal dans toutes les matières mais dépendra de spécificités propres à la matière.

Un deuxième intérêt d'un tel bilan est de vérifier la progressivité en fonction des années dans une matière donnée. Tous les cas de figures sont présents : on constate ainsi en histoire un bond énorme de la sixième à la cinquième avec une augmentation encore substantielle en quatrième ; un bond pour l'allemand de la sixième à la cinquième et une stabilité ensuite ; une progression en zig-zag pour l'éducation civique. La progression ne paraît régulière qu'en biologie. Le cas le plus général est un « décollage » de la cinquième à la quatrième, près du double, en français, en géographie, en anglais et cinq fois plus en physique. Certes, ce travail devrait être affiné, notamment par une réflexion didactique, mais un bilan grossier montre déjà la nécessité d'une analyse.

En définitive, dans l'analogie du « triangle » (cf. l'introduction générale de Jean Houssaye), le programme concerne de plus en plus un savoir d'expert que le professeur de la classe doit appliquer au mieux. Et l'élève est bien considéré comme le « mort » au bridge, mort puisqu'on ne s'est pas intéressé à ses connaissances préalables, à la progressivité d'apprentissage dont il est capable et encore moins aux différences entre élèves...

Former

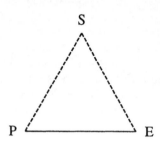

Le savoir étant défini par le programme, le rôle du professeur est de le transférer dans la mémoire de l'élève. Le modèle du triangle permet de visualiser le fait que dans cette relation « professeur-élève », le savoir est considéré comme équivalent. Or ce savoir est transféré par le professeur donc modifié, filtré par lui. Les professeurs n'étant naturellement pas identiques comme des clones, il en résulte que le savoir qu'ils transfèrent n'est pas le même.

Cette hétérogénéité de l'attitude du professeur face au savoir peut être évaluée par leur estimation de la difficulté du programme à transférer vers les élèves. Dans notre recherche sur le vocabulaire de sixième, nous avons fait évaluer la difficulté, pour des élèves de sixième, des 6 000 mots. Les professeurs pouvant avoir un avis très différent selon qu'ils sont « experts », c'est-à-dire spécialistes de la discipline, ou « candides » (d'une autre discipline). Chaque professeur devait juger en expert le vocabulaire de sa matière, ou en candide le vocabulaire d'une autre matière (cf. Lieury, 1991, pour les résultats généraux). L'évaluation se faisait par une note donnée par les professeurs à chaque mot, selon les critères suivants :

1. Très facile : usage courant ; minimum pour la 6^e

2. Facile : doit faire partie des connaissances de la 6^e

3. Moyen : doit pouvoir être acquis en 6^e

4. Difficile : pourrait être réservé à une année ultérieure

5. Trop difficile : doit absolument être reporté à une année ultérieure.

Les résultats de cette évaluation ont montré qu'en moyenne les professeurs jugeaient difficiles ou trop difficiles 2 500 mots sur les 6 000, soit environ 40 % d'entre eux. Cette estimation subjective, intéressante pour étudier le jugement des professeurs eux-mêmes, est assez loin des réalités puisqu'en moyenne pour les élèves, ce sont 3 500 mots qui sont difficiles. Ils n'en acquièrent que 2 500 en moyenne sur les 6 000.

	EXPERTS					CANDIDES				
	1	2	3	4	5	1	2	3	4	5
Histoire	504	587	1088	656		937	675	699	641	307
Géographie	152	199	677	227		523	46	249	639	119
Civique	259	305	632			635	103	264	655	112
Maths	44	41	33	45	6	95	1	5	31	90
Physique	97	107	89	18	51	147	8	43	49	44
Biologie	110	57	90	107	143	314	5	134	288	
Français	1638	644	629	1588	717	419	199	166	1402	632
Anglais	16	80	165	26		221	2	169	54	87
Allemand	118	63	146	36	124	6	167			

Nombre de mots évalués comme difficiles ou trop difficiles par des professeurs de la discipline (experts) ou d'une autre discipline (candides)

Remarque : Les numéros des experts et des candidats sont pure commodité mais ne correspondent pas aux mêmes professeurs sauf pour l'histoire et la géographie ; nous n'avons pas trouvé cinq experts et cinq candidats pour toutes les matières, d'où quelques trous dans le tableau.

Cependant un autre intérêt de l'étude des jugements des professeurs est d'étudier s'il y a homogénéité ou diversité des jugements face au savoir, ici le vocabulaire des manuels. Nous pensions en particulier trouver une grande différence entre les experts et les candides, mais elle ne se trouve qu'en biologie, où les candides trouvent plus de mots difficiles que les experts. À l'inverse de ce qu'on aurait pu penser, ce sont les experts en français qui trouvent plus de mots difficiles que les candides. Pour les autres matières, il y a équivalence en moyenne entre experts et candides. Ce qui frappe est l'extrême diversité de certains jugements notamment parmi les experts d'une même discipline (voir tableau ci-dessus). Par exemple, le nombre de mots estimés difficiles (niveaux 4 et 5) varie du double en histoire, de 504 à 1 088 ; en géographie, de 199 à 677, etc. C'est sans doute en français que les écarts sont les plus spectaculaires avec des extrêmes allant de 629 à 1 638 (sur un total de 1989) (voir tableau ci-dessus).

« Pédagogue » vient d'un mot grec qui désignait la personne qui accompagnait l'élève à l'école. Les résultats objectifs montrent que tous les professeurs n'accompagnent pas de la même façon : ceux qui estiment qu'il y a peu de mots difficiles sont loin de la moyenne des élèves et encore plus loin des élèves en difficulté.

Apprendre

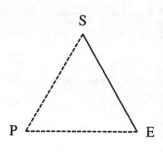

Si l'objectif pédagogique essentiel est le transfert de connaissance, symbolisé ici par la relation « savoir-élève », ce transfert est médiatisé nous l'avons vu, par des professeurs mais il est limité en définitive par l'élève, en particulier par ses capacités d'apprendre, c'est-à-dire par la mémoire. Or la mémoire n'est pas un magnétophone ou un camescope ; il ne suffit pas de présenter les connaissances une fois pour qu'elles y soient enregistrées définitivement.

La mémoire est un ensemble de processus biologiques (le *hardware* ou composants matériels de l'ordinateur) et psychologiques (le *soft* ou logiciel) dont la fonction générale est de coder l'information, de la stocker et de la récupérer pour pouvoir la restituer.

Le cerveau est un organe complexe de cent milliards de neurones (vingt fois la population du globe) composé de différentes structures : cortex, thalamus, corps striés, hippocampe, etc. Toutes ces structures sont dédoublées dans deux hémisphères cérébraux qui communiquent entre eux par un énorme câble, les corps calleux ; les autres structures communiquent entre elles par d'autres câbles. Au total, la mémoire qui résulte de ce fonctionnement complexe n'est pas une entité unique mais très hétérogène qu'on peut actuellement (Lieury, 1992) imaginer comme un ensemble de modules spécialisés connectés entre eux par des câbles où l'information est transférée à grande vitesse. La mémoire fonctionne un peu comme un réseau de bibliothèques. Si je cherche tel livre, absent dans la bibliothèque de mon établissement, je peux rechercher, dans le réseau, la bibliothèque qui le possède et me le faire envoyer. La mémoire fonctionne de cette manière à la différence que les bibliothèques sont en grande partie spécialisées : ce sont les modules de stockage (voir fig.), un pour les graphismes des mots lus, un pour les sons, un autre pour les phonèmes du langage, un pour les mots, pour les images, pour les visages, etc. De même, l'information circule en géneral (sauf dans le vieillissement) à de grandes vitesses de l'ordre de quelques millisecondes (millièmes de secondes).

Rien de ce qui est à apprendre n'est donc simple. Prenons deux exemples : les mots et les visages. Un mot est comme un atome, un complexe de plusieurs codages : lorsqu'il est lu, son graphisme est analysé par le module visuel (cortex occipital) qui lui-même est complexe (les neurologues distinguent jusqu'à huit strates) et est stocké sans doute dans une mémoire spécialisée, la mémoire graphique. Le mot pouvant être entendu, le codage sonore a été effectué dans un autre module, auditif puis un module phonétique pour les sons servant au langage. Ces deux sortes de codes, graphique et phonétique, sont mis en connexion dans une mémoire qui intègre les différentes caractéristiques des mots, la mémoire lexicale. Enfin, la signification est analysée et stockée dans un autre module, la mémoire sémantique. Les visages, par exemple ceux de Ramsès, Robespierre, Napoléon, dans un livre d'histoire, font l'objet de multiples codages dans différents modules, visuel, visages, sémantique, lexical, pour leur trouver un nom, des recherches montrent même que les visages donnent lieu à une interprétation émotive...

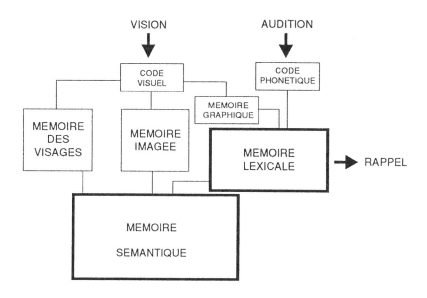

La mémoire peut être représentée comme un réseau de modules spécialisés communiquant entre eux à grande vitesse

Connaissant la complexité de la mise en mémoire, la quantité d'informations pouvant être acquise en l'espace d'une année scolaire n'est pas pour le psychologue de la mémoire un objectif à atteindre mais plutôt un objet de recherche. Quelles sont, en effet, les capacités moyennes de mémorisation des élèves à un niveau scolaire donné ? Afin d'estimer ces capacités par rapport à la quantité d'informations, telle qu'elle apparaît dans les manuels, nous avons effectué une sorte de « sondage » de la mémoire des élèves par des questionnaires à choix multiples (QCM) construits sur cent mots au hasard par matière, donc au total 800 mots. Le test a été effectué en fin d'année scolaire. D'après le pourcentage de réussite aux QCM, l'estimation était d'environ 2 500 mots acquis en sixième (donc en plus des 3 000 mots courants de base) sur la moyenne des élèves. Mais l'analyse détaillée avait montré des différences impressionnantes entre les élèves en étroite relation avec les résultats scolaires (voir fig. p. suivante), l'élève ayant la moyenne annuelle la plus élevée ayant acquis environ 4 000 mots (estimés d'après les bonnes réponses aux QCM) tandis qu'un élève ayant une moyenne annuelle basse, n'avait acquis que 1 000 mots du programme de sixième !

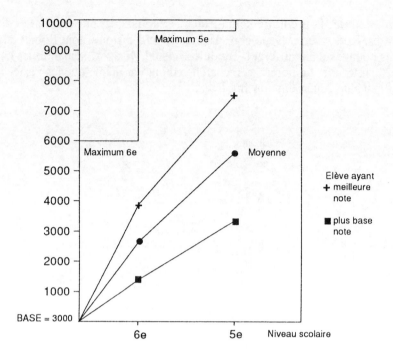

Vocabulaire des manuels acquis en 6e et en 5e par rapport au programme maximum (6 000 en 6e et 9 500 en 5e). De part et d'autre de la courbe moyenne sont indiquées les estimations pour l'élève ayant la meilleure note scolaire ou la note la plus basse. Synthèse d'après Lieury (1991 et 1992).

Le vocabulaire acquis en cinquième a été estimé selon la même méthode sur les mêmes élèves, un an plus tard, avec un nouveau QCM de 800 concepts extraits au hasard à partir des 9 500 mots dépouillés dans les manuels de cinquième (Lieury et al., 1992).

L'estimation sur la base des réussites aux QCM est en moyenne d'environ 5 500 mots acquis à l'issue de la cinquième. Sachant que 2 500 mots avaient été acquis en moyenne en sixième, cela fait une progression similaire de 2 500 mots, ce qui est considérable en termes de capacité de la mémoire à long terme. Il reste que les manuels contiennent un large excédent d'informations pour la moyenne des élèves, environ 4 000 mots.

Bien que les capacités d'acquisition soient immenses, environ 2 500 concepts par année, la figure nous permet de visualiser la distance séparant la capacité moyenne d'acquisition et le programme maximum tel qu'il apparaît dans les manuels. Tout se passe comme si (comme on dit en physique) le programme des manuels était conçu par les experts en fonction des élèves les plus brillants. Le programme se situe bien au-delà des capacités de la moyenne des élèves. Quant aux élèves les plus en difficulté, ils sont irrémédiablement noyés. Seule une évaluation par rapport à des critères extérieurs (comme ici les manuels) permet de voir la réalité car si le professeur construit une évaluation en fonction du niveau estimé de sa classe, l'évaluation pourra donner l'illusion de bons résultats sans prouver que les élèves aient acquis un niveau élevé.

Les résultats d'une telle évaluation, standard pour tous, amènent à se demander si l'objectif scolaire est de faire apprendre des connaissances ou d'utiliser le savoir pour... sélectionner. Sélectionner peut être un objectif justifié, notamment dans une société de compétition, mais il doit être alors explicite et défini par des instances sociales. Mais si, comme cette courbe semble le montrer, la sélection se fait, masquée par un objectif d'apprentissage, c'est le professeur que l'on prend pour un pion !

RÉFÉRENCES BIBLIOGRAPHIQUES

LIEURY A., *Mémoire et réussite scolaire*, 2ᵉ édition, Paris, Dunod, 1993.

LIEURY A., *La mémoire*, 4ᵉ édition, Bruxelles, Mardaga, 1992.

LIEURY A., *Des méthodes pour la mémoire*, Paris, Dunod, 1992.

LIEURY A., VAN ACKER P., CLEVEDE M., DURAND P., « Mémoire des connaissances et réussites en 5ᵉ », *Le langage de l'homme*, n° 28, 1992.

La motivation

Jean Houssaye
Sciences de l'éducation
Université de Rouen

La motivation est habituellement définie comme l'action des forces, conscientes ou inconscientes, qui déterminent le comportement (sans aucune considération morale). À ce titre, une des fonctions de l'enseignant est de provoquer, susciter, diriger, maintenir et développer les motivations des élèves.

N'oublions pas, pour autant, que la question de la motivation touche l'enseignant lui-même : il a sa propre hiérarchie motivationnelle (se considère-t-il d'abord comme un spécialiste d'une discipline, comme un professeur de telle ou telle discipline, ou comme un pédagogue en charge de tel ou tel contenu disciplinaire ?) ; son degré de motivation est lié à ses représentations du métier d'enseignant et aux incertitudes actuelles de ce métier (si le champ de compétence reste lié aux savoirs acquis ou à acquérir, la fonction traditionnelle de transmission des savoirs n'est plus suffisante et se trouve confrontée à bien d'autres – gardiennage, éducation, orientation, etc.– tant et si bien que l'enseignant est amené à essayer de fabriquer, pour les élèves, du sens à leur présence à l'école) ; les éléments de sa propre motivation sont pluriels, variables et contradictoires (certains sont actifs – contact avec les jeunes, amour de la discipline, désir de faire partager –, d'autres sont matériels – moyen de gagner sa vie, avantages matériels, liberté d'action, sécurité –, et d'autres sont passifs – on se retrouve à enseigner faute de mieux ou après une entrée que l'on pensait provisoire).

Il faut donc retenir que la question de la motivation concerne autant l'enseignant que l'élève. Cependant, nous ne considérerons ici que les forces qui déterminent la conduite des élèves et, par là, le rôle de l'enseignant. À ce titre, la question de la motivation, parce qu'elle tient au rapport que l'élève entretient avec le savoir, s'inscrit indéniablement dans le processus « apprendre ». Nous poserons cependant comme hypothèse que la motivation est fonction du processus pédagogique dominant dans lequel elle s'inscrit (cf. présentation de l'ouvrage). Nous étudierons ainsi successivement la motivation dans le processus « enseigner », dans le processus « former » et dans le processus « apprendre ».

Motivation et processus « enseigner »

Théories

La conception de l'enfance qui sous-tend le processus « enseigner » est très souvent considérée comme « pessimiste » : selon les auteurs, l'enfant va être perçu comme plutôt incapable rationnellement, indifférent, rétif ou « mauvais » (en proie aux passions ou au péché originel). L'intervention de l'enseignant est alors fondamentalement nécessaire et indispensable ; elle s'appuiera sur des motivations extrinsèques aux élèves.

Sur un plan plus strictement psychologique, certaines théories du management relèvent de ce processus lorsque, en agissant par la persuasion et l'influence, en insistant sur le rendement et l'excellence, elles cherchent à motiver les personnes à travailler en les convainquant de fournir le rendement nécessaire au bien-être des individus et à la survie de l'institution.

Mais la théorie la plus caractéristique dans ce domaine est celle du conditionnement opérant de Skinner (1968) que l'on peut résumer ainsi : le comportement des individus est modelé par les récompenses (ou leur absence) et les punitions (ou leur absence) qui en découlent ; il peut ainsi être renforcé positivement ou négativement. Sachant d'une part qu'il est impossible de connaître directement ce qui se passe à l'intérieur du cerveau et qu'on ne peut donc que faire des hypothèses à partir du comportement visible, sachant d'autre part qu'on ne peut agir directement sur les sentiments ou les pensées et que seules les conditions externes sont accessibles, le schéma de l'action est alors le suivant : on se fait une hypothèse du meilleur moyen d'influencer l'élève, ce qui nous conduit à « manipuler l'environnement » d'une façon jugée porteuse d'efficacité ; l'élève réceptionne ces stimuli et réagit de façon interne, donc inconnue de nous ; il faudra amener l'élève à réagir sous forme de comportements externes qui feront la preuve du degré d'efficacité de notre action sur l'environnement de l'élève.

Le type de modifications le plus efficace que l'on puisse faire dans l'environnement de l'élève est le renforcement du comportement de celui-ci dans la direction que l'on désire, soit en punissant pour le comportement non désiré, soit en récompensant pour la réponse voulue. En pratique, la deuxième méthode se révèle supérieure. Mais, pour inciter l'individu à répéter un comportement donné, on peut aller au-delà de la punition ou de la récompense et n'utiliser que le stimulus habituellement relié au renforcement (telle incitation, tel ordre, etc.). L'élève qui répond à ce seul stimulus est devenu un élève travailleur.

Pédagogie

Le processus « enseigner » fonctionne sur des pédagogies de la transmission et de l'inculcation. Or, dans leur fonctionnement, le problème de la motivation n'est pas fondamental. En effet, l'activité essentielle est assurée par le maître : il prend les initiatives et dirige les processus. L'action de l'élève dépend plus de motifs (raisons de, obligations de) que de mobiles (besoins de, désirs de) ou de motivations. Comment l'enseignant s'efforce-t-il d'amener l'élève à travailler ? L. Not (1987) distingue ici trois modalités habituelles de renforcement : les sanctions, l'émulation et l'attrait.

Les sanctions, ce sont des récompenses (d'où le désir) ou des punitions matérielles ou morales (d'où la crainte et l'évitement). Le conditionnement fonctionne sur ce schéma. Les dangers en sont simples : la dépendance est totale ; le dressage peut amener à « greffer » n'importe quelle conduite ; le jugement est placé sous la dépendance de l'affectivité (plaisir ou crainte). Les sanctions ne peuvent en fait fournir que des mobiles extérieurs au rapport élève-connaissance ; c'est la récompense et non la connaissance qui procure le plaisir. Associer la menace de punition à une tâche n'a jamais rendu cette dernière efficace ou désirable, d'autant que les sanctions s'émoussent (châtiments corporels, bonbons, blâmes, etc.).

L'émulation désigne l'effort que les individus font pour s'égaler ou se surpasser les uns les autres (cf. le texte sur la compétition et la coopération). Elle procède soit de l'admiration et de l'imitation, soit de la compétition et du désir de prééminence, soit de la concurrence, soit de la combativité et des instincts de lutte. Dans l'enseignement, elle conduit aux classements, aux hiérarchies et aux ségrégations. Le problème, c'est que, les classements variant en fait peu, l'émulation a tendance à ne motiver que les élèves qui n'auraient pas besoin de l'être. Ses effets sont bien connus : rivalités, révolte des vaincus, illusion de puissance des vainqueurs, échec de la coopération, fraude, justification des inégalités.

L'attrait, quant à lui, place la source de la dynamique hors du sujet agissant puisqu'il résulte des qualités des choses ou des actions que l'activité studieuse appréhende. Seulement, si la connaissance peut être considérée comme attirante pour la majorité des individus, la marche qui y conduit procure et exige souvent plus de peines que de plaisirs. D'autant que l'instruction est aujourd'hui imposée à tous et que bien des activités non scolaires se révèlent sources de plaisirs immédiats plus intenses. Reste alors à essayer de rendre artificiellement agréables les contenus et les démarches de la connaissance (cours « vivants », etc.). Bien souvent, cependant, les élèves consomment la forme et rejettent le fond. Mise en scène et mise en condition trouvent vite leurs limites dans les rencontres quotidiennes. Le problème essentiel demeure donc : la source d'énergie est située en dehors du sujet, alors que, pour être durable et efficace, elle ne saurait être qu'en lui.

Certaines études relèvent néanmoins qu'alors que les élèves à motivation positive (ancrée sur le besoin de réalisation) profitent mieux de traitements pédagogiques qui leur assurent plus de liberté et de possibilités d'intervention personnelle, les élèves à motivation défensive (ancrée sur la peur de l'échec) profitent mieux d'un enseignement méthodique, structuré, directif, qui précise bien les réalisations attendues. La même remarque peut être faite concernant les élèves peu anxieux ou anxieux. Mais toute affirmation dans ce domaine demeure hypothétique, faute d'études vraiment probantes et détaillées.

D'autres recherches (Erlich, 1989) montrent bien, par contre, comment le processus « enseigner » favorise le mécanisme de la démotivation. Il apparaît en effet que, pour maintenir la motivation, il ne faut pas demander aux élèves plus que ce qu'ils sont capables de faire, l'excès de la demande pouvant être qualitative (tâche trop difficile ou fastidieuse) ou quantitative (tâche trop longue ou trop intense). Si l'objectif assigné à chacun dépasse ses possibilités du moment, les performances régressent. De plus, à côté des effets de découragement immédiat, il faut considérer une dégradation plus profonde et plus durable du fonctionnement. Les capacités individuelles étant très diversifiées dans une classe, pour optimiser le fonctionnement des élèves, il faut aménager des conditions et des rythmes de progression spécifiques, tenant compte du niveau et du mode de fonctionnement de chacun. Or c'est ce que le processus « enseigner » néglige en se focalisant sur le rapport privilégié enseignant-savoir.

Et pourtant, le « cours vivant », basé sur les questions et le dialogue, ne permet-il pas de maintenir la motivation dans le groupe classe? Giordan et de Vecchi (1987) ont ainsi noté que l'absence d'un véritable questionnement traduisait un arrêt dans la construction de la pensée. Malheureusement, la plupart du temps, la conduite de ce questionnement dans la classe reste très artificielle. Son rôle consiste à faire dire aux élèves (en fait, à certains) ce que le maître a décidé de faire émerger ; les « mauvaises » remarques ne sont pas prises en compte ; les questions qui contiennent la réponse et les questions fermées sont plus fréquentes (car plus maîtrisables) que les questions ouvertes ou d'incitation. Partir du questionnement des élèves n'est pas facile et requiert des conditions permettant de se poser par exemple un problème véritablement scientifique. Il s'agit, pour motiver, de transformer l'étonnement en questionnement, d'accéder à une curiosité active, par un savoir « dérangeant » (cf. le texte sur les conceptions des apprenants). Précisément, c'est bien à cette démarche pédagogique que le processus « enseigner » tourne le dos ; sa logique pédagogique est différente.

Motivation et processus « former »

Théories

Le processus « former » s'articule de façon privilégiée sur l'axe professeur-élèves. La motivation va donc avant tout s'inscrire ici dans l'ordre de la relation. Toute intervention qui amène l'élève à s'exprimer, qui lui permet de se prendre en charge en toute liberté, qui favorise son épanouissement personnel, contribue à augmenter la motivation de l'élève à la réussite. C'est l'individu qui est alors posé comme l'origine de la motivation ; le besoin est immanent, il préexiste à l'objet ou à l'environnement, il est lié à la nature même de l'homme et se présente donc comme universel. L'action de l'enseignant va ainsi être fonction de sa capacité à reconnaître, à tenir compte de et à s'appuyer sur les besoins fondamentaux des élèves.

De très nombreux auteurs ont cherché à définir ces besoins fondamentaux : Freud (théorie des trois stades, 1905), Maslow (cinq besoins fondamentaux hiérarchisés, 1954), Herzberg (les besoins de survie et de croissance, 1959), Frankl (le besoin de donner un sens à l'existence, 1959), Rogers (le besoin de croissance, 1967), Dabrowski (la confiance radicale dans le potentiel de développement de la personne, 1972), Berne (les trois états du Moi, 1966), etc. Nous reprendrons Rogers dans la partie pédagogique. Sur le plan théorique, le plus connu dans ce domaine de la motivation est sans doute Maslow. Cependant nous nous attarderons plutôt à la théorie de Raths (1967), précisément parce qu'il a précisé la conception de Maslow à propos des besoins des enfants.

Pour Raths, si les besoins qui vont suivre ne sont pas assurés comme des éléments essentiels, le reste de la croissance risque de ne pouvoir se réaliser parce que l'organisme est en danger, en position de protection. Cet auteur distingue huit besoins fondamentaux. Le premier, outre les besoins physiologiques élémentaires, est celui de la sécurité économique (habitation, alimentation, sommeil, etc.). Le second est le besoin d'être libéré de toute peur ; tout individu a besoin de sécurité psychologique, il a le droit d'être totalement et pleinement ce qu'il est sans être menacé (faute de quoi son développement sera entravé). Le troisième est le besoin d'être libéré de toute culpabilité ; celle-ci naît de l'écart entre ce qui est réclamé et ce qui est profondément souhaité ; cela suppose que le centre d'évaluation du comportement se situe à l'intérieur de la personne et non à l'extérieur ; chacun doit retrouver le droit à l'essai et à l'erreur, le droit de prendre ses propres risques en toute confiance.

Toute personne a aussi besoin d'appartenir à une collectivité, à un environnement. C'est le quatrième besoin. Parler d'un sentiment d'appartenance, c'est parler d'un sentiment d'identité personnelle, de différenciation des autres et de reconnaissance par les autres ; individualisation et socialisation sont complémentaires. Le cinquième est le besoin d'amour et d'affection ; il renvoie à la nécessité d'une image positive réciproque, de confiance, d'acceptation, d'admiration. Le sixième est le besoin de réussite ; réussir, c'est se confirmer dans sa croissance, tandis que celui qui échoue est renvoyé à sa faiblesse et à la dépendance. Le septième est le besoin de partager et de se sentir respecté ; la communication, l'interdépendance, le respect, l'ouverture et l'acceptation de recevoir des autres sont ici déterminants. Le huitième est le besoin de comprendre et de se comprendre ; la question du sens de ce que l'on fait et de ce que l'on est ne peut dès lors être éludée. L'école sera d'autant plus satisfaisante et formatrice qu'elle permettra de répondre à ces différents besoins.

Pédagogie

Dans le processus « former », motivation et implication se recouvrent. Cette dernière est fonction d'un ensemble de trois sentiments qui conditionnent l'engagement d'un sujet (Vayer, Roncin, 1987) : le sentiment de sécurité qui se traduit dans la disponibilité du moment ; le sentiment d'être concerné apporté par le projet et la nature de l'activité ; le sentiment de vivre son autonomie. Quelles sont les données qui apportent le sentiment de sécurité ? Elles sont de nature affective : la présence d'un adulte qui accepte et écoute l'enfant, mais qui possède également la capacité de réguler les interactions ; les relations positives avec les autres enfants, plus faciles quand le groupe est réduit et s'est choisi ; l'ambiance et le climat de la classe en tant que groupe.

Quels sont maintenant les facteurs qui donnent au sujet le sentiment d'être concerné ? Ce sont des propositions d'activités qui doivent correspondre aux besoins exprimés, une cohérence et un intérêt immédiat du projet d'action, des modèles d'action et de comportement apportés par les autres qui s'engagent également dans l'activité. Quels sont enfin les éléments qui donnent à chacun le sentiment de vivre son autonomie ? On peut ici citer un certain nombre d'aspects organisationnels : un groupe réduit et qui s'est choisi, des données matérielles qui facilitent les relations interpersonnelles, un comportement de l'adulte qui se défend d'intervenir dans l'activité de l'autre et qui respecte les rythmes personnels, une règle du jeu social qui permet à chacun d'exprimer son autonomie et d'en percevoir les limites. En résumé, quand la disponibilité, l'intérêt et l'autonomie sont positives, la situation est immédiatement dynamique et le sujet s'implique spontanément dans l'activité. À l'inverse, quand l'une ou l'autre des forces considérées est franchement négative, l'élève va tout aussi spontanément manifester des réactions de refus ou d'opposition.

C'est sans doute Rogers qui a le plus insisté sur l'importance des qualités de la relation interpersonnelle dans l'apprentissage. Pour lui, l'apprentissage véritable ne peut être qu'un apprentissage dans lequel toute la personne est engagée, soit un apprentissage significatif. Ce dernier suppose des conditions relationnelles affectives fondamentales du côté de l'éducateur, soit la congruence, la considération positive, l'empathie et l'acceptation de l'autre.

Dans ce climat relationnel, l'élève demeure le seul qui ait accès à son expérience personnelle et qui puisse la traduire en comportements significatifs. Le rôle de l'éducateur reste cependant de mettre en place ce climat qui facilite l'épanouissement des tendances de l'élève et qui lui permet d'être en relation avec les autres. Mais l'autodétermination, l'autodécouverte, l'auto-apprentissage sont posés comme déterminants. L'apprentissage significatif permet ainsi un meilleur fonctionnement psychologique lié à une plus grande acceptation, un meilleur ajustement de soi, ainsi qu'une ouverture aux expériences d'apprentissage proposées en classe. Bref, dans le processus « former », motivation et implication se jouent avant tout dans la relation maître-élèves.

Motivation et processus « apprendre »

Théories

Par rapport à « former », le processus « apprendre » opère une décentration de l'affectif vers le cognitif. Toute intervention d'enseignement qui adaptera les buts visés aux aspirations et capacités de l'élève, qui maintiendra son intérêt jusqu'à l'atteinte des buts visés, qui l'aidera à choisir et à contrôler des objectifs d'apprentissage adaptés et progressifs, contribuera à augmenter sa motivation à la réussite. Différentes théories, qui vont cette fois mettre l'accent sur l'interaction sujet-objet, s'inscrivent certes dans cette dimension : Lewin et la théorie du champ (1935), Heider et la théorie de l'attribution (1958), etc. Mais la référence capitale reste ici Nuttin (1980) et sa théorie de la motivation dynamique et prospective.

Selon Nuttin, le fonctionnement de l'être vivant n'est pas seulement un fait mais un dynamisme, en ce sens qu'il tend à se maintenir en activité. L'organisme n'a pas vraiment besoin de stimulation pour entrer en fonction : étant donné le dynamisme inhérent, le fonctionnement est son état naturel. Ce qui signifie que les dispositions motivationnelles d'un être vivant sont d'autant plus complexes et variées que son équipement fonctionnel est plus développé. Il ne faut pas comprendre les besoins en termes de carences ou de déficits, mais comme des dynamismes constructifs du potentiel fonctionnel de l'être vivant. Certes, toute motivation implique une certaine absence de l'objet désiré ; mais cette absence ne fait que déclencher le dynamisme inhérent, il n'en est pas la source.

Outre sa nature (inscrite dans les potentialités fonctionnelles de l'être vivant), la motivation est caractérisée par sa direction : un dynamisme dirigé vers l'autodéveloppement de la personne est inhérent à son fonctionnement comportemental. Dans son comportement, la personne suit les voies dictées par l'élaboration cognitive et créatrice de sa propre motivation, c'est-à-dire ses propres buts et plans. Qui plus est, le développement psychologique de la personnalité implique un progrès dans le comportement motivé. Ce processus de dépassement, ou la position de buts nouveaux, est à la base du progrès humain. Il va au-delà du mécanisme biologique de l'adaptation, aussi bien que de la tendance à l'équilibre homéostatique. Il implique, souligne Nuttin, un processus cognitif d'un niveau spécifiquement humain.

N'oublions pas non plus que, toujours sur le plan cognitif, la personnalité humaine ne perçoit pas et ne connaît pas seulement les objets du monde dans lequel elle vit : elle se prend aussi comme objet de sa propre connaissance. Cela permet au sujet d'intervenir dans sa propre formation et d'agir intentionnellement sur lui-même, comme objet de son action, au lieu d'être simplement affecté par des stimulations et leurs réactions (ce qui dénonce le processus « enseigner »). Par le fait même, le dynamisme du comportement se trouve profondément transformé sous l'influence de la forme réflexive de la cognition humaine. Activée par le dynamisme de la croissance et de l'autodéveloppement psychologique, la personne se construit une image « cognitivo-dynamique » d'elle-même. Dans chaque situation concrète, cette image dynamique de soi se concrétise et se réalise plus ou moins dans le but que l'on choisit ou décide de s'assigner, et dans le projet que l'on exécute.

La conception dynamique de soi et sa concrétisation dans des buts et des projets prennent des formes infiniment variées. Chacun va essayer de se réaliser suivant la conception qu'il se fait de lui-même. La motivation dégage donc une dimension du futur ou perspective d'avenir, espace dans lequel se situent les buts à réaliser. Une telle dimension est indispensable à toute activité de formation. Il est bon, pour terminer, de noter que l'élaboration cognitive du besoin de croissance aboutit quelquefois à des conceptions de soi moins positives. Chez certaines personnes, l'image de soi est dominée par une représentation de ce qu'elles craignent de ne pas pouvoir devenir ou de ce qu'elles ne voudraient pas devenir. Plusieurs conceptions de soi peuvent ainsi se présenter ; il reste que ces attitudes négatives impliquent, chez ces mêmes personnes, une tendance positive dont on craint de ne pas pouvoir atteindre l'objectif.

Pédagogie

Sur cette base, on peut donc considérer, d'une part, qu'un enfant, en tant que sujet, entre à l'école prêt et disposé à apprendre, d'autre part, qu'il s'attend à ce que l'objet qu'il va rencontrer à l'école prenne un sens pour lui. Et aucune préparation ni aucun entraînement ne sont nécessaires pour obtenir ces dispositions. Mais, au bout d'un certain temps, comme tout individu, un enfant fait toujours une analyse coûts-bénéfices avant de s'engager dans n'importe quelle transaction d'apprentissage, son état émotif présent et prévisible étant des variables qui sont prises en considération. Si le coût de la tâche d'apprentissage donnée est supérieure aux bénéfices escomptés, l'élève sera peu enclin à accepter un marché si peu rentable et l'enseignant sera condamné à essayer de lui démontrer qu'apprendre peut constituer une réponse réalisable et fructueuse face à l'environnement scolaire.

Du point de vue de la motivation, la première obligation qui incombe aux enseignants est de faire en sorte que l'environnement et les activités d'apprentissage soient et restent signifiants pour les enfants. Tous les enfants qui n'ont pas été rendus inaptes à apprendre peuvent être intéressés par n'importe quoi, si deux conditions sont respectées. La première est que la situation d'apprentissage ait un sens, la seconde qu'elle comporte une certaine nouveauté. L'intérêt, en d'autres termes, n'est pas une condition spéciale dont l'apparition dépendrait de l'enfant ou dont la stimulation serait sous la responsabilité de l'enseignant. L'intérêt est plutôt un facteur naturel chez tout enfant qui se trouve dans une situation nouvelle, et dans laquelle il peut établir un lien entre la nouveauté et au moins une chose qu'il sait déjà. Les enfants ne résistent pas à l'apprentissage, mais aux situations dans lesquelles ils redoutent de ne pas réussir à apprendre.

Sur ces bases, sur le plan pédagogique, en respectant la théorie de Nuttin (la motivation est dynamique, dirigée, comporte un progrès et inclut la dimension du futur), L. Not (1987) intègre les développements de Piaget. Entre les buts lointains de l'éducation et la vie actuelle de l'enfant, il place la notion de devenir, il définit l'enfant et l'adolescent d'abord comme des êtres en devenir ; c'est dans ce devenir que se situe la source des motivations appropriées à l'étude. Ces dernières se développent alors selon deux dimensions, l'une actuelle et l'autre prospective.

Pour ce qui est de la dimension actuelle, l'enfant et l'adolescent aspirent à être puissants, ils ont besoin de s'affirmer et c'est dans la réalisation de ce besoin d'affirmation de soi que se développe leur personne (l'insatisfaction engendre la révolte : « paresse », désobéissance, chahut). L'étude a des dimensions de conquête et d'initiative qui satisfont cette affirmation de soi. Mais des conditions doivent être respectées : le principe d'assimilation (ne présenter que des contenus appréhendables avec les moyens dont l'élève dispose) assure la réussite ; l'assimilation ne va pas sans accommodation (l'assimilation assure les joies de la compréhension et l'accommodation est rendue nécessaire par la nouveauté des objets et des situations rencontrées ; la nouveauté est génératrice d'intérêt, de même que l'accommodation réussie apporte la joie d'avoir progressé) ; le développement de ces processus nécessite le succès (l'apprentissage meurt de l'échec, mais la difficulté doit rester réelle pour que son franchissement apporte la joie ; et l'aide intempestive prive l'élève du plaisir de la victoire). L'adaptation, c'est-à-dire l'acquisition de connaissances, apparaît ainsi comme une conquête et se fonde sur des mobiles inhérents, intrinsèques.

Pour ce qui est de la dimension prospective des motivations, la notion centrale ne sera autre que celle de projet : projet d'action (ce que l'on a l'intention de faire) et projet de soi (ce que l'on a l'intention d'être). Projet de soi et projet d'action sont indissociablement unis, la personne se réalisant dans ses actes. Or l'enseignement a plus que tendance à ignorer la notion de projet de soi, car il tend à conformer et attend plutôt le conformisme en réponse. Une éducation fondée sur le projet se doit d'articuler dialectiquement divergence et convergence, affirmation originale de soi et apports de l'héritage culturel, projet personnel et projet social.

Durant l'enfance, le projet de soi est celui d'un être qui veut être par ce qu'il fait, et qui veut être plus en faisant plus. Il faut donc que les activités scolaires lui donnent des moyens de réalisation de soi variés et sûrs. Cela nécessite une éducation cognitive fondée sur la réussite, par une dissociation claire entre l'échec et la faute, l'erreur et la sanction. À l'adolescence, le projet de soi devient véritablement plan de vie. L'école a alors une médiation à assurer, non seulement entre l'élève et les contenus, mais aussi entre le projet personnel et les exigences sociales qui s'expriment dans les programmes d'enseignement. Ce que l'élève fait et les efforts qu'il produit doivent avoir un sens et ce sens doit s'articuler à la perspective d'un projet de soi. Le dire ne sert à rien : cette conclusion, que cela a bel et bien un sens pour lui, ne peut pas être celle d'un discours magistral ; elle ne peut être que celle de l'élève lui-même (ça a un sens parce que ça servira, ou parce que c'est un moyen pour autre chose, ou parce que ça permet d'être plus ceci ou cela).

À ce moment, l'important est que l'élève voie qu'il ne travaille ni pour l'école, ni pour les maîtres, ni pour les parents, mais d'abord pour lui, pour acquérir des moyens d'action et de réalisation de soi. Quand il aura compris et intégré cela, on pourra alors lui faire comprendre qu'on ne se réalise pleinement que dans les rapports à autrui, et qu'il peut rejoindre les fins de l'éducation dont il bénéficie. Cette reconnaissance vient de la réflexion capitale qui s'institue sur les objectifs et les buts de l'éducation. C'est en passant par le projet de soi que l'on cherche ainsi à transformer les buts de l'éducation, qui sont toujours au futur, en intérêts actuels de l'élève. Le processus « apprendre » se fonde à la fois sur une confiance dans la motivation et sur un respect de sa nature et de ses conditions.

Tout en reconnaissant que le lieu « naturel » de la question de la motivation est bien du côté d'« apprendre » (puisqu'elle s'inscrit dans le rapport élève-savoir), nous avons cherché à montrer que la motivation n'a ni la même place, ni le même sens, ni le même fonctionnement, selon que l'on privilégie, tant théoriquement que pratiquement, le processus « enseigner », le processus « former » ou le processus « apprendre ». La triangulation pédagogique maître-élève-savoir permet donc de décripter de façon différenciée la motivation. N'oublions pas pour autant que le triangle s'inscrit dans un cercle qui représente l'institution. N'oublions pas que la motivation a aussi des aspects sociaux qu'il convient d'évoquer pour finir, car ils interfèrent sur elle continuellement. Ce que nous venons de dire sur le projet de soi nous l'a d'ailleurs déjà rappelé.

Comment se fait-il par exemple que les filles soient moins nombreuses dans les carrières scientifiques et techniques ? Les aspects psychologiques ne semblent pas ici satisfaisants pour expliquer cette différence de motivation ; nous sommes immanquablement renvoyés à des aspects psychosociaux et sociaux (attitudes, représentations, stéréotypes, fonctionnement du marché du travail, etc.). Toujours sur le plan sociologique, on ne peut éviter de rappeler l'influence de la catégorie socio-professionnelle sur la réussite scolaire et sur les procédures d'orientation et de sélection (ambitions des parents, attitudes des enseignants, différences culturelles, valeurs dominantes, etc.). Bref, si la motivation à l'école est bien une question pédagogique, si pour la comprendre il est nécessaire de l'envisager sous l'angle psychologique et sous l'angle pédagogique, il convient de ne jamais oublier qu'elle doit aussi être envisagée sous l'angle sociologique. Le pédagogue n'est-il pas toujours le pédagogue d'une société donnée ?

RÉFÉRENCES BIBLIOGRAPHIQUES

CRAP, « La motivation », *Cahiers pédagogiques,* N°300, 1992.

NOT L., *Enseigner et faire apprendre,* Toulouse, Éditions Privat, 1987.

NUTTIN J., *Théorie de la motivation humaine,* Paris, Presses Universitaires de France, 1985.

SKINNER B.F., *La révolution scientifique de l'enseignement,* Bruxelles, Editions Dessart, 1968.

L'évaluation scolaire

Yvan Abernot
Sciences de l'éducation
Université Louis-Pasteur, Strasbourg

Pour respecter le cadre et l'esprit de cet ouvrage collectif nous éviterons de développer les thèmes philosophiques concernant le droit d'évaluer, l'utilité d'évaluer ou le rôle social de l'évaluation, si ce n'est à l'occasion de pratiques qui soulèvent directement ces questions. D'autre part, les méthodes d'évaluation dites « lourdes », modération statistique, établissement de grilles complexes, ou collaboration obligatoire avec des spécialistes seront omises au même titre que celles qui demandent des modifications institutionnelles de grande envergure.

Généralités

Définition

Assez paradoxalement, nous avons besoin de définitions deux à deux opposées. Le dictionnaire courant propose les synonymes : mesure, estimation, calcul, appréciation, etc. Autant de termes relevant de deux ordres antagonistes : celui de la précision et celui de l'approximation.

Les dictionnaires spécialisés opposent, quant à eux, une évaluation donnée comme mesure du degré de conformité à une norme, d'une part, du degré d'atteinte d'objectifs, d'autre part. Cette opposition mène aux notions modernes d'évaluation sommative et formative que nous aborderons dans la deuxième partie.

Problématique

Il y aurait mille manières de montrer que l'évaluation ressortit à une problématique de représentation, donc au domaine général de la sémiologie. Voyons trois aspects qui déterminent des options pragmatiques.

En linguistique, depuis N. Chomsky, on distingue la compétence, potentiel de mise en œuvre, et la performance, actualisation contextuelle et partielle de la compétence. Étant donné un corpus enseigné qui constitue un tout, l'évaluation est une tentative d'appréhension de la compétence sur un tout à partir d'une performance sur une partie. Il est, en effet, impossible de questionner sur le tout, il faut donc choisir des extraits censés être représentatifs de la compétence. L'enseignant se fiera à son expérience pour se déterminer. Par exemple, il est patent qu'un questionnaire à choix multiples et un sujet de synthèse ne donneront pas les mêmes résultats.

Une autre manière d'aborder cette problématique consiste à se demander pourquoi transformer un jugement en une note. La réponse est : pour pouvoir y appliquer des opérations. Pour ce faire, il faut traduire « bien » en français par 14/20 et « insuffisant » en mathématiques par 8/20 car on ne sait pas proposer un seul indice représentant les deux mentions, alors que (14 + 8)/2 font bien 11. Beaucoup de problèmes viennent de cette volonté de comparer l'incomparable.

Un troisième versant permet d'aborder la difficulté en considérant l'évaluation comme un miroir tenu par un enseignant dans des angles variables ; sa fonction première est de donner une image de leurs performances aux élèves, autrement dit, de donner une information en retour, supposée aider l'élève à progresser ; c'est le principe de l'évaluation formative. Mais le problème des destinataires n'est pas clos lorsqu'on a dit que le miroir est par nature déformant. En effet, l'enseignant doit en fait varier l'angle de manière à fournir aux autres élèves, à l'administration, aux parents, aux collègues et même à lui-même, un rayon incident issu de la même origine. Cette « polydestination » nuit à l'efficacité du message.

Difficultés

De nombreuses études continuent d'être publiées depuis l'invention de la docimologie (science des examens) par H. Piéron (1963) qui montrent que les examinateurs ne sont pas unanimes (problème de fidélité), que ce qui est mesuré n'est pas toujours ce qui est censé l'être (problème de validité), et que les outils ne font pas évoluer la variable dépendante (note) dans une fonction souhaitable de la qualité du produit (problème de sensibilité).

Fidélité

Nous nous contenterons ici de rappeler que les enseignants varient dans leurs jugements, d'une part, sur l'axe de l'exigence (donc sur la moyenne des notes accordées à une série de copies), d'autre part, par la manière d'utiliser l'échelle de notes (0 à 20), certains ne distribuant que des notes moyennes (écart-type petit), d'autres donnant aussi des notes extrêmes (écart-type plus grand).

D'une manière générale, les matières les plus normées (dictées, exercices de mathématiques) et les outils les plus fermés (questionnaire à choix multiples) donnent lieu à une fidélité meilleure et à une utilisation plus large de l'échelle de notes (on peut atteindre 0 ou 20). En revanche, en dissertation, version, travaux de synthèse, c'est plus rare.

Validité

Les notes ne sont pas exclusivement représentatives de la qualité des copies. Par exemple, dans la correction d'une série de copies, la fatigue du correcteur, la référence aux copies déjà corrigées, le contraste avec la copie précédente, la connaissance de l'élève sont des variables plus ou moins consciemment prises en compte.

Sensibilité

Il est parfois difficile de justifier le quart de point correspondant à une variation de qualité supposée de 1/80° d'excellence.

Si les notes sont d'une utilité reconnue, il convient de savoir aussi s'en dispenser dans certains cas et de savoir utiliser l'échelle adaptée au but recherché (sur 100, sur 20, sur 10 ou ordinale : ABCDEF ; voire dichotomique : satisfaisant non satisfaisant).

Pratiques

Après avoir précisé quelques difficultés classiques de l'évaluation scolaire, il nous faut faire des propositions. Celles qui suivent procèdent de l'esprit de l'évaluation formative.

Variables chocs et variables de débordement

Dans un souci élémentaire de justice, il convient de se référer à un système de normes et de critères précis et précisés, c'est-à-dire explicites. Il convient également d'éviter les changements de système à chaque copie. Par exemple, pour beaucoup de matières, l'orthographe ne compte pas. Pourtant, si un élève fait trop d'erreurs, des points lui seront soustraits. Il s'agit de ce que l'on appelle une «variable de débordement » par analogie avec la goutte d'eau qui fait déborder le vase. Il est plus convenable de réserver d'office une fourchette de quelques points aux aspects formels du devoir. Ainsi, tous les devoirs se verront attribuer une note spécifique pour cette variable

Il arrive aussi qu'une bonne idée dans une rédaction, une démonstration originale en mathématiques, ou inversement une aberration fasse considérablement grimper ou chuter la note globale. Ces éléments sont dits « variables chocs » et sont très subjectifs. L'évaluateur a le droit d'être choqué mais il doit une explication de ses humeurs à l'élève. D'une manière générale, il faut éviter de se laisser trop impressionner par les variables chocs et les variables de débordement.

Correspondance objectifs-outils

Il existe un continuum entre les outils les plus fermés (questionnaires à choix multiples) et ceux qui sont très ouverts (devoirs de synthèse). Plus un outil est ouvert, plus il donne l'occasion de prendre en compte un grand nombre de variables. Mais à vouloir évaluer trop d'éléments dans le même temps, l'intérêt formatif décroît.

Sans être une loi absolue, le respect d'une certaine concordance entre les systèmes pédagogiques et les outils d'évaluation permet de ne pas évaluer trop de choses à la fois et de ne pas inférer de compétences à partir de performances impropres.

Nous donnons comme référence la taxonomie des objectifs pédagogiques de B. Bloom (1969).

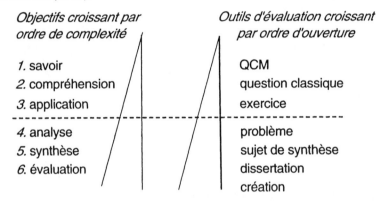

Moyennes non significatives

De mois en mois, les notes forment des series chronologiques qui sont généralement représentées par leurs moyennes. Cette représentation est plus ou moins valide. Ainsi, la moyenne entre 6 et 14 n'a aucun sens parce que les notes sont trop différentes et trop peu nombreuses. On retiendra qu'un indice de tendance centrale comme la moyenne a d'autant plus de valeur qu'il représente une grande série d'une part, et que les notes qui la composent sont proches, d'autre part.

L'établissement d'une moyenne de moyennes (moyenne générale) entre les notes dans diverses disciplines est également sujet à caution. Un élève qui a 5 en mathématiques et 15 en francais n'est pas moyen.

Qualifier l'évaluation

L'aspect formatif de l'évaluation commence avec la prise en compte du message délivré par l'évaluateur. Il convient donc de faire un effort pour « qualifier » l'évaluation. Il y a mille manières d'obtenir 3/20. Pour l'élève, comme pour ses parents, la seule façon de comprendre et de pallier ses erreurs est de lire en toutes lettres la raison de cette insuffisance et le moyen d'y remédier. Par ailleurs, le corrigé magistral et sans suite n'a pratiquement aucune efficacité si ce n'est la fausse bonne conscience qu'il autorise.

De la même manière, le bulletin doit comprendre un certain nombre d'indications claires et systématiques : la note moyenne, sa signification par rapport à la série (ce qui correspond à un indice de stabilité), sa situation par rapport à la classe, l'évolution de l'élève, un commentaire diagnostic, un commentaire pronostic et des conseils pratiques.

Exemple : Biologie

Note 12/20 Stabilité instable	Diagnostic et pronostic Bernard n'apprend pas assez ses leçons. Ses chances de passer en année supérieure sont faibles.
Distribution des notes de la classe effectif notes	Evolution et conseils En régression. Il doit absolument apprendre et surtout réviser ses leçons.

Reprises des notes moyennes

À la fin de la correction d'une série de copies, le sentiment d'avoir donné trop de notes moyennes vient exacerber le malaise de l'évaluateur. Sans résoudre complètement le problème existentiel évoqué, la reprise de toutes les copies moyennes (9,10,11) pour tenter de les différencier plus finement apporte un certain réconfort.

Prise en compte de la progression

Pour pallier les évidentes distorsions de la quantification il serait bon de différencier (de manière rigoureuse) les pronostics issus de séries en progression de ceux provenus de séries en régression. Un élève ayant obtenu 15, 10 et 5 aux trois trimestres est censé « passer » ; un autre qui aurait 6, 10 et 13, non ! Pourtant le second est en net progrès.

Pour tenir compte de la progression, il suffit d'établir les différences entre notes trimestrielles, d'en extraire la racine carrée (à la machine), d'en faire la somme algébrique et d'ajouter une fraction de cette somme à la moyenne brute.

Exemple : 9, 10, 11 font une moyenne de 10. En ajoutant 1/4 de la somme des racines on obtient : $1/4 \times (\sqrt{1} + \sqrt{1}) = 0{,}5$

nouvelle moyenne : $10 + 0{,}5 = 10{,}5$

autres cas $\dfrac{14 + 10 + 6}{3} = 10$ $\qquad 1/4\,(-\sqrt{4} - \sqrt{4}) = -1 \qquad 10 - 1 = 9.$

Il va de soi que ce système doit être bien expliqué aux élèves et aux parents pour être admis.

Matrices d'objectifs

Si le cours s'y prête, l'enseignant aura grand intérêt à établir une matrice des objectifs. Cela le guidera dans le déroulement de son cours et lui permettra de bénéficier au maximum des informations de l'évaluation.

Matrice des réussites brutes	Objectifs Élèves	1 2 3 4 5 6 7 8 ...	Totaux
	A	+ + + +	
	B	+ +	
	C	+	
	D	+ + +	
	.		
	Totaux		

Matrice ordonnée	Objectifs Élèves	6 9 2 1 4 ...	Totaux
	G	+ + + +	
	K	+ + +	
	A	+ + +	
	H	+	
	.		
	Totaux		

La matrice, une fois organisée selon l'ordre décroissant des objectifs et des élèves, indique clairement les savoirs acquis par la majorité (à gauche), et les élèves les ayant bien maîtrisés (en haut).

L'enseignant pourra ainsi, en pédagogie de groupes différenciés, reprendre certains objectifs auxquels personne n'a accédé et s'occuper plus particulièrement des élèves en retard.

Système d'erreur

L'une des premières démarches de l'évaluation formative consiste à repérer ses « systèmes d'erreurs ». L'élève qui oublie systématiquement d'ajouter « nt » à la troisième personne du pluriel aura zéro rien que pour cette erreur souvent répétée. En mathématiques, les élèves achoppent souvent sur les mêmes opérations (parfois mal acquises plusieurs années auparavant).

Un système de grille (à constituer par l'enseignant selon son expérience des difficultés didactiques) permet en quelques semaines de repérer les erreurs systématiques de chaque élève.

Élève X	Types d'erreur dates	1	2	3	4	5	6	7	8
	1/2/94	+	+	+		+			
	8/2/94	+		+			+		
	15/2/94	++			+				
	...								
	Totaux								

Évaluation formative

Plusieurs des propositions précédentes vont déjà dans le sens de l'évaluation formative. Qu'il s'agisse de qualifier l'évaluation, de repérer les objectifs atteints par tel élève ou de repérer ses systèmes d'erreurs, l'idée d'une fonction formative de l'évaluation est sous-jacente.

Il a déjà beaucoup été écrit sur l'évaluation formative. Rappelons que sa visée exclusivement pédagogique s'oppose à celle de l'évaluation sommative qui est sociale (certification, sélection).

Ces deux formes d'évaluation se différencient selon les traits suivants :

ÉVALUATION FORMATIVE	ÉVALUATION SOMMATIVE
• fonction de formation	• fonction de certification et sélection
• intermédiaire	• terminale d'une séquence pédagogique
• suivi d'approfondissement de remédiation (travail des lacunes)	• suivi d'un changement de thème ou de cycle
• non notée (ou « en blanc ») mais très annotée	• notée et comptant pour la moyenne et le passage
• critérielle (relative uniquement à l'élève lui-même)	• normative donc comparant les élèves entre eux

Techniquement, les évaluations formatives doivent être bien différenciées des évaluations sommatives. Les premières sont intégrées au processus d'apprentissage, les secondes sont terminales d'une séquence. Le cumul des deux fonctions paraît faire gagner du temps ; en fait il empêche d'améliorer chaque fonction pour elle-même.

Toutefois, c'est surtout dans l'esprit des partenaires de l'éducation que l'idée d'évaluation formative doit progresser. Il faut que l'élève perçoive très nettement que l'évaluation n'est pas systématiquement orientée contre lui. Il faut aussi que l'enseignant considère l'évaluation comme un outil pédagogique et non plus comme un mal nécessaire.

Nous avons expérimenté une forme de pédagogie différenciée dont le principe est mis en évidence à la page suivante :

Une séquence thématique, qui dure environ un mois, se subdivise en deux grandes périodes pédagogiques : l'une, dite de tronc commun (ou pédagogie collective, notée 2), l'autre, de pédagogie différenciée (notée 4). Elles sont entourées de trois évaluations :

1) une évaluation préliminaire

3) une évaluation formative

5) une évaluation sommative.

Il faut préciser que l'évaluation préliminaire est courte et très fermée (donc vite corrigée) et qu'elle porte sur le thème à venir, ce qui surprend les élèves mais permet d'appuyer le cours de tronc commun sur des réponses à des questions préalablement posées et de montrer aux élèves, en évaluations formative et sommative, les progrès effectués.

Évaluation formative et pédagogie différenciée

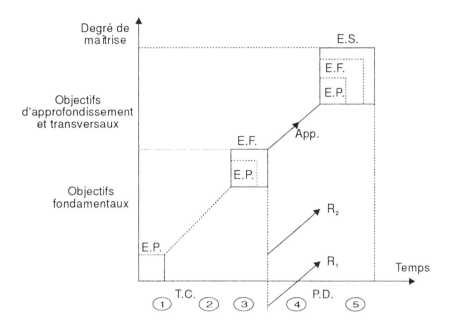

E.P. : Évaluation préliminaire
E.F. : Évaluation formative
E S : Évaluation sommative
T.C. : Tronc commun

P. D. : Pédagogie différenciée
App. : Approfondissement
R_1, R_2 : Reprises

L'évaluation formative permet de répartir les élèves en « groupes de dépendance » (cognitive mais aussi affective et comportementale) par rapport à l'enseignant. En effet, la pédagogie est différenciée selon deux axes : le degré et la forme des difficultés d'une part, l'aide apportée d'autre part. Or, le groupe qui travaille sur les approfondissements doit être presque autonome donc relativement peu dépendant de l'enseignant, tant du point vue de l'aide que du support affectif et de la surveillance.

Cette organisation est très favorable aux élèves « moyens-faibles » (7 à 10/20), qui passent à 12 de moyenne (sans simplifier l'épreuve). Les élèves performants le restent mais, hélas, les élèves très faibles le restent également. La moyenne de la classe monte d'environ deux points (Y. Abernot, 1988).

Conclusion

Rôle de l'école

Comme nous l'indiquions en introduction, il est hors de question de débattre, dans un texte si court, du droit d'évaluer. En revanche, la tendance à repousser les échéances sélectives peut faire l'objet d'une réflexion car elle participe de l'esprit de l'évaluation formative.

Le premier argument allant dans le sens de cet atermoiement est pédagogique : il faut beaucoup de temps pour socialiser un enfant et lui permettre de maîtriser les savoirs indispensables à toute insertion. D'autre part, L. Legrand (1983) a démontré la supériorité statistique de l'hétérogénéité. La ségrégation profite moins aux meilleurs qu'elle ne nuit aux plus faibles.

Le deuxième argument est économique : les jeunes sans qualification trouveront de moins en moins de travail. Donc, même si la tâche des enseignants s'en trouve compliquée, la scolarité, tout en se diversifiant, doit rester longue. Le rôle de l'école est, certes, d'abord culturel et qualificatif, mais rappelons qu'il est aussi sélectif et que l'abandon de cette fonction accroîtrait l'injustice sociale.

Subjectivité

En dehors des examens et des épreuves sommatives internes, où l'objectivité maximale est à rechercher par souci de justice, une certaine subjectivité doit être assumée. Attention, il ne s'agit pas de favoriser le fils des voisins, ni même l'enfant qui renvoie l'image la plus valorisante à l'enseignant, il s'agit de faire comprendre que l'évaluation est un acte humain et que l'exigence d'une présentation précise, d'un style particulier ou de certaines évictions, doit être admise. Elle est formative (à condition de ne pas être obsessionnelle) car, dans une scolarité, la somme des exigences particulières forme un tout.

Évolution de l'évaluation

Pour terminer, indiquons le rapport évolutif de l'évaluation par rapport au curriculum. Autrefois, les connaissances étaient prégnantes ; on apprenait les chefs-lieux et les sous-préfectures. Les enfants devaient réciter des règles de morale par cœur. Des outils fermés faisaient très bien l'affaire. Aujourd'hui les savoir-faire sont devenus primordiaux et les outils d'évaluation doivent suivre.

La morale, sous la forme de savoir-être, d'attitudes face au travail et face aux autres, redevient explicite dans les *curricula*. L'évaluation n'en est pas aisée car des épreuves ponctuelles n'y satisfont pas. Par ailleurs, sa forme nécessairement très ouverte, implique la subjectivité.

La formation de l'enseignant devra de moins en moins être confondue avec une instruction car l'art d'évaluer des attitudes (Morissette, 1989) s'appuie, certes, sur des méthodes docimologiques mais impose également à l'évaluateur des jugements de valeur (Legrand, 1992).

RÉFÉRENCES BIBLIOGRAPHIQUES

ABERNOT Y., *Les méthodes d'évaluation scolaire,* Paris, Bordas, 1988.

BLOOM B. et al., *Taxonomie des objectifs pédagogiques,* Montréal, Éducation nouvelle, T. 1 : Objectifs cognitifs, 1969.

LEGRAND L., *Enseigner la morale aujourd'hui ?* Paris, PUF, 1992.

MORISSETTE D., GINGRAS M., *Enseigner des attitudes, planifier, intervenir, évaluer,* Bruxelles, De Boeck, 1989.

PIERON H., *Examens et docimologie,* Paris, PUF, 1969.

Le conflit sociocognitif

Marie-José Rémigy
Sciences de l'éducation
Université Louis-Pasteur, Strasbourg

La notion de « conflit sociocognitif » dont les premières formulations remontent aux années soixante-dix, constitue une production exemplaire de la psychologie sociale génétique, en plein essor aujourd'hui. Pour celle-ci, le développement psychologique de l'individu ne peut s'expliquer hors des interactions sociales. Cette idée n'est certes pas vraiment nouvelle. Mais ce courant de recherches apparaît comme novateur dans le sens où il intègre des concepts et des méthodes issus de la psychologie sociale et de la psychologie du développement et spécialement du développement cognitif. À ce titre, la valorisation de l'idée de « conflit » comme mode privilégié d'interaction structurante n'est peut-être pas un hasard dans la mesure où, sous des formes certes différentes, il constituait un processus explicatif de changement commun à ces deux domaines.

Engendrées par les premiers travaux sur le conflit sociocognitif, des recherches récentes en élargissent la formulation et en précisent les conditions et les effets. D'une manière générale, ces recherches contribuent à une réflexion sur l'importance des déterminants non cognitifs dans nos manières d'apprendre.

Aux origines d'un conflit

Depuis une bonne quinzaine d'années on a assisté à un changement de perspective en psychologie, et spécialement en psychologie du développement cognitif. Longtemps centrée sur l'étude de l'individu et de ses interactions avec l'environnement, toute une partie de cette discipline s'est de plus en plus orientée vers l'étude du rôle d'autrui comme médiateur de la relation du sujet à son environnement, dans la ligne de psychologues tels Vygotsky ou le Français Wallon, ou encore bien avant eux Baldwin.

Dans ses premiers ouvrages publiés dans les années vingt, Piaget avait lui-même insisté sur le rôle des échanges avec autrui dans la décentration intellectuelle. Donnant un tour plus radical à cette idée entre-temps un peu délaissée, certains chercheurs formés à la psychologie sociale, avanceront plus tard que l'existence de « conflits de communication » est une condition nécessaire à la décentration intellectuelle.

L'étude des conflits en psychologie sociale

Apparue dès les années cinquante, l'étude systématique des mécanismes et des effets du conflit social s'est illustrée dans des travaux examinant tout aussi bien les relations de l'individu à un autre individu ou groupe d'individus, que les relations entre groupes.

Ainsi, la théorie de la « dissonance cognitive » (Festinger, 1957), développée dans la mouvance des théories de la consistance cognitive, postule qu'il existe chez tout être humain un besoin de maintenir la plus grande consonance possible entre les connaissances, opinions et croyances relatives au milieu, à soi-même ou à sa propre conduite. Une incohérence logique entre telle ou telle de ces notions, une incompatibilité entre une expérience passée et une expérience présente ou encore une contradiction entre des options personnelles et une norme culturelle, constituent des situations de dissonance cognitive engendrant des états de malaise psychologique que le sujet s'efforce de réduire afin de restaurer la consonance. En fait, des travaux réalisés ultérieurement en ce domaine ont quelque peu nuancé cette idée d'un besoin de cohérence interne aux individus : il serait en fait construit socialement par chacun et par suite modulé dans chaque situation sociale en fonction par exemple de la nature de la relation aux partenaires sociaux.

Vers la fin des années soixante, d'autres travaux expérimentaux comparent les réponses données par des sujets à des questionnaires portant sur des problèmes de prise de risque : ces réponses sont d'abord données individuellement (*préconsensus*) puis font l'objet d'une décision prise en groupe, à l'unanimité (consensus) par les mêmes sujets qui sont finalement invités à exprimer une nouvelle fois leur opinion individuelle (*postconsensus*). En général on observe que les réponses collectives et les moyennes des réponses individuelles qui suivent l'expérience collective reflètent plus de risques que les moyennes des réponses individuelles initiales. Il existerait donc un phénomène d'accroissement de la prise de risque en situation de groupe qui semblerait conditionné à la fois par une certaine divergence initiale des positions individuelles et par la discussion qui s'en suit.

Dans tous les cas apparaît l'importance de la divergence des positions initiales exprimées par les partenaires : plus cette divergence est importante, plus la prise de risque est importante. Certaines recherches ont même montré que les groupes affrontant ouvertement le conflit résultant de leurs divergences interindividuelles tendent à produire des solutions qualitativement supérieures.

Tous ces travaux qui se rattachent à l'étude des influences sociales soulignent donc la fonction structurante des interactions sociales, génératrices de nouvelles connaissances et de nouvelles attitudes. Et, à partir des années soixante-dix, le principe de ces études issues de la psychologie sociale expérimentale est généralisé à des enfants, dans le but d'explorer les liens entre interaction sociale et développement cognitif, tel qu'il a été décrit par les travaux de l'épistémologie génétique.

Le conflit opératoire

On sait que Piaget a développé un modèle à la fois fonctionnel et constructiviste du développement de l'intelligence : depuis la naissance et à partir d'un équipement sensoriel et moteur élémentaire, la pensée logique individuelle se construit dans l'interaction de l'enfant avec son environnement. Ce faisant, l'humain parvient d'âge en âge à des niveaux de traitement et d'adaptation à la réalité de plus en plus complexes et distanciés par rapport à l'action immédiate. Ces niveaux structuraux constituent les stades du développement cognitif qui tend vers la constitution de la pensée opératoire formelle.

Le passage de chaque niveau au suivant se fait selon des lois fonctionnelles : c'est grâce à l'existence de déséquilibres adaptatifs que le sujet déploie toutes les ressources de l'accommodation et se donne les moyens de progresser vers une forme d'équilibre plus stable. Toute situation de déséquilibre cognitif face à un problème nouveau (que l'on ne peut d'emblée résoudre en mobilisant ses connaissances et procédures de résolution précédemment acquises) est ainsi potentiellement facteur de progrès cognitif.

L'importance de ce modèle dans toute situation d'apprentissage a été largement soulignée, par Piaget lui-même mais aussi par nombre de praticiens et chercheurs directement impliqués dans le domaine de l'éducation. Toutefois, le besoin d'adaptation qui représente la loi fonctionnelle de base est ici surtout envisagé comme un besoin de comprendre et de maîtriser la réalité du monde physique environnant. Bien que l'intervention d'autrui comme source de progrès cognitif ne soit pas absente des travaux piagétiens (en particulier dans les premiers ouvrages), on a pu leur reprocher de ne s'être guère attardés, en deçà, à l'explicitation des prérequis extracognitifs du développement de l'intelligence et de la pensée.

Il faut attendre une époque relativement tardive pour voir la méthode critique inclure dans les protocoles expérimentaux portant sur la construction de la pensée opératoire, l'évocation systématique d'un avis différent de celui de l'enfant (Inhelder, Sinclair et Buvet, 1974). De plus, cela reste généralement le fait de l'adulte expérimentateur qui ne fait qu'évoquer des jugements attribués à autrui. Comme le soulignent Carugati et Mugny, la prise en compte de la dimension sociale du conflit n'est pas conceptualisée : « Le conflit reste interne au sujet ou l'oppose à l'objet physique, et seule est considérée la régulation interne qu'il suscite. » (Mugny, 1985, p. 61).

Le conflit sociocognitif

Les principes de base

Dans les années soixante-dix, des psychologues vont tenter de démontrer que l'enfant construit ses instruments cognitifs mais essentiellement grâce à des interactions sociales, réelles ou symboliques. En particulier Doise et Mugny, formés respectivement à la psychologie sociale et à la psychologie génétique et expérimentale, affirment que ces interactions ne sont « structurantes que dans la mesure où elles suscitent un conflit de réponses entre les partenaires » (Mugny, 1985, p. 163). Le conflit cognitif interne au sujet est donc d'abord déterminé par un conflit d'ordre social : en cas de désaccord dans la manière de résoudre une tâche, c'est bien parce que chacun des partenaires, non seulement estime avoir raison mais surtout veut en convaincre l'autre, que la discussion va s'engager ; chacun va devoir fourbir ses arguments face à cette contradiction, et ainsi progresser dans la décentration nécessaire de son propre point de vue. Il s'ensuit que des situations de conflit sociocognitif lors desquelles les sujets confrontent des réponses hétérogènes socialement et logiquement incompatibles, pourraient en quelque sorte induire un apprentissage de structures cognitives et ainsi en accélérer la construction.

Différentes situations de conflit sociocognitif

Des nombreuses recherches expérimentales réalisées pour tenter de valider l'hypothèse ci-dessus, il ressort que quatre types de situations s'avèrent susceptibles d'induire des progrès cognitifs, du fait d'une interaction conflictuelle : il peut s'agir « d'une hétérogénéité des niveaux cognitifs des partenaires, d'une opposition des centrations, de l'existence de points de vues différents ou d'une remise en question » de ses productions par autrui (Carugati in Mugny, 1985, p. 62).

Soit une tâche où des sujets de 6 à 8 ans ont à réaliser la réplique exacte d'un village construit par l'expérimentateur. Les deux supports (de la maquette modèle et de la maquette à réaliser) comportent chacun sur leur bordure un même repère à partir duquel doivent se positionner les différents éléments du village. Compte tenu de ce repère on oriente différemment (par une rotation de 90°) le support de copie par rapport à l'enfant : il s'agit alors d'une tâche de transformation spatiale puisque les enfants doivent tenir compte, dans leur copie, du fait que l'orientation des deux villages n'est pas identique. Conformément aux résultats des travaux piagétiens, on suppose que des enfants qui n'ont pas encore atteint le niveau opératoire concret auront beaucoup de mal à s'acquitter de cette tâche.

En testant préalablement les enfants, on dégage effectivement plusieurs niveaux de réalisation en situation individuelle : à un premier niveau, certains veulent reproduire tel que le village modèle sur le support, sans tenir compte du repère d'orientation, ce qui les mène à n'effectuer qu'une simple rotation de l'ensemble ; à un second niveau, ceux qui ont l'intuition de la transformation ne transforment adéquatement que la position d'un des éléments à la fois ; d'autres enfin produisent une transformation de l'ensemble en tenant compte de l'inversion du rapport gauche-droite ou devant-derrière ; seuls ces derniers produisent une réponse de type véritablement opératoire. Les enfants relevant de ces différents niveaux sont mis ensuite en situation de réalisation collective ; on note des progrès importants chez les enfants préopératoires dans la mesure où ils entrent en conflit de réponse avec des enfants conservatoires.

On peut encore faire interagir deux ou plusieurs enfants de même niveau cognitif non conservatoire mais présentant des centrations différentes face à un même dispositif. Par exemple, dans un problème de conservation de la longueur, deux enfants donnant une réponse non conservatoire peuvent juger chacun comme plus longue une réglette différente. Dans l'expérience ci-dessus il peut s'agir des enfants qui, ayant l'intuition d'une transformation spatiale mais n'arrivant encore que partiellement à la réaliser, proposent des solutions différentes.

En intervenant davantage dans le dispositif expérimental on peut encore affecter à des sujets présentant initialement des modes de raisonnement identiques, de type préopératoire, des positions d'où ils ont des points de vue différents et opposés, en les faisant effectuer la tâche en face à face : dans ce cas généralement les jeunes sujets sont en total désaccord quant à la façon de placer les éléments sur le même support de copie.

Enfin, on peut induire un conflit sociocognitif dans le cadre d'une interaction avec un adulte : dans ce cas, l'adulte remet systématiquement en cause les productions de l'enfant, ou encore ses propres productions si l'enfant se range trop facilement à son avis.

Que note-t-on dans chacune de ces situations ?

D'abord, les interactions de premier type sont systématiquement sources de plus de progrès que ne le sont des interactions entre des sujets tous non conservatoires. Ce qui ne signifie pas que les deuxième et troisième types de situations n'ont aucun effet : on enregistre des progrès importants dans le cas d'enfants occupant le même point de vue mais présentant au départ des centrations différentes ; il en va de même dans le cas du dispositif qui consiste à faire occuper à des enfants non opératoires des points de vue opposés et différents face à la tâche de copie. Enfin, bien que le dernier cas soit plus délicat à manier en raison du rapport hiérarchique entre l'adulte et l'enfant et de la propension de ce dernier à s'en remettre au jugement des aînés, il semble déboucher également sur des progrès significatifs.

Carugati et Mugny soulignent que toutes « ces rencontres interindividuelles sont cognitivement structurantes, et conduisent donc au progrès cognitif, à la condition qu'elles assurent le déroulement d'un conflit sociocognitif, d'une opposition sociale de réponses ou de points de vue à propos d'une tâche commune » (Carugati in Mugny, 1985, p. 62). Toutes ces situations ne débouchent cependant pas sur des progrès équivalents et une lecture attentive de la littérature amène à brosser un tableau nuancé des conclusions établies par les nombreux travaux expérimentaux. Reste en outre à savoir comment il se fait précisément qu'un conflit sociocognitif découlant de l'hétérogénéité de réponses soit à la source de progrès cognitifs.

Comment ça marche ?

Pour Carugati et Mugny, les raisons de l'efficacité du conflit sociocognitif tiennent en trois points.

D'abord, dans ce rapport social, l'enfant peut prendre conscience « de l'existence de réponses possibles autres que la sienne ». Le conflit sociocognitif serait « en quelque sorte à la source d'un conflit intra-individuel » : c'est grâce au conflit social qui l'oppose à autrui que l'enfant préopératoire, peu sensible à ses contradictions internes, est amené à se décentrer.

Mais autrui fournit également des informations qui peuvent aider l'enfant ou les partenaires à élaborer une nouvelle réponse. Se pose à ce propos la question du rôle des modèles : autrement dit, peut-on vraiment « apprendre en imitant » ?

Enfin, l'efficacité de ces situations expérimentales n'est pas étrangère au fait que « l'on rend l'enfant actif » : d'une activité qui n'est pas seulement une activité cognitive individuelle mais qui l'engage dans un rapport social spécifique à autrui où le problème posé à l'enfant « est d'abord de nature sociale ».

Ainsi, comme le souligne Winnykamen, « deux conditions sous-tendent la production d'un conflit sociocognitif : le niveau individuel des partenaires et la dynamique interindividuelle qu'ils développent au cours de leurs échanges »

(Winnykamen, 1990, p. 87). Ce qui signifie qu'il convient de toujours considérer non seulement chacune de ces variables mais leur étroite combinaison, dès lors qu'on s'intéresse aux effets des interactions sociales sur le progrès cognitif.

Il semble par exemple établi que tous les enfants ne profitent pas de la même manière de ces situations de conflit sociocognitif, notamment en fonction de leur niveau cognitif. On peut invoquer ici la notion de « zone proximale de développement » évoquée par Vygotsky. Postulant comme Wallon et, plus récemment, Bruner, que l'enfant apprend à agir sur son environnement et à utiliser les systèmes de signification essentiellement grâce à la médiation sociale et aux interactions avec autrui, Vygotsky affirme que toutes les capacités de l'enfant apparaissent d'abord en situation interindividuelle avant d'être intériorisées. Ainsi, par rapport à une compétence donnée, la zone proximale de développement représente la distance entre ce que l'enfant est déjà capable de faire avec l'aide d'autrui, sans pouvoir encore le faire seul. Cette idée dont la portée est capitale dans le domaine des apprentissages, expliquerait qu'une certaine intervention d'autrui dans cette « zone » puisse favoriser l'intériorisation d'une compétence et, par suite, son utilisation personnelle.

On a pu aussi observer que les jeunes enfants (sujets novices) tirent davantage profit d'interactions avec des sujets experts, lorsque ceux-ci sont des partenaires d'un âge légèrement supérieur plutôt que des adultes. D'où la notion de « distance cognitive » : le progrès serait maximal lorsque le niveau cognitif implicite du modèle proposé à l'enfant est juste légèrement supérieur au sien, et se prête donc mieux à un jeu dialectique d'assimilation et d'accommodation. En fait, se trouvent ici étroitement mêlés les effets du niveau cognitif et de la dynamique interpersonnelle : d'un côté, le jeune enfant (qui occupe la position de sujet novice) a tendance à se soumettre plus facilement à l'autorité de l'adulte et, par suite, à se ranger à son jugement ; or l'acceptation complaisante freine l'effort d'accommodation et peut faire illusion quant au progrès cognitif effectivement réalisé. D'un autre côté, l'aîné et expert récent, indépendamment de sa position sociale de moindre autorité, présente peut-être une réceptivité différente aux erreurs de jugement de son cadet et y répond peut-être différemment (voir *infra*).

Bien plus, dès les premiers travaux réalisés en ce domaine, on s'est aperçu qu'il n'est pas nécessaire, pour qu'agisse cette dynamique interpersonnelle, que le sujet soit en présence effective d'un partenaire au moment de la réalisation du problème ou de la tâche : il suffit que ceux-ci soient « marqués socialement » pour l'individu. Ainsi, « le marquage social caractérise les situations socio-cognitives dans lesquelles une correspondance est psychologiquement établie par l'individu entre des principes de réponses découlant de la connaissance (ou de la représentation) qu'il a d'un rapport social, et des principes de réponses découlant de son niveau d'organisation sur le plan cognitif » (De Paolis *in* Mugny, 1985, p.103). Dans l'exemple de la conservation de longueurs inégales inspiré des travaux piagétiens, les enfants jugés non conservatoires lors d'un pré-test ont à choisir, entre deux bracelets, celui qui convient soit à leur propre poignet soit à celui de l'adulte expérimentateur (situation expérimentale), soit à chacun de deux cylindres de diamètres inégaux (situation contrôle). Bien que l'on ait recours à la contre-suggestion dans chacune des situations, on constate que les progrès réalisés sont plus importants dans la condition expérimentale que dans la condition contrôle. Dans la première condition il y a conflit entre la réponse incorrecte liée au schématisme cognitif de l'enfant (qui lui fait apparaître comme plus courte la chaînette plus longue qui a été pliée de façon à ce que ses extrémités soient moins distantes que celles de la chaînette la plus courte) et la réponse impliquée par la nécessité sociale de remettre à l'adulte le bracelet effectivement le plus long. Par ailleurs, face à une situation de transformation spatiale semblable à celle décrite plus haut (copie de modèle), on constate que les réponses des enfants dépendent de ce que représente, dans leur expérience sociale, le matériel utilisé : si l'on substitue aux maisons du village des élèves assis à leur table et au repère initial une maîtresse assise à son bureau, les enfants opèrent plus facilement la transformation spatiale dans le cas de la copie de « la classe » (dans la mesure où il s'agit d'une disposition familière) que du « village » (où la disposition des maisons est beaucoup plus aléatoire par rapport à l'expérience de chacun). L'exactitude de la copie est ici davantage induite par la référence à une expérience sociale que par une réelle capacité opératoire de transformation spatiale.

Les choses se compliquent donc singulièrement dès lors que l'on examine de près les processus relevant de situations d'interactions sociales et leurs incidences sur le progrès cognitif.

La construction de l'intelligence dans l'interaction sociale

Ce titre, qui n'est autre que celui d'un ouvrage publié par Perret-Clermont en 1979 et qui a largement contribué à diffuser la notion de conflit sociocognitif, laisse entendre que celui-ci est à situer dans un ensemble plus général de mécanismes d'interaction sociale à l'origine de progrès cognitifs. C'est l'avis partagé aujourd'hui par de nombreux chercheurs et praticiens de la psychologie de l'éducation qui travaillent souvent avec des sujets plus âgés et qui font une large place à l'observation en situation expérimentale ou scolaire.

Ainsi, dans une situation d'interaction sociale, le partenaire peut être perturbateur sans qu'il soit en désaccord sur le mode de résolution du problème ou de la tâche : si tout désaccord ne mène pas à un progrès intellectuel, il n'est pas non plus nécessaire qu'il y ait désaccord pour entraîner une coélaboration.

En comparant par exemple les effets d'un travail individuel et d'un travail à deux sur l'acquisition de schèmes de proportionnalité par des élèves de sixième, André Flieller (1990, p. 23) souligne que la modalité dyadique est plus efficace que la modalité individuelle seulement quand les sujets ne disposent d'aucun moyen de vérifier leurs réponses : « Tout se passe comme si le partenaire jouait un rôle analogue à celui du réel physique » lorsqu'il résiste et suscite des efforts d'accommodation. Les effets de la dynamique relationnelle lors d'une tâche sont donc fortement liés au dispositif précis de cette tâche.

Par ailleurs, dans une situation d'interaction, le partenaire peut exercer temporairement une fonction d'étayage en prenant temporairement en charge une partie de l'activité du sujet novice qui, sans cette intervention, serait bloqué ou ne parviendrait pas à la solution : il peut s'agir, par exemple, de contrôler une procédure, de rappeler des données ou encore de suggérer une hypothèse ou une manière de faire.

Il est aussi possible à un enfant d'acquérir des connaissances en observant simplement un pair plus compétent les mettre en œuvre. L'imitation apparaît ici comme une véritable activité cognitive : sinon, pourquoi les sujets n'adopteraient-ils pas les réponses de niveau inférieur au leur et pourquoi leur faudrait-il un niveau minimum de compétence pour tirer parti des observations ? Or cette activité cognitive s'appuie sur le développement d'une intelligence sociale : c'est parce que les enfants sont très tôt capables d'évaluer leur conduite et de la modifier en prélevant sur celle d'autrui les informations pertinentes, qu'ils pourraient reconnaître la justesse d'une solution avant d'être en mesure de la produire et que l'interaction avec une personne plus compétente que soi serait bénéfique.

Enfin, on ne saurait négliger dans les effets des interactions sur le développement cognitif, l'importance des interventions explicatives du partenaire ou d'un tiers qui peuvent expliciter ou simplifier la réponse, rappeler telle donnée, faire le point sur les processus utilisés et ainsi susciter la métacognition. Les travaux américains sur l'apprentissage coopératif établissent d'ailleurs l'effet positif, sur la résolution de problème, de l'explication par un pair, dans la mesure toutefois où le sujet n'est pas détourné de la recherche de la solution et s'approprie activement la solution. De surcroît, ils montrent que bien souvent l'explicateur lui aussi bénéficie de l'explication.

Des enseignements pour l'éducation

Les travaux sur le conflit sociocognitif constituent un exemple typique de recherches en psychologie susceptibles d'intéresser le champ éducatif : ils interrogent le processus « apprendre » en ce qu'ils touchent aux éléments conditionnant et facilitant le progrès cognitif et les capacités d'apprentissage. En son temps, le modèle piagétien de construction de la pensée était aussi venu étayer le principe du recours aux méthodes actives. À noter toutefois que celles-ci n'étaient pas chronologiquement une conséquence de celui-là, pas plus que le travail en groupe ou le principe du tutorat par des pairs ou des aînés n'ont été des applications des recherches sur les effets des interactions sociales.

À l'instar d'autres théories, l'apport stimulant du conflit sociocognitif se mesure aussi aux remaniements, élargissements et critiques qu'il a suscités. Ainsi, les observations réalisées dans les conditions ordinaires et complexes d'interactions que sont les situations scolaires, ont contribué à souligner la pluralité et l'interdépendance des processus d'interaction susceptibles d'entraîner un progrès cognitif (étayage, observation, explications partielles ou encore focalisation de l'attention sur les processus métacognitifs). La transposition est donc double : de la recherche en psychologie à la recherche en sciences de l'éducation et de celle-ci à une pratique pédagogique, avec parfois la tentation de passer directement de la première à la troisième. Entre ces différents champs, un hiatus irréductible mais aussi la source d'un enrichissement mutuel.

Par exemple, d'après la théorie du conflit sociocognitif, le conflit entre partenaires face à une situation n'est opérant que s'il s'agit d'un conflit d'abord social. Poussant jusqu'au bout cette logique, des études expérimentales ont effectivement montré que de la confrontation d'erreurs de jugement peut surgir paradoxalement un progrès de la compréhension chez les partenaires impliqués.

Autre exemple : les évaluations des effets des interactions sociales sur le progrès cognitif et les acquisitions scolaires ont toujours privilégié le repérage des progrès réalisés chez le partenaire identifié au départ par sa moindre compétence. Or, certains ne manquent pas aujourd'hui de s'intéresser au bénéfice éventuel que peut tirer de ce genre de situation le partenaire plus expérimenté, partant du principe que l'explication profite aussi à celui qui la fournit. Et il n'est pas surprenant que ce type de question émane surtout de chercheurs praticiens de l'éducation ou du moins sensibilisés aux situations d'interaction en milieu scolaire. Tout un domaine reste ici à explorer sur le surcroît de maîtrise acquise par l'expert mis en position de justifier son savoir. Autrement dit, peut-on apprendre en enseignant ? Et qu'apprend-on en enseignant ?

Autre question soulevée à son tour, par une psychologie du développement cognitif qui est devenue elle aussi « triangulaire », en interposant la médiation obligée d'autrui entre le sujet et le monde physique et social qu'il se construit : peut-on apprendre en imitant ? Si oui, jusqu'à quel point et comment ? L'imitation est en effet longtemps apparue suspecte, négativement connotée de passivité et donc d'inintelligence. Le succès du modèle constructiviste piagétien asseyant les progrès de la pensée sur l'action a certainement un peu contribué à cette désaffection pour l'imitation. Cette ancienne dame de la psychologie resurgit aujourd'hui rajeunie : il est des formes d'imitation plus ou moins actives et l'apprentissage par observation a acquis son statut d'activité cognitive à part entière (voir, à ce sujet, l'ouvrage de Winnykamen). Mais on ne saurait plus non plus parler d'imitation sans préciser aussi qui et ce qui est imité. Nous avons vu que l'attitude du modèle ou les représentations *a priori* liées à son statut peuvent freiner l'activité cognitive du sujet : celui-ci pourra imiter provisoirement une réponse par complaisance sans se l'être appropriée et sans donc tirer profit de la situation pour progresser dans ses acquisitions.

Résolument centrés sur les interactions sociales et leur rôle essentiel dans tous les domaines du développement individuel, les travaux actuels de la psychologie intègrent également cette dimension représentative dans l'étude de toute production des faits humains. Les travaux sur les conflits sociocognitifs ont contribué là encore, avec le recours à la notion de « marquage social », à souligner l'ancrage premier de nos savoirs et savoir-faire dans des situations sociales qui perdurent dans nos représentations. Celles-ci constituent des cadres de référence le plus souvent implicites voire inconscients, entraînant des effet de contextualisation : mais elles sont aussi la base d'une diversification des expériences et d'une construction motivée de nos savoirs. Ce qui nous ramène à l'influence que peuvent exercer dans toute mobilisation, et partant, dans toute possibilité de progrès cognitif, les représentations que se fait le sujet des enjeux de la situation.

RÉFÉRENCES BIBLIOGRAPHIQUES

MONTEIL J.-M., *Éduquer et former*, PUG, Grenoble, 1989.

MUGNY G. (dir.) *Psychologie sociale du développement cognitif,* Berne, Peter Lang, 1985.

PERRET-CLERMONT A.-N., NICOLET M., *Interagir et connaître,* Fribourg, Del Val,1988.

WINNYKAMEN F., *Apprendre en imitant ?* Paris, PUF, 1990.

Les conceptions des apprenants

André Giordan
Sciences de l'éducation
LDES, Université de Genève

Quelles que soient les disciplines enseignées, il est fréquent de rencontrer chez les élèves des erreurs de raisonnement, des idées *a priori* surprenantes, du moins pour notre logique d'adulte « savant ». Par exemple, en mathématiques, on peut noter les réponses suivantes chez de jeunes élèves :

$$9 - (-7) = 9 - 7 \text{ (Séverine, 11 ans).}$$

En effet, comment $9 - (-7) = 9 - 7$ pourrait-il faire $9 + 7$, puisque « c'est moins que moins » comme le prétend l'apprenant quand on lui demande d'expliciter sa réponse. Comment cela pourrait-il faire plus ?

Plus tard, la même élève pourra faire d'autres raisonnements tout aussi personnels à partir de ce qu'elle aura entendu ou compris des propos du maître ou du livre. Ces cheminements propres la conduiront dans une situation voisine à la réponse ci-après :

$$(a+b) - (a-b+c) = a+b + a + b - c.$$

« Pourquoi changerait-on le signe des autres (termes du deuxième membre) et pas (celui) du premier ? » (!)

Pendant ce temps, d'autres élèves sur d'autres problèmes pourront proposer les résolutions suivantes :

$$2xy = x^2 + y^2$$

$$\frac{2\,ab^2}{4} = \frac{2ab}{2} \qquad \text{(Agathe, 13 ans)}$$

ou encore, $\dfrac{2x + xy}{xy} = \dfrac{2x}{y} + 0$ (Florent, 14 ans)

Pour le mathématicien, ces erreurs apparaissent grossières et le fruit du hasard ou d'un manque d'attention. Pourtant elles reviennent avec une certaine régularité dans les classes. Mieux, chaque fois qu'on prend soin d'interroger les élèves sur leur façon de faire, il est possible de déceler des règles « logiques », du moins dans la tête de l'élève. Malheureusement, ces dernières sont décalées par rapport à la logique de l'enseignant et de la discipline.

De la même manière en biologie, des étudiants en soins infirmiers fournissent les réponses suivantes à des questions très simples du type : « Que devient un aliment après avoir été ingéré au niveau de la bouche ? » :

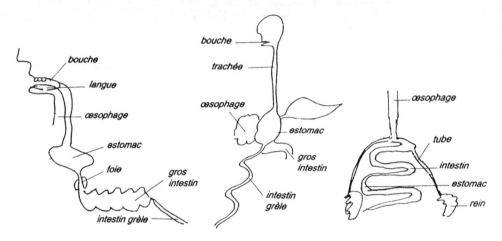

Conceptions d'infirmières en formation sur la digestion

Pour un biologiste, les erreurs apparaissent tout aussi grossières que les précédentes. Les présentations obtenues sont très loin des schémas attendus. Pourtant toutes ont leur cohérence qui apparaît très précisément dès qu'on essaie de comprendre l'origine des difficultés repérées. Par exemple, les aliments sont envisagés d'abord « comme gros » par ces étudiants, d'où le gros intestin qui précède l'intestin grêle (dessin de droite). De même, la connaissance de deux sorties conduit à proposer sans état d'âme une double tuyauterie (dessin de gauche). Enfin, pour la plupart des étudiants interrogés, l'idée de digestion induit quasi automatiquement une certaine primauté à l'estomac. Cette représentation mentale du phénomène amène alors l'apprenant à le situer en position centrale (dessin du centre) par rapport aux autres organes ayant un rôle complémentaire.

Lors de l'apprentissage d'une langue étrangère, des constats analogues peuvent être établis. Généralement, les élèves construisent les phrases sur un mode empirique, en prenant appui sur une certaine intuition de leur langue première. Ainsi en italien, ils écriront directement : « *Non ha niente capito* » ou « *n'ha niente capito* », sur l'ordre des mots dans la phrase française (« il n'a rien compris »), en lieu et place de la seule traduction possible : « *Non ha capito niente.* » En anglais, il est fréquent de constater des erreurs identiques à propos de l'usage de l'adjectif – toujours situé avant le nom alors que sa place est variable en français –, du cas possessif ('s) ou encore lors de construction classique de phrases : « *what is the hight of the ceiling ?* » à la place de « *how hight is the ceiling ?* » (quelle est la hauteur du plafond ?).

Les adultes ou même les spécialistes d'une discipline ne sont pas exempts d'erreurs du même ordre. Nous avons pu vérifier la persistance et l'opérativité de ces modes de raisonnement chez les étudiants et chez les futurs enseignants, qu'on pouvait supposer comme étant des populations privilégiées. Par exemple, des étudiants de physique, à propos de questions de mécanique, continuent à pratiquer une physique empirique de type aristotélicienne sur des déplacements simples d'objet. Comme le commun des mortels, ils introduisent des forces supplémentaires, là où il n'en existe pas, ou inversement en excluent, là où il serait pertinent d'en mettre, alors même que, dans le même temps, ils savent résoudre à l'aide d'algorithmes des problèmes identiques à l'aide de formules.

Ainsi des étudiants qui connaissent la troisième loi de Newton affirment que si le clou s'enfonce dans la planche, c'est parce que le « clou pousse plus fort que la planche ne lui résiste ». Soit, en d'autres termes, que la réaction de la planche (force exercée par la planche sur le clou) ne peut plus équilibrer l'action du clou (force exercée par le clou sur la planche).

En électricité, un ensemble de situations sont effectivement traitées comme si le courant électrique se comportait comme un fluide à la sortie du générateur. Cette électricité est envisagée comme un « courant d'eau » qui rencontrerait successivement des obstacles. Dans ce raisonnement séquentiel, un élément du circuit n'affecte que l'aval. Une résistance « diminue le courant » (intensité) après elle, une diode ne redresse le courant « qu'après elle », deux condensateurs « se chargent successivement l'un après l'autre ». Des modes de raisonnements caractéristiques, hérités d'une expérience première, apparaissent ainsi comme de puissants organisateurs des idées préconçues sur lesquelles l'enseignement n'a que peu de prise.

Mieux, certains phénomènes physiques ou biologiques sont abordés de façon identique – et nullement quelconque – par des adultes, qu'ils aient ou non reçu un enseignement universitaire. Sur tout un ensemble de questions et, plus particulièrement, sur celles qui concernent la vie quotidienne, des étudiants de biologie se comportent de manière très identique à des personnes qui n'ont pas suivi de cours de biologie.

Par exemple, à propos du cycle de la femme, des étudiantes de biologie donnent les réponses suivantes :

« Les règles, c'est du sang qui s'est accumulé à l'intérieur de l'utérus... Il s'était mis en place en prévision d'une future grossesse » (Evelyne, 28 ans).

« En l'absence de grossesse, le sang est évacué en même temps que l'ovule » (Florence, 25 ans).

« Le premier jour du cycle se détermine le 24e jour après l'ovulation » (Rolande, 23 ans).

Moi-même, n'ai-je pas eu des difficultés à me repérer dans les villes australiennes, parce que de par mes origines méditerranéennes, je ne pouvais envisager que le soleil au Sud, à midi !

Des perles aux conceptions

Il y a quelques années, de telles réponses faisaient les beaux jours de livres de « perles », à la Jean Charles. Seul le côté anecdotique, amusant, voire exotique de la réponse, était recherché. Or, progressivement, il est apparu que ces réponses erronées n'étaient pas une production gratuite exempte de significations. Elles n'étaient pas non plus de simples erreurs que l'on pouvait évacuer aisément par un enseignement, même très élaboré.

Bien au contraire, on s'est rendu compte que ces idées, ces modes de raisonnement avaient une cohérence propre et, surtout, que si on ne les prenait pas en compte en classe, le savoir enseigné était au mieux plaqué sur un fond résistant d'idées, de façons de faire déjà en place qui se maintenaient. Ainsi un élève de 12 ans, capable de réciter que « la somme des angles d'un triangle est égal à 180° », placé face aux deux triangles suivants :

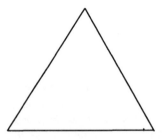

en conclut le plus souvent que la somme des angles du premier est supérieure à celle du second. En classe, il est alors très difficile de l'en faire démordre. Même si on lui suggère de mesurer les angles, il trouvera très souvent une différence même mineure (due aux erreurs de mesure) pour se renforcer dans son affirmation.

De même, des étudiants de biologie (deuxième année universitaire), qui ont pu acquérir de bonnes connaissances biochimiques et, notamment, les réactions dites « claires » et les réactions dites « sombres » sur la photosynthèse, proposent les mécanismes suivants dans la feuille :

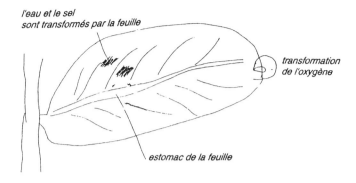

Conceptions sur la physiologie de la feuille chez des étudiants

Comment expliquer une telle méconnaissance du phénomène, alors même que leur épreuve d'examen paraît excellente ? Pour ces étudiants, « manger » s'interprète toujours à travers « leur » modèle empirique, celui qu'ils ont élaboré et vérifié à partir de leur propre expérience. Manger signifie « transformer des aliments », le plus souvent « solides », grâce à « un estomac ».

Dès lors, tout le savoir engrangé pour les examens a été simplement mémorisé et plaqué sur ce modèle qui se perpétue comme « noyau dur » de leur explication : « Dans la feuille il doit forcément exister un estomac. » Et cette interprétation continue à s'exprimer dès que l'on creuse au-delà des apparences des résultats universitaires.

Cet aspect va même au-delà des présentations d'idées ou de raisonnements. Il peut s'implémenter dans des comportements. Ainsi en activités sportives, un individu qui s'est développé sur des pratiques de type football ou handball a de grandes difficultés à adresser de bonnes balles en tennis, du moins dans un premier temps. Ses habitudes initiales, à « aller sur la balle » ou « de frappe en extension », lui seront de véritables obstacles dans la pratique de ce dernier sport. Le plus souvent, elles le conduisent à frapper la balle le bras fléchi en arrière, sans fléchissement des genoux au moment de la frappe.

La connaissance de ces idées, de ces façons de raisonner ou de se comporter – on appelle cet ensemble *conception* dans le jargon didactique depuis 1987 – est ainsi progressivement apparue comme fondamentale pour l'enseignement. Elle permet à l'enseignant de connaître mieux son public. Et cela devient fondamental pour l'enseignement car il apparaît très clairement aujourd'hui que c'est l'apprenant qui comprend, apprend et... personne ne peut le faire à sa place.

De plus, nos recherches ont montré que la connaissance des conceptions permet à l'enseignant d'adapter son intervention ou, du moins de proposer une pratique éducative beaucoup plus optimale. En effet, ces études révèlent que l'apprentissage est rarement le produit d'une simple transmission. C'est surtout le résultat d'un processus de transformation... de transformation des questions, des idées initiales, des façons de raisonner habituelles.

Toutefois, dans ce processus, l'élève ne peut plus tout redécouvrir par lui-même. L'enseignant (le plus souvent l'équipe enseignante ou le contexte culturel) peut lui faciliter grandement la tâche. Mais pour cela, des conditions draconiennes doivent être respectées. La médiation souhaitable ne peut « faire qu'avec » les conceptions de l'apprenant, en permettant leur expression, puis leur évolution. Dans le même temps, elle doit aussi « faire contre » puisque après avoir fait émerger les conceptions, elle doit convaincre les individus qu'ils se trompent ou du moins que leur savoir n'est plus suffisamment opératoire.

Depuis, ces mêmes recherches didactiques ont montré qu'il fallait aller encore plus loin, vu la complexité des mécanismes en jeu. Il s'agissait notamment de dépasser ce qui apparaissait comme paradoxal : « Faire avec pour aller contre. » À cette fin, de nouveaux modèles ont été proposés et, notamment le modèle d'apprentissage allostérique – mieux connu des Anglo-saxons – qui fournit tout à la fois une explication satisfaisante des mécanismes de l'apprendre et une prévision de l'environnement didactique optimal propre à le favoriser.

Dans la suite de ce texte, nous souhaiterions revenir pour les préciser sur ce que sont ces conceptions mises en jeu par le cerveau de l'élève et comment elles fonctionnent. Ensuite, nous souhaiterions illustrer l'opérationnalité du nouveau modèle d'apprentissage allostérique. En particulier, nous formulerons un réseau de paramètres optimums permettant de transformer les conceptions, dans une situation scolaire ou universitaire.

Une conception, comment fonctionne-t-elle ?

Contrairement à la conception habituelle, ce n'est pas parce que l'enseignant a traité tout son programme et mené son cours avec sérieux qu'il a nécessairement fait « passer » un savoir. Ce modèle présuppose tout à la fois la transparence d'une transmission de connaissances finement découpées et surtout la neutralité conceptuelle de l'élève. Par contrat didactique, cette pratique suppose que l'apprenant abandonne spontanément ses convictions initiales pour entrer dans la problématique proposée par l'enseignant.

Malheureusement, les évaluations entreprises ces dernières années montrent toutes que les savoirs fondamentaux ne s'acquièrent jamais par communication directe de l'enseignant à l'élève. La pensée d'un apprenant ne se comporte nullement comme un système d'enregistrement passif. Elle possède son propre mode d'explication qui oriente la manière dont sont appréhendées les informations nouvelles.

Conceptions des élèves	Obstacles
• L'entreprise est essentiellement une usine, une entreprise industrielle productrice de biens, plus rarement une entreprise de services ; sa taille est plutôt grande.	• L'entreprise agricole, la production de services, les différents types d'entreprise.
• Avant d'être un lieu de production, mettant en œuvre des mécanismes techniques et économiques, en vue de répondre à des besoins ou à un marché, c'est un lieu où coexistent des hommes.	• L'entreprise, lieu de production. Son organisation interne, les besoins auxquels elle répond.
• L'entreprise est peu liée avec l'extérieur. La nécessité du marché ou de besoins auxquels il faut répondre est presque absente.	• Le marché, ses lois, les agents économiques, le circuit de l'argent.
• A l'intérieur, différentes sphères apparaissent comme relativement cloisonnées : sphère du pouvoir et des valeurs correspondantes, sphère du travail et des contraintes liées, sphère de la production, ...	• Les catégories intermédiaires : leur place dans la hiérarchie et la production, la technologie.

Expression de conceptions et obstacles par des élèves sur l'entreprise

Les recherches didactiques éclairent ainsi sur les raisons de l'échec tant de pratiques pédagogiques traditionnelles que de certaines innovations. L'appropriation de tout savoir fondamental dépend prioritairement de l'apprenant, principal gestionnaire – ou le principal concepteur – de son apprentissage. En effet, pour tenter de comprendre, l'élève ne peut s'appuyer que sur ses propres conceptions. Elles lui fournissent son cadre de questionnement et ses références. C'est à travers elles qu'il interprète la situation, qu'il recherche et décode les différentes informations.

Cependant tout apprentissage significatif ne peut se réaliser que par rupture avec ses conceptions initiales. Pour qu'il y ait acquisition d'un concept par l'apprenant, l'ensemble de sa structure mentale doit être transformée. Son cadre de questionnement doit être complètement reformulé, sa grille de référence, largement réélaborée. Ce qui nous a fait écrire que l'élève apprend à la fois « grâce à » (Gagné), « à partir de » (Ausubel), « avec » (Piaget) les savoirs fonctionnels dans sa tête, mais dans le même temps, il doit comprendre « contre » (Bachelard) ces derniers (Giordan, de Vecchi, 1987).

En fait, pour apprendre, l'apprenant doit aller le plus souvent contre sa conception initiale, mais il ne le pourra qu'en faisant « avec », et cela jusqu'à ce qu'elle « craque ». Cette dernière lui paraîtra alors limitée ou moins féconde qu'une autre qu'il aura formulée. On voit alors qu'il ne s'agit pas seulement de mettre en place un simple processus d'« association » ou de « pont cognitif » comme l'ont formulé Ausubel et Novak, ni même de simples mécanismes d'« assimilation-accommodation » toujours trop limités. Certes un processus autorégulateur doit être établi, mais le processus décrit par Piaget sous le vocable d'« abstraction réfléchissante » apparaît aujourd'hui trop fruste.

La première image qui peut qualifier au mieux la mécanique de l'apprendre est celle d'une élaboration. Comme toute élaboration, l'apprentissage présente en plus des caractéristiques précédentes des modes tout à la fois interactif, conflictuel et intégrateur, ce que confirme le modèle d'apprentissage allostérique. Mais sa principale caractéristique est d'être d'abord interférentiel, comme les interférences qu'on peut visualiser en physique. Ces interférences sont la conséquence des multiples interactions nécessaires entre conceptions et contexte d'apprentissage, entre conceptions et concepts, et d'abord entre les multiples éléments qui constituent une conception (cadre de questionnement, cadre de référence, processus conceptuel mis en jeu et traces utilisées).

De plus, le moteur de ce processus n'est pas seulement une simple maturation. C'est plutôt une émergence où les conditions extérieures dans lesquelles est plongé l'apprenant sont prépondérantes. Ce sont elles qui interfèrent largement sur la structure cognitive mobilisée par l'apprenant. Car si l'élève apprend et s'il ne peut le faire que par lui-même, son apprentissage lui est conditionné (disons lui est facilité) par son environnement – enseignants et médiateurs compris. Dès lors, l'apprentissage ne peut se faire que par étapes ou plutôt par approximations successives que nous appelons *niveaux de formulations*.

Une métaphore peut permettre de mieux comprendre comment s'élabore le savoir. Prenons une planche à voile, voguant au milieu des flots vers une bouée ! Supposons que nous souhaitions aller directement vers une bouée sous le vent, nous ne pouvons y aller directement. Cet exercice n'est possible que si le vent souffle de dos. Dans ce cas, qui est celui où le cours magistral réussit, l'élève possède le même cadre de référence que le maître. Il se pose le même type de question. Or ce n'est précisément pas la situation que rencontre l'apprenant en classe. Le plus souvent, l'apprenant doit élaborer un savoir qui va à l'encontre de ce qu'il pense.

Dès lors, il ne pourra jamais l'élaborer directement. Au mieux tout comme dans le cas de la navigation en planche en voile, il ne pourra remonter vers le vent qu'en louvoyant d'abord vers bâbord, ensuite vers tribord. De nombreux suivis d'apprentissages réussis d'élèves le confirment nettement. De même, l'histoire des sciences est particulièrement prodigue en exemples permettant de corroborer cette hypothèse.

Et comment pourra-t-il avancer ? Il ne le pourra qu'en prenant appui sur quelque chose de fragile et de très instable comme peut l'être une planche à voile. Pourtant, c'est le seul objet sur lequel il peut prendre appui, tout comme les conceptions ! Ensuite, cette élaboration se poursuit en interaction entre le savoir et les conceptions de l'apprenant tout comme la planche avance en interaction entre le vent, sa voile et sa dérive.

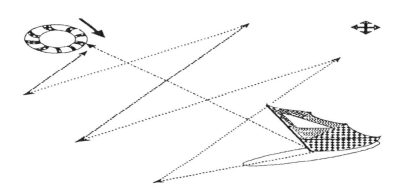

Le modèle d'apprentissage allostérique et la métaphore de la planche à voile

En réalité, il faudrait complexifier cette métaphore en parsemant la mer d'obstacles, ou en la rendant très agitée. On se rapprocherait alors mieux des difficultés rencontrées par l'apprenant. Dans ces cas, on peut constater que des retours en arrière sont nécessaires (phénomènes de contextualisations multiples).

Mais, avant de revenir sur ces questions d'apprentissage, précisons ce qu'est une conception. Les conceptions sont donc les seuls moyens d'investigation à disposition chez les apprenants. C'est le seul outil que leur cerveau est capable de produire pour interpréter le monde qui les entoure. Pour l'apprenant, les conceptions jouent tout à la fois un rôle d'étonnement, d'intégration et d'explicitation. Dans le même temps, elles sont également ses « prisons intellectuelles ». Elles présentent une formidable résistance à toute nouvelle donnée qui va à l'encontre du système d'explications déjà établi.

Pour préciser, nous pouvons modéliser les composants d'une conception sous la forme suivante :

$$\text{CONCEPTION} = f\,(\text{PCORS})$$

où

P (ou problème) est l'ensemble des questions plus ou moins explicites qui induisent ou provoquent la mise en œuvre de la conception. Il constitue en somme le « moteur » de l'activité intellectuelle.

C (ou cadre de référence) est l'ensemble des connaissances périphériques activées par le sujet pour formuler sa conception. En d'autres termes, ce sont les autres conceptions déjà maîtrisées sur lesquelles s'appuie l'apprenant pour produire sa nouvelle conception.

O (ou opérations mentales) est l'ensemble des opérations intellectuelles ou transformations que l'apprenant maîtrise. Elles lui permettent de mettre en relation les éléments du cadre de référence, de faire des inférences et ainsi de produire et d'utiliser la conception. Les spécialistes appellent cela des invariants opératoires.

R (ou réseau sémantique) est l'organisation interactive mise en place à partir du cadre de référence et des opérations mentales. Elle permet de donner une cohérence sémantique à l'ensemble. En d'autres termes, c'est l'émergence issue du jeu de relations établi entre tous les éléments principaux ou périphériques qui composent la conception. Ce processus produit un réseau de significations et donne un sens bien spécifique à la conception.

S (ou signifiants) est l'ensemble des signes, traces et symboles nécessaires à la production et à l'explicitation de la conception.

S'il est nécessaire de les différencier théoriquement pour les préciser à des fins épistémologiques, dans la réalité du fonctionnement cognitif, ces différents éléments se recoupent, ou du moins interagissent les uns sur les autres, et se donnent sens mutuellement, comme l'illustre le schéma ci-après :

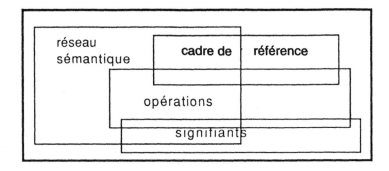

Composants d'une conception

Un environnement allostérique pour apprendre

L'acquisition de connaissances nouvelles procède ainsi d'une activité d'élaboration d'un apprenant, confrontant les informations nouvelles et ses conceptions mobilisées, et produisant de nouvelles significations plus aptes à répondre aux interrogations qu'il se pose. En première approximation, ce processus peut se schématiser ainsi :

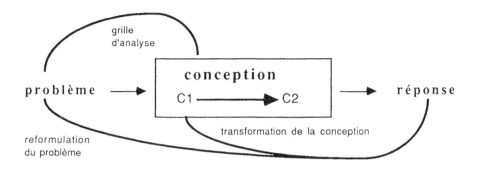

Mobilisation des conceptions dans un apprentissage conceptuel

Ce réseau conceptuel, constitué de manière involontaire et inconsciente à partir des premières expériences et des interprétations personnelles des situations d'enseignement ou de médiation antérieures constitue un véritable filtre pour toute nouvelle acquisition (cf. Les différentes conceptions de la fabrication du bébé, p. 270). C'est donc l'apprenant qui, pour une raison ou une autre, doit se trouver en situation de changer ses conceptions. Si l'enseignement ne les prend pas en compte, celles-ci résistent vivement à tout remodelage.

L'action propre de l'individu est donc au cœur du processus de connaissance. C'est ce dernier qui trie, analyse et organise les données afin d'élaborer une réponse personnelle à une question. Personne ne peut le faire à sa place. Encore faut-il qu'il ait « en tête » une question qui l'intrigue. Encore faut-il que l'élève exerce un contrôle délibéré sur son activité d'étude et sur les processus qui régissent cette activité, et cela à différents niveaux.

1575	15	2740	14	1636	18
15		14		36	
0075	141	134	198	60	23
60		126		54	
15		120		16	
15		112			
0		8			

| Contrôle des rapports numériques entre dividende/diviseur/quotient/reste | Opérations intermédiaires en particulier soustraction | Placement des données dans le diagramme de l'opération écrite |

Quelques conceptualisations erronées mises en jeu dans la division avec reste
(d'après Conne et Brun, 1991)

1. « Le bébé est déjà dans le ventre de la maman, sans vie... après l'accouplement il se développe ».

« Dans l'ovule, il y a un point blanc où est le cœur, le spermatozoïde féconde la femelle... et ensuite elle a la possibilité de faire des bébés ».

« Le germe du bébé est dans l'ovaire (confusion fréquente avec l'ovule)... il est dans une poche... le sperme entre dans la poche et lui donne la vie ».

Préformisme femelle :
Les élèves pensent que le bébé est fabriqué par la maman, soit seule, soit avec l'aide indirecte du papa. En effet, pour ces enfants, l'élément important qui va donner le « bébé avec ses caractéristiques », ou « le germe », est fourni par la mère ; il se localise généralement dans son ventre ou au niveau de l'ovule. Le père n'intervient pas, ou seulement de façon indirecte :
- soit en fécondant globalement la mère, celle-ci pouvant ensuite fabriquer les enfants,
- soit en fournissant de manière plus précise le sperme (ou le spermatozoïde), ce dernier intervenant seulement comme stimulus déclenchant le « développement » du « bébé déjà formé ».

2. « Le père met le germe dans la mère ».
« Le père fournit le germe en graine dans le spermatozoïde et la mère le nourrit, le développe ».
« Le père injecte le spermatozoïde qui contient l'enfant ; la mère fournit l'ovule... le spermatozoïde va trouver l'ovule pour se nourrir et se développer.... l'œuf va donner le bébé ».
« Les germes arrivent dans un ovule, un spermatozoïde rentre et modèle l'ovule... il se divise en 4, 8, 16, et 9 mois après le bébé sort par le vagin de la femme ». « Le sperme contient tous les éléments du bébé, il rencontre un ovule, le bébé n'a plus qu'à grandir ».

Préformisme mâle :
Contrairement à l'idée précédente, le bébé est fabriqué par le père qui fournit le sperme ou les spermatozoïdes (on constate l'existence de nombreuses confusions entre sperme et spermatozoïde, ce dernier mot ayant aussi des orthographes très variées).
Le spermatozoïde (ou le sperme) est alors l'élément important. L'ovule, lorsqu'il existe, intervient pour la plupart des élèves comme un lieu de nourriture et de protection qui permet le développement de l'enfant « déjà en graine » ou « en germe » dans le spermatozoïde.

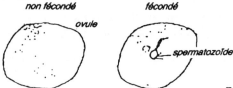

3. « L'enfant est formé à l'aide du sperme et du liquide de la femelle... les deux liquides se mélangent et donnent le bébé ».

Epigénisme (1er niveau) :
Le bébé est fabriqué par le père et la mère, chacun fournissant quelque chose. Le père apporte le sperme ou le spermatozoïde (avec les confusions multiples que nous avons déjà citées précédemment). Pour la mère, l'élément déterminant peut être l'ovule (ou l'ovaire) mais aussi une « substance » comme « les règles », « les pertes blanches », « les sécrétions vaginales » (ou « utérines »).

4. « Le spermatozoïde et l'ovule mettent ensemble leurs caractères héréditaires. Le spermatozoïde s'approche de l'ovule, le pénètre et l'ovule devient un bébé ».

Epigénisme (2e niveau) :
Certains élèves font intervenir spermatozoïde et ovule et avancent même l'idée d'un apport « d'informations » ou de « caractères héréditaires ».
Dans le cas où spermatozoïde et ovule jouent réellement un rôle complémentaire et sont porteurs des éléments héréditaires, on constate que de nombreux élèves utilisent un vocabulaire spécialisé (chromosomes, ADN...) mais rarement opératoire ; ils peuvent même employer les termes « d'hormone » ou de « neurone » comme synonymes des précédents.

Fabrication du bébé et conception

On voit alors combien l'apprentissage ne peut être interprété comme un simple mécanisme de conditionnement, d'association ou même d'abstraction. L'appropriation du savoir doit être envisagée d'abord comme un processus de transformation systémique et progressif. Ce qui compte principalement c'est que l'élève soit concerné, interpellé dans sa façon de penser. Il faut qu'il soit face à des données qui contredisent ce qu'il pense. La conception initiale ne se transforme que si l'apprenant se trouve confronté à un ensemble d'éléments convergents et redondants qui rendent cette dernière remplie de contradictions et, par là, difficile à gérer.

Ce processus ne peut donc pas être le produit du simple hasard, ni le résultat de mécanismes de transmission directe ou d'association. Il doit être largement favorisé par ce que nous appelons un *environnement allostérique*, mis à la disposition de l'apprenant par l'enseignant et, d'une manière plus générale, par tout le contexte éducatif et culturel. Car la probabilité pour qu'un apprenant puisse « découvrir » seul l'ensemble des éléments pouvant transformer les questionnements ou pouvant faciliter les mises en relation multiples et les reformulations est pratiquement nulle dans un temps limité.

Parmi les paramètres significatifs, un certain nombre d'entre eux peuvent être déjà répertoriés. D'abord, le contexte éducatif doit nécessairement induire une série de déséquilibres conceptuels pertinents. Il s'agit de faire naître chez l'apprenant une envie d'apprendre, puis une activité élaboratrice permettant de produire de nouvelles connaissances. Pour cela, le contexte doit être motivant par rapport à la question ou à la situation à traiter ou, du moins, le faire entrer dans cette dernière.

Un certain nombre de confrontations authentiques sont indispensables. Ces dernières doivent toujours être multiples. Ce peut être des confrontations élève-réalité par le biais d'enquêtes, d'observations ou d'expérimentations dans le cas où celles-ci s'y prêtent. Ce peut être aussi des confrontations élève-élève par le biais de travaux de groupe ou de confrontations avec les informations. Toutes ces activités doivent convaincre l'apprenant que ses conceptions ne sont pas suffisamment adéquates par rapport au problème traité. Par ailleurs, elles facilitent l'explicitation de sa pensée et l'entraînent à prendre du recul par rapport à ses évidences. Le plus souvent, elles peuvent le conduire à reformuler le problème ou à envisager d'autres relations.

Deuxièmement, il est important que l'apprenant ait accès à un certain formalisme. Ce formalisme qui peut prendre des formes très diverses (symbolisme, schématisation, modélisation) est une aide à la réflexion. Pensez combien les chiffres arabes et les règles de la multiplication peuvent faciliter cette acquisition contrairement aux chiffres romains ou aux abaques du Moyen Age ! Bien sûr le symbolisme choisi doit être accessible et facilement manipulable pour l'apprenant. Il doit correspondre à une réalité, lui permettre d'organiser les diverses données ou lui servir de point d'ancrage pour produire une nouvelle structuration du savoir.

Sur ce dernier plan, l'introduction de modèles permet toujours une vision renouvelée de la réalité. Cette pratique peut servir de « noyau dur » pour fédérer les informations et produire un nouveau savoir. Sur le plan didactique, un certain nombre d'investigations sont en cours. Un certain nombre de procédures différentes apparaissent utilisables avec succès suivant les moments. En tant que première étape, il se révèle que sur un contenu donné, il est plus économique que l'enseignant fournisse une ébauche de modèle. L'enseignant, le médiateur doit toutefois s'entourer de précautions. Il est utile que ce « prémodèle » soit lisible, compréhensible, adapté à la perception du problème que s'en fait l'élève. Au préalable, il est souhaitable que ce dernier ait eu l'occasion de se familiariser avec leur usage, qu'il ait eu la possibilité d'en produire et même d'en faire fonctionner... Il est surtout important que l'apprenant ait pris conscience qu'il n'y a pas de bons « modèles ». Tout modèle n'est qu'une approximation temporaire. Dans certaines disciplines, notamment en sciences, il peut être utile que l'élève « jongle » avec plusieurs d'entre eux, cela afin qu'il teste leur opérationnalité et leurs limites respectives par rapport aux questions à traiter.

Troisièmement, il est utile de procurer à l'apprenant des situations où, une fois élaboré, le savoir pourra être mobilisé. Ces activités sont indispensables pour montrer à l'élève que des nouvelles données sont plus facilement apprises lorsqu'elles sont intégrées dans des structures d'accueil ou quand elles ont un usage. N'apprend-on pas le plus souvent quand on est conduit à enseigner ou quand il faut réintroduire le savoir dans des pratiques ? De même, ces situations habituent l'apprenant à « greffer » le nouveau sur l'ancien. Elles l'entraînent à ce « va-et-vient » entre ce qu'il connaît et ce qu'il est en train de s'approprier.

Enfin, il est souhaitable que l'apprenant puisse mettre en œuvre ce que nous appelons « un savoir sur le savoir ». De nombreuses difficultés constatées montrent que souvent l'obstacle à l'apprentissage n'est pas directement lié au savoir lui-même mais résulte indirectement de l'image ou de l'épistémologie intuitive qu'il possède sur la démarche en jeu ou sur les mécanismes de production du savoir.

Par exemple, de nombreux élèves refusent d'apprendre en mathématiques parce que pour eux cette « discipline est trop compliquée ». D'autres ne savent pas distinguer une démarche scientifique d'une démarche sociale. D'autres encore ont des idées fausses sur ce qu'est une hypothèse ou une expérience, etc. Autant d'obstacles préalables à une élaboration du savoir.

Concrètement, il s'agit de mettre en place, et cela dès le plus jeune âge, une réflexion sur les pratiques conceptuelles. Quels sont leurs portées, leurs intérêts ? Quelles sont les démarches mises en jeu en classe ? Quelles sont leurs « logiques » sous-jacentes ? Pourquoi le savoir et même l'apprentissage ne seraient-ils pas un objet de savoir... à l'école !

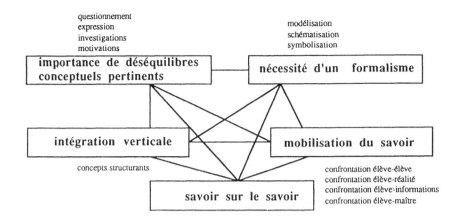

Paramètres d'un environnement allostérique pour un apprentissage réussi

Pour que tous ces paramètres soient simultanément opératoires, il se dégage nettement que le rôle de l'enseignant est primordial et irremplaçable. La somme des apports, leurs interactions, leurs progressivités dans la mise en œuvre ne peuvent faire l'objet de programme préétabli. Pour cela, ils devront, eux aussi, modifier leurs conceptions pédagogiques : leur emploi bien que fondamental est second. L'enseignant devient l'organisateur des conditions de l'apprentissage, une sorte d'interface en quelque sorte, pour prendre un terme à la mode, entre le savoir, la réalité et l'apprenant.

Son rôle n'est plus expositif, il n'est plus de présenter des informations. Il existe des moyens plus rentables quand cela est nécessaire. Son rôle est d'abord de concerner, de suggérer, de conseiller, de convaincre l'apprenant de passer d'un niveau de pensée à un autre plus performant.

Cela ne signifie pas qu'il doit se priver d'intervenir ou encore de fournir des repères. Bien au contraire, si l'apprentissage part de l'apprenant, l'enseignant ne doit pas craindre de ménager ce dernier. Mais pour réussir dans son challenge quotidien, l'enseignant doit avoir « à l'esprit » que son action n'aura des retombées valables que s'il met en place le surprenant *cocktail* constitué des paramètres pertinents que nous venons de décrire brièvement ci-dessus.

Le cocktail didactique

Entre l'apprenant et l'objet de la connaissance, un système complexe d'interactions doit donc s'installer. Ce qui est nécessaire est une dissonance qui heurte le noyau « sensible » de la conception. Seule cette dissonance peut faire progresser, elle crée une tension qui rompt le fragile équilibre que le cerveau avait réalisé au préalable. Mais les dissonances sont de moins en moins acceptables quand l'expérience est importante et la notoriété assurée.

On voit combien le changement de conceptions n'est pas un processus simple ou direct. Il n'est jamais neutre, non plus. On peut même dire que ce peut être parfois un processus désagréable. En effet, nos conceptions du monde, des êtres ou des choses donnent une signification à ceux-ci. Chaque changement de conception devient alors une menace. Elle change le sens de nos expériences passées. Elle menace en cela la façon qu'avait l'individu au préalable d'interpréter le réel.

De plus, ce changement ne peut s'opérer que de façon discontinue et dans une sorte de crise qui peut être parfois une crise d'identité tant un individu peut s'investir dans ses idées, produit d'une certaine conception du monde, et support de son action.

Le changement est plus facile quand un autre équilibre pointe à l'horizon. On peut ajouter qu'un autre niveau de savoir ne se substitue à l'ancien que quand l'apprenant y trouve un intérêt et apprend à le faire fonctionner avec succès. À ce niveau également, il doit donc pouvoir se trouver confronté à un certain nombre de situations adaptées, d'informations sélectionnées.

RÉFÉRENCES BIBLIOGRAPHIQUES

GIORDAN A., DE VECCHI G., *Les origines du savoir*, Neuchâtel, Delachaux et Niestlé, 1987.

DE VECCHI A., GIORDAN A., *L'enseignement scientifique, comment faire pour que « ça marche » ?*, Nice, Z'Editions, 1989.

GIORDAN A., HENRIQUEZ A., VINH-BANG (dir.), *Psychologie génétique et didactiques des sciences*, Peter Lang, 1989.

GIORDAN A., GIRAULT Y., CLÉMENT P., (dir.), *Conceptions et connaissances*, Berne, Peter Lang, 1993.

La détermination et l'apprentissage des concepts

Britt-Mari Barth
Sciences de l'éducation
Institut Supérieur de Pédagogie
Institut Catholique de Paris

Quand nous apprenons, nous cherchons à « produire du sens » : le *processus* « apprendre » aboutit à une *production* qui est notre savoir personnel et qui nous aide à comprendre la réalité qui nous entoure. Cela peut paraître évident, mais nous ne faisons pas toujours attention au lien très étroit qui existe entre la façon dont nous apprenons – le processus – et la qualité de ce que nous apprenons – la production.

À l'école, le savoir (ce terme est ici utilisé dans un sens large pour désigner des connaissances spécifiques telles que celles que l'on trouve dans le programme scolaire ou dans les référentiels : des savoirs ou des savoir-faire) est en général prédéfini ; c'est une certaine compréhension qui est valorisée comme étant la plus efficace : comprendre, à l'école, veut dire comprendre la « même chose », interpréter une situation à partir des mêmes critères. C'est pourquoi une des dimensions de l'acte pédagogique consiste à déterminer ce que l'élève doit *apprendre* et comment on peut l'aider au mieux pour y arriver. Cet acte pédagogique pourrait se situer dans les trois axes « enseigner », « former » ou « apprendre », tels qu'ils sont décrits dans l'introduction de cet ouvrage, et qui constituent son cadre conceptuel. Dans cette contribution, c'est l'axe « apprendre » qui va être privilégié. Nous allons examiner les trois termes de son titre, *concept, détermination* et *apprentissage,* pour explorer le rapport qui les relie et leur application dans une action pédagogique qui privilégie la relation entre les élèves et le savoir.

Le concept

La manière dont nous nous représentons les savoirs scolaires va influencer notre façon de les « déterminer » et de les « faire apprendre ». Si le processus « apprendre » aboutit à une production, quelle est cette production ? Nous apprenons quoi ? A cette question, les élèves répondent en général en termes de contenu : le français, les mathématiques, l'histoire, la géographie, le sport... Quand on leur demande si tous ces « savoirs » ont quelque chose en commun, la réponse est un non étonné... Mais pour l'élève comme pour l'enseignant, il y aurait d'autres aspects à considérer outre le fond : *la proposition est ici de porter notre attention sur la forme* et de considérer la majorité des savoirs et des savoir-faire qu'on apprend à l'école comme des concepts. Cela nous amène à trois questions : Qu'est-ce qu'un concept ? Quel est l'avantage de considérer les savoirs scolaires comme analogues à des concepts ? Qu'est-ce que cela change pour l'apprentissage ? Commençons par la première question.

Qu'est-ce qu'un concept ?

Si l'on considère les savoirs ou les savoir-faire appris à l'école – ou ailleurs – comme des concepts, il faudrait examiner par quels aspects ils sont comparables. On voudra par exemple enseigner ce qu'est un conte : *le mot* « conte » ne nous donne aucune information, si on ne sait pas déjà ce que c'est ; le mot n'est qu'un code, *une étiquette*, un symbole arbitraire *qui désigne la chose* elle-même. La façon dont on va définir ce mot dépend de *l'utilisation* que l'élève va en faire : s'agit-il de définir « conte » en tant que genre littéraire ou est-ce que la définition va servir de méthode-procédure pour écrire un conte ? *Définir pour qui et pour quoi faire ?* La réponse à ce genre de question permet de trouver *les éléments de définition, les caractéristiques, les attributs* (ces trois termes sont ici synonymes.) Des exemples de contes, en tant que genre ou en tant que procédure de fabrication de contes, sont les *cas concrets* que le mot désigne et que les attributs permettent d'identifier. Le concept n'a de sens que si ces trois éléments peuvent être mis en relation. *C'est donc la relation réciproque entre les caractéristiques et les cas concrets qui est importante pour définir un concept.*

Cette façon de *structurer* le savoir est également valable pour les savoir-faire : tout acte, ou action, est bien désigné par une *étiquette,* par exemple « résoudre une équation », « prendre des notes », « lire un énoncé », « faire un saut à pieds joints », « monter à la corde »... Celle-ci se réfère d'une part à une action réelle, une *procédure à mettre en œuvre*, et d'autre part, aux *caractéristiques* qui permettent d'identifier cette action, dans un contexte donné. Dans la mesure où on peut se référer à un savoir-faire donné à la fois par un terme qui le désigne, par des mots qui le caractérisent et par la situation dans laquelle ce terme est utilisé, celui-ci peut également être traité comme un concept, quelles que soient les différences par ailleurs. Ce qui nous intérese ici, pour des fins pédagogiques, est d'avoir une structure qui permet de réfléchir à la cohérence entre ce qu'on fait et ce qu'on dit pour identifier ce qu'on fait.

La structure d'un concept

C'est justement cette structure tridimensionnelle commune qui permet de rapprocher le savoir du concept : le concept est une construction abstraite désignée par un mot ; ce mot n'est pas isolé mais se réfère à un ensemble d'attributs qui sont communs à une pluralité d'exemples. Les attributs peuvent eux-mêmes être des concepts qui renvoient à d'autres attributs... et ainsi de suite. Le savoir – comme le concept – peut ainsi être vu comme un système complexe de relations où chaque savoir/concept peut s'exprimer à des niveaux d'abstraction différents : soit au niveau de sa *dénomination,* soit au niveau de son *explication* (les attributs), soit au niveau de la *chose elle-même,* telle qu'elle se trouve en réalité ou dans notre mémoire. De plus, chaque concept s'insère dans un réseau conceptuel qui détermine son cadre interprétatif. Le fait d'élaborer un réseau conceptuel, permet de déterminer des points d'entrées multiples selon le besoin des apprenants. Par ce rapprochement, le concept « concept », tel qu'il est ici proposé comme un *outil pédagogique*, conduit à réfléchir sur le sens qu'on souhaite attribuer à un savoir à enseigner pour un public donné.

Dans un premier temps, il nous rappelle de ne pas confondre le mot ou l'étiquette – dont la fonction est de nommer la « chose » –, les attributs – dont la fonction est de la définir ou de la distinguer et les exemples, dont la fonction est de la concrétiser. Quand un élève donne « la bonne réponse », il donne souvent simplement l'étiquette – sans avoir compris le sens des mots –, ou bien il donne les attributs – mais sans pouvoir les rapprocher d'un exemple concret –, ou bien encore il peut donner un exemple, mais il ne sait pas de quoi l'exemple est un exemple... Dans les trois cas, sa compréhension est incomplète : si on ne sait pas ce qu'on sait, ni à quoi cela se rapporte, il y a peu de chances d'arriver à utiliser ses connaissances ailleurs. C'est pour pallier ces difficultés que le modèle opératoire du concept peut servir comme un outil pédagogique : il permet de comprendre que tout savoir a une structure et peut être exprimé à des niveaux différents, qu'on peut utiliser cet outil pour explorer tout savoir – personnel ou scolaire – avec un certain formalisme et vérifier la cohérence entre le mot, les attributs et les exemples. *Dans un deuxième temps* il permet de prendre conscience de l'importance du choix de ce qu'on va mettre dans cette structure : la détermination des concepts. C'est ce deuxième aspect que nous allons aborder maintenant.

La détermination des concepts

Selon la perspective adoptée, un même mot peut se référer à des aspects différents d'un même phénomène. C'est justement ce qui rend la définition du savoir à enseigner si délicate. « Écologie » n'a pas le même sens pour un élève en classe primaire que pour celui de la classe terminale ou que pour le spécialiste professionnel ; le jeune élève du primaire va peut-être apprendre que le plastique ne se dégrade pas et que c'est la raison pour laquelle il ne faut pas jeter des bouteilles de plastique dans la nature, tandis que son aîné étudiera « les conditions d'existence et d'interaction entre les êtres vivants et le milieu » à partir d'un exemple plus complexe. *Le niveau de compréhension* ne correspond pas au même besoin, mais l'objet d'étude est le même et pourrait être conçu comme un concept qui se précise et s'élargit au fil de la scolarité. Ceci est vrai pour la plupart des savoirs scolaires, que ce soit en mathématiques, en français, en sciences physiques, en histoire ou dans d'autres disciplines. Les mêmes concepts reviennent tout au long de la scolarité mais leur signification devient plus complexe. Quelques exemples en témoignent : les concepts de « proportion » ou « volume » en mathématiques, « lecture méthodique » et « schéma de la communication » en français, « force » et « énergie » en sciences physiques, « civilisation » ou « culture » en histoire... Pour définir les savoirs à enseigner, il y a d'abord besoin de les situer par rapport à un savoir de référence et ensuite de décider comment ils pourront s'exprimer à des niveaux de compréhension de plus en plus complexes. Il faut déterminer – donc faire un choix délibéré – les éléments de définition qui conviennent aux besoins d'un public donné à un moment donné dans sa scolarité. Cette définition n'est pas immuable, elle peut évoluer, même pendant un enseignement, en fonction des réactions des apprenants. Celles-ci vont témoigner de leur compréhension du savoir en question et le problème va justement être de rapprocher le savoir à enseigner des diverses représentations qu'en ont les élèves. Mais parce que le savoir est dynamique et non pas statique, il faut « l'arrêter » à un moment donné, ne serait-ce que de façon provisoire, pour situer des points de repère jugés utiles pour tel besoin. Ceux-ci évolueront, bien entendu, au fur et à mesure que, dans le cursus d'apprentissage, le concept s'enrichira.

Le modèle opératoire du concept

Le modèle opératoire du concept, en tant qu'outil pédagogique, exige qu'on mette un concept à plat, qu'on détermine sa signification par rapport à un transfert souhaité. Il cherche à éviter des définitions trop statiques et trop fermées : celles-ci devraient servir d'outils pour comprendre. Il oblige à une réflexion sur les supports appropriés et les critères d'évaluation dès le début de la planification. Le choix d'attributs ne va donc pas de soi, il ne suffit pas de suivre un manuel qu'on a à sa disposition ou de partir de son propre savoir. Le modèle du concept cherche à faire prendre conscience de cette problématique et de rendre l'acte de définir plus opérationnel. Il fonctionne à l'aide de quelques questions (qui correspondent à quatre « niveaux ») qu'on peut se poser quand on doit réfléchir à la signification d'un savoir à enseigner. Voici ces questions de base, posées en vue de *préparer* une situation d'apprentissage :

– *Niveau de complexité* : Quels sont les attributs essentiels, les attributs secondaires ? Quel est le niveau de compréhension recherché ? Pour qui ?

– *Niveau de validité* : Pour faire quoi ? Dans quel champ d'application ? Dans quel(s) contexte(s) l'apprenant doit-il utiliser ce savoir ? Quel est le transfert recherché ?

– *Niveau d'abstraction du concept* : Comment ce savoir s'inscrit-il dans un réseau conceptuel ? Comment est-il situé par rapport à d'autres concepts dans le même domaine? Quels sont les concepts les plus centraux dans ce réseau (les concepts organisateurs) vers lesquels il faut tendre ?

– *Niveau d'inter-relation* : Quelle est la relation entre les attributs qui définissent le concept ?

En distinguant trois types de relations qui relient les attributs entre eux, on peut faire la distinction entre trois types de formation de concepts :

1. *Les concepts conjonctifs* sont définis par un ensemble d'attributs qui sont tous présents dans chaque exemple : il s'agit d'une conjonction d'attributs, donc reliés entre eux par une relation et/et. Le concept grammatical « attribut du sujet » (Barth, 1987), par exemple, peut être caractérisé par la présence simultanée d'une fonction (qualifie le sujet) *et* d'un moyen (par l'intermédiaire d'un verbe) *et* d'un emplacement (placé après le verbe) (Un cas comme « belle était la princesse » est ici à considérer comme une exception) *et* d'une marque de lien (s'accorde en genre et en nombre avec le sujet qu'il qualifie) (Un cas comme « cette île est un véritable paradis » est à considérer comme une exception).

2. *Les concepts disjonctifs* sont définis par un ensemble d'attributs qui ne sont pas tous présents en même temps, un attribut excluant l'autre ; les attributs sont donc reliés par la relation soit/soit. Exemple : un être humain est *soit* de sexe féminin *soit* de sexe masculin, une charge électrique est *soit* positive *soit* négative.

3. *Les concepts de relation* ont la spécificité de ne pouvoir se définir que par rapport à un élément extérieur qui détermine sa validité. Exemples : « Grand » se définit par rapport à un point de repère qui permet de juger de la taille. « Cher » est relatif aux prix les plus fréquemment pratiqués. Le concept « inflation » ne peut être analysé indépendamment de l'évolution des prix sur une période donnée. Pour apprendre ces concepts il importe donc de comprendre qu'ils sont relatifs à un point de repère.

Le modèle opératoire du concept peut être schématisé comme suit pour servir d'outil pédagogique.

Modèle opératoire de concept

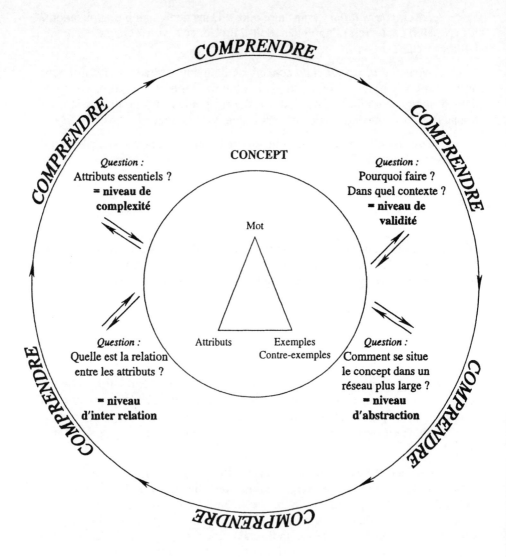

Voici un exemple où le modèle a été appliqué en vue de préparer une situation d'apprentissage. Il s'agit ici de la définition d'un premier niveau de compréhension du concept de causalité, utile pour des jeunes enfants.

Concept de causalité

Étiquette	Causalité
Domaine de validité	Dans le contexte quotidien, comprendre la relation entre cause et effet, en sachant les reconnaître et les nommer et en justifiant la relation causale dans des situations données. Comprendre que l'effet constaté dans une situation peut devenir la cause dans une autre. Savoir produire des exemples personnels et les expliquer.
Niveau d'interrelation	Concept relationnel.
Niveau de complexité : *attributs essentiels*	- Existence de deux éléments : la cause et l'effet. - Relation de causalité entre ces deux éléments : l'effet est observé ou constaté, la cause qui a produit l'effet doit être repérable. - Relation de temps : la cause est antérieure à l'effet.
| *Niveau d'abstraction* | Une carte conceptuelle pourrait être établie, par exemple à partir du concept organisateur « relation ».<br><br>```
            de conjonction      d'imposition
   de disjonction                  consécutive
                    Relation
                                   analogique
              de
           causalité
        |      |      |
      Attr.1  Attr.2  Attr.3
```<br><br>Carte conceptuelle de causalité |
```

Exemples	Élaborer des « cas » qui décrivent des situations familières à l'apprenant où il peut repérer cause et effet. Le contexte (ici en italique) permet de situer la phrase-exemple (ici en caractères normaux, gras). L'effet est souligné pour indiquer, dans une premier temps, qu'on commence avec le phénomène observé : Contexte : *Jean se trouve dans le jardin. Tout à coup il voit un mince filet d'eau qui commence à couler d'un tuyau d'arrosage placé par terre. Il lève la tête et voit le jardinier qui est en train d'ouvrir le robinet.* Phrase-exemple : **Le jardinier ouvre le robinet, l'eau coule du tuyau.** *– En bas du jardin Cléo, la chatte, dort au soleil. Tout à coup elle bouge, l'eau a mouillé son pelage.* **La chatte bouge brusquement, l'eau qui coule du tuyau d'arrosage l'ayant mouillée.** Trouver d'autres « cas » pour situer d'autres exemples : **– Il n'y avait plus de carburant, la voiture s'est arrêtée...** **– La terre est mouillée parce qu'il a plu.**
Contre-exemples	Trouver également des « cas » qui donnent un contexte approprié aux phrases qui expriment une autre relation que celle de la causalité : **– C'est vrai parce que je te le dis.** (relation d'imposition) **– il pleut et il y a du vent.** (relation conjonctive) **– Elle est jolie comme un cœur.** (relation d'analogie) **– Il a dîné, ensuite il s'est couché.** (relation consécutive) **– Il est soit bête, soit ignorant.** (relation de disjonction)

Cette définition de la « causalité » peut sûrement être discutée, mais au moins elle donne des critères sur lesquels la discussion peut porter. Elle permet de se rendre compte de la nature de la relation.

Dans une étape ultérieure, on peut souhaiter mettre en relief un autre aspect de la causalité : sa fonction d'outil d'analyse, appliquée cette fois à l'étude de documents, historiques par exemple, ou de l'actualité dans la presse. Le niveau de compréhension visé n'est plus simplement de comprendre la relation cause-effet, mais d'utiliser la notion de causalité pour comprendre la relation, souvent implicite entre deux événements : par exemple la relation entre l'assassinat de François-Ferdinand à Sarajevo et la Première Guerre mondiale, la relation entre l'invasion du Koweit et la Guerre du Golfe... La « définition » pourra alors être exprimée de façon plus dynamique : pour comprendre comment deux événements sont reliés entre eux par la relation cause-effet, je peux me poser certaines questions : « Quel est le phénomène que j'observe, que je mets au centre de mon interrogation ? Quelle est sa (ou ses) cause(s) ? Quels sont ses effets ? Quelle en est la preuve ? Quels sont les facteurs implicites ? Quelle est la conclusion que je peux en tirer ? »

Ce n'est pas quelque définition universelle qui est centrale dans ce modèle, mais la prise de conscience des questions qu'on peut se poser pour déterminer le sens d'une situation donnée, questions dont les réponses deviennent des éléments de définition. Ces réponses peuvent s'exprimer de façon différente selon le contexte social.

Le modèle peut aussi servir d'outil de pensée dans une situation où l'on ne connaît pas la réponse à l'avance, et où il faut donc la générer ; par la suite il faudra alors la valider – ou accepter son caractère spéculatif.

Explorer le savoir

Le fait d'utiliser un modèle pour réfléchir sur le savoir va nécessairement restreindre celui-ci. Toute modélisation est, par définition, restrictive. Mais si la valeur opérationnelle d'un modèle dépasse cet inconvénient, son utilisation est justifiée. Le but de ce modèle heuristique est, d'une part, d'explorer le savoir déjà validé pour comprendre sa signification et, d'autre part, de construire du savoir nouveau.

La réflexion sur notre savoir exige qu'on en possède un modèle : nous ne pouvons pas y réfléchir sans en avoir une théorie. Celle-ci correspond à notre interprétation d'une réalité donnée. En général ces « modèles mentaux » que nous avons construits pour expliquer le réel sont implicites ou inconscients. Mais pour pouvoir discuter entre collègues ou entre apprenants sur la signification d'un savoir donné, il est important d'avoir un langage commun, des référents communs. *Le « concept » en tant que méta-modèle du savoir* oblige à situer les éléments de définition dans une structure commune et à veiller à la cohérence entre son expression symbolique et son expression concrète. Autrement dit, il oblige à un aller et retour entre le discours abstrait et la situation concrète qui se justifient mutuellement. *Il permet de prendre conscience de la nature relative et contextualisée du savoir.* Cette prise de conscience est importante dans la détermination des concepts à enseigner et à apprendre.

La proposition du « modèle opératoire du concept » pour réfléchir au sens d'un concept, répond en partie à la question « quel est l'avantage de considérer les savoirs scolaires comme analogues à des concepts ? », question qui a été posée au début et que nous allons continuer à explorer. Cela nous amène à une activité très proche de la détermination des concepts : la détermination collective des concepts ou l'apprentissage des concepts.

L'apprentissage des concepts

Nous commençons à construire des concepts dès notre naissance mais nous n'apprenons pas seuls, nous ne pouvons pas apprendre seuls. Bruner (1987) a montré comment l'interaction et l'attention conjointe entre la mère et le jeune bébé créent la première trame dans laquelle s'établit notre compréhension du monde. Le savoir se crée progressivement dans un contexte culturel et social, à partir des expériences vécues dans l'interaction avec autrui ; la langue elle-même est à la fois un moyen pour donner du sens à ce vécu et un reflet de ce que nous avons appris. Dans cette optique, le savoir n'est pas un « objet » qui est donné et reçu de façon passive, mais il s'agit plutôt d'une transaction active, d'un échange. On se met d'accord sur une même interprétation d'une situation par l'intermédiaire de la langue – et donc des concepts – qui va orienter notre perception. Le savoir déjà en place chez celui qui apprend est alors un facteur très important pour la compréhension des connaissances nouvelles : « On ne perçoit que ce qu'on conçoit. » Un autre facteur essentiel est l'interaction même. Dans le langage de Vygotsky, il s'agit d'une coconstruction de sens où celui qui transmet le savoir le fait en tant que médiateur entre l'apprenant et le savoir. Cette façon de comprendre la transmission du savoir est pleine d'implications pédagogiques.

Négocier une compréhension commune

Dans l'apprentissage des concepts à l'école, il s'agirait alors d'approcher le savoir à enseigner – une fois qu'il a été bien réfléchi – des savoirs provisoires que les élèves peuvent en avoir, pour négocier un sens commun, partagé, communicable. Cela pose plusieurs problèmes : d'abord il faut comprendre ce que les élèves comprennent, ensuite il faut trouver un moyen pour les aider à transformer cette compréhension subjective – dans la mesure où elle est inopérationnelle ou incomplète – pour arriver à une compréhension commune. Comment le modèle opératoire du concept peut-il fonctionner dans ce contexte ?

Si le modèle a été utile dans un premier temps pour réfléchir au savoir à enseigner, pour le déterminer, il peut maintenant également devenir un *outil d'analyse commun pour interpréter et construire le savoir à apprendre.* C'est là son rôle le plus important – et qui « change l'apprentissage ».

Partager une théorie commune

En partageant avec les élèves l'outil qu'est le modèle du concept, on partage en réalité une théorie d'apprentissage commune : « apprendre sa leçon » ou « écouter attentivement pour apprendre » devient « chercher des attributs et comprendre comment ils sont reliés entre eux pour donner du sens à une situation donnée ». Cela demande qu'on mette à la disposition des apprenants des exemples, ou des situations, à partir desquels ils peuvent négocier un sens commun, collectif et communicable. Ces exemples servent ainsi d'instruments pour faire exprimer et faire évoluer les conceptions des élèves. Dans cette perspective il s'agit de faire construire le concept abstrait, à partir de situations réelles ou d'exemples concrets qui servent de point de départ pour observer, comparer, contraster, interpréter, vérifier et généraliser. Un *processus d'abstraction* est mis en œuvre afin de produire une signification commune (pour des exemples d'application de cette démarche, voir Barth, 1987).

La fonction des exemples est donc double : multiplier les expériences avec le savoir dans une forme plus concrète et susciter une activité de recherche à partir d'un cadre de référence commun. L'abstraction prend sa source dans une expérience vécue ; si l'élève ne l'a pas déjà eue, il faut la lui fournir en même temps que l'occasion d'en exprimer sa compréhension et de la confronter avec celle d'autrui. L'introduction de contre-exemples – qui montrent ce que « la chose » n'est pas – permet, par le contraste, de guider et d'affiner la perception et de vérifier l'acquis. L'information négative – quand on est informé de ce qu'elle est négative – peut être très utile, surtout quand elle vient au bon moment et qu'elle est bien dosée.

Le choix judicieux de ces exemples est essentiel pour aider l'apprenant à construire le sens. *On ne peut pas imposer une compréhension*, on peut seulement essayer de donner des outils et des supports qui permettent à l'autre de comprendre pour lui-même. Le modèle du concept est un de ces outils, il permet de voir comment les éléments sont reliés entre eux, de voir comment les exemples sont reliés à une idée générale – distinction très importante dans la compréhension d'un texte ou dans la prise des notes, par exemple.

Engager l'apprenant dans un processus d'élaboration de sens

Les exemples doivent être suffisamment *nombreux* et suffisamment *variés* pour que leur comparaison engage l'élève dans une véritable recherche épistémologique ; épistémologique parce que l'élève – par le modèle du concept – a une compréhension de la nature et des limites du savoir qu'il cherche à apprendre : il sait que ce n'est pas l'étiquette – c'est-à-dire « la bonne réponse »

– qui est importante d'abord, mais la recherche de ce qui est commun à tous les exemples, quelles que soient leurs différences par ailleurs. Ces exemples doivent « parler » aux élèves, sinon ils ne peuvent pas réagir. Il faut donc trouver différentes *zones de résonance* possibles, et laisser des choix, pour s'approcher des uns et des autres par un contexte qui leur est familier. Ceci devient particulièrement important dans des classes hétérogènes.

La variété des exemples et des contre-exemples incite l'apprenant à faire des mises en relation multiples et à situer le concept dans le champ conceptuel où il se trouve. Un concept n'existe jamais seul, mais toujours par rapport à d'autres concepts, dans un réseau complexe d'interrelations. Certains de ces concepts sont plus centraux, plus intégrateurs, ils peuvent fonctionner comme des concepts organisateurs qui structurent l'ensemble du réseau établi. Il importe de les avoir repérés. Il est également important que l'élève ait l'occasion de saisir des différences subtiles qui justement distinguent un concept d'un autre, pour ne pas les confondre. Il faut donc systématiquement varier tout ce qui n'est pas pertinent pour un apprentissage donné.

L'ordre de présentation des exemples est également un facteur qui influence le processus d'abstraction en cours : dans un premier temps, il importe de situer le savoir dans un contexte connu de l'apprenant et, ensuite, de le situer dans un contexte différent pour que l'apprenant ne confonde pas le savoir avec son contexte. Cette manière de procéder permet de stabiliser un savoir provisoire avant de le déstabiliser par l'introduction d'un exemple qui provoque l'étonnement ou le doute. Les contre-exemples sont plus utiles à la fin de la progression pour vérifier et consolider la « nouvelle » compréhension. *Avant que l'apprenant puisse modifier une conception, il faut qu'il en prenne conscience.* Leur introduction ne doit pas intervenir trop tôt, pour cette même raison.

Définir le savoir dans le dialogue

Le défi à relever par l'enseignant est de trouver ces situations qui permettent d'engager l'apprenant dans une activité intellectuelle et de rendre celle-ci explicite pour pouvoir suivre le cheminement de la pensée de l'apprenant. Une connaissance approfondie de la matière est donc une des conditions pour que l'enseignant puisse adapter son savoir à celui de l'apprenant et comprendre les tâtonnements et les questions de celui-ci. La démarche permet de susciter et de guider un dialogue, voire un *conflit conceptuel* : la confrontation des mots et des interprétations différentes incite les élèves à clarifier et à transformer leurs « modèles mentaux » en place ainsi qu'à prendre conscience du savoir nouveau qui commence à se structurer. *L'argumentation et la clarification sont au centre de ce processus progressif de négociation de sens.* Mais cette argumentation ne peut pas se faire dans le vide : par un aller et retour très serré entre l'observation de l'exemple concret et son interprétation collective – « l'alternance-simultanée » – les élèves prennent conscience du fait qu'il s'agit de *chercher la pertinence*, c'est-à-dire de vérifier la cohérence entre la situation concrète et son explication abstraite et non pas de deviner ou de reproduire des réponses toutes faites.

Ainsi c'est l'élève qui est mis en situation de réfléchir et de raisonner. L'enseignant est là en tant que guide pour choisir les situations et organiser l'échange. Selon le besoin, il peut intervenir dans le processus de l'argumentation et « penser à haute voix » avec les élèves pour les inciter à se poser les bonnes questions et avancer dans leur interrogation. *Les questions sont plus importantes que les réponses* ; si l'apprenant n'arrive pas à se les poser seul, l'enseignant peut les modéliser pour l'aider à avancer. C'est cette démarche de recherche commune qui engage et stimule la participation active de l'élève – sans cet engagement affectif et cognitif il n'y a pas d'apprentissage. Mais il faut savoir qu'une telle démarche invite à la confrontation conceptuelle et pourrait être ressentie comme insécurisante ou même menaçante. Elle ne peut donc pas se faire dans n'importe quelles conditions : il faut assurer à la fois *une sécurité psychologique et une liberté intellectuelle*. Si on propose à l'apprenant un défi intellectuel qui stimule sa démarche de recherche et crée un état anticipatoire d'un but à atteindre, il faut aussi lui montrer – par l'action et non pas seulement par des mots – qu'il est normal de se tromper. *L'erreur doit être considérée comme un outil d'analyse* qui permet de comprendre autrement. Les « bonnes erreurs » deviennent d'excellents contre-exemples.

Le processus cognitif est ainsi mis en œuvre par une procédure cognitive qui se traduit par les consignes de la tâche, le choix de supports et, surtout, par l'échange lui-même qui se crée dans un climat de confiance partagée et de respect de l'autre. On apprend à écouter les questions et les arguments de l'autre, à pénétrer ensemble un objet de connaissance commun pour lui accorder une signification commune. La tâche, très concrète et accessible à l'apprenant, lui permet de se lancer et de prendre confiance en lui, tout en lui offrant un certain défi intellectuel. Le plus important est la stimulation de la pensée, l'envie de chercher avec les autres et le *plaisir* de trouver. L'effet le plus important de cette démarche se trouve sans doute dans la redynamisation de la relation apprenant/enseignant et dans la richesse des interactions qu'elle suscite. *Le savoir se définit dans l'échange* et on peut avoir une satisfaction véritable à produire quelque chose ensemble et à créer ainsi son savoir personnel. L'épanouissement intellectuel passe par là. L'affectif et le cognitif se nourrissent mutuellement et on ne peut pas séparer leur fonctionnement.

S'entraîner à l'autorégulation

La validation de l'apprentissage fait partie intégrante d'une telle approche et commence dès le premier exemple, car l'apprenant est amené à comprendre ce qui fait qu'un exemple est un exemple et donc à distinguer les critères d'évaluation. Il peut s'entraîner tout au long de la situation d'apprentissage à les reconnaître et à les mettre en œuvre. Il y a donc de multiples occasions – pour l'enseignant comme pour l'apprenant – de vérifier ce qui a été compris. Il ne suffit pas d'avoir l'impression d'avoir compris – ou d'avoir l'impression que les élèves ont compris. Quand l'élève est amené, devant des exemples renouvelés aussi longtemps que nécessaire, à interpréter leur signification, à expliquer les raisons de son interprétation et à donner ses propres exemples en les justifiant, l'enseignant, comme lui-même, a des points de repère solides pour juger de son niveau de compréhension. Avec le temps et l'expérience, l'élève pourra juger par lui-même... mais comme sa compréhension continuera à s'approfondir il devra toujours chercher une validation. Notre savoir est toujours provisoire, il n'y a pas de savoir définitif. Ayant appris à se poser des questions plutôt que de reproduire des réponses, l'apprenant sait ce qu'il faut chercher. Un tel processus intellectuel qui arrive d'abord comme un phénomène social dans l'interaction familiale ou pédagogique, devient, dans un deuxième temps, selon l'interprétation de Vygotsky un outil intellectuel intériorisé prêt à être utilisé dans toute activité d'apprentissage. Il importe donc de faire prendre conscience aux apprenants qu'ils possèdent, tous, ces outils dont ils se servent tous les jours et de leur montrer comment ils peuvent mieux s'en servir à l'école. *Ce processus métacognitif* – acte de revenir sur sa pensée – permet d'en prendre conscience et de s'en servir de façon plus autonome. *L'entraînement à l'auto-évaluation et à l'auto-régulation sont des étapes essentielles dans l'apprentissage des concepts, car son transfert n'est pas automatique.*

Le rôle de l'enseignant

Le rôle de l'enseignant, nous l'avons vu, est essentiel et spécifique : *être le médiateur entre l'apprenant et le savoir en situant l'apprentissage dans ses dimensions à la fois cognitives, affectives et sociales.* Pour mettre en œuvre une telle médiation où la participation active des apprenants est celle qui importe le plus, on ne peut pas faire l'économie d'une préparation assez rigoureuse. Celle-ci est la condition pour arriver à susciter la réflexion de tous et pour permettre l'accès aux connaissances à une variété de publics. Elle est une condition préalable de *l'authenticité* et du *dynamisme* de cette négociation de sens. Mais c'est l'interaction elle-même – ce lieu d'échange et de dialogue, de doute et d'argumentation, d'étonnement et de rapprochements – qui fait évoluer notre compréhension et, en même temps, notre relation au savoir. C'est la richesse de ce processus d'échange – induite par la procédure pédagogique – qui détermine la qualité des concepts appris. Le défi pédagogique se situe là.

RÉFÉRENCES BIBLIOGRAPHIQUES

BARTH B.-M., *L'apprentissage de l'abstraction : méthodes pour une meilleure réussite de l'école*, Paris, Retz, 1987.

BARTH B.-M., *Le savoir en construction, former à une pédagogie de la compréhension.*, Paris, Retz, 1993.

BRUNER J.-S., *Le développement de l'enfant ; savoir faire, savoir-être*, Paris, PUF, 1987.

VYGOTSKY L.S., *Pensée et langage*, Paris. Éditions sociales, 1977, (1934).

Objectif, obstacle et situations d'apprentissage

Philippe Meirieu

Sciences de l'éducation
Université Lumière Lyon II

Comprendre comment se pose aujourd'hui la question des situations d'apprentissage impose, me semble-t-il, un détour historique qui permette de mettre en perspective les deux grands mouvements qui ont présidé à l'organisation de ces situations et que je nomme, de manière sans doute un peu caricaturale, le mouvement de *didactisation* et le mouvement de *finalisation*. Disons, pour faire simple, que se sont opposées et s'opposent encore aujourd'hui, en matière pédagogique, deux grandes priorités : la première est celle qui insiste sur la nécessité de rationaliser les apprentissages, d'être particulièrement attentif à leur caractère exhaustif et systématique ; la seconde est celle qui met en avant le fait qu'on n'apprend vraiment que ce qui a du sens pour le sujet, que ce qui s'inscrit dans une démarche volontaire et est réinvesti dans une activité librement choisie. Pour rester dans un certain schématisme, disons que le premier mouvement est celui qui a présidé à l'organisation de lieux spécifiques destinés aux apprentissages et encadrés par des formateurs disposant de compétences distinctes des professionnels exerçant dans la « vie active »... ces lieux ont pu, par exemple, s'appeler des « écoles ». Le second mouvement qui, en réalité, existait bien avant le premier, est celui qui justifie l'apprentissage par l'action directe du sujet immergé en situation de production... tel qu'il a pu exister avant la création des « écoles » et tel qu'il a pu être remis à l'ordre du jour par les pédagogues de l'Éducation nouvelle et des « méthodes actives » qui, selon la formule de Dewey définissant ce que l'on nomme aujourd'hui la « pédagogie de projet », affirma bien haut l'importance du *learning by doing*.

Didactisation et finalisation

L'École, en réalité, n'est pas une institution très ancienne : sous la forme où nous la connaissons, elle a tout au plus deux à trois siècles et, en tant qu'elle se veut systématisée à toute la jeunesse, elle a, tout au plus, un siècle. Est-ce à dire que l'on n'apprenait pas avant la création de l'École ? Non, bien évidemment. Si l'École est récente, l'apprentissage, lui, est vieux comme le monde, vieux comme l'homme lui-même puisque, précisément, l'homme se caractérise par le fait qu'il peut tout apprendre et, même, qu'il doit tout apprendre.

Pourquoi, alors, a-t-on créé l'École ? Pour « raréfier les savoirs » nous a expliqué Yvan Illich, dans son livre célèbre *Une société sans école* paru en 1971 ; l'auteur y expliquait que les enseignants, en s'octroyant le monopole de la diffusion des connaissances et de la certification de leur appropriation, avaient introduit un système de sélection draconien là où chacun, auparavant, pouvait s'instruire librement en allant puiser aux sources « naturelles » des savoirs. Certes, Illich décrit ainsi un phénomène qui correspond, sans aucun doute, à une certaine réalité : le formalisme de l'école occidentale tel que nous l'ont décrit les sociologues de la « reproduction », comme Bourdieu et Passeron ou Baudelot et Establet n'est pas très éloigné de la description illichienne ; et la « violence symbolique » qu'exercent, selon eux, les classes sociales favorisées, maîtrisant le langage et les codes sociaux, sur les milieux les plus défavorisés à qui l'on fait croire que, parce qu'ils sont sur la même ligne de départ, ils ont les mêmes chances, est bien une forme subtile et socialement légitime de la « raréfaction » des savoirs. De plus, le développement d'institutions scolaires sur le modèle occidental dans les pays du Tiers Monde a produit, de toute évidence, des effets souvent négatifs, discréditant des savoirs traditionnels parfois fort utiles sans parvenir à transmettre des savoirs nouveaux de manière significative.

Mais, ce qu'Illich ne dit pas, ce qu'il semble ignorer, c'est que, si l'École a été créée, ce n'est pas d'abord dans un esprit de sélection et pour écarter certains individus du savoir, mais c'est bien pour la raison inverse : parce que l'apprentissage par l'imitation et par l'action, le *learning by doing* qui était alors généralisé, ne donnait pas satisfaction.

C'est Coménius, l'auteur de *La grande didactique*, qui explique bien cela dès le XVIIe siècle : dans la réalité, écrit-il, quand le compagnon et l'apprenti travaillent ensemble, on ne peut pas satisfaire à la fois l'apprenti et le client... Si on laisse faire l'apprenti, on perd du temps, on gâche du matériel, on mécontente le client ; si, en revanche, c'est le compagnon qui effectue le travail, alors le client sera satisfait mais l'apprenti n'aura rien appris. De plus, cette « réalité » est extrêmement aléatoire : on peut y rencontrer des difficultés considérables avant d'avoir appris à surmonter des difficultés beaucoup plus accessibles que nous nommerions aujourd'hui des « prérequis ». Par ailleurs, les rencontres que l'on fait, toujours dans cette « réalité », sont très conjoncturelles : elles sont liées à la chance qu'on a de vivre certaines situations ou de rencontrer certains personnages. Enfin et surtout, dans la réalité de la société productive, quand il faut gagner sa vie ou même seulement survivre, on ne peut pas se tromper sans être puni : dans une situation de « travail vrai », il vaut mieux agir à coup sûr, sans risquer son emploi, sa santé, sa propre existence... Il est donc nécessaire d'organiser des lieux où l'on puisse se tromper sans risque, analyser ses propres erreurs pour ne plus les refaire quand les enjeux seront plus importants. Et l'on a trop oublié que c'est d'abord cela l'École : un lieu de l'erreur possible, un lieu du tâtonnement nécessaire, un lieu de l'apprentissage systématique et progressif où l'on échappe à l'aléatoire social.

Coménius inaugure ainsi ce que j'ai nommé un grand mouvement de *didactisation des savoirs*, mouvement qui sera repris et amplifié par les encyclopédistes : il s'agit d'extraire les savoirs multiples et désordonnés des situations sociales où ils ont été produits pour les présenter de manière systématique et par ordre de complexité croissante. Or, il me semble que – sans doute trop absorbé par la critique de l'École comme outil de sélection sociale – on a trop oublié l'inspiration particulièrement positive de ce mouvement : c'est, en effet, un mouvement contre l'aléatoire, un mouvement contre l'injustice et l'inégalité des rencontres de la vie, un mouvement pour créer un lieu spécifique consacré aux apprentissages et dégagé des contraintes draconiennes de la production. Originellement, l'École c'est fondamentalement cela : une chance offerte à tous de pouvoir apprendre en prenant son temps, sans être assujetti à un contexte familial, professionnel ou géographique précis. L'École – il ne faut pas l'oublier – c'est l'encyclopédie institutionnalisée, encyclopédie dont nos manuels scolaires ne sont que des succédanés plus ou moins réussis.

Pour illustrer la perspective ouverte par les encyclopédistes, on peut facilement prendre l'exemple de l'apprentissage de la langue française qui, comme l'apprentissage de toutes les disciplines, doit être pour eux un apprentissage dégagé des pratiques sociales de référence. Puisque ces pratiques sociales sont multiples, inégalitaires, aléatoires, il faut s'en remettre à des règles unifiées, consensuelles, consacrées, les règles que Jules Grévisse nommera plus tard, avec le succès que l'on sait, les règles du « bon usage ». L'apprentissage du français ne doit donc pas s'appuyer sur les situations de communication réelles des enfants ; tout au contraire, il s'agit de s'en éloigner le plus possible pour imposer des modèles linguistiques qui assurent l'accès à l'universalité d'un langage censé réunir tous les hommes dans la possibilité d'une communication rationnelle. Les instructions officielles de 1866 expliquent ainsi, de manière très précise, que « le devoir est la reproduction par écrit et toujours de mémoire d'un morceau lu et expliqué » ; et on trouverait dans *L'apprentissage de l'art d'écrire*, publié par Jules Payot en 1913, tous les principes fondateurs de la conception formelle de l'enseignement du français : tout le vocabulaire y est passé en revue selon une présentation ordonnée ainsi que toutes les tournures stylistiques et tous les points grammaticaux. Les manuels scolaires vont s'inspirer longtemps de cette conception puisqu'en 1961, un manuel de la collection Clarac comporte, dans la préface, un texte particulièrement explicite sur ce point :

« *L'enfant ne profitera des conseils de ses maîtres et n'arrivera à s'exprimer avec aisance et précision que s'il a d'abord travaillé lui-même à enrichir son vocabulaire. Lui demander de traduire ce qu'il voit et ce qu'il pense avant qu'il se soit entraîné, par des exercices de détail, à résoudre méthodiquement les redoutables problèmes du style, c'est exiger qu'il démontre un théorème avant d'avoir appris la définition du triangle et du cercle ou qu'il joue un morceau de piano sans avoir étudié ses notes* ».

On ne peut être plus clair sur le caractère formel de l'apprentissage de la langue et sur les conditions requises pour accéder à une « expression personnelle ».

Dans cette perspective, il est clair que l'enfant doit faire le tour de toutes les règles linguistiques requises à l'intelligence de la pratique littéraire de la langue ; il apprend la grammaire, en partant de la phrase simple pour aller progressivement vers les phrases complexes, il pratique l'analyse et la conjugaison, subit, avec plus ou moins de succès, des leçons de vocabulaire et de stylistique. En principe tout ceci doit bien fonctionner puisque cela est présenté et organisé selon l'« ordre des raisons » à un sujet qui est considéré, quand il entre dans la classe, comme un « sujet de droit », disponible à la sollicitation de la raison qui s'exprime devant lui.

Mais, en réalité, on voit assez vite que tout ce qu'on gagne en rigueur, on risque vite de le perdre en finalisation : les élèves apprennent docilement, mais s'ils n'ont pas le privilège de vivre dans leur environnement familial ou social des situations de communication où ils peuvent réinvestir ce qu'ils apprennent à l'école, ces apprentissages restent purement formels et servent, tout au plus, à réussir certaines épreuves scolaires. Le « sujet de droit » est bien, en réalité, un sujet de fait, mais pas n'importe quel sujet ; il est celui qui a appris très tôt que la fonction première du langage n'était pas la communication mais bien plutôt la « distinction » – comme le dit Pierre Bourdieu –, que l'important n'était pas tellement dans ce que l'on disait mais dans la manière dont on le disait. L'apprentissage du français, comme l'ensemble des règles du « bon usage », n'est ainsi accessible qu'à ceux qui perçoivent l'utilité sociale de ce bon usage, qui connaissent toute la valeur des critères académiques et le peu d'importance – à l'École surtout – des critères fonctionnels... Une anecdote illustrera bien ce propos : si je me promène dans une banlieue populaire de l'Est lyonnais et y rencontre un de mes élèves, s'il me vient l'idée de lui demander de m'écrire rapidement comment aller chez lui, je m'expose à ce qu'il me note quelque chose du genre : « Tu vas tout droit et tu tournes à goche... » Si je lui fais remarquer que le mot « gauche » s'écrit *g.a.u.c.h.e.*, il risque bien de me répondre : « Qu'est-ce que cela peut te faire puisque tu peux aller chez moi ? » Ce n'était, évidemment pas, un bon élève. Un bon élève, convaincu que je n'irai jamais chez lui mais que je veux vérifier son orthographe, ne sachant pas écrire « gauche », aurait écrit « droite » ! Un bon élève aurait su ce qu'est le langage scolaire, il aurait su que les critères académiques y surdéterminent toujours les critères fonctionnels. Or, c'est précisément sur la revalorisation des critères fonctionnels que va se construire une autre approche de la discipline ; et ce sera précisément l'« approche fonctionnelle » mise à l'honneur par tout le mouvement de l'Éducation nouvelle.

Il est ainsi tout à fait significatif que l'apparition de la première *new scholl* à Abbothsholme, à côté de Londres, ait lieu en 1899, au moment où le projet de l'École encyclopédique était à peine en train de rentrer dans les faits. C'est que Cecil Reddie, son fondateur, avait été frappé par cette évidence : l'enfant n'apprend une langue que si cela s'inscrit dans une dynamique fonctionnelle, dans ce qu'il nomme un « besoin » et qui seul peut donner du sens aux acquisitions de règles techniques qui sont nécessairement secondes. C'est bien la même inspiration fondatrice que l'on va retrouver dans la pédagogie proposée par Freinet comme, aujourd'hui, dans le courant fonctionnaliste d'apprentissage de la lecture défendu par Jean Foucambert ou Éveline Charmeux : « *N'écoutons pas ceux qui prétendent que l'on ne peut écrire tant qu'on ne connaît pas à la perfection les règles de grammaire et de syntaxe* », écrit Célestin Freinet, (*l'École moderne française*, 1957, p. 24). Et aussi : « *C'est vraiment en forgeant qu'on devient forgeron ; c'est en parlant qu'on apprend à parler ; c'est en écrivant qu'on apprend à écrire. Il n'y a pas d'autre règle souveraine et qui ne s'y conforme pas commet une erreur aux conséquences incalculables. [...] La part d'exercices formels est toujours inversement proportionnelle à l'activité créatrice* », (ibid).

Si nous poursuivons l'exemple de l'apprentissage de la langue, le principe qui va régir, sur ce plan, les « méthodes actives » est donc de partir de situations « vraies » de communication et de ne faire émerger les nécessités d'un travail grammatical ou linguistique que dans la stricte mesure où ce travail est requis par la tâche, s'il émane d'une exigence interne qui lui donne sens. Nous assistons là à une sorte de « marche arrière » par rapport au travail de didactisation, une sorte de retour à une situation « préscolaire » où l'on brise le caractère artificiel de ce que Célestin Freinet nommait la scolastique, pour reconstruire les savoirs à partir des situations sociales que les élèves doivent vivre et investir le plus possible. Alors que, dans l'approche formelle, il fallait dégager l'élève de toutes ses adhérences sociales et psychologiques, l'éloigner de ses intérêts immédiats, l'approche fonctionnelle considère qu'on ne peut partir que du « sujet de fait », même s'il ne s'agit pas de le laisser là où il en est, même et surtout si l'on veut le faire progresser. Il s'agit en fait d'organiser, par des médiations successives, le passage d'un langage spontané et de préoccupations premières à une langue élaborée et à des préoccupations littéraires. Il s'agit d'inscrire des apprentissages dans une dynamique personnelle du sujet.

Les conséquences de la mise en place de telles pratiques ont été incontestablement positives dans le registre de la motivation des élèves ; elles ont, incontestablement, contribué à réconcilier de nombreux élèves avec la pratique de la langue écrite, ce qui n'est pas peu de chose... Mais, assez vite, les praticiens de l'approche fonctionnelle du français – et Freinet lui-même – ont redécouvert ce qui précisément avait fait abandonner cette pratique dans le mouvement même de la création de l'École : dans le « texte libre » proposé par Freinet, quand l'élève ne sait pas dire quelque chose, le plus simple encore est qu'il renonce à le dire et non point qu'il s'engage dans une recherche de vocabulaire. Par ailleurs, l'expression écrite finalisée ne permet pas nécessairement de rencontrer de manière ordonnée toutes les difficultés grammaticales ou linguistiques et, enfin, quand des élèves sont affrontés à une tâche d'écriture collective, rien ne garantit que ce sont les moins compétents – c'est-à-dire ceux qui en ont le plus besoin – qui vont travailler... Tout porte à croire, au contraire, qu'ils vont être mis sur la touche au nom même de la qualité nécessaire du produit fini.

Ainsi, cette pédagogie fonctionnelle, qui mêle beaucoup de générosité à tout autant de naïveté, a donné naissance à une série complexe de « pratiques de groupes » comme la correspondance scolaire, le journal de classe ou d'école, l'écriture en commun de nouvelles ou de romans, la réalisation de pièces de théâtre ou de films de cinéma ; toutes ces activités se caractérisaient par leur insistance sur deux facteurs déterminants : d'une part, la nécessité de faire redécouvrir le besoin d'apprendre au travers d'activités susceptibles de donner sens aux apprentissages et, d'autre part, la volonté de motiver l'élève par le développement d'un esprit de coopération et non de rivalité ou de concurrence.

Car, en réalité, l'étude du comportement des élèves placés dans de telles situations montre bien qu'on rencontre ici deux types d'obstacles qui donnent étrangement raison aux « didacticiens encyclopédistes ». D'abord, *on a trop souvent confondu le désir d'apprendre avec le désir de savoir* : il est évident qu'un élève placé devant une difficulté dans une tâche qui lui tient à cœur désire surmonter cette difficulté (s'il veut connaître l'heure de diffusion de son feuilleton télévisé préféré et ne sait pas lire, il cherchera néanmoins à s'informer sur les programmes) ; mais le fait qu'il veuille savoir ne veut pas dire qu'il veuille apprendre : il veut même, la plupart du temps, savoir sans avoir à apprendre ou en apprenant le minimum (ainsi, pour ce qui concerne le feuilleton télévisé, il aura tendance à chercher quelqu'un qui en connaisse l'heure de diffusion ou soit capable de lire le programme à sa place ; il ne verra pas nécessairement l'intérêt d'apprendre à lire lui-même, démarche beaucoup plus longue et fastidieuse). C'est que, on l'oublie trop, l'apprentissage est toujours, dans une situation donnée, le comportement le plus coûteux : coûteux en temps, en énergie, coûteux aussi sur le plan psychologique puisqu'il requiert d'abandonner la recherche immédiate de l'efficacité pour s'engager dans une recherche intellectuelle toujours aléatoire et dont on ignore évidemment à l'avance les satisfactions qu'elle réserve... Ensuite, il faut bien convenir que les objectifs ne se présentent pas, dans la poursuite d'un projet, selon l'ordre de complexité croissante qui permettrait leur assimilation. Des objectifs très complexes peuvent venir très vite, requis par la tâche, bien avant des objectifs plus simples nécessaires néanmoins pour leur compréhension (l'élève qui souhaite rédiger un reportage enthousiaste sur un match de football auquel il a assisté pour le journal de sa classe n'aura pas nécessairement étudié auparavant la technique de l'agrandissement épique... et il ne verra pas immédiatement le caractère utile de cette étude).

Objectif-obstacle et obstacle-objectif

De cet aller-retour où les savoirs ont été d'abord extraits des situations sociales pour y être ensuite réinjectés, que nous reste-t-il aujourd'hui, si ce n'est le sentiment que nous nous trouvons en face de deux principes didactiques contradictoires : un principe de didactisation et un principe de finalisation ? Un principe qui garantit l'acquisition systématique des connaissances mais qui risque de les « faire tourner à vide » et un principe qui garantit l'intégration des savoirs mais qui risque d'amener de graves impasses et d'appauvrir considérablement, par là, les acquisitions de l'élève ?

Pour ma part, je suis convaincu qu'il ne faut sacrifier aucune de ces deux approches mais qu'il y a un enjeu essentiel à réussir à les articuler.

Je crois qu'il faut conserver de l'approche didactique la détermination d'objectifs qu'une analyse rigoureuse a permis d'isoler et de considérer comme des objectifs-noyaux essentiels à atteindre, mais je crois aussi qu'il faut faire émerger ces objectifs dans une démarche qui donne du sens à leur acquisition.

C'est dans cette perspective que vont s'engager, dans les années soixante-dix, et pour poursuivre sur l'exemple du français, sous l'impulsion d'Hélène Romian et de groupes de recherche de l'INRP (Institut National de la Recherche Pédagogique), toute une série de travaux qui tentent d'associer des exercices d'« expression » et des exercices de « structuration » : « *Au besoin de communiquer, de s'exprimer, envisagé du point de vue de l'élève, se conjuguent les exigences de l'éducateur qui consistent essentiellement à aider l'enfant à progresser par des exercices systématiques d'apprentissage de la langue* » (Plan de rénovation du français, 1971.)

Pour notre part, et dans le cadre des recherches que nous menons dans notre laboratoire, nous utilisons de plus en plus, dans nos travaux, l'expression d'objectif-obstacle (empruntée à Jean-Louis Martinand, spécialiste de la didactique de la technologie) pour désigner des objectifs qu'on est capable de faire apparaître à l'occasion d'un obstacle dans la réalisation d'une tâche. Et c'est pour bien marquer le fait que, même si cet objectif est identifié *a priori* par le formateur, il n'est intégré dans une dynamique d'apprentissage que si l'apprenant le découvre comme un moyen de surmonter un obstacle que nous parlons d'obstacle-objectif.

Les situations d'apprentissage

Sur le plan des situations d'apprentissage, un tel objectif-obstacle peut être négocié, à notre sens, de trois manières et s'intégrer donc dans des situations d'alternance, des situations de projet ou des situations-problèmes.

Les situations d'alternance se caractérisent par le fait qu'un sujet est confronté à des tâches d'élaboration (réaliser une pièce de théâtre, rédiger un reportage ou un compte rendu, etc.), qu'il rencontre là des obstacles et qu'il va ensuite dans des lieux de formation spécifiques travailler avec des ressources formatives (qui peuvent être des personnes ou des documents) pour apprendre à surmonter ces obstacles ; en ce sens, la réussite d'une situation d'alternance tient dans l'articulation du temps de production et du temps de formation, effectués dans des lieux et avec des responsables différents mais fortement reliés par un obstacle-objectif.

Telle que nous venons de la décrire, la situation d'alternance est évidemment idéale : en réalité, dans le concret de l'analyse des pratiques promues sous cette expression, on peut trouver des situations extrêmement diversifiées. En général, nous en distinguons quatre types : **l'alternance implicite**, qui n'est pas systématiquement organisée et qui permet à un sujet de connecter des problèmes qu'il rencontre à des solutions qu'il découvre sans les avoir cherchées... il s'agit là d'une forme d'apprentissage particulièrement répandue dans notre vie quotidienne ; **l'alternance aléatoire**, quand sont organisées des activités de formation théorique à côté de stages mais que l'on ne se soucie pas du fait que le travail porte dans les deux cas sur des objets communs ; **l'alternance juxtapositive**, quand les activités de formation et les stages visent les mêmes objectifs mais s'effectuent sans contacts organisés, en parallèle et que les interactions entre les problèmes posés d'un côté et les réponses proposées de l'autre sont laissées à l'initiative des apprenants ; enfin **l'alternance interactive**, qui mérite seule, véritablement, le nom d'alternance et qui comporte l'identification d'un obstacle dans l'action, la transformation de l'obstacle en objectif, l'identification des ressources formatives permettant d'atteindre cet objectif et le réinvestissement des acquis dans l'action initiale. Cette « alternance du quatrième type » est, en réalité, relativement peu pratiquée et les analyses montrent qu'elle requiert l'existence et l'usage d'outils de suivi des apprentissages (journaux de bord, par exemple), et d'une concertation régulière et efficace entre les formateurs des « stages » et ceux chargés de la « formation théorique ».

Ce que nous nommons **la pédagogie du projet** fonctionne sur le même principe que la pédagogie par alternance mais, dans ce cas-là, la séparation des lieux de production et de formation n'est pas aussi étanche : c'est le même formateur qui assure la responsabilité des deux temps et qui juge du moment où les élèves rencontrent un obstacle à leur mesure qu'ils peuvent apprendre à franchir. À ce moment-là, il interrompt la poursuite de la tâche et engage un processus d'apprentissage qui obéit à une autre logique... Il ne s'agit plus de réussir mais bien de comprendre, de comprendre pour pouvoir réussir, certes, mais de prendre le temps et les moyens de comprendre, quitte à assumer un moment la frustration attachée à la suspension de la poursuite de la tâche. En ce sens, le formateur qui pratique la pédagogie du projet doit toujours gérer une tension difficile : finaliser suffisamment l'activité pour engager une dynamique positive et être capable de suspendre l'attraction de cette activité pour prendre le temps d'apprendre et déplacer ainsi la satisfaction narcissique d'identification dans le produit vers une satisfaction, beaucoup plus difficile à repérer, celle d'avoir compris quelque chose et grandi en intelligence.

En réalité, sur le plan de sa conception pédagogique, la situation de projet comporte des problèmes difficiles que l'on ne peut pas passer sous silence : d'abord, il est clair que pour que l'obstacle apparaisse dans la poursuite du projet, il faut que le formateur l'ait défini à l'avance et soit parvenu à trouver un projet mobilisateur qui soit précisément l'occasion de son émergence. Pour le maître, c'est toujours l'objectif qui est premier, c'est en fonction de lui qu'on cherche les obstacles et en fonction d'eux qu'on arrête un projet. Le danger est alors toujours présent de fixer le projet à la place des élèves en fonction des acquisitions qu'on veut leur faire acquérir et de le faire apparaître ainsi comme un prétexte qui ne sera pas vraiment investi. D'autre part, et symétriquement, si on laisse les élèves choisir leur projet, il n'est pas garanti que les bons obstacles vont apparaître et que les apprentissages prévus pourront leur être efficacement articulés. De plus, il est rare qu'un projet ne comporte que des obstacles utiles, franchissables par les élèves et ordonnés par ordre de complexité croissante : ainsi ces instituteurs, qui avaient décidé avec leurs élèves de construire dans la cour de leur école un fortin de bois, pensaient-ils qu'ils pourraient, à cette occasion, leur faire acquérir de nombreux savoirs et savoir-faire dans de nombreux domaines (géométrie, arithmétique, physique, technologie, habiletés psychomotrices, capacités à travailler ensemble, etc.). Or, ils durent accepter le fait que des obstacles très difficiles à franchir apparaissaient très tôt et pouvaient être démobilisateurs alors que des obstacles à la portée des élèves et qui leur auraient permis d'effectuer des progrès significatifs ne pouvaient apparaître que très tardivement. Ils durent donc se résigner à lever eux-mêmes certains obstacles afin d'accéder aux obstacles utiles. Et ainsi, jamais la pratique de la pédagogie du projet ne peut-elle permettre au formateur de faire l'économie d'une évaluation – ou, au moins, d'une estimation – du niveau de développement atteint par les élèves et des obstacles qui représentent pour eux, tout à la fois, une difficulté significative et une difficulté franchissable. Les autres obstacles pourront alors être levés « à l'économie » en faisant appel à des compétences déjà existantes ou à des formules toutes faites ; seuls les « objectifs-obstacles » devront être retenus et engager, quand ils apparaîtront pour les élèves sous forme d'« obstacles-objectifs », une démarche d'apprentissage et de réinvestissement.

La pédagogie des situations-problèmes reprend la même logique que celle de la pédagogie du projet mais compacte encore plus le processus : il s'agit d'organiser un dispositif dans lequel le sujet ne peut pas poursuivre la tâche sans apprendre ce qui a été décidé par le formateur. C'est en effectuant la tâche qu'il effectue l'apprentissage et non en interrompant cette tâche comme précédemment. Un exemple très simple, à nouveau emprunté au domaine du français, illustrera mon propos : des enseignants de français se trouvaient récemment au travail avec moi et devaient faire face à un public de très bas niveau qui ne maîtrisait que très peu de vocabulaire. Comment faire pour lui faire acquérir ce vocabulaire ? L'approche strictement didactique, au sens formel de ce terme, proposerait de faire apprendre des listes de mots ou exhorterait les élèves à lire Rabelais ou Chateaubriand... sans grand succès, on s'en doute. L'approche fonctionnelle proposerait à ces élèves de rédiger des textes libres selon leur inspiration du moment... mais avec le risque que, disposant de très peu de vocabulaire, ces élèves n'écrivent que des textes particulièrement pauvres. Une situation-problème possible sera, par exemple, d'utiliser le lipogramme (une technique proposée par le groupe Oulipo et illustrée brillamment par Georges Pérec dans *La disparition*) et de demander aux élèves de rédiger un feuilleton mais en leur interdisant une lettre pour chaque épisode ; pendant ce temps, évidemment, on mettra à leur disposition des séries multiples de dictionnaires qu'ils pourront utiliser à leur gré. On finalise ainsi l'activité des élèves tout en inscrivant au cœur même de cette activité des acquisitions fondamentales pour eux.

Au total, l'élaboration d'une situation d'apprentissage articulant une rationalisation raisonnée et progressive des acquisitions ainsi qu'une finalisation et un réinvestissement des savoirs requiert que l'on se pose une série de questions essentielles :

– quel est mon objectif ? Qu'est-ce que je veux faire acquérir à l'élève qui représente un palier de développement cognitif qui soit pour lui, tout à la fois accessible et décisif ?

– quelle tâche puis-je proposer qui mobilise l'élève et qui requière, pour être menée à bien, de surmonter des obstacles grâce aux acquisitions que je me suis données comme objectif ?

– quel dispositif dois-je mettre en place, au moment où l'élève rencontre un obstacle, pour lui permettre d'effectuer l'acquisition correspondante ? Quelles ressources dois-je mettre à sa disposition ? Quelles contraintes faut-il introduire pour l'empêcher de contourner l'apprentissage ?

– comment organiser le réinvestissement des acquis et leur repérage ? Comment permettre à l'élève de distinguer ce qu'il a fabriqué (un « produit » nécessairement éphémère) de ce qu'il a appris (une habileté mentale stabilisée et reproductible en face de problèmes de même nature) ?

Conclusion

Mais quoi qu'il en soit, et malgré les efforts nécessaires de la réflexion pédagogique qui peut encore beaucoup progresser sur ces questions, il me semble de plus en plus évident que la tension dont je suis parti entre didactisation et finalisation est, à bien des égards, indépassable. Il n'y a pas véritablement de compromis possible entre elles autrement que sur le papier et dans les échafaudages théoriques. Le praticien qui veut faire apprendre se trouve toujours, lui, confronté à ces deux exigences et il me semble que toute son attention doit porter sur l'introduction de celle qui risque d'être oubliée... Le pédagogique s'avère ainsi, une fois de plus, vivre de tension plus que de continuité, de dialectique plus que d'uniformité... Et c'est pourquoi, sans doute, il convient de le réinstituer sans cesse contre toutes les tentations de le réduire à l'une de ses composantes.

RÉFÉRENCES BIBLIOGRAPHIQUES

ASTOLFI J-P., *L'école pour apprendre*, Paris, ESF Editeur, 1992.

DEVELAY M., *De l'apprentissage à l'enseignement*, Paris, ESF éditeur, 1992.

MARTINAND J.-L., *Connaître et transformer la matière*, Berne et Francfort, Peter Lang, 1986.

MEIRIEU Ph., *Apprendre en groupe ?* 2 t., 5ᵉ éd. Lyon, Chronique sociale, 1993.

MEIRIEU Ph., *Apprendre, oui... mais comment ?*, 10ᵉ éd., Paris, ESF éditeur, 1993.

MEIRIEU Ph., *Enseigner, scénario pour un métier nouveau*, 6ᵉ éd., Paris, ESF éditeur, 1992.

Styles d'apprentissage
et modes de pensée

Jean-Pierre Astolfi
Sciences de l'éducation
Université de Rouen

L'intérêt pour la diversité des styles individuels d'apprentissage est vif depuis quelques années. Il alimente l'idée d'une nécessaire différenciation pédagogique, destinée à mieux adapter l'enseignement au « profil » de chaque élève. Les études et recherches qui appuient ce point de vue sont aujourd'hui assez nombreux et de nature hétérogène. Avant de les préciser, et pour éviter de nous limiter à une approche trop technique de la question, il nous paraît utile de rappeler que la pédagogie différenciée possède des fondements plus larges, que nous évoquerons d'abord, pour mieux situer le contexte social de l'usage de ces recherches.

Fondement de la différenciation pédagogique

Une option de politique éducative

Un premier fondement relève d'un choix de politique éducative, au sens le plus fort de l'expression. C'est Legrand, dans les années soixante-dix, qui crée le terme de pédagogie différenciée, au sein du dispositif des collèges expérimentaux qu'il pilote à l'INRP, avec, comme premier souci, une baisse de la tension sélective dans le système éducatif : la recherche d'un mode d'organisation didactique qui permette d'accueillir et de conserver le plus grand nombre d'élèves durant toute la scolarité obligatoire, au sein de classes hétérogènes. Et cela en s'assurant, chemin faisant, qu'on ne fait pas chuter les performances scolaires classiques dans ces établissements.

Ces orientations furent reprises dans le rapport qu'il remit en 1982, à sa demande, au ministre Savary, et qu'il intitula précisément *Pour un collège démocratique*. Quelques années auparavant, l'introduction du Collège unique par la réforme Haby, semblait aller dans le même sens, mais conduisait à une uniformisation des pratiques pédagogiques, bien plus qu'à leur réelle unification. Comme le dit Legrand, « si les structures ont changé, les attitudes de base ont subsisté. L'enseignement s'est peu à peu aligné sur le plus noble, créant ainsi pour ceux que le milieu n'y préparait pas des situations d'échec et de déréliction ». L'idée n'est pas d'une restauration des anciennes structures, dont les travaux sociologiques, de Baudelot et Establet à Bourdieu et Passeron, ont définitivement montré la signification de filières à caractère de reproduction sociale. Elle est plutôt celle d'une réintroduction, pour tous les élèves, d'une diversité dans les pratiques pédagogiques (théoriques et pratiques, disciplinaires et interdisciplinaires), susceptible de fonctionner dans des classes hétérogènes.

Un point essentiel est ici de souligner qu'une telle diversification des pratiques reste rivée à la visée d'objectifs pédagogiques ambitieux, pour tous les élèves. Pas question de proposer des mathématiques aux uns, de la poterie aux autres ! Legrand y insiste dans son rapport : « Ou bien, on considère comme impossible l'atteinte par tous des objectifs cognitifs de l'enseignement secondaire général, et on en revient ouvertement à une différenciation par les contenus et les méthodes. C'est la tendance spontanée du système qui explique les déviations constatables des réformes à visée unificatrice. Ou bien, sans renoncer en rien aux objectifs supérieurs d'une formation théorique et abstraite, on cherche les voies méthodologiques qui permettent à tous d'y parvenir. La différenciation pédagogique prend ainsi des sens très différents selon que l'on choisit l'une ou l'autre de ces voies ».

En d'autres termes, la différenciation pédagogique consiste à se donner les moyens de conduire un maximum d'élèves à une conceptualisation exigeante, en procédant avec eux à une sorte d'« assomption intellectuelle » progressive, plutôt qu'en postulant cette conceptualisation comme un prérequis indispensable.

L'acte d'apprendre et la pensée complexe

La nécessité d'une différenciation pédagogique relève aussi d'une toute autre dimension, celle de l'approche systémique. Dans cette perspective, le processus d'enseignement-apprentissage doit être compris comme relevant de la complexité, au sens que Morin donne à ce terme, voire de l'hypercomplexe, tant les variables en interaction sont innombrables, et tant la survenue de l'aléatoire est de règle. La diversité des modèles psychologiques tentant d'en rendre compte en est d'ailleurs le signe éloquent : du behaviorisme à la Gestalt, de la psychologie génétique aux modèles du traitement de l'information, de l'imitation active à la médiation, en passant par le conflit socio-cognitif, chacun de ces modèles focalise l'attention sur un aspect partiel des processus en cause. Chaque modèle intensifie la valeur de certains paramètres pour favoriser l'apparition de l'effet recherché, rejetant du coup dans l'ombre d'autres variables qu'il minore. Situation d'ailleurs banale pour ce qui est de la fonction d'un modèle. Comme le dit Doise, « toute compréhension nécessite d'augmenter la prégnance d'un signal sur un fonds de bruits disturbateurs ». Et inversement, tout modèle possède une sorte de point aveugle.

Lerbet, prenant appui sur les travaux nord-américains de Hill et Lamontagne, a insisté sur l'importance du « système-personne » (1981). Chacun d'entre nous disposerait de son propre S.P.P.A., ce sigle condensant l'idée d'un système personnel de pilotage de l'apprentissage. Le mot pilotage est ici le terme-pivot, tant il apparaît que chacun « pilote » son apprentissage d'une manière spécifique et irréductible. En contrepoint au S.P.P.A., Gouzien introduit le S.P.P.E. (système personnel de pilotage de l'enseignement), celui-ci constituant une sorte de rabattement, sur le plan didactique, de ce qui convient à l'enseignant pour le pilotage de son propre apprentissage (1991). Évidemment, l'élève possède son propre S.P.P.A., plus ou moins proche – ou distant – du S.P.P.E. magistral, et il s'ensuit pour lui, soit une certaine empathie favorable, soit au contraire un contre-pied systématique.

Pour éviter de tels effets indésirables, il apparaît ainsi utile de diversifier les procédures d'enseignement pour varier la distance avec chacun des S.P.P.A. d'élèves. On retrouve ici l'idée développée par de Peretti, selon laquelle chaque enseignant devrait combiner une dominante avec des complémentaires. Une dominante, car il faut bien commencer par connaître et respecter son propre mode de fonctionnement ; des complémentaires, car il est utile d'introduire des variantes susceptibles de produire un effet positif sur autrui. En quelque sorte, il propose d'éviter (car symétriquement cela revient au même) aussi bien la dénégation par l'enseignant de ses propres caractéristiques – dénégation qui risque d'être vite démentie par la suite des faits –, que l'enfermement rigide dans ces mêmes caractéristiques. La clé consiste pour lui dans une combinatoire de meilleure connaissance personnelle, de respect congruent de soi-même mais d'ouverture par chacun de la palette des possibles didactiques.

Dans son ouvrage *La théorie du système général*, Le Moigne (1977) examine lui aussi le mode de pilotage des systèmes. Il insiste sur le fait que le sous-système de pilotage, pour remplir efficacement sa fonction, doit posséder un degré de complexité égal à celui de l'ensemble du système qu'il régule. Ce qui permet au fond d'expliquer les observations déjà anciennes auxquelles était arrivé Drévillon. Cherchant à établir un lien entre la nature des méthodes pédagogiques et le développement de la pensée opératoire des élèves, il n'a guère trouvé de différence significative entre, par exemple, les élèves formés par une « pédagogie frontale » et ceux formés par la « pédagogie Freinet ». Jusqu'au moment où il eut l'idée que l'opposition essentielle n'était pas, de ce point de vue, celle qui oppose tradition et éducation nouvelle mais celle qui distingue « pédagogies rigides » et « pédagogies flexibles ». Car il peut exister, à côté d'une *imposition rigide*, une *non-imposition systématique* produisant les mêmes effets, quand on propose chaque matin d'écrire un texte libre en lieu et place de l'interrogation sur la leçon donnée la veille ! Bref, les pédagogies qui favorisent le développement de la pensée formelle se sont révélées être celles qui jouent sur une palette plus large d'interventions de la part du maître, celles qui enrichissent le sous-système de pilotage de l'enseignement. Drévillon traduit ceci en termes piagétiens, nous expliquant que l'élève est ainsi « amené à étudier un problème sous différents angles, à multiplier les modes d'approche et, en quelque sorte, à « activer » des schèmes mentaux très variés. Il est cohérent de considérer, conclut-il, que les activités propres aux élèves, favorisées par une intervention pédagogique qui multiplie les objets mais aussi les modes de travail, constitue un ensemble de conditions optimales à une évolution de la pensée opératoire ».

Un postulat d'ordre éthique

Mais, plus fondamentalement sans doute, la différenciation pédagogique relève de l'éthique, dont on note le retour en force ces dernières années, concernant l'éducation. C'est Meirieu qui, le premier, a mis en exergue cette dimension, proposant à la réflexion ce qu'il a nommé le *postulat d'éducabilité*. Dans son ouvrage *Itinéraire des pédagogies de groupe* (1984), reprenant les conclusions de sa thèse d'État, il le caractérise de la manière suivante : « Rien ne garantit jamais au pédagogue qu'il a épuisé toutes les ressources méthodologiques, rien ne l'assure qu'il ne reste pas un moyen encore inexploré, qui pourrait réussir là où, jusqu'ici, tout a échoué ». Ce postulat est posé comme une condition nécessaire, sur le plan de l'attitude pédagogique, quoi qu'il en soit de sa validation quotidienne par les faits. Il serait évidemment erroné de lire cette proposition comme un volontarisme échevelé, comme une forme de « don quichottisme » pédagogique s'épuisant à nier les obstacles du chemin. Pour Meirieu, une telle attitude se justifie dans la mesure où elle ouvre un champ renouvelé de pratiques, qui n'aurait pas de sens sans elle. Ainsi, explique-t-il, « il n'est pas nécessaire de chercher à fonder scientifiquement le concept d'éducabilité, mais il convient seulement de le valider. Au regard de la science, l'éducabilité totale n'est jamais « vraie » ; mais *au regard de la pratique qu'elle autorise,* c'est une thèse juste. Son objectif n'est pas de rendre compte de la réalité, mais de la *transformer* et c'est dans sa fonction pratique qu'elle doit être considérée. Certains pourront voir, dans cette attitude, une fuite des réalités, d'autres signaler qu'il y a là quelque chose de la pensée magique, qui croit faire disparaître le handicap par sa simple négation verbale... C'est oublier qu'il ne peut jamais être question de faire comme si les obstacles n'existaient pas, mais toujours comme s'ils étaient dépassables ».

On retrouve ici l'envers exact de ce que de Peretti a appelé un *effet symbolique de fermeture*, qualifié d'*effet Buñuel* en référence au film de Luis Buñuel, *L'Ange exterminateur*. Il en résume l'intrigue dans les termes suivants : « *Après le souper froid, à la suite de nombreux échanges frivoles ou sournois, une femme chante. Les applaudissements terminés, les uns et les autres prennent congé et s'apprêtent à partir. Mais c'est alors que se produit l'effet symbolique de la fermeture : chaque personne s'évertue à convaincre chaque autre* que les portes sont closes et qu'il est impossible de sortir. *Personne ne va vérifier. Toute initiative est arrêtée tant on s'empresse d'assurer que chacun y est allé* ». La fonction du postulat d'éducabilité est ainsi d'ouvrir de nouveaux « chemins de l'apprendre », là où règne à l'excès le « réalisme » scolaire. Puisqu'on sait à quel point un tel réalisme fabrique l'évolution des choses, quand on croit qu'il se borne à les décrire avec objectivité.

Quelques styles d'apprentissage

Les trois fondements de la différenciation pédagogique que nous venons d'évoquer (option politique démocratisante, prise en compte de la complexité, postulat éthique) sont de nature hétérogène et sont pris en compte de façon variable selon les publications et leurs auteurs. Ils ont cependant conduit, ces dernières années, à la mobilisation, dans cette perspective, d'importantes données de nature psychologique. N'oublions pas en effet que, contrairement aux apparences, une pédagogie ne dérive jamais d'une psychologie qui préexiste et s'impose, mais au contraire, que telle ou telle psychologie se trouve convoquée pour justifier – voire pour légitimer – une conception de l'enseignement à l'amont. Et il existe suffisamment de théories et de modèles en psychologie... pour satisfaire des choix éducatifs contrastés ! Meirieu a particulièrement insisté avec raison dans *Le choix d'éduquer* (1991) sur l'ordre de cette succession causale.

Visuels, auditifs, kinesthésiques (VAK)

Une première série de données se rapporte à la nature variable des évocations mentales, sur lesquelles chacun prend préférentiellement appui lorsqu'il s'agit d'intégrer, de mémoriser et de restituer des données enseignées. La Garanderie a ainsi rendu célèbre la distinction entre le geste mental auditif et le geste mental visuel (1980). La programmation neuro-linguistique (PNL), due aux Américains Bandler et Grinder, y ajoute une variable kinesthésique.

Ces travaux ont un caractère largement empirique puisqu'ils sont issus d'observations répétées, mises en forme et théorisées à des fins de formation. Ils ne prétendent pas reposer sur des modèles de type scientifique, mais se fondent d'abord sur l'efficacité pragmatique. On peut toutefois en rapprocher les recherches de Denis relatives aux images mentales. Il est ici important, pour éviter d'inutiles polémiques, de ne pas confondre évocations mentales et *inputs* sensoriels : il ne s'agit pas de savoir si l'on retient mieux ce qu'on voit, ou ce qu'on entend, ou encore ce qu'on ressent, mais de repérer le mode de gestion mentale sur lequel la personne prend préférentiellement appui, par exemple au moment du rappel en mémoire, de la mobilisation de connaissances engrangées. Et il est possible de se forger des images mentales visuelles d'un cours magistral où seule la parole a été employée, grâce à une construction *de novo* d'évocations visuelles ne correspondant à aucun élément préalablement mémorisé.

De façon très schématique, disons que les *visuels* tendent à restituer le savoir en privilégiant les relations spatiales globales, en disposant les éléments dans un ensemble synoptique. La PNL ajoute qu'ils affectionnent les mots à connotation photographique (tels que *clair, clarifier, éclairer, voir, perspective, tour d'horizon,* etc.). Les *auditifs* seraient pour leur part plus sensibles à la dynamique du savoir à restituer, en s'en racontant le déroulement comme dans leur « oreille intérieure ». Leur mémorisation prendrait davantage appui sur la chronologie, sur les enchaînements entre éléments. Les termes privilégiés ont ici une dominante musicale (par exemple *être d'accord, harmonieux, tonalité, mettre en sourdine, sous-entendu,* etc.). Quant aux kinesthésiques, ils mettent au premier plan les émotions, la mémoire affective, et usent volontiers de termes comme *contact, ambiance, concret, prendre à bras le corps,* ou au contraire *baisser les bras...* Bref, le visuel dira plutôt : « *je vois que...* », l'auditif : « *je me dis que...* » et le kinesthésique : « *je sens que...* » Évidemment, il ne s'agit là que de dominantes et La Garanderie insiste sur la variété des évocations chez un même individu, selon qu'il s'agit pour lui de traiter des éléments concrets, des mots, des nombres, des symboles, des opérations abstraites... ou imaginaires. D'où son terme de « profils pédagogiques », avec le succès que l'on sait. L'importance scolaire de ces différences a été largement explorée ces dernières années à partir de l'idée de « gestion mentale ». On comprend notamment que cela fournisse des indications utiles quant à la manière de questionner les élèves.

Dépendants et indépendants à l'égard du champ (DIC)

La dépendance-indépendance à l'égard du champ est d'origine toute différente. Elle remonte aux travaux américains de Witkin, à la fin des années 40, repris en France par Huteau (1987). On a affaire ici à des résultats de psychologie expérimentale, curieusement bien moins vulgarisés que les précédents, malgré leur plus grande ancienneté et leur validation répétée par des milliers de recherches. La DIC correspondrait à une caractéristique personnelle extrêmement stable, pour laquelle a été forgé le terme de *style cognitif*.

L'origine en est une série de recherches relatives à la perception différenciée de la verticale selon les sujets. Les dépendants du champ (DC) prennent leurs indices dans l'environnement, grâce à la vision, alors que les indépendants du champ (IC) privilégient les indices internes, liés aux récepteurs de l'équilibration, dans l'oreille interne. Ces résultats ont pu être corrélés avec bien d'autres caractéristiques cognitives, qui peuvent être résumées par le tableau ci-après.

Dépendance-interdépendance à l'égard du champ

DÉPENDANCE DU CHAMP	INDÉPENDANCE DU CHAMP
Tendance à faire confiance aux informations d'origine externes (« le champ »).	Tendance à faire confiance aux repères personnels, d'origine interne.
Attitude extravertie, accordant de l'importance au contexte social et affectif de l'apprentissage (« cognition chaude »).	Attitude introvertie, conduisant à des apprentissages plus impersonnels et distanciés (« cognition froide »).
Traitement global de l'information, lié aux aspects figuratifs et aux configurations perceptives (style global).	Traitement plus analytique, favorable au fait d'isoler un élément dans un ensemble (style articulé).
Dominante d'apprentissage sur le mode « analogique ».	Dominante d'apprentissage sur le mode « propositionnel ».
Restitution des données telles qu'elles ont été proposées.	Restructuration personnelle des données qui ont été fournies.
Besoin d'une définition externe des buts	Autodéfinition possible des buts.

Comme pour le système VAK précédemment envisagé, la dépendance et l'indépendance à l'égard du champ ne ramènent pas une alternative binaire, mais constituent plutôt les deux extrêmes d'un *continuum*, entre lesquels chacun se trouve précisément situé. L'IC et la DC sont généralement présentées comme non hiérarchisées entre elles, bien que l'IC présente un léger avantage en termes piagétiens de développement de la pensée opératoire. Cela peut se comprendre par le fait que l'accès à la pensée formelle nécessite une capacité à déstructurer et restructurer les situations, à en maintenir isolés les éléments et à les faire jouer, toutes choses qui avantagent les sujets IC. D'un autre côté pourtant, les sujets DC manifestent une plus grande « intelligence sociale » qui peut avoir, elle aussi, ses avantages en termes de réussite personnelle. Bref, les premiers l'emportent pour ce qui relève de la restructuration cognitive, les seconds pour ce qui concerne les compétences sociales.

L'importance scolaire de ces distinctions peut être envisagée, par exemple, pour ce qui concerne le travail autonome des élèves, leur accès à des centres documentaires, la pratique d'enquêtes et d'entretiens pour constituer des dossiers, etc. On comprend que tout ce qui contextualise le savoir, tout ce qui peut renforcer son ancrage social et affectif, constitue un « plus » pour les dépendants du champ. Par contre, les handicape le vague habituel des consignes de travail, comme la nécessité où ils se trouvent d'autodéfinir largement la nature du travail à entreprendre et les modalités de sa conduite.

Autres styles d'apprentissage

Ces styles cognitifs, Reuchlin préfère les appeler *styles de conduite,* car ils présentent à la fois des composantes cognitives (sélection et traitement de l'information par le sujet) et des composantes qu'il appelle *conatives* (déclenchement de la machinerie cognitive et contrôle de son mode de fonctionnement : choix des problèmes auxquels on va l'appliquer, décision de se satisfaire ou non des résultats qu'elle a fournis...) (1990). Nous ne pouvons que donner ci-dessous un aperçu sommaire de quelques dimensions des conduites cognitives.

La *réflexion-impulsivité (R-I)*, encore appelée par Kagan *tempo conceptuel*, est l'un des styles cognitifs les mieux étudiés après la DIC. Elle repose sur des recherches examinant le temps que met un individu pour sélectionner une réponse, parmi plusieurs réponses voisines qui lui sont proposées. Les sujets rapides mais imprécis sont nommés *impulsifs*, ceux qui sont lents mais plus précis étant dits *réflexifs*. Là encore, il ne s'agit que de deux pôles extrêmes, certains pouvant se révéler à la fois rapides et précis dans leurs réponses, ou au contraire lents et imprécis. On peut dire que les réflexifs tolèrent mal *l'erreur* quand les impulsifs tolèrent mal *l'incertitude*. Cette opposition correspondrait à deux modes distincts, mais non hiérarchisés, de production de réponse :

– le besoin, pour certains, d'un *feed-back* aussi rapide que possible de la part d'autrui, fonctionnant comme une aide pour qu'ils jugent de la pertinence de leurs idées en cours d'élaboration. Du coup, ils répondent rapidement, quitte à commettre des erreurs qui leur importent peu ;

– l'utilité, pour d'autres, d'une *analyse détaillée* de la tâche et de la réponse qu'ils construisent, comme un préalable à la production sociale de cette réponse. Ils la diffèrent ainsi, pour prendre le temps d'examiner eux-mêmes les conséquences de leurs propositions et s'assurer au mieux de leur plausibilité.

La dimension *centration-balayage*, évoquée par Bruner, porte, elle, sur une dominante *intensive* du travail (se centrer sur une seule chose à la fois et clarifier ce point aussi complètement que possible avant de passer à autre chose) ou une dominante *extensive* du travail (examiner plusieurs choses simultanément mais partiellement, quitte à y revenir). La première privilégie la tâche unique, comme si les sujets craignaient la dispersion ; la seconde conduit à des tâches à temps partagé, évitant monotonie, lassitude ou enfermement.

La dimension *production-consommation de savoir*, développée par Gouzien doit être mise en relation avec un primat accordée soit aux *entrées* d'informations à traiter, soit aux *sorties* après traitement de l'information. Les sujets du premier type – à dominante intériorisée – apprennent mieux en situation de réception ; les autres – à dominante extériorisée – en situation d'action. On sait bien que dans la classe, le maître (en situation de production) apprend autant, sinon plus, que ses élèves (en situation de réception) ! Mettre ceux-ci à leur tour en situation de production, par exemple en développant les situations de monitorat ou d'entraide pédagogique, peut être favorable à l'apprentissage, pour certains élèves. Mais toutes les personnes ne semblent pas nettement différenciées sur ce point.

L'impossible synthèse ?

Nous ne pouvons donner ici qu'un pâle aperçu de la diversité des styles personnels d'apprentissage, et nous renvoyons par exemple aux tableaux très suggestifs proposés par Meirieu, à la fin de *Apprendre ... oui, mais comment ?* (1987, p. 143-148). Des données à caractère scientifique ont été recueillies sur une vingtaine de styles cognitifs, et de tout cela se dégage une impression passablement « éclatée » du fonctionnement intellectuel. Huteau s'est efforcé d'établir des regroupements, sur la base de corrélations statistiquement établies entre styles, mais il ne s'agit encore que de conjectures incomplètes. Cet auteur propose ainsi de distinguer quatre *clusters*.

1. L'inhibition des réponses spontanées, dont relèverait par exemple la réflexion-impulsivité, peut être plus ou moins importante. La DIC, étant donnée la largeur de son champ d'application, constituerait ici un construct de second ordre.

2. La souplesse de la pensée associative pourrait regrouper la fluidité, la flexibilité, l'originalité, la tolérance pour les expériences peu réalistes et la pensée métaphorique.

Ces deux premiers ensembles ne se révèlent pas entièrement indépendants. Le premier caractériserait la capacité à contrôler l'activité cognitive, quand le second regrouperait des variables relatives à la créativité. Cela évoque l'opposition entre *pensée convergente* et *pensée divergente*, telles que les a définies Guilford (1987), et Huteau suggère qu'ils puissent être intégrés dans un construct d'ordre supérieur, réglant leur coordination, qui pourrait être appelé *dogmatisme*.

3. Un troisième ensemble permettrait de caractériser la structure du système représentatif. Il concernerait le mode d'assimilation des informations et, particulièrement, la façon dont elles sont catégorisées par les sujets (finesse de discrimination, accentuation-égalisation, etc.).

4. Quant au dernier cluster, moins nettement délimité, il serait lié aux processus motivationnels, et caractériserait les sujets selon leur *besoin d'informations nouvelles* plus ou moins accentué.

On peut, d'une certaine façon, se réjouir sur le plan pédagogique, des difficultés qu'on note à synthétiser les styles cognitifs en un petit nombre d'ensembles larges. Cela permet de refréner la tendance toujours vivace à catégoriser les sujets et à les « mettre en cases », tendance qui est largement à l'origine du succès des travaux de La Garanderie par exemple, par-delà les intentions de l'auteur. En réalité, il faut éviter que l'intérêt pour la diversité des styles d'apprentissage ne se traduise par un enfermement des personnes, ce qu'exprime parfaitement Meirieu quand il écrit : « *La différenciation est le souci de faire jouer l'une sur l'autre la différence et l'unité. Différencier, c'est avoir le souci de la personne sans renoncer à celui de la collectivité, s'appuyer sur la singularité pour permettre l'accès à des outils communs, en un mot être en quête d'une médiation entre l'élève et le savoir. (...) Il faudra donc que le maître s'adapte à l'élève, se fasse épistémologue de son intelligence, pour être mieux en mesure de le confronter à l'altérité, de l'aider à se dépasser. C'est pourquoi tout élève a besoin à la fois d'une pédagogie à sa mesure et de se mesurer à d'autres pédagogies.* »

C'est pourquoi il nous semble que la fonction didactique essentielle de ces données actuelles est de fournir aux enseignants, des *entrées pour différencier leur pédagogie*, bien plus que des typologies destinées à connaître individuellement les élèves et à dresser leur « profil ». C'est peut-être même son propre profil qu'il convient d'abord de repérer par une sorte d'autoscopie, afin d'être mieux en mesure d'introduire les variantes et complémentaires déjà évoquées, qui évitent les effets de fermeture dommageables.

Modes de pensée et différenciation pédagogique

C'est dans un esprit similaire que l'on peut envisager la question des modes de pensée, récemment remis en honneur par le rapport Bourdieu-Gros (1989), et sous-tendant la question des compétences transversales comme de l'interdisciplinarité. On sait qu'une telle idée ne va pas de soi et qu'elle se trouve même en contradiction avec les développements contemporains de la psychologie cognitive, lesquels remettent en question les modèles globaux pour en revenir au caractère local de l'apprentissage pour chaque type de problème à résoudre.

Nous n'entrerons pas ici dans des débats qui déborderaient l'objet de ce chapitre, et nous nous limiterons à mettre en relation les modes de pensée définis par Meirieu dans sa thèse, avec la question des styles d'apprentissage qui nous occupe ici (1984). Il distingue et caractérise quatre modes de pensée, qu'il nomme pensée *inductive*, pensée *déductive*, pensée *dialectique* et pensée *divergente*, auxquels j'ajouterai volontiers la pensée *analogique* (cf. tableau).

Caractérisation de quelques modes de pensée

MODES DE PENSÉE	CARACTÉRISTIQUES PRINCIPALES	MOTS-CLÉS
Pensée déductive	Exploiter les données en veillant à ne pas les déborder par des interprétations mal assurées. Se placer du point de vue des conséquences de chaque affirmation. Être centré sur ce qu'on est en droit de conclure.	Logique Démonstration Preuve
Pensée inductive	Organiser les données pour chercher à les expliquer. Déborder le niveau des faits pour accéder à celui des mécanismes explicatifs. Rechercher des tendances, des régularités, des évolutions, des conservations.	Causalité Explication Lois scientifiques
Pensée dialectique	Examiner simultanément plusieurs causes possibles, plusieurs explications et chercher à les intégrer. Voir qu'une interprétation peut s'affiner par un / jeu d'opposition / complémentarité avec une autre qui apparaît concurrente.	Interactions Systèmes
Pensée divergente	Rechercher un maximum de relations, même virtuelles, entre les données. Associer les informations de façon non conventionnelle en utilisant la libre association d'idées, en faisant la part de l'aléatoire.	Invention Créativité
Pensée analogique	Étendre à un domaine nouveau ce qui est établi dans un autre contexte. Utiliser de manière systématique, puis critique, la comparaison et la métaphore.	Modèles Figuration des concepts

À nouveau ici, il sera moins question de se servir de ces distinctions pour classifier des types de pensée que d'en user comme d'autres entrées possibles pour différencier la pédagogie. On peut suggérer à cet effet d'introduire le terme de *régimes intellectuels*, moins en référence aux régimes diététiques qu'à celui des moteurs. Les propositions de Meirieu peuvent alors être reprises pour analyser les séquences didactiques et identifier le régime dominant selon lequel fonctionnent les interactions verbales entre professeur et élèves. On peut alors chercher à repérer des types de leçons, des moments de progression dans un cours, des modes d'enchaînement des propositions émises dans la classe, lesquelles obéissent – selon les matières mais aussi selon les personnes – à des régimes intellectuels variés.

Par exemple, l'idée de *régime déductif* correspond à des séances dans lesquelles tout ce qui est dit par chacun des intervenants, toutes les propositions qui sont faites, toutes les hypothèses d'explication d'un événement ou d'un phénomène, sont exploitées d'une manière égale. Les interlocuteurs s'efforcent de se placer du point de vue des conséquences de chaque affirmation, pour voir ce qu'elle vaut, si elle « tient », ce qui en résulte ou ce qu'elle implique. Si tel élève dit ceci, alors comment peut-on l'entendre ? Dans quelle mesure peut-on le retenir ou l'écarter ? Certaines séquences montrent, à l'analyse, un mode rigoureux d'enchaînements, chacun s'efforçant d'écouter ce qui est dit et de le reprendre (sans le déborder, par une interprétation trop lâche ou trop large), de le confronter aussi à ce que d'autres ont dit précédemment. On peut proposer d'appeler *déductives* de telles séquences.

Si la déduction consiste à examiner les conséquences et les conditions de validité de chaque proposition (si... alors), l'induction s'efforce elle, de partir d'exemples et d'éléments pour remonter vers les règles qui peuvent les organiser. Dans un *régime inductif*, les différentes déclarations et propositions des élèves n'ont donc pas le même statut : au lieu de considérer chaque proposition pour elle-même, en fonction de sa valeur de vérité propre et de son degré de cohésion avec ce qui précède, on l'envisage d'abord en fonction du terme notionnel assigné à la séquence. Le maître prélève alors, parmi ce qui est dit dans la classe, les éléments qui lui paraissent opportuns pour faire avancer son projet. Chaque proposition est ainsi considérée en fonction de son aptitude à servir la construction en cours de la règle, du théorème, de la loi, etc. Du coup, elle prend un statut d'exemple ou d'élément par rapport à cette règle à venir, et c'est cela qui décide de ce qui est gardé et de ce qui est écarté parmi tout ce que disent les élèves. Il est clair que chaque apprenant peut être plus à l'aise dans un de ces régimes intellectuels ou, au contraire dans l'autre. Le premier suppose une attention soutenue aux enchaînements logiques d'une argumentation qui se construit : on peut le dire « piloté par l'amont ». Le second suppose la compréhension des enjeux notionnels de la séquence en cours, les raisons du tri qui s'opère dans la diversité des propositions émises : on peut le dire « piloté par l'aval ».

On peut parler de *régime dialectique* chaque fois que la séquence de classe est organisée pour tester de manière comparative la valeur de plusieurs explications mises en parallèle, chaque fois que l'on se place successivement de deux ou trois points de vue alternatifs pour « peser » la valeur explicative d'un système, puis d'un autre, etc. Bien souvent, ce qui empêche la compréhension pour certains élèves, c'est qu'on ne leur propose qu'une clé unique pour interpréter les données. Du coup, ils ne voient pas ce qui distingue les faits empiriques eux-mêmes des systèmes explicatifs inventés pour leur donner du sens. Et cela alimente le petit positivisme quotidien. Combien d'élèves (et d'adultes) n'ont ainsi jamais perçu la véritable fonction d'un modèle scientifique ?

Un *régime analogique* jouera davantage sur les métaphores et les comparaisons, et le fera d'une manière explicite, surtout quand celles-ci ont des limites évidentes. On hésite souvent à utiliser en classe les métaphores, en raison précisément des limites de validité de l'explication auxquelles elles se heurtent, de peur aussi d'ancrer des explications fausses dans la tête des élèves. Pourtant, il arrive qu'on fasse ces comparaisons tout en s'en défendant (le rein est un filtre sans en être un ; le cœur pompe le sang, mais n'est pas vraiment une pompe ; la respiration n'est pas une combustion... mais quand même !). Certains enseignants se gardent de l'analogie comme de la peste, comme de tout ce qui ressemble de près ou de loin à un processus de vulgarisation. On dit souvent aux élèves : « Ce que je vous dis là n'est qu'une analogie pour vous faire comprendre, mais surtout faites attention, c'est dangereux... » Moyennant quoi l'analogie est quand même proposée, sans que les élèves soient en mesure de percevoir où ni en quoi elle recèle tant de dangers. Un régime analogique consiste donc, à l'inverse, à user consciemment de métaphores, filées aussi loin que possible, afin d'en tirer tout le bénéfice. Mais après avoir pris appui sur elles et pleinement profité de leur valeur heuristique pour comprendre un phénomène, on peut, de façon tout aussi systématique, reprendre leur examen critique (en étudiant leurs limites, en contrastant les deux éléments comparés, en identifiant ce à quoi la métaphore ne peut pas servir, etc.) On ne les abandonnera ainsi qu'au terme du processus didactique, après examen critique des limites et des trop grandes facilités qu'elles accordent.

Un *régime divergent*, enfin, prend appui sur la diversité de ce qu'évoque chaque idée, puisqu'une même idée est toujours susceptible d'être associée à plusieurs autres. Un exemple classique consiste à proposer une suite de nombres telle que 2, 4, 8, 16, 32, 64, 128, 256, 512, 1024, 2048, 4096, puis à interroger sur le nombre suivant pour compléter la série. Quand on fonctionne sur un mode convergent, on se met à la recherche d'une règle cachée, à la manière dont le proposent de nombreux tests. Ici, la règle convergente « doubler le nombre à chaque fois » conduit à proposer 8192, quand l'usage privilégié de la divergence fera découvrir d'autres relations cachées entre les nombres, moins immédiatement évidentes, mais qui conduisent à d'autres propositions tout aussi plausibles. On peut, par exemple, se rendre compte qu'on a affaire à trois nombres à un chiffre, suivis de trois nombres à deux chiffres, encore suivis de trois nombres à trois chiffres, auquel cas, n'importe quel nombre à quatre chiffre est en mesure de compléter tout aussi logiquement la série. Le principe d'un régime divergent serait alors celui d'une séquence de classe où l'on favorise l'expression d'un maximum de choses par effet d'entraînement, pour se donner de la richesse. Comme avec l'usage d'un régime analogique, il faudra ensuite trier parmi la diversité des propositions créatives et en sélectionner rigoureusement quelques-unes.

RÉFÉRENCES BIBLIOGRAPHIQUES

Collectif, « Différencier la pédagogie : des objectifs à l'aide individualisée », *Cahiers pédagogiques*, Paris, Crap, 1987,

GOUZIEN J.-L., *La variété des façons d'apprendre,* Paris, Editions universitaires / UNMFREO, 1991.

HUTEAU M., *Style cognitif et personnalité,* Lille, Presses Universitaires de Lille, 1987.

MEIRIEU Ph., *Apprendre... oui, mais comment ?* Paris, ESF éditeur, 1987.

REUCHLIN M., BACHER F., *Les différences individuelles dans le développementt cognitif de l'enfant,* Paris, PUF, 1989.

Le développement
de la capacité d'apprentissage

Jean Berbaum
Sciences de l'éducation
Université Pierre-Mendès-France, Grenoble

Il n'est pas surprenant de parler, dans un tel manuel qui s'adresse à des enseignants et formateurs, du développement de la capacité d'apprentissage car c'est bien l'objectif que devrait avoir toute personne qui s'adresse à un élève que nous appellerons ici apprenant. L'apprenant étant supposé essentiellement acquérir des comportements nouveaux, il importe, non seulement que l'enseignant lui fasse connaître ces comportements nouveaux par la description, la démonstration, mais également qu'il lui fournisse les moyens qui lui en faciliteront l'acquisition. Nous n'aborderons pas les problèmes posés au formateur par la présentation du contenu d'enseignement, qui relève de la fonction de dispensateur d'information. Nous nous centrerons sur la fonction de facilitateur d'apprentissage qui, de notre point de vue, devrait être la fonction essentielle d'un enseignant. Elle consiste naturellement à développer la capacité d'apprentissage de l'élève. Avant de pouvoir indiquer ce que peut être une action de développement de la capacité d'apprendre, il importe de dire en quoi consiste cette capacité et pour cela de commencer par rappeler ce qu'est apprendre.

C'est ce que nous allons faire dans un premier temps avant d'aborder les autres questions qui viennent d'être évoquées.

Qu'est-ce qu'apprendre ?

On peut dire que, d'une manière générale, apprendre c'est acquérir un comportement nouveau, en donnant au terme de comportement le sens large qui a déjà été introduit. Cette acquisition peut se faire soit en l'absence de conscience de l'apprenant, on parle alors de conditionnement, soit par une intervention consciente de sa part, on parle de constructivisme.

Au comportement recherché correspond l'élaboration d'une représentation mentale de la réalité. Nous avons, les uns et les autres, notre manière propre de nous représenter le monde à partir de laquelle nous agissons dans notre environnement. C'est la construction de cette représentation mentale qui est l'objet de notre apprentissage.

Pour construire une telle représentation nous disposons de l'information que nous pourrons recueillir nous-même dans notre environnement ou de celle qui nous est présentée par un enseignant ou un formateur. Une partie importante de l'activité d'apprentissage est constituée précisément par ce travail de saisie de l'information, de traitement de celle-ci en vue de l'élaboration d'une représentation nouvelle, de mémorisation de cette représentation avant son utilisation éventuelle pour l'action.

Toutes ces opérations se font de manière très différente selon les apprenants. Si nous les caractérisons par la démarche adoptée, nous constatons que certains procèdent de manière impulsive, d'autres de manière réfléchie, que certains procèdent de manière systématique, d'autres davantage en parcourant l'ensemble, que certains y cherchent les idées générales, d'autres les détails.

On peut aussi constater que ces opérations peuvent être menées à des degrés très divers. Nous voulons dire par là que, dans les informations reçues, on peut ne retenir que les faits. Il s'agit en quelque sorte d'une lecture ou d'une écoute qui ne saisit que les données susceptibles d'être représentées ou reproduites sous la forme d'une image, d'un geste. On peut au contraire être attentif aux liaisons, aux relations existant entre ces événements, entre ces gestes. De tels sujets reconstituent les relations de cause à effet, font des rapprochements avec des faits dont ils ont déjà eu connaissance par ailleurs, font apparaître des liaisons entre les gestes en cause. Ils sont sensibles au « fonctionnement » aussi bien d'un événement social que d'une production littéraire, que d'un objet mécanique. On peut enfin être sensible à la raison d'être de telle relations, de tels fonctionnements. De tels sujets recherchent en quelque sorte le sens des événements qui leur sont présentés, la raison d'être des gestes qui leur sont proposés. Si l'on devait montrer, par un exemple, à quoi correspondent les différents degrés auxquels peuvent être menées les opérations de saisie élaboration-mémorisation des données, on pourrait citer la manière de rendre compte d'un film, adoptée par divers élèves. Les uns décriront le film comme une succession d'images, d'événements sans lien particulier entre eux. D'autres mentionneront, au-delà des événements, les liaisons que l'on peut saisir entre les scènes du film. D'autres, enfin, en ayant montré les principales scènes et leur enchaînement en donneront la raison d'être, le sens : causes psychologiques ou économiques, par exemple.

Il est important, pour un formateur, de prendre conscience du degré d'élaboration des informations pratiqué par ses élèves car l'amélioration de la capacité d'apprentissage peut se situer, entre autres, sur ce plan.

La diversité des manières de traiter l'information peut se situer également au niveau de ce qu'on peut appeler les voies d'accès utilisées. On peut ainsi apprendre « par cœur », c'est-à-dire en ne retenant que le rythme, la sonorité des signaux, la forme extérieure des gestes. On peut aussi apprendre par « tête », c'est-à-dire en cherchant à comprendre l'information reçue, à un des niveaux qui ont été distingués. On peut enfin apprendre « par corps », c'est-à-dire vivre corporellement, mimer, jouer les faits qu'il s'agit de saisir, voire de mémoriser.

Cette diversité peut aussi se situer au niveau de la nature des signaux auxquels l'apprenant est sensible : il pourra privilégier les signaux visuels, auditifs, kinesthésiques, olfactifs ou gustatifs.

Toujours concernant les voies d'accès à la connaissance, on peut distinguer la voie inconsciente et la voie consciente, c'est-à-dire l'emploi du conditionnement et du constructivisme dont il a déjà été question. On ajoutera ici le fait que la voie consciente peut correspondre à une approche intuitive ou à une approche rationnelle de la réalité.

Disons que ces formes de traitement de l'information ne correspondent pas à des traits de personnalité mais constituent au contraire des manières d'agir en face de situations particulières. Nous admettrons, discutant du développement de la capacité d'apprentissage, que ces modes de réaction sont susceptibles d'évolution indépendamment de la situation d'apprentissage elle-même.

C'est précisément de cette situation qu'il s'agit de se préoccuper maintenant. Nous avons examiné jusqu'ici les modes possibles de traitement de l'information en vue de la construction d'une image mentale et d'une représentation. Cette information est, en fait, saisie dans des situations très diverses comme la lecture, l'écoute d'un cours, d'une conférence, l'observation d'une démonstration pratique mais aussi l'expérimentation personnelle (qui est en fait observation de sa propre activité), la discussion, le jeu. On pourrait allonger ainsi la liste des situations permettant la saisie, le traitement et la mémorisation ou le réemploi d'une information. Ces situations peuvent être organisées puis proposées ou imposées par le formateur ou conçues, choisies par l'apprenant lui-même, à son propre usage. Nous aurons à revenir sur le rôle joué par les situations dans la capacité d'apprentissage mais nous pouvons constater dès maintenant que l'apprendre dépend dans une très large mesure de la nature des situations dont dispose l'apprenant. Et nous pouvons ajouter qu'il ne s'agit pas seulement de la nature des situations mais également de l'ordre dans lequel celles-ci sont abordées. Certains apprenants souhaitent pouvoir d'abord expérimenter avant de lire, d'autres veulent au contraire commencer par lire avant de s'exercer par eux-mêmes. On comprend dès maintenant que la capacité d'apprendre pourra être, dans certains cas, fortement affectée par des situations proposées qui ne correspondent pas aux situations souhaitées par l'apprenant.

Les situations d'apprentissage sont, en fait, choisies en fonction du comportement recherché, comportement qui constitue, comme on l'a déjà dit, l'objectif de l'apprentissage. Ce qui est premier lorsque l'apprenant a l'initiative de son apprentissage, c'est naturellement l'objectif. Il souhaite parvenir à la réalisation d'un comportement donné et se donne, à cet effet, les situations nécessaires. Il se peut au contraire que l'apprenant, suivant une formation, se trouve confronté à des situations dont il ne saisit pas très bien à quoi elles doivent le conduire, quel comportement elles doivent lui permettre de réaliser. Ce sont alors ces situations qui vont l'amener progressivement à se donner des objectifs. Il découvrira petit à petit ce qu'il pourrait retirer comme information, comme modèle de comportement de ces situations. Si, dans un apprentissage autonome, le traitement (saisie, élaboration, mémorisation) des informations est la conséquence d'un objectif que s'est donné l'apprenant, dans un apprentissage qui se fait dans le cadre d'une formation c'est, au contraire, à partir des situations vécues que l'apprenant découvre ce que devraient ou pourraient être les objectifs d'apprentissage qu'il pourrait se donner.

Un autre ensemble de facteurs joue un rôle déterminant dans l'émergence de l'objectif d'apprentissage, c'est ce qu'on appelle habituellement la motivation. On peut considérer qu'il y a toujours un ensemble de facteurs, aussi bien externes que propres à l'individu, qui déterminent un comportement et, en particulier, un comportement d'apprentissage. Parmi les facteurs externes, il y a naturellement les sollicitations des parents et des formateurs, les obstacles à vaincre pour parvenir à réaliser un projet professionnel ou un projet d'action.

Mais ces facteurs entraînent des modifications internes, se conjuguent à d'autres influences de nature psychique pour se manifester sous la forme d'attitudes. Les observations faites, les entretiens que nous avons pu avoir avec de nombreux apprenants nous ont montré le rôle joué, dans l'apprentissage, par l'attitude à l'égard de soi-même, à l'égard des autres, de l'objet d'apprentissage, de la situation d'apprentissage et de l'apprentissage lui-même. Revenons sommairement sur ces attitudes qui sont des manières d'être, développées par l'apprenant. L'attitude à l'égard de soi-même correspond à ce que l'on appelle également l'estime de soi. Une attitude positive à l'égard de soi correspond à une certaine assurance en ce qui concerne la réussite de l'apprentissage. Une attitude positive à l'égard des autres correspond à une confiance en eux, à une acceptation des conseils qu'ils pourraient être amenés à prodiguer. Une attitude positive à l'égard de l'objet d'apprentissage se traduit par l'intérêt qu'on peut lui manifester et l'attitude positive à l'égard de la situation correspond à une acceptation à son égard. On notera qu'une situation n'intervient pas par ses aspects objectifs mais que c'est de manière subjective que l'on prend en compte les caractéristiques de la situation qui nous est proposée : la décoration d'une salle, le bruit environnant l'éclairage. Disons, enfin, qu'il n'y a élaboration d'un projet que s'il y a attitude positive à l'égard du changement, c'est-à-dire de l'apprentissage lui-même. Un élève ne se donnera un objectif d'apprentissage que s'il estime que le comportement nouveau qui lui est proposé lui ouvre effectivement des possibilités nouvelles. Ces possibilités sont en rapport avec l'image qu'il se fait de lui-même dans le moment présent comme dans l'avenir. Nous voyons ainsi combien le désir d'apprendre se trouve correspondre à un ensemble d'attitudes sur lesquelles il sera possible d'exercer une action lorsqu'il sera question de la capacité d'apprendre.

Au point où nous en sommes, nous constatons que l'apprendre, que nous avons ramené à un changement de représentation, suppose un travail de traitement de l'information qui ne peut se faire que dans certaines situations jugées favorables par l'apprenant. Celui-ci ne s'y consacrera que s'il s'est donné un objectif et s'il développe des attitudes positives aussi bien à l'égard des autres qu'à l'égard de lui-même dans le présent et dans l'avenir. Une autre fonction encore semble déterminante dans la réalisation de l'apprentissage. Il s'agit de la prise de distance. Nous entendons par là une activité d'estimation, d'évaluation du résultat atteint par rapport au résultat escompté. Pour parvenir à cet objectif il importe de saisir non seulement en quoi consiste la différence entre résultat atteint et résultat escompté mais aussi en quoi consiste la démarche mentale qui a été mise en œuvre. On ne peut corriger une démarche d'apprentissage que si l'on prend conscience de sa manière de faire. Disons enfin que le véritable objectif d'un apprentissage c'est, sans doute, un comportement nouveau. Mais ce comportement n'est efficace que s'il est susceptible d'être utilisé dans des circonstances diverses, s'il peut être généralisé, transféré dans des situations nouvelles. Ce travail de généralisation constitue une dimension importante de l'apprentissage.

L'image que nous donnons de l'apprendre ne se veut pas être une simple succession linéaire de fonctions. Il nous semble au contraire qu'il s'agit d'un véritable ensemble de grandeurs en interaction.

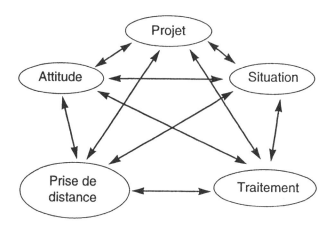

Les fonctions exercées par l'élève en tant qu'apprenant et leurs interactions

Avant d'aborder la notion de capacité d'apprentissage il nous faut encore préciser quels sont les composants que suppose la réalisation des fonctions retenues pour décrire l'apprendre. Ces fonctions, nous l'avons dit à plusieurs reprises, sont le fait de l'apprenant. Mais, lorsqu'il les exerce, il se trouve confronté à l'objet et aux tâches (lire, écouter) et aux circonstances (temps, organisation sociale et matérielle) qui correspondent à la situation, l'ensemble étant naturellement sous la dépendance de l'environnement aussi bien social et familial que culturel et institutionnel. Nous nous sommes centré, dans ce qui précède, sur l'apprendre et la figure suivante montre ce que sont les composants d'une structure apprenante.

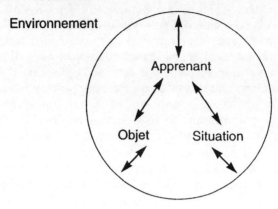

Structure d'un système apprenant

Lorsqu'il y a enseignement, une telle structure se trouve placée sous la responsabilité d'un formateur, qui a pour fonctions essentielles de choisir et d'organiser l'objet d'apprentissage, de choisir et d'organiser la situation d'apprentissage, d'orienter et de préparer l'apprenant à interagir avec l'objet et la situation organisée par le formateur. Nous faisons là abstraction des liaisons avec l'environnement. On remarquera qu'il s'agit ici du triangle de l'apprendre qui ne se confond pas avec le triangle pédagogique, développé par ailleurs dans cet ouvrage.

Qu'est-ce que la capacité d'apprentissage ?

Les paragraphes précédents nous ont permis de savoir ce qu'est apprendre. Il s'agit maintenant de répondre à la question que nous nous étions posée concernant la possibilité de développer la capacité d'apprentissage. Nous allons au préalable définir une telle capacité.

Nous ne nous écarterons pas des développements précédents concernant l'apprendre. Car si apprendre correspond à ce que l'on a présenté, la capacité d'apprentissage ne peut être que la capacité à réaliser les fonctions décrites.

Admettons que nous soyons confronté à l'apprentissage d'une langue étrangère. Nous avons décidé nous-même d'effectuer un tel apprentissage et nous avons acheté à cet effet une méthode qui nous propose de lire chaque jour une leçon et de faire quelques phrases simples. Pour analyser la démarche adoptée nous pouvons reprendre les fonctions que suppose l'apprendre et nous demander à quoi elles correspondent. Comme cela a été dit, nous avons dû, au préalable, développer une attitude positive à l'égard de nous-même et de cette langue car le fait de décider d'apprendre une langue étrangère suppose que nous nous en sentons capable et que nous apprécions cette langue. Nous avons aussi témoigné d'une attitude positive à l'égard d'autrui en adoptant, comme support de notre travail, une méthode décrite dans un manuel. Le choix des situations estimées nécessaires a été, ici, fait par la méthode sans exclure pour autant l'utilisation de situations supplémentaires, si le besoin devait s'en faire sentir. La méthode a fait aussi le choix des objectifs partiels successifs que l'on a été amené à se donner pour atteindre l'objectif final. Nous avons toutefois adhéré jusqu'à un certain point à ces objectifs. Confronté à chacune des leçons, nous avons dû les lire, faire des rapprochements pour comprendre, en mémoriser le contenu. Et pour savoir où nous en sommes, il a fallu que nous évaluions les capacités acquises, que nous prenions de la distance par rapport aux tâches accomplies.

Être capable d'apprendre c'est en général être en mesure de réaliser ce qui vient d'être rappelé au sujet d'un contenu d'apprentissage donné. Cela correspond au savoir apprendre mais aussi, à travers les attitudes développées, à l'aimer apprendre et au vouloir apprendre.

La capacité d'apprentissage d'un sujet sera d'autant plus grande qu'il parviendra à réaliser les fonctions nécessaires dans un nombre de circonstances plus diverses, face à des objets d'apprentissage plus divers. On peut encore parler de l'acceptation de contraintes plus grandes.

La capacité d'apprentissage d'un élève, qui parvient à apprendre même lorsque les situations qui lui sont proposées sont très éloignées des situations qu'il privilégie, est plus grande que celle d'un élève qui ne peut apprendre que lorsqu'il dispose de circonstances qu'il estime particulièrement favorables pour lui. On peut en dire autant de l'objet d'apprentissage. La capacité d'apprentissage d'un élève est d'autant plus grande qu'il est capable de mettre en œuvre les fonctions nécessaires face à des objets d'apprentissage les plus divers. Rappelons que situation et objet d'apprentissage sont les composants auxquels l'apprenant est confronté dans une structure d'apprentissage. Ce sont les composants qu'il se choisit s'il a l'initiative de l'apprentissage, ce sont les composants que choisit le formateur si la formation est à l'initiative de ce dernier.

Mais revenons à la question qui se pose de savoir comment développer la capacité d'apprendre si l'on ramène cette capacité à la conception et à l'accomplissement des fonctions que suppose l'apprendre.

Comment développer la capacité d'apprentissage ?

Développer la capacité d'apprendre c'est donc développer la capacité à savoir apprendre. Ce développement correspond au développement d'attitudes favorables, expression de l'aimer et du vouloir apprendre. Il correspond aussi au développement d'une capacité à se donner un objectif d'apprentissage, au développement d'une capacité à choisir des situations adaptées au traitement qu'il s'agit de faire subir aux données reçues, au développement. enfin, d'une capacité à prendre de la distance par rapport à cette activité afin d'en réguler le déroulement et d'en assurer l'efficacité.

Pour développer sa capacité d'apprentissage, il appartient donc à l'apprenant de modifier ses attitudes dans un sens que nous allons préciser. Il sera amené de même à accorder une plus grande attention aux autres activités que suppose l'apprendre : détermination d'objectif, choix de situation, mode de traitement, prise de distance. L'apprenant devrait, à partir du moment où son attention a été attirée sur ces divers domaines, être capable d'introduire, par lui-même, des modifications d'attitudes et de comportement. Naturellement, le formateur pourra aller au-delà d'une simple indication des moments de l'apprendre auxquels il s'agirait de porter attention et apporter une aide plus explicite. Nous allons voir d'abord en quoi devrait consister la démarche de l'apprenant avant de revenir sur ce que peut être la contribution du formateur.

Ainsi, il importe, dans le domaine des attitudes, que l'apprenant développe la confiance en soi et perçoive ses formateurs et ses camarades comme des aides, des « ressources » possibles, ce qui le conduira à se donner les situations d'apprentissage correspondantes. Il peut s'agir, par exemple, de poser des questions, de demander des éclaircissements à ses formateurs, d'organiser des travaux de groupe, des échanges avec ses camarades. Il importe également que l'apprenant développe un intérêt pour l'objet d'apprentissage en réfléchissant par exemple à l'usage possible de ce qu'il apprend, ce qui le conduira à se donner un objectif à poursuivre. De même une perception positive des situations d'apprentissage qui lui sont proposées l'aidera à mieux s'en servir. Ces attitudes particulières s'appuieront naturellement sur une attitude positive par rapport au changement et une attitude active par rapport à l'apprentissage.

Passer d'objectifs d'apprentissage implicites à des objectifs explicites peut constituer une démarche importante pour l'apprenant. Comme cela a déjà été rappelé, un objectif constitue un élément qui libère et oriente des énergies, qui contribue sans doute à faire émerger cette attitude active par rapport à l'apprentissage dont il vient d'être question. L'existence d'un objectif favorisera d'ailleurs également le choix de situations adaptées et le traitement même de ces situations. On sait mieux à quoi être attentif, quelle information chercher à retenir, dans quel sens reformuler, reconstruire cette information en vue de son réemploi à partir du moment où l'on a une idée claire de ce que l'on souhaite être capable de faire, c'est-à-dire lorsqu'on dispose d'un objectif explicite.

Pour parvenir à un véritable choix de situation il importe que l'apprenant se donne une variété aussi grande que possible de situations parmi lesquelles il pourra alors retenir celles qui répondent à l'objectif qu'il poursuit. Bien souvent les situations les plus adaptées sont celles qui permettent l'exercice effectif du comportement final recherché. Elles dépendent aussi de ce que l'apprenant lui-même éprouve comme besoin en temps, en espace, en matériel, en présence humaine. Il s'agit ici, pour lui, de faire preuve de créativité pour découvrir ces situations qui permettent le traitement le plus efficace.

Traiter les informations constitue, cela a déjà été souligné, le point clé de l'apprentissage. Développer sa capacité d'apprentissage c'est donc, pour l'apprenant, se donner des moyens nouveaux de saisie des données, de traitement, de mémorisation et d'expression. Il pourra s'exercer à différentes formes de prise de notes, à différentes formes de résumés, de fiches de travail, de schémas, de réseaux. Ce sont autant de moyens possibles pour susciter saisie et traitement de l'information. Les moyens mnémotechniques, les démarches de mémorisation mais aussi les modes de construction de plans et de listes d'idées seront des outils utiles à l'apprenant, qu'il lui appartient d'acquérir.

Se donner des moments de prise de distance constitue, enfin, une dimension importante de l'apprendre. C'est une préoccupation que l'apprenant devra développer s'il souhaite acquérir une plus grande capacité d'apprentissage. C'est grâce à la prise de distance que peut être réorientée la démarche d'apprentissage, c'est-à-dire essentiellement le choix des situations nécessaires et du mode de traitement. Mais c'est aussi l'objectif lui-même qui peut être remis en question par une prise de distance à l'égard des résultats atteints.

La question est alors de savoir comment le formateur peut contribuer à développer une telle capacité d'apprentissage qui reste naturellement le fait de l'apprenant lui-même. Nous avons, jusqu'ici, insisté sur l'importance de l'attention que l'apprenant devrait porter aux divers moments de l'apprendre afin qu'il puisse intervenir consciemment à leur égard dans le sens que nous venons de décrire. Aussi les formes d'action du formateur, que nous préconisons, devraient-elles conduire l'apprenant à découvrir progressivement ce qu'est apprendre pour mieux prendre conscience de sa propre manière d'apprendre.

Une première manière pour le formateur de faire découvrir par l'apprenant ce qu'est apprendre peut consister à organiser son enseignement en respectant et en explicitant ce que suppose l'apprendre. Sans doute le formateur ne peut-il enseigner sans respecter ce qu'est, pour l'élève, apprendre : il lui faut bien concevoir et réaliser des situations permettant à l'apprenant de saisir les informations qu'il lui transmet, de les élaborer puis de les mémoriser ou de les réutiliser. Il lui faut bien également permettre à l'apprenant de se rendre compte de l'état d'avancement de son apprentissage, c'est-à-dire d'évaluer les résultats de son travail. Il lui faut également entretenir l'intérêt, encourager les efforts, c'est-à-dire motiver l'élève. Mais ce qui nous semble important, c'est que le formateur explicite les formes de son action à l'intention de l'apprenant, qu'il lui dise ce qu'il fait. En nommant ainsi les étapes de ses interventions, il contribue à faire découvrir par l'apprenant ces dimensions de l'apprendre dont il importe que ce dernier tienne compte. Nous pouvons dire qu'en respectant, dans l'organisation de son enseignement, les moments de l'apprendre, il fera vivre et donc découvrir par l'apprenant ce qu'est apprendre. Cela suppose naturellement une centration, de la part de l'enseignant, sur l'apprendre.

Mais cela ne peut être qu'une première forme d'action. Elle sera sans doute insuffisante pour bon nombre d'apprenants qui, tout en étant ainsi sensibilisés à ce qu'est apprendre, ne pourront guère tenir compte de la connaissance qu'ils entrevoient pour améliorer leur manière d'agir. Il leur faudra disposer d'un temps plus long, de moments consacrés explicitement à cela, pour découvrir et être capable d'améliorer les moments de l'apprendre tels qu'ils les pratiquent. Aussi proposons-nous, au-delà d'un enseignement qui fait vivre les moments de l'apprendre, des moments de réflexion sur ces fonctions qui caractérisent l'apprendre. Nous avons rassemblé et expérimenté des activités permettant l'approfondissement des connaissances relatives à l'apprendre autour de thèmes qui correspondent aux fonctions de l'apprendre, comme, par exemple, « l'apprentissage me permet de franchir des étapes », « démarches possibles d'apprentissage », « décrire des objectifs d'apprentissage ». Le formateur peut choisir parmi ces thèmes en fonction des besoins des apprenants auxquels il s'adresse. Il peut aussi concevoir des activités, autres que celles qui sont proposées, pour introduire ses élèves aux fonctions que suppose l'apprentissage. Il constitue ainsi un « programme d'aide au développement de la capacité d'apprentissage » (PADECA) adapté à son groupe d'élèves. Naturellement, la question se pose de savoir à quel moment et comment introduire un tel « programme » dans le cadre de l'enseignement dispensé. Diverses formes ont été utilisées, que nous voudrions décrire brièvement.

Certains enseignants introduisent de tels thèmes de réflexion dans les heures de soutien. Ils utilisent ces moments non pas pour refaire le cours qui a pu poser des difficultés, mais pour apporter aux élèves des informations sur les différentes manières d'apprendre et des moyens d'analyser leur propre manière de faire. D'autres enseignants introduisent les thèmes, qui leur semblent importants, dans leur enseignement, mais ils le font en alternance avec d'autres collègues, de telle sorte que chaque membre de l'équipe éducative apporte ainsi sa contribution. Cela évite de prendre par trop de temps sur une seule discipline et cela contribue aussi à une meilleure coordination entre les démarches d'apprentissage et le contenu d'enseignement. Dans certains établissements, on a vu utiliser les thèmes sur l'apprendre comme objet de réflexion et d'exercice dans le cadre de moments de liberté des élèves, souvent entre 12 h 30 et 13 h 30. On peut parler de « club apprendre » où se retrouvent les élèves volontaires qui souhaitent en savoir davantage sur l'apprendre. Cette formule a été utilisée dans le cadre de journées organisées par certains établissements, en dehors des bâtiments habituels, en début ou en milieu d'année pour créer un certain climat psychologique, un mode de relation entre élèves et enseignants. L'« apprendre » est alors un thème de réflexion privilégié pendant ces journées.

Aborder ce thème est en soi intéressant, quel que soit le contexte dans lequel cela peut se faire. Les élèves découvriront qu'« apprendre » peut être un objet de réflexion, un objet d'étude, que l'on peut chercher à approfondir. Il va de soi que les effets de telles activités sur l'apprentissage scolaire ou l'apprentissage dans la vie quotidienne sont d'autant plus importants que ces interventions sont davantage liées aux situations scolaires ou quotidiennes. Ce qui est souhaitable, c'est que les thèmes sur l'apprentissage soient introduits précisément au moment où il y a difficulté, de telle sorte que réflexions et exercices apportent des réponses aux questions qui se posent. Il serait important que les élèves puissent poursuivre de telles activités au-delà des moments organisés à leur intention par un formateur. Dans cette perspective, on a créé des manuels pour les apprenants, qui donnent des conseils pour mieux apprendre et proposent des exercices et des formes de pratiques pour un entraînement à des formes d'apprentissage différentes. C'est donc par la pratique qu'il est important de prolonger ce qui a été vécu dans le cadre de la formation et ce qui a pu être discuté en groupe de travail, en vue du soutien ou en vue de l'approfondissement.

Pour conclure

Développer la capacité d'apprentissage apparaît comme une des tâches prioritaires pour tout formateur. Au-delà de l'information qu'il apporte, il lui faut préparer l'apprenant à recevoir et traiter cette information.

Si l'on admet que l'apprendre se ramène aux fonctions qui ont été décrites – développement d'attitudes adaptées, énoncé de projets, choix de situation, traitement de l'information, prise de distance – alors c'est au développement de ces fonctions que peut se ramener le développement de la capacité d'apprentissage. Comme on l'a rappelé, un tel développement est basé essentiellement sur la prise de conscience, par l'apprenant, de sa manière de faire et de la manière de faire d'autres apprenants. Une grille d'analyse basée sur la distinction des fonctions que nous avons présentées constitue alors la base de cette prise de conscience.

On ne saurait trop insister sur le rôle de la capacité d'apprentissage dans le cadre de la réussite scolaire.

Mais, au-delà de cette réussite, la capacité d'apprentissage joue un rôle déterminant dans les formations d'adultes à la recherche d'une nouvelle qualification, de nouvelles compétences. Toute action de reconversion suppose une capacité d'apprentissage.

D'une manière générale la capacité d'apprentissage conduit à une autonomie plus grande, à une prise en charge de sa propre formation. Elle nous semble être au centre du développement de la personne.

RÉFÉRENCES BIBLIOGRAPHIQUES

REBOUL O., *Qu'est-ce qu'apprendre ?*, Paris, PUF, 1980.

BERBAUM J., *Apprentissage et formation*, (QSJ 2129), Paris, PUF, 1984.

BERBAUM J., *Développer la capacité d'apprendre*, Paris, ESF éditeur, 1991.

BERBAUM J., *Pour mieux apprendre*, Paris, ESF éditeur, 1992.

Postface

L'école, le pédagogue et le professeur

Daniel Hameline
Sciences de l'éducation
Université de Genève

« Nous plaindrons-nous éternellement de l'insuffisance actuelle de l'éducation, sans dire une fois de quoi nous nous plaignons ? Et réclamerons-nous à perpétuité des « chaires de pédagogie » sans préciser ce que nous souhaitons qu'on y enseigne ? »

On pourrait penser contemporaine cette double apostrophe, en réalité, elle est centenaire. C'est Ferdinand Brunetière qui interroge ainsi. En 1895, dans son opuscule *Éducation et instruction* (p. 7), petit écrit polémique qui mérite plus que le détour. Le ton y est celui de l'orateur, prompt à l'exagération et se confectionnant des adversaires non sans un peu de complaisance.

En cette fin du XIXe siècle, le couple « Éducation-instruction » trouve en Brunetière un enième commentateur qui se propose, comme des dizaines d'autres plumitifs avant lui, d'en éclairer une bonne fois les rapports. Cette clarification semble, au demeurant, l'une de ces tâches impossibles qui ponctuent le propos sur l'éducation au XIXe siècle : à frais nouveaux, l'entreprise est sans cesse recommencée, alors que, pourtant, tout paraissait si clair dans l'esprit du précédent explicateur... dont on a déjà oublié les écrits.

Constat liminaire : dès qu'il s'agit des affaires de l'école, les acteurs bégaient quand les facteurs s'obstinent.

Pour une mise en garde

On voudrait, dans cette postface à un « manuel » de pédagogie dont on partage entièrement les orientations générales, effectuer une mise en garde. Ce n'est pas un des moindres paradoxes de la pédagogie – si l'on entend ici par « pédagogie » les tentatives pour penser ce qui se fabrique quand on « fait la classe » –, que d'être, pour un très grand nombre d'enseignants, l'objet d'une répulsion forte, tenace, ombrageuse.

Le premier mouvement de maints « pédagos » est d'interpréter cette répulsion collective comme une « résistance », un manque d'ambition intellectuelle ou, tout simplement, comme le signe d'une médiocrité commune. Trop facile argumentation qu'expliquent sans doute certaines exaspérations militantes légitimes. Ce retour cent ans en arrière est une invitation adressée aux « pédagogistes » – en se comprenant soi-même dans le lot, bien sûr –, d'avoir à prendre très au sérieux (mais non sans humour) la double donne suivante : d'abord, que le « professeur », tel que nous héritons de son type façonné au XIXe siècle, est l'antitype du « pédagogue » ; ensuite, que tout un lignage d'esprits distingués n'ont pas manqué, depuis cent ans, de légitimer en raison cet antagonisme.

Philippe Meirieu et Michel Develay, dans leur tout récent ouvrage *Émile, reviens vite... ils sont devenus fous* [1992], tentent, à leur tour – d'un point de vue de « pédagogue », à la fois rigoureux, documenté et humoriste –, d'expliquer cet antagonisme. Leur propos est de chercher à comprendre sans stigmatiser : excellent programme. La « pédagogie » ne progressera – y compris chez ceux qu'on nommera ici les « professeurs » –, que si les « pédagogues » entendent le message qui conteste le leur. Et l'on ne se formalisera pas outre mesure que cette contestation soit parfois accompagnée d'outrances médiatiques, de jeux de pouvoir et de l'exercice du mépris. Aussi bien, laissant Meirieu et Develay dialoguer avec fermeté et talent avec les contemporains, proposera-t-on de prendre Ferdinand Brunetière comme interlocuteur. Il n'est pas déplaisant de l'adjuger comme ancêtre à nos anti-pédagogues d'aujourd'hui.

Primauté de la controverse

Ce qui intrigue dans le propos de Brunetière cité dès l'entrée, c'est d'abord le « nous ». Ce pronom semble de bien vaste accueil, pratique oratoire de la « subjection », comme disent les rhétoriciens. Solidarité du parleur et du lecteur : « nous tous » diffusant la même plainte, énonçant la même réclamation, et célant le même souhait ? Cher Brunetière... Le jour où chacun, individu ou groupe, précisera une fois (qui serait évidemment la « bonne ») de quoi il se plaint et ce qu'il souhaite qu'on enseigne dans les « chaires de pédagogie », le concert du « nous » risque bien de se révéler cacophonique.

Et c'est bien le cas, cent ans après, dans notre propre actualité : la pédagogie est d'abord un objet de controverse. Au point qu'on est tenté d'intégrer ce caractère dans sa définition même. C'est ce que relève N. Charbonnel, dans un des ouvrages les plus décisifs et incisifs de ces dernières années, *Pour une critique de la raison éducative* (1988) : « S'exposer à être mal compris est moins un handicap dans ces types d'énonciation, qu'une dimension majeure de leur fonctionnement » (p. 22).

Qu'est-ce que la pédagogie ? Un lieu d'élection pour la dispute, un révélateur de la discordance, un opérateur pour la disjonction. La pomme est de discorde, comme lors de la noce à Thétis et Pélée, dont tout le monde sait que sortirent la guerre et l'art de l'aède. Dispute, discordance, disjonction, discorde ? Rien là d'étonnant, puisque tous sont unanimes sur un point : solenniser l'énormité des enjeux.

Énormité

La dispute au sujet de la pédagogie est d'abord le simple écho de la discorde au sujet de l'école. Il n'est donc pas si intempérant de parler d'« énormité ».

Il suffit d'ailleurs de solliciter le mot du côté de *l'enormitas* latine. La modernité issue des Lumières n'assigne pas d'autre but à l'école que de perpétuer de la *norme* – calibrer une commune appartenance et, de préférence, républicaine, par la légitimation de l'*écart à la norme* – ériger tout sujet en l'œuvre de son singulier et universel discernement. Conjonction et disjonction *dans le même mouvement*. A-t-on suffisamment remarqué qu'il n'est pas possible de *parler* d'une telle conjonction sans risquer de soi-même disjoncter ?

La nostalgie d'une parole juste

Relisons pourtant la double interrogation de Brunetière. Le vieux renard ironise, certes. Mais le vœu est bien qu'un *dire* vienne se saisir de l'énormité du *faire* et de son « insuffisance actuelle ». Ainsi, à la plainte sempiternelle et vaine, se substitueront une parole juste et un projet clarifié, autour de quoi produire et exhiber de l'adhésion.

Erreur, cher Brunetière : ce sera discorde et dispute à tout coup. Vraiment, c'est un progrès pour la pensée que d'intégrer la dispute et la discorde dans la définition même de la pédagogie. Mais gardons les deux termes sans en confondre le sens. Parler « pédagogie », c'est offrir à l'exercice de la *raison* des objets de controverse. C'est aussi se découvrir, soi-même et les autres, aux prises avec des *coups de cœur* et leurs étonnantes (ir)résolutions dans le débat.

Les « chaires de pédagogie »

Lorsqu'il évoque les chaires de pédagogie, Brunetière prend soin de faire usage des guillemets. Celles-ci, selon leur fonction dans la langue, émettent, on le sait, un double signal. D'une part l'auteur renvoie à une formule encore relativement inusitée mais dont l'emploi se généralise. D'autre part, faire usage à son tour de la formule semble lui donner un brin d'urticaire : il utilise alors les « guillemets-pincettes », si l'on peut dire, à moins qu'elles ne signifient une certaine emphase ironique, autre moyen de se défendre de l'objet qu'elles isolent.

Commençons par un rappel. C'est effectivement entre 1883 et 1900 que plusieurs facultés de lettres voient se créer en leur sein des enseignements touchant à l'éducation. Marion est le premier titulaire à la Sorbonne, avant Buisson, puis Durkheim. Mais il y a aussi Dauriac à Montpellier, Egger à Nancy, Thamin à Lyon, Espinas à Bordeaux.

Poursuivons par une nuance, empruntée à Compayré dans l'édition de 1924 de son *Cours de pédagogie* (p.11) : ces « chaires » ont d'abord été de modestes « cours » et qui n'étaient point de « pédagogie ». On parlait d'éducation générale ou de science de l'éducation. Compayré relève que Espinas « est le seul qui n'ait pas reculé devant le mot propre et qui ait intitulé son cours : Cours de pédagogie ».

C'est dire qu'il y avait de l'hésitation dans les esprits au cours des années quatre-vingt et quatre-vingt-dix de l'autre siècle. Comme si le terme de « pédagogie » portait avec lui des risques.

Commentons ces risques. Il est possible d'en citer deux dont la contradiction est instructive. A la fin du XIXe siècle, la « pédagogie » fait rire et fait peur. Elle fait rire par son côté « vieux jeu ». Elle fait peur car on pressent en son établissement la présence d'une menace. La vétusté permet qu'on se moque, mais, la menace une fois subodorée, cette moquerie est promue au rang de contribution à la défense de la culture. Il n'est pas seulement de bon ton de railler les pédagogues. C'est un devoir. Une croisade, presque.

La pédagogie, cela fait rire

Brunetière en 1895 est une figure notoire du débat public français. Académicien, homme de lettres et professeur à l'École normale supérieure, conférencier très écouté à une époque où n'existent ni radiodiffusion ni télévision, directeur de *la Revue des deux mondes*, il dispose, qu'on l'approuve ou non, d'une audience considérable, véritable magistrature morale. *Mutatis mutandis,* sa présence publique est comparable à celle de nos intellectuels contemporains que l'on admire, infatigables sur les ondes, les écrans de nos médias et les pages de nos grands journaux.

Il nous faut d'abord mesurer combien le mot « pédagogie » est, dans un esprit tel que Brunetière, chargé d'un passif dont le personnage du « pédant » assure dans la comédie une représentation depuis longtemps commune.

À la pédagogie, l'homme du monde répugne et le professeur résiste. Aussi bien quand le professeur est en même temps homme du monde, le parti est vite pris. La « pédagogie » est effectivement un des plus constants repoussoirs pour quiconque est en quête d'un brevet d'homme du monde. Car un homme du monde conviendra qu'on le déteste, mais non point qu'on le raille. Là serait le signe de l'irrémissible échec. Or la « pédagogie », cela fait rire.

La « pédagogie », n'est-ce pas l'esprit de sérieux, le jargon besogneux, la solennité imbécile des évidences habillées en sentences profondément pensées ? La pédagogie, c'est Diafoirus. Ce sont Bouvard et Pécuchet. La culture française consacre l'alacrité de l'esprit comme le signe de sa plus authentique distinction. Ajoutez-y un mixte d'élégance et de générosité, à l'écart soigneux de l'esprit de système. Allons, disons-le tout net : la pédagogie demeure teutonne. Sa pratique rend l'esprit obèse, ou, tout au moins, embarrassé. Imaginez-vous Voltaire « pédagogue » ? Rousseau, oui : mais c'est un Genevois, et tout le contraire d'un homme du monde précisément.

Allons plus loin. Avez-vous vu jamais qu'un objet « pédagogique » intéresse et instruise ? Si c'est le cas, gageons qu'il s'impose par d'autres vertus. Le professeur, chez Brunetière, rejoint ici l'homme du monde. Il n'y a pas lieu, déclare-t-il, d'ériger des « chaires » pour dispenser des connaissances que n'importe quel esprit bien né est en mesure de se donner de son propre mouvement. Évoquant ses élèves de l'École normale supérieure, il écrit :

« *Ces jeunes gens n'ont pas besoin qu'on leur enseignât la pédagogie, mais ils l'ont eux-mêmes et d'eux-mêmes découverte ou retrouvée, si je puis dire, dans le sentiment de la dignité de leur profession.* »

Il profère alors sa célèbre boutade : *Ayons avant tout des professeurs qui ne songent qu'à professer, et moquons-nous de la pédagogie !* (1895, p. 8).

Il y a pédantisme et pédantisme

C'est peut-être en paraphrasant plus loin (p. 73) un propos du philosophe Joubert, que Brunetière creuse, sans l'avoir explicitement cherché, l'écart entre le professeur et le pédagogue. « Le vrai pédantisme dans un professeur, écrit-il, est précisément la crainte de paraître pédant. » Le propos, à première vue (et même à la deuxième...) peut rendre le lecteur perplexe. Car le grief que l'on oppose habituellement au « pédagogue », c'est d'être *vraiment* pédant *du fait même qu'il ne craint pas de le paraître* et s'affiche donc tel aux yeux de tous, par naïveté, inconscience ou superbe.

Mais, le pédantisme dont Brunetière parle ici n'est pas celui du « pédagogue ». Ce dernier « cause » des choses de l'enseignement, qu'il les pratique ou non. Brunetière vise un autre pédantisme, celui du professeur. Ce dernier, précisément, ne « cause » pas des choses de l'enseignement, mais il les « professe ».

La crainte de paraître

Ce beau verbe est à entendre en un triple sens où se concentre la définition même du « professeur ». Celui-ci fait de l'enseignement sa profession, au sens d'un métier « vocationnel » et non pas mercantile. Il y engage ses convictions, au sens de « profession de foi ». Il y exerce un ministère de « profération » qui lui interdit de dire n'importe quoi n'importe comment.

Une des principales questions qui se posent alors à ce « ministre », c'est bien la question du « paraître » aux yeux des élèves. Ou, plus précisément, la question de la « crainte » de paraître. Car, paraître pédant est pour un esprit distingué, on l'a dit plus haut, une grave disqualification. Afin d'éviter cette avanie, un professeur peut être tenté de donner de soi une image qui flatte les élèves, les séduise, les provoque. Il passera alors pour un esprit brillant, pour un caractère, pour une personnalité. Celui qui se livre à ce jeu, dit Brunetière, est, en dépit des apparences, quelqu'un qui songe à lui-même et non pas d'abord à ses élèves. Il vaut mieux à un professeur, conclut-il, risquer de paraître pédant que se moquer de ce qu'il enseigne. Car celui qui se moque de ce qu'il enseigne, se moque en définitive, des élèves (p. 73).

Forte leçon. Bonne à prendre au demeurant. Brunetière, quant à lui, ne va pas jusqu'à tirer de cette leçon une de ses conséquences : l'inversion possible de la pédanterie « pédagogique ». D'autres, aujourd'hui, n'hésiteront pas à substituer à l'image « pesante » du pédagogue « géomètre », pédant par l'ostentation d'une science rébarbative et ridicule, l'image « frivole » du pédagogue « saltimbanque », « pédago » par crainte de paraître « pédant » et qui sacrifierait joyeusement ce qu'il enseigne à la satisfaction médiocre et momentanée du bon plaisir des interlocuteurs. Brunetière n'instruit pas ce procès, mais il ajoute quand même : « Avons-nous besoin pour cela de Basedow ou de Pestalozzi ? » Et il a précisé, quelques lignes auparavant : « les lourds écrits » de Basedow – voici pour le géomètre – ; les « exemples » de Pestalozzi – et voilà pour le saltimbanque. Aux yeux de Brunetière, le simple rappel des « exigences de la vocation » suffit. Et il conclut : de nos professeurs, « nous ne ferons point des pédagogues ».

La pédagogie cache un dessein funeste

Ainsi la pédagogie ne fait pas que prêter à rire. Brunetière soupçonne, derrière l'établissement de ces « chaires de pédagogie », un projet dont il tient à dénoncer le caractère dangereux :

« *La grande raison que l'on invoque, c'est, dit-on, que nos professeurs, s'ils connaissent admirablement l'art d'éveiller les esprits, ignoreraient entièrement celui de former les caractères.* » (ibid., p. 7.)

Voilà bien, direz-vous, la vieille question, et déjà socratique : peut-on enseigner la vertu ? Et pour y répondre, Socrate s'érigeait effectivement en éducateur. Mais Brunetière la pose en contemporain d'une triple préoccupation qui marque la fin du XIXe siècle.

Former des « marchands » à l'anglaise ?

Il est d'abord inquiet de la vogue du « modèle » anglo-saxon de l'athlète entreprenant et industrieux. Veut-on l'exemple d'un « caractère » ? Voyez l'enfant anglais assigné dès la *nursery* au *self-help,* entraîné, dès l'adolescence, aux disciplines physiques collectives. Ses admirateurs abusés vont jusqu'à vanter son manque d'instruction comme on célèbre une vertu. Brunetière prend position sans aucune vergogne contre le sport au lycée et contre la prétention d'en faire une « école du caractère ».

Et surtout, il ne voit pas que ce soit le rôle de l'école de préparer des « marchands » pour la grande concurrence économique qui s'ouvre. En sacrifiant à l'air du temps pour moderniser l'éducation, les « chaires de pédagogie » ne vont-elles pas contribuer à annexer l'enseignement à l'entreprise et à la culture physique anglo-saxonne, fût-elle « olympique » (le baron de Coubertin a publié en 1889 son *Éducation anglaise en France*).

Un « ciment » pour la République ?

Mais les événements dont la France a été le théâtre, depuis la fracture de la Commune, jusqu'au boulangisme, à l'affaire Dreyfus – et sans oublier les graves mutineries de 1885 dans certains lycées parisiens –, ont souligné, aux yeux de tous les républicains, la précarité de la société démocratique française « modérée ». Brunetière voit bien, dès lors, l'obligation qui s'impose aux dirigeants d'avoir à consolider cette démocratie en assumant l'éducation du « souverain » dès l'enfance et l'adolescence.

Puisqu'il y a effectivement « éducation publique », conclut-il, on ne peut se contenter d'instruire. Mais l'école doit-elle pour autant devenir le lieu où préparer un « ciment » idéologique qui assurera, au nom d'une doctrine officielle, la prise en masse des consciences ? Ce serait « violer la liberté dans ses droits les plus sacrés, sous prétexte d'apprendre à la chérir » (p. 5, note 1). Peut-être aura-t-on reconnu la citation ? Précurseur de la relecture contemporaine si fervente et si laïque de Condorcet, Brunetière – au nom du respect des croyances et, singulièrement, du catholicisme social auquel il s'est récemment rallié –, renvoie explicitement son lecteur aux *Mémoires sur l'instruction publique* du grand solitaire de la Révolution.

Les « chaires de pédagogie », si elles sont destinées à exercer les professeurs dans l'art de « former les caractères », n'encourent-elles pas le risque de devenir des centres de propagande pour une doctrine d'Etat ?

La science peut-elle être tolérante ?

Cette crainte est d'autant plus présente chez Brunetière qu'il observe, en partisan résolu des humanités classiques, la fascination exercée par les nouvelles approches « scientifiques » des affaires humaines. Or, parmi ces affaires, la moindre n'est pas l'éducation.

Certains ne sont-ils pas effectivement tentés de faire de l'éducation une « application » de la nouvelle psychologie, telle que la préconise un « demi-savant » aussi dogmatique que Théodule Ribot (p. 85) ? On prétend qu'ainsi la pédagogie enfin modernisée s'affranchirait dès lors de sa condition d'objet dérisoire. Elle s'appuierait enfin sur des lois sûres et reconnues et coïnciderait avec le développement naturel de l'enfant.

Cette référence à la « nature », qui serait à la fois le lieu de la bonté morale originaire de chaque être singulier et le répertoire des lois du développement commun à tous, lui paraît une imposture. « Nous ne tirerons pas de la "nature" écrit-il, ni par conséquent de la "science", un atome de dévouement. » Et il ajoute : « La nature est "immorale" ; et la "moralité" ne consiste précisément pour l'homme qu'à se tirer de la nature » (*ibid.*, p. 77). Or c'est bien ce statut "psychomoral" ambigu de la notion de "nature" qui fonde la "science de l'éducation" lors du "moment Compayré" (du nom de l'un des principaux doctrinaires de l'éducation laïque "libérale" sous la troisième République), selon la formule de N. Charbonnel (1988) dans des pages lumineuses auxquelles il convient de renvoyer.

En se référant à une fallacieuse référence scientifique, les chaires de pédagogie ne risquent-elles pas de conférer à leur discours sur l'école cette fausse aura de certitude, cette intolérance sûre de soi qu'on observe chez tant de gens qui se prétendent de science ? Ces gens-là, écrit Brunetière, sont livrés à leur propre crédulité parce que l'éducation scientifique a déshabitué leurs esprits du doute, contrairement à ce dont rêvait un Claude Bernard (*ibid.*, p.82).

Recevoir l'avertissement tout en donnant le sien

Or, en 1883, un universitaire prononçait déjà une mise en garde qui semble anticiper le procès instruit par Brunetière contre toute suffisance scientifique en éducation. Cet homme, c'est Henri Marion lui-même. Et l'occasion n'est pas autre que son premier cours de science de l'éducation à la Sorbonne. Marion avertit son (modeste) auditoire :

« *Former un homme est chose de finesse ; c'est chose de péril : n'y hasardez pas l'infaillibilité d'une géométrie bien conçue et n'en espérez point la tranquillité suprême des démonstrations bien conduites. Il y aura lutte ; il y aura de l'imprévu ; il y aura les brusqueries, les coups de tête, les défaillances, les relèvements, les inerties, les miracles de la nature active et libre : il y aura tout le va-et-vient tumultueux, éclatant en harmonie ou dégénérant en chaos, qui est dans l'homme comme sur la mer.* » (*Cf. Revue pédagogique, 1884, IV, p. 13.*)

Voilà, peut-on penser, une « science de l'éducation » bien littéraire, bien oratoire et dont le pathos prête à sourire... Qu'est-ce qu'un Brunetière peut vraiment craindre de ce morceau d'éloquence qui appelle, de surcroît, à la modestie tout géomètre qui se proposerait de « former un homme » ?

Cette modestie, chez Marion, n'est pas feinte. Mais il poursuit, en même temps, l'ambitieux dessein de construire, *au sujet* des « miracles de la nature active et libre », un propos qui ne s'en tiendra pas à une célébration romanesque. Ces « miracles » relèvent d'une approche scientifique, modeste certes, mais scientifique. Voilà les « miracles » de l'éducation en passe d'être « naturalisés » si l'on peut dire : attribuables, non à la rencontre plus ou moins sensée et chanceuse des humains les uns avec les autres au sein d'une culture, mais au développement rationalisable des sujets de la psychologie.

Pour une modestie vraie

Pourtant, à lire ce passage en l'ingénuité même qui fait sa force, ne peut-on pas tout autant conclure que « la » science de l'éducation n'existe pas ? Ce que Marion manifeste dans ce propos, ce n'est rien de plus, en définitive, qu'une pratique « avertie » de l'humain : sagesse de l'« acteur » instruit par l'expérience, mise en ordre que le « connaisseur » tente d'effectuer, à titre précaire, dans l'ordre des raisons. Mais précisons que ce connaisseur et cet acteur sont *un seul et même personnage*. Et c'est de cette unicité que surgit l'authentique « pédagogue » dans le « professeur ».

Si son « savoir » s'organise comme une « science », il s'agirait seulement ici de cette « Pédagogique » dont Ampère, dans la version de 1838 de sa *Classification naturelle de toutes les connaissances humaines* (cité in Charbonnel, 1988, p.11) fait une branche de la « Didagmatique », une science de l'« avertissement » *(didagma)* et dont P. Gillet a récemment [1987] recommandé de restaurer l'appellation : pourquoi ne pas dire « la pédagogique », comme on dit « la politique », à l'image de l'allemand *Pädagogik* ?

Attention, jargon !

Ampère n'a pas peur de nous balancer des néologismes impressionnants. Mais c'est un « vrai savant », lui. Et ses inventions lexicales sont donc estimées légitimes. Par contre, un des griefs courants que le « professeur » fait au « pédagogue », c'est de « dire » les choses de l'école dans un langage qui lui demeure hermétique, un langage, dès lors *illégitime*.

Les « sciences de l'éducation » peuvent effectivement, si l'on n'y prend pas garde constamment, se réduire à n'être, pour les « pédagogues » – s'ils sont ces « acteurs-connaisseurs » que je viens d'évoquer –, qu'un répertoire de tics verbaux qui se donnent pour de la science. Quand on lit, dans un rapport de stage, un propos comme celui-ci :

« *Elle se sentait interpellée quelque part au niveau du vécu, par une stratégie relationnelle mal adaptée au niveau du symbolique, mais il lui fallait bien gérer la situation en fonction des attentes et générer une dynamique productive...* » comment n'être pas partagé entre l'hilarité et la consternation ? Que l'on compare avec le langage de Marion. Ce dernier fait désuet, certes. Mais, à tout prendre, sur la longue durée, peut-être vieillira t-il moins vite que le petit spécimen qu'on vient de retranscrire.

Ainsi des « sciences », en toute légitimité et chacune en leur ordre, contribuent à l'intelligence de cette réalité confuse que l'on nomme « faire la classe ». Rien à dire à cela. Et leurs tenanciers sont souvent des gens dépourvus de superbe, parfois même humoristes.

Mais le risque est immense que la diffusion de ces sciences chez les « pédagogues » ne se réduise à des manières de parler intempérantes et ridicules. La pédagogie – ou la « pédagogique » (si l'on garde ce mot) –, est censée fournir un lieu de rencontre et d'enrichissement mutuel entre le « savoir praticien » et le « savoir savant ». Elle ne sera bientôt plus qu'une espèce de culture approximative dont on exhibe les signes d'appartenance. Et cette exhibition est alors immodeste et dogmatique par sottise. Les « pédagos » ont droit à un parler savant, tout autant que quiconque. Mais ce droit ne leur est que toléré. Et ce n'est pas une contrainte vaine pour le « pédagogue » que d'avoir à « parler pédagogie » sous surveillance du « professeur ».

Ce « va-et-vient tumultueux... qui est dans l'homme comme sur la mer »

Mais le propos de Marion mérite notre intérêt pour une seconde raison : la métaphore océanique qu'il développe *in fine* évoque la tumultuosité fondamentale des affaires humaines en général et du « corps à corps » éducatif en particulier : « il y aura lutte ».

Cette irruption de l'imprévisible est certes conforme au vœu humaniste de la « rencontre chanceuse », telle que la célébrait naguère Georges Gusdorf dans *Pourquoi des professeurs ?* (1962), fidèle en cela à l'esprit de Brunetière. Mais Marion, dans son cours de 1883, donne à cette irruption une allure de tsunami : il y aurait, sous la surface de cet océan à quoi comparer tout élève, à des profondeurs insoupçonnées, des capacités de séisme qui ne peuvent pas ne pas se manifester tandis que s'effectue la tranquille administration du savoir. Certes Henri Marion n'est pas Sigmund Freud. Mais il n'est pas vain de prêter l'oreille aux accents qui brusquent soudain le discours de ce digne moraliste, y introduisant quelque mime d'une violence dont il pressent qu'elle est une composante de l'identité humaine.

Se colleter avec la *violence,* la tenir non seulement pour l'environnement dangereux de l'acte d'enseigner, mais pour l'énigmatique moteur de cette activité même, comme l'évoquent, eutre autres, les travaux de J. Pain [1992] : la conscience de cette donne peut-elle conduire aujourd'hui le « professeur » à la pédagogie ? Certains préféreront, certes, n'en rien savoir et s'adresser au sujet épistémique censé présent en chacune des petites (ou grandes) brutes qui les entourent de leur haine ou de leur amour. Car, de la violence, on se défend comme on peut. Et il n'est pas aisé d'apprendre à ne point s'en défendre, même si tant de fournisseurs se présentent aujourd'hui pour monnayer leurs services et nous « munir » du dernier viatique en vogue susceptible de « vaincre le stress » ou de « positiver l'angoisse ».

Reste une dernière interrogation que suscite ce propos du fondateur de la science de l'éducation en France. On aurait dû d'ailleurs le citer en premier puisque il ouvre le propos de Henri Marion : il s'agit du projet même de confier à l'éducation publique la mission de « former un homme ». Brunetière, qui déplore que cette mission ne demeure pas de l'ordre de la sphère privée, se résigne à la voir prise en charge par l'État désormais assigné à en organiser le plan (*ibid.*, p. 6). Mais il fait part d'une triple perplexité, instructive pour nous aujourd'hui.

Un homme, dites-vous ?

Il lui paraît d'abord bien difficile de prétendre former « un homme ». Ce promoteur des « humanités » classiques connaît bien la revendication « humaniste ». Mais ce qu'il apprécie dans la Rome latine, c'est ce à quoi Rousseau (*Émile ou de l'éducation*, 1762, Livre I) fait grief : qu'on s'y préoccupe davantage de façonner un « citoyen » que de promouvoir un homme selon la nature. Brunetière veut bien « former un homme », mais il sait le caractère abstrait de la formule et craint qu'elle ne soit le cache-misère d'une fausse unanimité.

Le « former » ?

Ensuite, c'est le verbe « former » qui l'inquiète. On aura vu, dans le présent volume, combien il est indispensable, pour faire un usage pertinent de ce verbe, d'en circonscrire le sens, au risque délibéré d'une définition arbitraire. Jean Houssaye, dans son modèle du « triangle pédagogique », assigne à « former » un sens qu'il « conceptualise » à l'intérieur du « système de différence » : former, apprendre, enseigner. C'est un choix, donc discutable, mais qui permet un usage circonstancié et cohérent du mot.

Par contre, pris dans une signification extensive qu'amplifie encore le mot « homme », le verbe « former » recouvre une multiplicité d'opérations, il entretient une attente à la fois confuse et sacrale, où s'enchevêtrent des contradictions sans résolution dans le propos : épanouissement individuel *versus* conformation sociale, imitation *versus* mouvement propre, *causa pulchritudinis versus causa necessitatis*, universalité *versus* « tribalité », adhésion *versus* émancipation, etc.

Mais, sur ce point, le « professeur » et le « pédagogue » peuvent peut-être s'entendre : il leur est loisible de partager la même méfiance à l'égard des « grands mots » et de demander « modestement » à voir comment, dans les pratiques, adviennent les choses humaines, à peser les termes susceptibles de désigner ces choses-là. La dispute, à cet égard, s'effectue sur fond d'un même accord : ne pas s'en laisser imposer par les discours reçus et tenter de contrôler de quoi l'on parle.

Car le propos commun sur l'éducation, dès lors qu'on y pratique l'assertion d'ordre général et les « vérités moyennes », dans un but de forcer ou renforcer la conviction, est un propos voué à la médiocrité. Sa mollesse conceptuelle fréquente, le mélange dont il témoigne souvent de terminologie technique et de naïvetés intellectuelles, son exposition aux effets de mode, ses fonctions toujours repérables dans le travail de l'idéologie le destinent à devenir un objet de vigilance conjointe dès lors que le professeur et le pédagogue ont en commun l'intention de ne pas trop s'en laisser conter par la *doxa*, cette pourvoyeuse d'idées qui « vont de soi ».

Qui t'a fait formateur ?

Mais cette perplexité du professeur Brunetière porte, pour finir, sur un sentiment dont nous retrouvons aujourd'hui encore les échos, et qu'il convient de recevoir comme un scrupule des plus honorables.

Quelle est, demande Brunetière, la légitimité d'un pareil dessein « formateur » quand, justement, ce sont des agents de l'État qui le formulent et tentent d'en prendre les moyens ?

À l'époque où Brunetière s'interroge ainsi publiquement, des candidats au Certificat d'aptitude pédagogique planchent sur le sujet suivant :

« *Jusqu'à quel point avons-nous le droit, vis-à-vis d'enfants qui nous sont étrangers, de nous faire proprement éducateurs ?* » (P.F. Thomas, *La Dissertation pédagogique,* 1902, p. 1.)

À cette question, P.F. Thomas propose une réponse sans culpabilité mais non sans responsabilité, à la fois simple et modérée. La société républicaine libérale est, à ses yeux, légitimement éducatrice. Car son dessein est, par l'usage judicieux de l'influence, d'aider les consciences à échapper à l'influence. Thomas condamne le dressage et l'endoctrinement qui ne font que des assujettis. Il rappelle les risques encourus par tout éducateur de « déformer les consciences en les façonnant à l'image de la (sienne) ». Mais il maintient que l'intérêt du pays passe par cette action sur les éducables. Et il cite (1902, p.9) la formule dont Ferdinand Buisson fait le thème de sa propre leçon d'ouverture du cours de « science de l'éducation » à la Sorbonne en 1896 : « Il n'y a qu'une éducation qui convienne à un pays libre, c'est celle qui fait des hommes libres. »

Qui ne souscrirait à une pareille assertion ? Sauf à s'interroger, après cent années qui se sont révélées si étonnamment instructives, sur ce qu'est un « pays libre », par exemple, dans une société où l'économie multinationalisée s'enchevêtre avec des revendications d'autonomies régionales quand éclatent les empires et les fédérations...

Notre réponse, aujourd'hui, est donc moins simple. Elle se double d'un doute sur la vérité de sa propre « modération ». Mais inventorier tous les mobiles de nos incertitudes conduirait à convoquer le cortège désormais nombreux de ceux qui s'affairent au chevet de notre société réputée sans repères et orpheline de ses valeurs.

Pour en rester à la « pédagogie », assumons simplement un héritage. La société pédagogique contemporaine est encore puissamment habitée par la contradiction à laquelle Émile Durkheim, successeur de Buisson, assigne l'éducation, à l'époque même où P. F. Thomas prolonge encore dans ses corrigés-types de dissertation pédagogique, la doctrine officielle de l'éducation libérale du « moment Compayré » (Charbonnel, 1988).

L'humain est un produit

L'éducation, publique ou domestique, est un produit, et nul n'éduque selon son cœur, sauf à préciser que ce cœur est conforme aux déterminations sociales des manières d'agir, de penser et d'être. La question du droit d'éduquer les enfants qui ne sont pas les siens est alors une *question vaine* : toute société produit de l'éducation et, en particulier, contribue à façonner les identités personnelles en intégrant ou en marginalisant. Et de cette production – qu'on la baptise ou non « socialisation » pour en aseptiser les manœuvres, ce qui permet de les constater au nom de la science et d'éviter ainsi de les *prescrire* au nom de la morale –, il existe des *agents*. Et ces agents agissent. « Ça fonctionne », comme on dit.

L'humain est un projet

Mais, en même temps, ce fonctionnement, dans la société du XXe siècle, que Durkheim annonce vouée à l'individualisme et aux droits de l'homme, est un *projet* au service d'un dessein politique auquel faire adhérer les individus et les groupes : le dessein *démocrate*. Ce dessein peut échouer. Il est précaire. Il peut toujours donner lieu à un recours en suspicion légitime. La question n'est pas vaine alors, de se demander *qui est autorisé* à quoi, en définitive.

Mais le corollaire est redoutable, qui demande aussitôt « *qui autorise*, et au nom de quoi ? » Les États ? Les nations ? Les familles ? Les groupes sociaux ? Chacun en sa chacunière, qu'on se conçoive comme le détenteur de plein exercice de l'universalité humaine ou comme le chantre ombrageux et borné de sa propre et irréductible différence ? Et faut-il y comprendre tout enfant à la mamelle, qui, au nom de ses droits enfin proclamés, passe commande, *motu proprio*, de sa propre éducation ? Qui est habilité à vouloir le bien de qui ? Et en définitive, « de quoi je me mêle ? ».

Penser fatigue

Face à cette salve de questions dérangeantes, survient une grande tentation, soit dans la théorie où l'on se fait « naturellement » sociologue mondain, soit dans la pratique où il est parfois commode de se montrer résigné. On considérera alors le seul produit, on se constatera « agent » appelé à exécuter, *sans trop chercher à comprendre* – instinct et routine mêlant leurs pilotages –, les hautes et basses œuvres des affaires humaines courantes. Et l'on pourra se récrier que ce n'est point notre faute.

« *Nous sommes empiriques dans les trois quarts de nos actions* », écrivait déjà Leibniz. Peut-on se vouloir « pédagogue » plus que quelques heures par jour ? *Il n'est pas facile d'aimer ses enfants*, avouait naguère Georges Snyders (1980) dans un ouvrage qui fit légitimement quelque bruit. C'est qu'aimer ne va pas de soi. S'en donner le dessein est effectivement périlleux, parce qu'on s'y trouve dès lors assigné à lever des équivoques. Or celles-ci assurent aussi bien la survie quotidienne que l'énoncé des grands sentiments.

Partage ou interactivité ?

Sans doute est-ce bien dans l'interdépendance des acteurs que se joue la légitimation de l'action éducative. On peut déceler à maints indices, une insistance contemporaine sur la notion de projet (Boutinet, 1990). Projet commun ? Projet collectif ? Projet interactif ? Projet partagé ?

Risquons, pour finir, de proposer l'emploi de ce dernier qualificatif. Le risque, effectivement, n'est pas mince. La charge religieuse latente du mot est une charge émoliante. Elle le disqualifie d'avance aux yeux de ceux qu'exaspère légitimement toute réciprocité où l'effusion tiendrait lieu de contrat. Le remplacer par « interactif » est tentant. Cet adjectif, dénué de mysticité, est porté par la culture contemporaine où il « fait dynamique », technicisant et aseptisant les relations humaines. L'interactif « fonctionne » ou « dysfonctionne », affaire de simple énigme, là où le « partagé » évoque le seuil des mystères, qu'ils soient orphiques ou christiques.

Cette insistance sur un choix sémantique pourra paraître oiseuse. Elle ne l'est pas. Le jour où les « pédagos » auront appris à « dire » en moins mauvaise connaissance de cause, ils auront livré, en vérité, la bataille du « faire ». Une « pratique » qui se parle en méconnaissance de cause, n'en est pas une en réalité. Elle est gesticulation. Même avec les atours de la science.

Choisir le qualificatif « partagé », plutôt qu'« interactif », c'est dévoiler l'imposture latente que l'emploi de ce dernier mot risque souvent : permettre de croire qu'on a tout dit quand on a dit comment ça marche, se laisser intimider par la puissante hostilité commune à l'égard des énoncés de conviction. Certes la pensée a tout intérêt, pour la cohérence du propos, à ce que le *logos* exclue le *mythos*. C'est pourtant celui-ci qui fonde et meut l'action. Or la croyance au « partage » n'est pas la croyance à l'« interaction ». Le choix des mots ici n'est pas simple affaire de lexique.

Alors, retour à Saint-Exupéry, au renard et aux apprivoisements à l'allure d'image pieuse ? Nausée... Le mot « partage » n'est conceptualisable qu'en rupture avec toute enflure célébrative, sous peine de déchéance de la pensée. Mais lui substituer « interactif » par conformité aux manières du temps n'est pas une moindre déchéance.

Il y a « partage », non seulement quand l'intention d'un acteur est « prise en compte » dans un processus, comme on dit, mais *quand cette intention lui revient entendue.* C'est ce « retour sur intention » qui instruit l'action. Il témoigne d'une élaboration conjointe où les acteurs pressentent qu'ils engagent plus que leur rôle : ce qu'ils en apprennent sur l'expérience humaine n'est pas commensurable à l'aune des « paramètres » de la seule « interaction ». Une intention qui « revient entendue » ne témoigne pas que de l'« entente ». Elle inaugure l'émulation vive des volontés cordiales, où se perdre et se gagner se contractent en une opération indissociable. C'est Vladimir Jankélévitch qui, analysant la « sympathie unitive » entre les humains, écrivait dans son *Traité des vertus* (1947, p. 515) :

« *Il y a en nous une inclination incoercible à diluer le toi dans un monde perspectif et à prendre l'univers entier à témoin [...] Au lieu de s'aimer les unes les autres, les personnes communient en un tiers-milieu qui est espace intelligible, verbe des intelligences ou* Civitas Dei... *Appelons pudeur un effort de la conscience aimante pour éviter cet assaut frontal du toi tout en se maintenant dans l'ordre de l'amour ; la pudeur est la phobie de l'abordage effronté, jointe à un secret appétit de dialogue : c'est pourquoi elle hésite entre l'anonymat impersonnel de l'abstraction et le colloque de plein fouet.* »

Quand, avec Durkheim, nos fabrications scolaires sont rappelées à leur statut de « produit », il y a là, pour le pédagogue comme pour le professeur, une salutaire monition à pratiquer cette forme de la modestie qui consiste à ne pas réviser pour autant le « projet » à la baisse. C'est beaucoup faire déjà dans le sens de la vertu.

La pudeur est autre chose que la modestie : elle est le délice même de la réserve, méfiance tenace et rusée à l'égard du « frontal » qui dit à la fois la dispute pour le plaisir de disputer et la discorde en guise de bonheur. Les grands mots sont exténués et le quotidien pourtant les réclame comme l'une de ses drogues. L'éloge de la pudeur demeure alors le seul moyen de rendre raison de l'insistance du « pédagogue » et de la constance du « professeur » quand ils s'invitent, loyaux dans la dispute et avertis sur la discorde, à partager quelque chose qui ressemble à de l'espérance.

RÉFÉRENCES BIBLIOGRAPHIQUES

BOUTINET J-P., *Anthropologie du projet,* Paris, PUF, 1990.

CHARBONNEL N., *Pour une critique de la raison éducative,* Berne, Peter Lang, 1988.

GILLET P., *Pour une pédagogique,* Paris, PUF, 1986.

MEIRIEU Ph., DEVELAY M., *Émile, reviens vite... Ils sont devenus fous*, Paris, ESF éditeur, 1992.

Index thématique

A

abstraction 266, 277, 279, 283, 285, 286, 287, 307

accommodation 152, 231, 249, 253, 254, 271

activité cognitive 108, 141, 144, 146, 149, 180, 252, 255, 256, 268, 271, 288, 289, 316

affectivité 135, 136, 152, 167, 172, 173, 175, 180, 184, 187, 188, 189, 205, 225, 228, 243, 287, 306

agressivité 153, 164, 170, 172, 175, 180, 184, 187, 188, 189, 204, 205, 207, 208, 209

altérité 172, 177

alternance 286, 295, 296, 324

amour 21, 152, 161, 162, 173, 174, 175, 181, 183, 184, 186, 198, 199, 225, 227, 231, 287, 321, 336

angoisse 183, 184, 185, 186, 189, 198, 203, 205, 207, 208, 209

anthropologie 66 à 69

"apprendre" *voir* processus "apprendre"

apprentissage allostérique 264 à 273

apprentissage par imitation 176, 252, 255, 256, 290, 303

apprentissage par l'action 228, 256, 289, 290, 296, 309

approche clinique *voir* psychologie clinique

approche fonctionnelle 293, 294, 295, 296, 297, 298

articulation collège-lycée 46, 47, 48, 49

assimilation 137, 231, 253, 309

attitudes 91, 93, 209, 245, 249, 304, 318, 319, 320, 321, 322, 325

audio-visuel 36

autodidaxie 21

auto-évaluation 142, 288

autonomie 18, 71, 73, 136, 139, 140, 161, 167, 170, 171, 203, 228, 229, 243, 325

autorité 17, 72, 125, 126, 151, 154, 155, 161, 166, 167, 168, 169, 171, 177, 180, 185, 191 à 199, 202, 209, 253

B

behaviorisme 78, 214, 271, 303, 315, 317

besoins de l'enfant 109, 139, 196, 197, 198, 199, 225, 226, 227, 228, 231, 248, 249, 293, 294, 295, 324

biologie 204, 218, 260, 262, 270

bon élève 136, 145, 146, 147, 169, 170, 182, 183, 188, 196, 292

bouc-émissaire 182, 187, 188

C

cadre de référence 257, 265, 266, 267, 268, 285

capacité d'apprentissage 213, 218, 219, 220, 255, 315 à 325

capital culturel 29, 67, 70

carte de concepts 68, 82, 86, 281, 282

cerveau 218, 219, 224, 264, 267

chouchou 181, 182, 186, 187, 188

codes sociaux 290

co-éducation *voir* mixité

cognitivisme 68, 78, 80, 105, 134

communication 34, 35, 36, 94, 96, 151, 153, 154, 155, 160, 165, 167, 173, 177, 209, 228, 248, 264, 284, 291, 292, 293, 295

comparaison sociale 109, 141 à 150

compétence 34, 35, 60, 67, 86, 134, 136, 138, 210, 236, 238, 255, 289, 297, 310, 325

compétition 137, 141, 143, 148, 149, 174, 221, 225

concept 54, 55, 56, 61, 82, 264, 265, 266, 273, 275 à 288, 302

conception de l'enfance 195, 196, 199, 224

conception, des apprenants 226, 259 à 274, 285

concrétisation 49

condition d'apprentissage 86, 96, 100, 101, 103 à 117, 273, 308

conditionnement opérant *voir* behaviorisme

conduite d'enseignement 103, 105, 107, 113

conflit 156, 167, 176, 185, 201 à 210, 247 à 256, 266, 286

conflit socio-cognitif 50, 111, 149, 247 à 257, 303

constructivisme 40, 42, 43, 75, 113, 177, 226, 249, 256, 315, 317

contenus *voir* programme, savoir

contextualisation 45, 57, 58, 100, 107, 156, 257, 267, 284, 308

contrat didactique 39 à 45, 65, 264

contrat disciplinaire 46 à 50

contrat pédagogique 39, 40, 41, 179

coopération 141, 148, 149, 150, 176, 225, 255, 294

cours magistral *voir* pédagogie traditionnelle

culture 28, 29, 59, 74, 157, 165, 166, 172, 173, 177, 202, 232, 330, 331, 335

curriculum 61 à 66, 73, 77, 78, 128, 244

curriculum caché 61, 62, 69 à 76

curriculum formel ou prescrit 62 à 74

curriculum réel 66 à 75

D

décision 79, 80, 248

décontextualisation *voir* contextualisation

démocratisation 36, 37, 75, 194, 302, 333, 339

démotivation *voir* motivation

dépendance 152, 159, 167, 168, 170, 173, 225, 228, 243, 306, 307, 309

dépendance à l'égard du champ 93, 306, 307, 309

design pédagogique 78

désir 161, 162, 167 à 178, 180, 185, 186, 189, 198, 204, 225, 229, 271, 294, 318, 321

désir *voir aussi* amour

déterminant psychologique 247

dictée *voir* français

didactique 27, 40, 41, 49, 53, 57, 60, 64, 77, 107, 111, 263, 272, 274, 303

didactisation 289, 290, 291, 294, 295

différenciation 128, 129, 131 à 140, 141, 148, 149, 227, 244, 250, 252, 286, 301, 302, 303, 304, 305, 309, 310, 312

différenciation pédagogique *voir* pédagogie différenciée

discipline (la) *voir* autorité

discipline (une) 27 à 36, 46, 50, 59, 109, 113, 149, 261

diversité *voir* différenciation

docimologie 236, 245

domination *voir* pouvoir

dons 132, 133, 175, 184

douleur *voir* angoisse

dynamique du groupe 22, 156, 163, 176, 186, 187, 253, 254

E

échec scolaire 73, 132, 134, 144, 145, 146, 170, 177, 205, 206, 226, 228, 231, 232, 265, 302

école active *voir* éducation nouvelle

école nouvelle *voir* éducation nouvelle

économie 51

éducabilité 304, 305

éducation morale 74, 136, 137

éducation nouvelle 22, 23, 44, 97, 109, 206, 208, 226, 255, 289, 293, 304

élève en difficulté 217, 220, 221

émotions 175, 180, 182, 183, 203, 219, 306

émulation 109, 123, 126, 127, 225

enseignement-apprentissage 107, 110, 117, 302

enseignement assisté par ordinateur 23, 140

enseignement des textes *voir* étude de textes

enseignement magistral *voir* pédagogie traditionnelle

enseignement programmé 23, 78, 139, 140

"enseigner" *voir* processus "enseigner"

épistémologie 28, 41, 42, 45, 51 à 59, 249, 272, 285

erreur 260, 262, 287, 291, 293, 308

espace 110, 111, 208

ethnologie 51

étude de textes 34 à 37

évaluation 27, 49, 50, 64, 82, 91, 110, 132, 142, 143, 144, 145, 146, 147, 149, 160, 187, 210, 216, 220, 221, 235 à 245, 263, 278, 297, 319

évaluation formative 110, 235 à 245

évaluation sommative 131, 235, 241, 242, 243

évocation mentale *voir* image

excellence scolaire 36, 65, 67, 224

expérience formatrice 66

expert 253, 256

expression écrite 28, 34 à 37

expression orale *voir* oral

F

famille 151, 152, 153, 160, 163, 170, 193, 196

fantasme 166, 168, 171, 172, 177, 187, 194, 197, 215, 217

figuratif 56, 57

finalités de l'éducation 42, 59, 63, 64, 73, 74, 75, 107, 126, 164, 172, 232, 329, 333

formation des enseignants 84 à 87, 96 à 102, 137, 179, 196, 207, 245

"former" *voir* processus "former"

fou 15 à 24, 161, 179

français 27 à 38, 49, 104, 107, 108, 112, 114, 115, 122, 124, 127, 128, 193, 237, 241, 278, 291, 292, 297

G

gestion de la classe 151, 153, 279, 291, 292, 293, 294

gestion mentale 305, 306

grammaire 28 à 35, 44, 52, 127, 128, 139

groupe d'apprentissage 111

groupe-classe 94, 151 à 164, 174, 176, 180, 183, 209, 210, 226, 228

H

habitus 35, 66, 67, 205

hétérogénéité *voir* différenciation

histoire 24, 51, 55, 56, 121, 278

humanisme 122, 127, 128, 333, 336, 337

I

identification 40, 152, 163, 166, 169, 170, 171, 172, 173, 176, 185, 190, 191, 194, 296

identité 152, 153, 157, 163, ,174, 205, 227, 274, 336

idéologie 55, 116, 195, 205, 227, 274, 336

image 144, 180, 183, 185, 186, 187, 189, 198

implication 17, 103

inconscient 165, 166, 168, 170, 173, 174, 176, 183, 185, 188, 189, 190, 197, 199, 223, 257, 279, 317

individualisation 74, 128, 129, 136, 138, 139, 227

individuel *voir* mode individuel

inférence 54, 269

information 41, 80, 210, 217, 218, 219, 255, 264, 265, 266, 272, 273, 309, 310, 315, 316, 317, 318, 319, 323, 325

initiative 31, 35

institution 19, 20, 61, 121, 122, 123, 128, 131, 153, 156, 158, 159, 161, 166, 168, 173, 176, 180, 181, 184, 188, 193, 195, 196, 202, 204, 205, 209, 210, 232

instruction 148, 166, 327, 333, 338

intelligence 132, 134, 135, 249, 251, 252, 254, 255, 256, 296, 307

intention d'instruire 66 à 69, 73 à 76

interaction sociale 39, 77, 83, 84, 85, 86, 87, 90, 94, 95, 96, 100, 141, 149, 154, 155, 156, 159, 176, 177, 228, 247 à 256, 266, 274, 284, 286, 287, 288, 296, 312, 340, 341

interactionnisme 177

interdisciplinarité 302, 310

intérêt 231, 232, 274, 293, 318, 322

interférences 166, 266

J

jeu 155, 159, 163, 164, 187, 189

L

langue 260, 261, 284, 290, 292, 293, 295, 320, 321

linguistique 24, 28, 33, 34, 52, 107, 236, 291, 292, 293, 294

loi 176, 185, 220

M

maïeutique 137

manuel 33, 52, 53, 56, 60, 65, 104, 107, 109, 112, 213, 214, 215, 217, 219, 220, 221, 278, 291, 321, 325

mathématiques 29, 36, 41 à 49, 122, 135, 139, 145, 146, 193, 237, 259, 260, 262, 269, 273, 278

médiation 167, 175, 176, 185, 186, 190, 206, 248, 253, 256, 264, 266, 272, 284, 288, 293, 303, 310

mémoire 213 à 221, 263, 277, 291, 305, 306, 316, 317, 318, 321, 323

métacognition 34, 86, 87, 101, 149, 255, 256, 283, 288

méthode d'apprentissage 28, 64, 137, 138, 139, 302, 303, 321

méthode d'enseignement 44, 58, 63, 89, 104, 106, 114, 136, 137, 216

méthodes actives *voir* éducation nouvelle

méthodologie 24, 47, 49, 52, 54, 56, 106, 134, 210, 302

micro-enseignement 86, 101

mixité 121 à 124, 128, 129, 233

mobile *voir* motivation

mode de pensée 261, 262, 301, 310 à 315

mode individuel 124, 125

mode mutuel 125, 126, 127

mode simultané 125, 126, 127

modèle 14, 23, 24, 34, 35, 36, 42, 55, 57, 78, 101, 194, 196, 197, 198, 252, 253, 256, 263, 264, 272, 279, 283, 286, 302, 303, 313

mort 15 à 24, 161, 179, 215

motif *voir* motivation

motivation 80, 91, 108, 109, 156, 158, 191, 223 à 233, 271, 293, 294, 310, 318, 323

mutuel *voir* mode mutuel

N

nature 334, 337

niveau 20, 73, 114, 124 à 129, 131, 132, 133, 135, 209, 221, 253, 274, 277, 278, 280, 281, 283, 297

non-directivité *voir* pédagogie non-directive

non-verbal 155, 170

notation *voir* évaluation

O

objectif de l'enseignement 33, 34, 35, 73, 77, 82, 107, 108, 209, 221, 253, 274, 277, 278, 280, 281, 283, 297

objectif-obstacle 42, 295, 296, 297

obstacle-objectif 295, 296, 297

oral 35 à 37

organisation de l'apprentissage 91, 103, 108, 111, 112, 180

organisation scolaire 62, 157, 165, 177

orientation 110, 132, 133, 134

orthographe 28 à 37, 237, 292

P

parents *voir* famille

participation des élèves 81, 286, 287, 288

pédagogie 13 à 24, 52, 54 à 58, 60, 68, 76, 104, 133, 136, 140, 189, 191, 193, 207, 208, 217, 225, 228, 230, 233, 327 à 341

pédagogie active *voir* éducation nouvelle

pédagogie de maîtrise 138, 139

pédagogie différenciée 23, 74, 129, 138, 139, 206, 208, 241, 242, 243, 301

pédagogie institutionnelle 22, 175, 176, 206, 210

pédagogie interactive 176, 177

pédagogie libertaire 22, 171

pédagogie non-directive 22, 171

pédagogie par objectifs 23, 78, 136, 138, 139

pédagogie socialiste 22

pédagogie traditionnelle 22, 33, 40, 50, 68, 97, 109, 125, 136, 137, 140, 193, 226, 265, 266, 303

pédantisme 330, 331, 332

phénoménologie 78, 80

philosophie 24, 122, 127

plaisir *voir* amour

planification 77 à 87, 91, 114, 278, 281

pouvoir 152, 159, 163, 166, 167, 168, 169, 170, 171, 180, 189, 201, 205

pratique pédagogique 13 à 24, 72, 87, 90, 92, 100, 101, 102, 105, 106, 113, 117, 192, 195, 204, 256, 263, 265, 298, 302, 304, 336, 337, 340

préparation de l'enseignement 77 à 87

pré-requis 249, 290, 302

prise de décisions *voir* décision

processus "apprendre" 16 à 24, 161, 163, 179, 211, 218, 223, 229, 232, 255, 275, 337

processus cognitif 86, 87, 198, 230, 249, 250, 253, 254, 255, 264, 266, 268, 269, 286, 287, 288, 298, 309

processus d'apprentissage 40, 63, 79, 296, 297, 298

processus "enseigner" 16 à 24, 25, 77, 78, 80, 87, 89, 90, 94, 97, 102, 131, 161, 162, 179, 213, 224, 225, 226, 230, 232, 275, 337

processus "former" 16 à 24, 89, 90, 94, 97, 102, 119, 161, 179, 180, 216, 224, 227, 228, 229, 232, 275, 337, 338

professeur 327 à 341

professionnalité 102

profil d'action didactique 48, 106, 113, 115, 116, 117

profil pédagogique 90, 97, 301, 306, 310

programmation neuro-linguistique 305, 306

programme 15, 20, 27, 45, 49, 59, 61 à 65, 68, 72 à 74, 77, 81, 107, 108, 123, 127, 131, 132, 133, 160, 168, 213, 214, 215, 216

projet 53, 62, 109, 139, 175, 177, 228, 231, 232, 289, 295, 296, 297, 318, 325, 339, 340

projet de formation 58

psychanalyse 24, 39, 51, 68, 135, 165, 175, 176, 178, 197, 198

psychologie 24, 51, 68, 196, 204, 218, 254, 256, 305, 306, 334, 335

psychologie clinique 156, 198, 205

psychologie différentielle 133, 135, 138

psychologie du développement cognitif 67, 78, 93, 247, 310

psychologie génétique 134, 138, 247, 250, 303

psychologie sociale 93, 141, 150, 155, 247, 248, 249, 250

psycho-pédagogie 24, 56

psychosociologie 24, 156, 157, 165, 195

pulsion 93, 162, 171, 172, 197

punition *voir* sanction

Q

quotient intellectuel 133, 134

R

raisonnement 214, 250, 251, 252, 259, 261, 262, 263, 267, 287

rapport maître-élèves *voir* relation pédagogique, interactions

recontextualisation *voir* contextualisation

rédaction *voir* français

redoublement 124, 131, 132, 133, 134, 138

regroupement des élèves 111, 112, 121 à 130

relation pédagogique 21, 39, 40, 45, 46, 62, 86, 89, 94, 123, 143, 148, 151, 152, 156, 159, 162, 163, 165 à 178, 179 à 190, 197, 204, 205, 206, 207, 208, 209, 227, 228, 229, 232, 248, 254, 287

renforcement 198, 199, 224, 225

représentation 39, 46, 47, 49, 56, 63, 68, 74, 76, 93, 146, 150, 151, 152, 156, 159, 195, 196, 198, 203, 223, 230, 235, 254, 256, 257, 263, 273, 276, 278, 316, 317, 319

réseau conceptuel 277, 286
résolution de problèmes 108, 254, 255
routines 81, 83

S

sanction 91, 108, 191 à 199, 224, 225
savoir 13 à 24, 27 à 37, 39 à 47, 52, 53, 56, 58, 60, 65, 66, 89, 131, 132, 135, 136, 137, 138, 162, 167, 168, 174, 176, 178, 180, 201, 203, 210, 213, 215, 224, 244, 262, 264, 266, 272, 273, 275, 276, 277, 283, 284, 285, 286, 287, 288, 290, 293, 297, 306, 336
savoir enseigné 52, 59, 77, 93, 107, 278, 279, 284
savoir savant 52, 59, 77, 107, 336
scénario 81, 82, 83, 86, 87
sciences de l'éducation 51, 68, 93, 256, 330, 334, 335, 337, 338
sciences expérimentales 29, 42, 122, 260, 261, 262, 270, 278
scolastique 293
sélection sociale 188, 189, 202, 221, 246, 290, 291, 301
sémiologie 24, 51, 235
simultané *voir* mode simultané
situation d'apprentissage 77, 98, 138, 249, 281, 287, 289 à 298, 317, 318, 320, 322
situation didactique 40, 41, 45, 63
situation pédagogique 13 à 24, 68, 77, 78, 84, 85, 87, 89, 165, 168, 174, 180
situation-problème 295, 296, 297
situations d'alternance 295, 296
situations de projet 295, 296, 297
socialisation 61, 63, 69, 136, 137, 139, 144, 150, 157, 158, 161, 162, 163, 227, 244, 339
sociologie 51, 61, 64, 66, 76, 233, 290, 302
souffrance *voir* angoisse
soutien 129, 137, 138, 324, 325
stades du développement 134, 135
stratégie 82, 85, 91, 92, 96, 98, 100, 101, 144, 159, 173
structure cognitive *voir* processus cognitif

style cognitif 92, 93, 306, 308, 309, 310
style d'apprentissage 136, 301 à 310
style d'enseignement 89 à 102, 137
style pédagogique 36, 89 à 92, 100, 101, 102, 135, 140
sujet 13 à 24, 161, 166, 169, 173, 174, 177, 292, 293
sujet épistémique 63, 336
systémique 79, 206, 271, 302, 303

T

tactiques 86, 92
taxonomie 23, 108, 238
technologie de l'éducation 77, 78, 79, 83, 87, 140
temps 42 à 45, 77, 83, 112, 116, 160, 203, 208, 213, 230, 308, 324
tests 133, 134, 135, 138, 214, 251, 313
tête à claques 181, 183, 185, 188
transaction éducative 39, 230
transfert 149, 166, 175, 180, 189, 216, 218, 220, 278, 279, 288, 319
transposition didactique 31, 41, 51 à 60, 63, 64, 73, 77, 106
travail autonome 23, 139, 140, 210, 254, 308, 318
travail en équipe *voir* travail en groupe
travail en groupe 18, 111, 115, 116, 139, 148, 159, 161, 162, 177, 243, 248 à 252, 255, 272, 294, 322
travail indépendant *voir* travail autonome
travail individuel *voir* travail indépendant
triangle pédagogique 13 à 24, 179, 187, 215, 216, 232, 320, 337
tutorat 209, 255

V

valeur 63, 74, 144, 147, 150, 168, 195, 199, 233, 245, 338
variabilité didactique 89, 93, 98, 100, 101, 102, 104, 106, 110, 112, 113, 114, 115, 132
variable 106 à 114, 237, 238, 303
variété didactique *voir* variabilité didactique

vidéo-formation *voir* micro-enseignement
violence 70, 163, 170, 171, 173, 179, 182, 183, 184, 185, 188, 189, 197, 201 à 210, 336
violence symbolique 61, 66, 290
vocabulaire 214, 215, 217, 291, 292, 294, 297, 298

volonté d'apprendre 66

Z

zone proximale de développement 253

Index nominal

A

Abernot 138, 235, 243, 245
Abraham 196
Alain 167
Altet 77, 78, 79, 80, 83, 84, 87, 89, 92, 94, 96, 100, 101, 102
Ames 148
Ampère 334
Anderson 91
Anzieu 156, 157, 158, 164
Aristote 261
Astolfi 57, 58, 60
Ausubel 265

B

Bachelard 265
Bacher 314
Baduel 127
Baker 78
Balacheff 50
Baldwin 248
Bandler 305
Barth 275, 279, 285, 288
Barthes 54, 55, 57
Basedow 332
Baudelot 290, 302
Bayer 90, 96, 98, 100, 137
Bennett 91
Berbaum 315, 325
Bergeret 197
Bernard 54, 334
Berne 227
Bertrand 24
Bessalel 54
Bettelheim 175
Biddle 100
Binet 133

Boudon 61
Bloom 100, 138, 140, 238, 245
Bourbaki 52
Bourdieu 66, 75, 76, 134, 290, 292, 302, 310
Boutinet 341
Bouvard 331
Bradford 39
Braudel 54
Brien 78
Briggs 78
Brousseau 41, 43, 44, 50
Brown 149
Bru 89, 100, 102, 103, 117
Brun 271
Bruner 198, 253, 284, 288, 308
Brunetière 327, 328, 329, 330, 331, 332, 333, 334, 336, 337, 338
Brunot 30, 32
Buisson 330, 338, 339
Bunuel 305

C

Campbell 144
Capelle 128
Carugati 250, 252
Catell 93
Cepec 310
Charbonnel 328, 335, 339, 341
Charlier 80, 83, 86, 87
Charmeux 293
Chateaubriand 297
Chervel 32, 34, 38
Chevallard 42, 50, 52, 57, 60, 63, 77
Chevènement 211
Chomsky 236
Cifali 166, 175, 178
Claparède 134
Clark 80, 84, 87

Clément 274
Clevede 221
Coarelli 54
Colomb 39, 50
Coménius 290, 291
Compayré 330, 334, 339
Condorcet 333
Conne 271
Coubertin (de) 333
Crahay 84, 97, 100, 104, 117
Crap 233
Cresas 176, 177
Croll 92
Cronbach 90
Cros 135

D

Dabrowski 227
Dauriac 330
Davies 78, 80
De Ketele 91, 102, 110
De Landsheere 90, 96, 102, 137
De Paolis 253
Debarbieux 210
Decroly 14, 109
Defrance 210
Denis 305
Deutsch 148
Develay 57, 58, 60, 299, 328, 341
Dewey 289
Diafoirus 331
Dienes 44
Doise 149
Dominicé 68, 70, 76
Donnay 80, 86, 87
Dottrens 214
Douet 191, 192, 199
Drévillon 303, 304
Dreyfus 333
Dunkin 100
Durand 221
Durkheim 202, 330, 339

E

Egger 330
Emmer 90
Entwistle 92
Erlich 226
Espinas 330
Establet 290, 302

F

Ferry 122, 123, 124, 127, 164, 201
Festinger 141, 142
Filloux 39, 40, 50
Flanders 91
Flieller 254

Fonvieille 22
Forquin 76
Foucambert 293
Fouchet 128
Frankl 227
Freinet 14, 23, 176, 196
Freud 169, 197, 227, 336

G

Gagné 78, 265
Galton 92
Gillet 334, 341
Gilly 167
Gingras 245
Giolitto 130
Giordan 226, 259, 265, 274
Girault 274
Goethals 144
Gordon 93
Gouzien 303, 309, 314
Gréard 127
Grévisse 291
Grinder 305
Gros 310
Guilford 134, 139, 309
Guizot 122, 126
Gusdorf 336

H

Haby 35, 123, 129, 302
Hambourg (pédagogues de) 22, 171
Hameline 62, 327
Heider 229
Heinich 79
Helmick-Beavin 164
Henriquez 274
Herzberg 227
Hill 303
Houssaye 13, 24, 77, 117, 140, 223, 337
Hughes 96
Huguet 144, 150
Huteau 93, 306, 309, 314

I

Illich 290
Imbert 189, 190
Inhelder 53, 135
Isambert-Jamati 65, 76

J

Jackson 164
Jankélévitch 341
Jean Charles 262
Jésuites 127
Johnson 148, 149, 150
Jonnaert 117

Jospin 129
Joubert 331
Jourdain 44
Jubin 179, 182, 188, 190

K

Kagan 308
Korczak 22

L

La Garanderie (de) 305, 306, 310
La Salle (de) 125
Lacerbeau 136
Lalande 51
Lamontagne 303
Laroque 78
Lautrey 134
Le Moigne 303
Legouvé 123
Legrand 102, 131, 138, 140, 244, 245, 301, 302
Leibniz 340
Lelièvre 121, 130
Lemaine 143
Léon 206
Lerbet 303
Lévine 135, 173, 174, 178, 197
Lewin 91, 229
Liandrat-Guiguès 54
Lieury 213, 214, 215, 216, 218, 220, 221
Likert 93
Lipitt 91
Littré 43
Longeot 135
Lorenz 204

M

Makarenko 22
Manesse 27
Mannoni 177
Marion 330, 335, 336, 337
Martin 156, 157, 158, 164
Martinand 42, 57, 295
Martinot 150
Maslow 227
Massarenti 214
Meirieu 59, 60, 111, 138, 139, 140, 161, 162, 164, 289, 299, 304, 305, 309, 310, 312, 314, 328, 341
Mendel 195, 197
Merton 61
Mialaret 90, 93
Michaud 210
Milou 176
Molière 37
Moll 165, 166, 175, 176, 178

Mollo 196
Monteil 141, 144, 149, 150, 257
Montessori 14
Morin 302
Morine 83
Morissette 245
Mosconi 123, 130
Mosston 92
Moyne 167
Mugny 149, 250, 252, 253, 257

N

Neill 22
Nemeth 149
Newton 261
Nicolet 257
Not 117, 225, 231, 234
Novak 265
Nuttin 229, 230, 231, 234

O

Obrechts-Tytéca 57
Oury 22, 175, 176, 178, 186

P

Pagnol 44
Pain 176, 201, 210, 336
Passeron 75, 290, 302
Payot 291
Peck 90
Pécuchet 331
Pélée 329
Pérec 298
Perelman 57
Peretti (de) 303, 305
Perrenoud 36, 37, 61, 62, 76
Perret 76
Perret-Clermont 50, 254, 257
Pestalozzi 14, 24, 332
Peterson 80, 84
Piaget 53, 63, 86, 134, 135, 231, 248, 249, 251, 253, 255, 256, 265, 266, 304, 307
Piéron 236, 245
Pochet 176, 178
Popham 78
Popper 56
Postelwhaite 100
Postic 90, 91, 96, 102, 136, 137, 172, 173, 178
Poussière 151
Prost 124
Provencher 91
Prum 192, 193, 194, 199

Pujade-Renaud 165
Pygmalion 207

R

Rabelais 297
Raths 227
Reboul 59, 60, 335
Reddie 293
Redl 175
Remigy 247
Repusseau 136
Reuchlin 133, 140, 308, 314
Ribot 334
Roche 54
Rogers 22, 227, 228
Rolland 93
Romian 295
Roncin 228
Rousseau 62, 331, 337

S

Saint-Exupéry 340
Savary 302
Schneuwly 38
Schubauer-Léoni 50
Shalvelson 83
Simon 92, 133
Skinner 78, 198, 224, 234
Slavin 148, 150
Snyders 340
Socrate 137, 180, 332
Soëtard 24
Soulé 197, 199
Stolovitch 78

T

Tardy 51, 60
Terman 133
Thalès 146
Thamin 330

Thétis 329
Thomas 338, 339
Thurstone 134
Tochon 77, 80, 86, 87
Topaze 44

V

Van Acker 211
Vayer 228
Vecchi (de) 226, 265, 274
Veck 49
Vermeil 135
Vernon 134
Verret 37
Vinh-Bang 274
Vivès 122
Voltaire 331
Vygotsky 198, 248, 253, 284, 288

W

Wade 149
Wallon 248, 253
Watchler 149
Watzlawick 154, 155, 164
Wechsler 134
White 91
Wills 143
Winnykamen 252, 256, 257
Witkin 92, 93, 94
Wood 142

Y

Yates 130
Yinger 80, 81, 82, 83

Z

Zimmerman 188, 190
Zulliger 176

Achevé d'imprimer
en septembre 2013
par Dimograf
Bielsko-Biala, Pologne